Deutsche Texte 44
Herausgegeben von Gotthart Wunberg

WILHELM SCHERER

Poetik

Mit einer Einleitung und Materialien
zur Rezeptionsanalyse

Herausgegeben von
GUNTER REISS

Deutscher Taschenbuch
Verlag

Max Niemeyer Verlag
Tübingen

© Max Niemeyer Verlag Tübingen 1977
Satz: Bücherdruck Wenzlaff, Kempten
Alle Rechte vorbehalten. Ohne ausdrückliche Genehmigung des Verlages ist es auch nicht gestattet, dieses Buch oder Teile daraus auf photomechanischem Wege zu vervielfältigen. Printed in Germany.

ISBN Niemeyer 3-484-19043-4
ISBN dtv 3-423-04290-7

Inhaltsverzeichnis

EINLEITUNG: *Germanistik im Kaiserreich. Wilhelm Scherers ›Poetik‹ als wissenschaflsgeschichtliches Dokument* IX

WILHELM SCHERER: ›POETIK‹ (1888 posthum) 1

Vorbemerkung des Herausgebers [R. M. Meyer] 3

Vorwort [W. Scherer] 7

1. Kapitel. *Das Ziel* 9
   I. Gebundene und ungebundene Rede 9
      A. Nicht alle Poesie ist kunstmäßige Anwendung der Sprache 9
      B. Nicht alle kunstmäßige Anwendung der Sprache ist Poesie 13
   II. Die Aufgaben und Methoden der Forschung 29

2. Kapitel. *Dichter und Publicum* 54
   I. Über den Ursprung der Poesie 54
   II. Über den Werth der Poesie 82
      A. Der Tauschwerth der Poesie und der litterarische Verkehr 84
      B. Der ideale Werth der Poesie 94
   III. Die Dichter 101
      1. Factoren der Production 101
      2. Betheiligung mehrerer Dichter an demselben Werke 102
      3. Unterbrochenes Arbeiten 106
      4. Anhaltendes Arbeiten 108
      5. Die schaffenden Seelenkräfte 108
      6. Genie und Wahnsinn 115
      7. Verschiedenheiten der Dichter 119
   IV. Das Publicum 124
      1. Die Verschiedenheiten des Publicums 124
      2. Altes und Neues 125
      3. Die genießenden Seelenkräfte 127
      4. Aufmerksamkeit und Spannung 128
      5. Die Bedingungen des Gefallens 132

3. Kapitel. *Die Stoffe* 137
   I. Die drei Welten 137

	II. Allgemeine Motivenlehre	141
	III. Die Figuren der Verwicklung	144
	IV. Die Klassen der Wirkungen	145

4. Kapitel. *Innere Form* 150
   I. Objective Auffassung 152
   II. Subjective Auffassung 154

5. Kapitel. *Äußere Form* 156
   I. Die Grundformen der Darstellung 156
      A. Directe und indirecte Darstellung 156
      B. Fictionen 158
      C. Aus der Lehre von den Zeichen 159
      D. Die Arten der Rede 160
   II. Die Dichtungsarten 162
   III. Die Composition 167
   IV. Sprache 170
   V. Metrik 181

ANHANG 1: ZUR AUSGABE VON 1888 (R. M. Meyer) 184

ANHANG 2: ZUR NEUAUSGABE – MATERIALIEN ZUR REZEPTIONS-
ANALYSE 204

   I. Vorbemerkung 204
   II. Geschichte und Poetik bei Scherer. Texte zur Entstehung
      der ›Poetik‹ 210
      1. Wilhelm Scherer. Hettners Litteraturgeschichte
        [1865] 210
      2. Wilhelm Scherer. Geschichte und Geschichtschreibung
        unserer Zeit [1866] 213
      3. Wilhelm Roscher. Die historische Methode [1843] . 221
      4. Wilhelm Roscher. Methoden der Nationalökonomik
        [1854] 223
      5. Wilhelm Scherer. Des Minnesangs Frühling [1876] . 233
      6. Anonym [= W. Sch.]. Deutsche Poetik [1880] . . 234
      7. Wilhelm Scherer. Ein japanischer Roman [1881] . . 235
      8. Wilhelm Scherer. Walther von der Vogelweide [1884] 237
      9. Wilhelm Scherer. Moriz Carrière: Ästhetik [1885] . 239
   III. Materialien zur Rezeption der ›Poetik‹ 241
      10. Wilhelm Dilthey [1886] 241
      11. Konrad Burdach [1888] 242
      12. Moriz Carrière [1888] 246

13. A. Döring [1888] 249
14. S. Saenger [1888] 249
15. Anonym [1888] 251
16. Richard Maria Werner [1889] 262
17. Jakob Minor [1889] 266
18. Victor Basch [1889] 267
19. Rudolf Lehmann [1889] 269
20. Julius Hart [1889] 273
21. Georg Ellinger [1890] 287
22. Veit Valentin [1891] 292
IV. Biographische Notiz zu Wilhelm Scherer und Richard M. Meyer 294
V. Wilhelm Scherer. Schriftenverzeichnis in Auswahl . . . 295
VI. Auswahlbibliographie zur Sekundärliteratur über Wilhelm Scherer (mit besonderer Berücksichtigung der Diskussion um die ›Poetik‹) 298
VII. Register 304
   Personenregister 304
   Sachregister 307

Einleitung*

Germanistik im Kaiserreich
Wilhelm Scherers ›Poetik‹ als wissenschaftsgeschichtliches Dokument[1]

I.

»Für die Mehrzahl der in der Hochschule tätigen Wissenschaftler bzw. Hochschullehrer dürfte die These, daß wissenschaftliches Studium mit Sozialisation verknüpft ist – oder gar darin seine wichtigste Funktion hat [...] –, noch befremdlich oder illegitim sein, weil sie sich mit dem Selbstverständnis ihrer Disziplin als wertfrei und objektiv forschender und sich vermittelnder Wissenschaft und mit dem Selbstverständnis der Universität, nur ›Wissenschaft‹ zu vermitteln, nicht verträgt, und unangenehm sein, weil sie an die Interpretation der eigenen Biographie als Wissenschaftler rührt.«

Diese Sätze stammen aus einer Studie über das »Problem der Sozialisation von Wissenschaftlern«, die Ludwig Huber in Ausein-

---

* Die Thesen dieser Einleitung wurden in einem Vortrag vor der Annette-von-Droste-Gesellschaft, Münster, am 21. Jan. 1975 zur Diskussion gestellt. Freunden und Kollegen danke ich für Kritik und Anregungen.
[1] Der Begriff des »Dokuments« könnte sehr eng verstanden werden, für die folgenden Überlegungen sei aber auf das Spannungsverhältnis von »Werk« und »Dokument« verwiesen, das Karel Kosík beschrieben hat und das auch – gerade in seiner Ambivalenz für Scherers ›Poetik‹ reflektiert werden sollte: »[...] wie und warum überlebt ein Werk die Verhältnisse, in denen es entstanden ist? Wenn die Wahrheit eines Werkes in den Verhältnissen liegt, überlebt das Werk nur, weil und sofern es ein *Zeugnis* der Verhältnisse ist. Das Werk ist ein Zeugnis der Zeit in doppeltem Sinn. Schon durch einen ersten Blick auf das Werk stellen wir fest, in welche Zeit wir es hineinstellen müssen, welche Gesellschaft dem Werk ihren Stempel aufgeprägt hat. Zweitens betrachten wir das Werk im Hinblick darauf, welches Zeugnis es von seiner Zeit und ihren Verhältnissen ablegt. Das Werk wird als Dokument verstanden. Damit wir ein Werk als Zeugnis der Zeit oder als einen Spiegel der Verhältnisse erforschen können, müssen wir vor allem diese Verhältnisse kennen. Nur aufgrund eines Vergleiches der Verhältnisse mit dem Werk können wir sagen, ob das Werk ein rich-

andersetzung mit Hartmut von Hentig 1974 vorgelegt hat.² Ich setze sie an den Beginn meiner Überlegungen, um zu verdeutlichen, in welche Richtung das der folgenden Darstellung zugrunde liegende Interesse am »wissenschaftsgeschichtlichen Dokument« führt. Es handelt sich um ein wissenschaftstheoretisches Problem, dessen Relevanz für den einzelnen Wissenschaftler als akut erscheint und nahe legt, den Gegenstand, an dem die Thesen zu entwickeln sind, in Distanz zu rücken und so auszuwählen, daß Betroffenheit nur über die hermeneutische Vermittlung von Geschichte und Gegenwart wirksam wird.

Wilhelm Scherer und seine ›Poetik‹ eignen sich in diesem Sinne als exemplarisches Beispiel, scheint doch eine affektive Bindung an Scherer kaum noch – und wenn überhaupt: nur negativ – möglich. Unsere Vorurteile gegenüber Scherers positivistischer Wissenschaft und gegenüber der sogenannten ›Scherer-Schule‹ sind stabil und machen ihn im Grunde uninteressant.³ Quellenhuberei, Biographis-

---

tiger oder ein falscher Spiegel der Epoche ist, ob es ein wahres oder falsches Zeugnis der Zeit ablegt. Aber die Funktion eines Zeugnisses oder Dokumentes erfüllt *jede* kulturelle Schöpfung. Eine kulturelle Schöpfung, der sich die Menschheit ausschließlich als einem Zeugnis der Zeit zuwendet, ist kein Werk. Die Eigenschaft des Werkes besteht gerade darin, daß es nicht vornehmlich oder ausschließlich ein Zeugnis der Zeit ist, sondern *unabhängig* von der Zeit und den Verhältnissen seiner Entstehung, von denen es außerdem Zeugnis ablegt, ein konstitutives Element der Menschheit, der Klasse und des Volkes ist oder zu einem solchen wird. Seine Natur ist nicht die *Historizität,* also nicht eine ›schlechthinnige Einzigartigkeit‹ und Unwiederholbarkeit, sondern sein *historischer Charakter,* d. h. seine Fähigkeit, sich zu konkretisieren und zu überleben.« (Karel Kosík: Historismus und Historizismus. In: Peter Uwe Hohendahl (Hg.): Sozialgeschichte und Wirkungsästhetik. Dokumente zur empirischen und marxistischen Rezeptionsforschung. Frankfurt 1974. [= FAT. 2072.] S. 202–214: S. 205/206.)

2 Ludwig Huber: Das Problem der Sozialisation von Wissenschaftlern. Ein Beitrag der Hochschuldidaktik zur Wissenschaftsforschung. In: neue sammlung. 14. 1974. 2–33: S. 11.

3 Vgl. hierzu auch die bei Oskar Benda: Der gegenwärtige Stand der deutschen Literaturwissenschaft. Eine erste Einführung in ihre Problemlage. Wien, Leipzig 1928. S. 8, aufgeführte Liste von Schimpfworten. Oskar Koplowitz' (Otto Brahm als Theaterkritiker. Mit Berücksichtigung seiner literarhistorischen Arbeiten. Zürich, Leipzig 1936.) Mahnung, Scherers Verdienste nicht zu verkennen, ist auf dieses »von den Gegnern entworfene Zerrbild« (S. 14) bezogen: »Das Bild Wil-

mus und Tatsachengläubigkeit auf der einen Seite und preußischdeutsche Ideologie[4] auf der anderen, haben hier für klare Verhältnisse gesorgt. Scherer – so scheint es – ist etwas für Archivare. Von seiner ›Poetik‹, die 1888 als Fragment aus dem Nachlaß von Scherers Schülers Richard M. Meyer[5] unter Verwendung des Vorlesungsmanuskripts vom Sommersemester 1885 und Nachschriften einiger Zuhörer sowie der frühen Entwürfe herausgegeben worden ist, gilt das in besonderem Maße: eine Wirkung im offiziellen Kanon der Literaturwissenschaft ist kaum feststellbar.[6] Wenn Oskar Walzel, der ja immerhin Scherers populäre Literaturgeschichte bis zur Gegenwartsliteratur weitergeführt hat, 1930 über die ›Poetik‹ sagt:

> »Sie enttäuschte schon, als sie hervortrat; sie mag den Leser von heute noch mehr enttäuschen«,[7]

so steht Walzel nicht allein mit dieser Ansicht. Heute jedoch, bald neunzig Jahre nach Scherers Tod, eröffnen sich uns andere Frageperspektiven als damals – und Scherers ›Poetik‹ überrascht uns. Sie überrascht in doppelter Hinsicht:
– ihr *literaturtheoretisches Konzept* könnte auch der gegenwärtigen Diskussion interessante Impulse verleihen und
– ihr *wissenschaftsgeschichtlicher Stellenwert* verspricht Aufschlüsse über das Funktionieren des wissenschaftlichen Systems Germanistik im gesellschaftlichen Kontext.

Im folgenden wird der Akzent stärker auf dem zweiten Aspekt liegen.[8] Scherers ›Poetik‹ als wissenschaftsgeschichtliches Dokument betrachten, bedeutet deshalb zunächst, sie auf ihre Entstehungs- und

---

helm Scherers und seiner Schule ist durch den nicht immer massvollen Kampf einer nachfolgenden Wissenschaftlergeneration so verzerrt und verdunkelt worden, dass wir Heutigen leicht geneigt sind, die Revolution, die dieser Mann für seine Disziplin bedeutete, zu übersehen.« (S. 13/14.)

[4] Vgl. Hans Mayer: Literaturwissenschaft in Deutschland. In: Literatur II, 1. Hg. v. Wolf-Hartmut Friedrich und Walther Killy. Frankfurt 1965. [= Das Fischer Lexikon. 35/1.] S. 326/327.
[5] Vgl. die biographische Notiz zu R. M. Meyer im Anhang dieser Ausgabe.
[6] Dem widersprechen auch nicht die scheinbar zahlreichen, im Anhang vorgelegten Materialien, die eher belegen, wie sehr Scherers ›Poetik‹ an den Rand der Diskussion gedrängt worden ist.
[7] Oskar Walzel: Wilhelm Scherer und seine Nachwelt. In: ZfdPh. 55. 1930. 391–400: S. 397.

Wirkungssituation im Kaiserreich zu beziehen und in ihrer Funktionalität zu beschreiben. Das heißt gleichzeitig aber nicht, daß auf die Darstellung von Scherers literaturtheoretischem Ansatz verzichtet werden muß.[8a] Nur sollte nicht erwartet werden, daß eine – im engeren Sinne – immanente Einordnung in die Geschichte der Poetik erfolgt. Die Grenzen lediglich poetologischer Fragen werden überschritten durch das Interesse am wissenschaftsgeschichtlichen Stellenwert solcher Fragen. Auf Walter Benjamin kann sich berufen, wer sich hier nicht mit der Autonomie einer Wissenschaft und der Autonomie ihrer Fragestellungen begnügen will:

> »Man spricht ja gern von autonomen Wissenschaften. Und wenn mit dieser Formel auch zunächst nur das begriffliche System der einzelnen Disziplinen gemeint ist – die Vorstellung von der Autonomie gleitet doch ins Historische leicht hinüber und führt zu dem Versuch, die Wissenschaftsgeschichte jeweils als einen selbständig abgesonderten Verlauf außerhalb des politisch-geistigen Gesamtgeschehens darzustellen.«[9]

---

[8] Benno von Wiese formuliert etwa zur gleichen Zeit noch entschieden deutlicher die Absage an Scherer: »Der Kampf gegen die Philologie, soweit er noch gelegentlich erbitterte Worte gegen die Schererschule findet, rennt offene Türen ein. Die Geisteswissenschaft ist – das lehrt dieses Buch [= Emil Ermatinger (Hg.): Philosophie der Literaturwissenschaft. Berlin 1930. G. R.] von Anfang bis zu Ende – eine vollzogene Tatsache.« – B. v. W.: Zur Philosophie und Methodologie der heutigen Literaturwissenschaft. In: Zs. f. Deutsche Bildung. 7. 1931. 44–46.

[8a] Vgl. Katherine Inez Lee: Wilhelm Scherer's two-fold Approach to Literature. In: The Germanic Review. LI. 1976. S. 209–288, die unter Verwendung von bisher unveröffentlichten Briefen an Lina Duncker (aus dem Privatbesitz Ulrich Pretzels) erneut auf Scherers literarhistorische Bedeutung aufmerksam macht: »To expect everyone to accept Scherer's criteria is unrealistic; despite the various attempts to make literary criticism ›objective‹, the discipline remains and will remain ›subjective‹. There is one thing, however, that cannot be debated: the time has come for us to stop relying on the heretofore largely false interpretations of this nineteenth-century literary historian and critic and to expand our reading of Scherer's many writings in order to come up with a true understanding of his method of criticism.« (S. 228)

[9] Walter Benjamin: Literaturgeschichte und Literaturwissenschaft. In: W. B. Angelus Novus. Ausgewählte Schriften. 2. Frankfurt 1966. 450–456: S. 450.

Um die Gelenkstellen zwischen Fachgeschichte und allgemeiner Geschichte muß es gehen. Albrecht Timm[10] ist zuzustimmen, wenn er denjenigen, der Wissenschaftsgeschichte betreibt, auffordert, »geschichtsimmanent«[11] zu denken, »d. h. seine Untersuchungen in das Koordinatensystem der Geschichte, der politischen Geschichte wie der Sozialgeschichte einzuordnen«.[12] Das komplexe Umfeld mit seinen Verflechtungen von Politik, Kultur, Wirtschaft und Technik, in dem Wissenschaft steht, macht es erforderlich, daß Wissenschaftsgeschichte »Interdependenzen zur politischen Geschichte, zur Wirtschafts-, Sozial- und Technikgeschichte«[13] beachtet. Die auf dieser Grundlage in jüngerer Zeit einsetzende Aufarbeitung der Wissenschaftsgeschichte hat, wie Eberhard Lämmert dargelegt hat,[14] in Verbindung mit dem ihr gleichzeitig impliziten ideologiekritischen Anstoß dazu beigetragen, »über Schulen und Generationen hinwegreichende Zusammenhänge, Generallinien der Aufgabenstellung und Aufgabenerfüllung einzelner Wissenschaften im Kontext realer Verfügungsinteressen und Verwertungsmaßnahmen darzustellen«.[15] Dies »war als Verfahren besonders dort blicköffnend, wo hinter dem sorgfältig gewebten Schleier autonom wissenschaftlicher Arbeit die zeitgeschichtlichen Determinanten, Zwecksetzungen und auch Einengungen dieser Arbeit verdrängt worden waren, [...]«.[16]

Interdependenzen sind also freizulegen, die erklären helfen, wieso es möglich ist, daß – auf den konkreten Fall angewandt – Scherers Wissenschaftsansatz, nach Franz Greß der »zu diesem Zeitpunkt [...] radikalste Ansatz einer gesellschaftsbezogenen Literaturwissenschaft«[17], nicht das eingelöst hat, was er versprochen hat:[18] Statt

---

[10] Albrecht Timm: Einführung in die Wissenschaftsgeschichte. München 1973. [= UTB. 203.]
[11] Timm. S. 27. [12] Timm. S. 27. [13] Timm. S. 137.
[14] Eberhard Lämmert: Wissenschaftsgeschichte und Forschungsplanung. In: Historizität in Sprach- und Literaturwissenschaft. Vorträge und Berichte der Stuttgarter Germanistentagung 1972. In Verbindung mit Hans Fromm und Karl Richter hrsg. von Walter Müller-Seidel. München 1974. S. 663–685.
[15] Lämmert. S. 665/666. [16] Lämmert. S. 666.
[17] Franz Greß: Germanistik und Politik. Kritische Beiträge zur Geschichte einer nationalen Wissenschaft. Stuttgart-Bad Cannstatt 1971. [= problemata.] S. 67.
[18] Eine von ähnlichem Erkenntnisinteresse geleitete Analyse hat Bernd Peschken am Beispiel von Wilhelm Dilthey und Julian Schmidt vor-

Aufklärung über die politische Funktion seiner Wissenschaft zu vermitteln, demonstriert Scherers wissenschaftliches System, wie sehr es ihr Funktionieren als politisches Instrument gefördert hat. Das Schlagwort vom »System der nationalen Ethik«[19] etwa reicht bis in die Standortbestimmungen der Germanistik im Dritten Reich hinein. Der nationalen und nationalistischen Vereinnahmung der Germanistik hätten eigentlich die rationalen Grundlagen des Schererschen Konzepts entgegenstehen können. Daß es sich nicht so verhält, ja, daß Scherer selbst die nationale Aufgabe ins Zentrum rückt, scheint – für den ersten Blick – zu jenen Ungereimtheiten einer wissenschaftlichen Theorie zu gehören, deren immanente Brüchigkeit von Scherers Kritikern denn auch immer wieder betont worden ist.[20] Doch nur auf logische Widersprüche und Unzulänglichkeiten der positivistischen Theorie als Erklärungsversuch hinzuweisen und sie als solche bloß zu konstatieren, erscheint im Zusammenhang mit den bisherigen Darlegungen als nicht ausreichend. Nach den Ursachen und der Herkunft dieser Widersprüche ist zu fragen. Das Problem der Konstitutionsbedingungen einer wissenschaftlichen Theorie rückt in den Vordergrund der Betrachtung. Daß es sich hierbei nicht um bloß quellenmäßiges Erfassen von Einflüssen und Katalogisierung von – im eingeschränkten, negativen Sinn – positivistischer Materialsammlung handeln kann, braucht nicht eigens betont zu werden. Die im Eingangszitat von Ludwig Huber aufgeführte sozialpsychologische Kategorie »Sozialisation« erhält hier ihren methodischen Stellenwert.

Sozialisation ist – einmal vorläufig umschrieben – die Summe jener verschiedenen Prozesse auf verschiedenen Altersstufen, in denen

> »der einzelne in sein gesellschaftliches Verhalten eingeübt [wird]. Er verinnerlicht die Normen, die fortab sein Verhalten steuern und seine

---

gelegt (B. P. Versuch einer germanistischen Ideologiekritik. Goethe, Lessing, Novalis, Tieck, Hölderlin, Heine in Wilhelm Diltheys und Julian Schmidts Vorstellungen. Stuttgart 1972. [= Texte Metzler. 23.] – Zu Peschkens Methode der »Außenanalyse« und – in Abgrenzung dazu – der »Innenanalyse« vgl. Einleitung ebda. S. 7–9.

[19] Zuerst bei Scherer in der Widmung an Karl Müllenhoff, die er seiner ›Geschichte der Deutschen Sprache‹ (Berlin 1868) voranstellte.

[20] Vgl. hierzu u. a. die im Positivismus-Kapitel (S. 17–34) bei Jost Hermand (Synthetisches Interpretieren. Zur Methodik der Literaturwissenschaft. München 1968. [= sammlung dialog. 27]) aufgeführten Punkte.

Triebe in die durch kulturelle Tradition und Konvention legitimierten Bahnen leiten. Als Über-Ich, als Gewissen, als Ehrenkodex richtet die Gesellschaft im Verlauf dieser Sozialisationsprozesse gewissermaßen Leitwerke in ihm ein, sie gibt diesen Kontrollinstanzen einen Katalog von Vorschriften mit, sie prämiert bestimmte Antriebsstrukturen, bestimmte Verhaltensweisen, bestimmte Zielvorstellungen bei der Erfüllung fester Rollenerwartung. Gemäß dieser ›Verschränkung‹ (Th. Litt) von Individuum und Gesellschaft realisiert sich Geschichte nicht nur als äußere Macht gegen den einzelnen, sondern immer auch als verinnerlichte Macht in ihm. In den tiefsten psychischen Mechanismen sind bestimmende gesellschaftliche Kräfte – in wie vermittelter und gebrochener Form auch immer – wirksam; eine ›gegebene Sozialstruktur‹ wählt mithin ›spezifische psychische Tendenzen‹ aus, drückt sie aber nicht aus.«[21]

Wissenschaftliche Theorie und Biographie[22] des jeweiligen Wissen-

---

[21] Hans-Ulrich Wehler: Das Deutsche Kaiserreich 1871–1918. Göttingen 1973. [= Deutsche Geschichte. 9.] S. 122/123. – Vgl. zur Kategorie »Sozialisation« im übrigen ebenso die einschlägigen Lexika.

[22] Daß hier ein Begriff von Biographie gemeint ist, der weitab von bloßen Faktenkatalogen und Datenlisten anzusiedeln ist, könnte schon mit Scherer selbst belegt werden: »Unsere Biographien, namentlich die Lebensbeschreibungen von Gelehrten, enthalten oft nichts als eine Geschichte der persönlichen Beziehungen, in denen ein Mann gestanden hat. Nun gehört gewiß Freundschaft zu den großen Segnungen des Lebens und ist keineswegs gleichgiltig für die Charakteristik eines Menschen, ob er treu gewesen ist, ob andere ihm treu waren, ob er sie an sich zu fesseln wußte oder zurückstieß, ob er seinen Weg einsam vollenden mußte, oder begleitet von den guten Wünschen, von der thätigen Nachfolge dankbarer, begeisterter, herzlich verbundener Genossen. Aber diese Beziehungen sind nicht alles; sie sind ein Theil des Lebens, sie sind nicht *das* Leben; ja sie sind verhältnißmäßig unbedeutend gegenüber der inneren Entwickelung und gegenüber den Leistungen. Freundschaften, die sich bilden und lösen, können sehr charakteristisch sein für die eigene Stellung und Richtung – wir finden es ebenso bedeutsam, wenn Goethe in seiner Jugend an Lavater glaubt, wie wenn ihn als reifer Mann für einen Schwindler hält –; aber was darüber hinausgeht, wo *nur* die Thatsache vorliegt, daß zwei Menschen sich nähern oder entfernen, daß einer den anderen gut oder schlecht behandelt, darum uns zu bekümmern, sollten wir verschmähen; denn es ist in der Vergangenheit wie in der Gegenwart nichts als Klatsch, der jeden Theilnehmer entwürdigt. Daß aber so oft derartige rein persönliche Verhältnisse in biographischen Darstellungen mit philologischer Gründlichkeit verfolgt werden, das beruht nur zum geringsten Theil

schaftlers[23] können von hier aus in ihrem Bedingungszusammenhang begriffen werden, bewußte und unbewußte Normen, die Wissenschafts*inhalt* wie Wissenschafts*organisation* prädisponieren, kritisch durchleuchtet werden.

Die Zuversicht, mit der die Arbeitsperspektive hier formuliert zu werden scheint, soll indes nicht darüber hinwegtäuschen, wie komplex und schwierig das Unternehmen ist. Ich bin mir bewußt, daß ich zunächst Thesen verfolgen werde, die möglicherweise kaum mehr sind als Marginalien zu einem umfangreichen, noch weitgehend unbearbeiteten Thema. Die methodologischen Schwierigkeiten können nicht als gelöst betrachtet werden, sie werden vielmehr im Verlauf des angestrebten Erkenntnisprozesses erst so richtig sichtbar.

II.

Poesie als Ware

Betrachtet man Scherers Entwurf einer Poetik, so fällt zunächst die Unbefangenheit auf, mit der Phänomene der Poesie in Analogie gesehen werden zu ökonomischen Sachverhalten. Das Vokabular der Nationalökonomie begegnet einem wieder bei Scherers Beschreibung

---

    auf Freude am Klatsch, zum bei weitem größeren auf der Natur des zugänglichen Materials, das meist aus Briefen besteht, so daß die freundschaftlichen Verbindungen einen bequemen Faden darzubieten scheinen, an dem man sich durchs Lebenslabyrinth leicht hindurch finden kann. Das aber eben giebt ein falsches Bild und darum bekämpfe ich es. Wir sollen uns nicht von der zufälligen Schwere des Materials in die Tiefe reißen lassen; wir sollen nicht beherrscht werden, sondern herrschen. Kein Stoff hat an sich Werth, sondern nur durch das, was sich damit anfangen läßt. Wir sollen dem Stoff abgewinnen, was wir für unseren Zweck brauchen können; aber verwerfen, was dafür nicht dient. Und Zweck der Biographie ist stets: ein Individuum in seinem eigenartigen Werden und Vollbringen zu zeigen.« (Wilhelm Scherer: [Rezension von:] Briefwechsel des Freiherrn Karl Hartwig Gregor von Meusebach mit Jacob und Wilhelm Grimm. In: W. Sch. Kleine Schriften. 1. Hg. v. Konrad Burdach. Berlin 1893. S. 72–77: S. 75/76.) – Vgl. auch die Bemerkungen zum Stichwort »Politische Biographie« bei Greß, Germanistik und Politik. S. 52ff.

[23] Vgl. auch den ähnlichen Versuch von Jürgen Brummack: Vernunft und Aggression: Über den Satiriker Liscow. In: DVJs. 49. 1975. [Sonderheft.] S. 118*–137*.

des Poetischen. Um es aber gleich vorwegzunehmen, Scherer hat Karl Marx *nicht* rezipiert. Doch er definiert Poesie:

> »Die Poesie oder, besser gesagt, das poetische Product, ist heut eine Waare wie eine andere, und die nationalökonomischen Gesetze des Preises und Umsatzes haben auch auf das poetische Product, wie auf das Buch im Allgemeinen, ihre Anwendung.« (85 [122]) [24]

Scherers Warenbegriff leitet sich aus der liberalistischen Wirtschaftstheorie seiner Zeit ab; Wilhelm Roscher ist unter anderem sein Gewährsmann.[25] Die Anwendung ökonomischer Kategorien [26] erstreckt sich auch auf Dichter und Publikum: hier spricht Scherer von »Producent« und »Consument« und hebt zugleich auf die Mechanismen der Vermittlung zwischen Produktion und Konsumtion ab. Er verwendet zwar nicht den hierfür üblichen Begriff Distribution, beschreibt aber die einflußreiche Funktion dieser teilweise sogar institutionalisierten Selektionsfaktoren im klaren Bewußtsein der hier wirksam werdenden Kräfte. Erkenntnisse, die Levin L. Schücking rund dreißig Jahre später in seiner Geschmackssoziologie [27] deutlich

---

[24] Belege aus Scherers ›Poetik‹ werden nachgewiesen durch Klammerzusatz mit der jeweiligen Seitenzahl unmittelbar nach dem Zitat. Für Benutzer der Originalausgabe wird in eckigen Klammern die entsprechende Originalseite ergänzt.

[25] Wilhelm Roscher: * 21. X. 1817 in Hannover, 1840 Habil. in Göttingen für Geschichte und Staatswissenschaften, 1844 Professor in Göttingen, 1848 Professor in Leipzig, † 4. VI. 1894 in Leipzig. – Vgl. die Charakteristik Roschers bei Erich Schneider: Einführung in die Wirtschaftstheorie. IV. Teil: Ausgewählte Kapital der Geschichte der Wirtschaftstheorie. Band 1. Tübingen 1962. S. 284–288. Siehe auch zum Verhältnis Scherer-Roscher die im Anhang abgedruckten Texte Nr. 2–4.

[26] Vgl. hierzu für die Zeit vor Scherer auch die Einleitung »Über die Anfänge der deutschen Literaturgeschichtsschreibung« in Bernd Hüppaufs Textsammlung: Literaturgeschichte zwischen Revolution und Reaktion. Aus den Anfängen der Germanistik 1830–1870. Frankfurt 1972. Und: Germanistik und deutsche Nation 1806–1848. Zur Konstitution bürgerlichen Bewußtseins. Hg. v. Jörg Jochen Müller. Stuttgart 1974. [= Literaturwissenschaft und Sozialwissenschaften. 2.]

[27] Zunächst in seinem Aufsatz von 1913: Literaturgeschichte und Geschmacksgeschichte. Ein Versuch zu einer neuen Problemstellung. In: GRM. V. 1913. 561–577, und wenige Jahre später in seinem Buch: Soziologie der literarischen Geschmacksbildung. (3., neu bearb. Aufl. Bern 1961.)

gemacht hat oder die in Analysen des literarischen Marktes uns heute geläufig sind, werden hier bei Scherer kritisch anvisiert:

»In Beziehung auf den Verkehr der litterarischen Waare hat ein ungeheurer Umschwung der alten Zeit gegenüber sich vollzogen. Man braucht nur an den Contrast zu denken, der sich im Nachrichtenwesen zeigt: der fahrende Sänger, der Spielmann, welcher im Mittelalter die Rolle des Journalisten spielt – und die Zeitungen von heute. Es hat sich auch die Production dadurch vielfach verändert: denn die Factoren der Vermittlung zwischen Producent und Consument, d. h. zwischen Dichter und Publicum, sind außerordentlich complicirt geworden; und diese haben einen gewissen Einfluß auf die Production. Jetzt sind die Zeitungen solche Vermittler auch für die Poesie: sie theilen z. B. Romane im Feuilleton mit, Gedichte weniger. Sonst steht zwischen Dichter und Publicum der Verleger und der Sortimenter. Dazu kommen dann noch weitere Factoren, z. B. in Deutschland die Leihbibliothek. Alle diese Factoren wirken auf die poetische Production ein; sie tragen dazu bei den Preis zu bestimmen, sie stehen in Concurrenz und werben um das Publicum.« (85/86 [122/123])[28]

Den dichterischen Schaffensvorgang, die »poetische Production«, begreift Scherer gleichfalls nüchtern und ohne das Mirakel dichterischer Seinsoffenbarung zu beschwören in Analogie zu nationalökonomischen Kategorien:

»Die Nationalökonomen unterscheiden drei Factoren der Production: Natur, Kapital, Arbeit. Nicht genau dieselben, aber ähnliche Factoren sind für die dichterische Production thätig. Zunächst ist auch hier ein ewiger Factor die Natur: die Natur ist der unerschöpfliche Stoff des Dichters und dadurch Factor der Production – die Natur, die sich ewig gleich bleibt und und sich ewig erneut; alle Erscheinungen dieser Welt, sowohl die, welche wirklich sind, als die Folgerungen, welche daran hängen. [...]
Doch auch dem Kapital entspricht ein Factor: es sind schon angesammelte Producte vorhanden, Tradition, traditionelle Stoffe, traditionelle Behandlungsart der Form, die der Dichter vorfindet: das ist das Kapital, das frühere Generationen für ihn sammeln. [...]

---

[28] Es ist offensichtlich, wie hier die Kategorien des freien Kräftespiels des Marktes durchschlagen. Ähnlich bei der Einschätzung des Publikums (Poetik S. 89 [129]), der Lehre vom Erfolg (Poetik S. 90 [130]), oder (Poetik S. 85 [121]): »Die Poesie ist also schon in alter Zeit eine Art von Waare. Ihr Werth regelt sich nach Angebot und Nachfrage, nach dem Verhältniß von Production und Consumtion.« usw. – Vgl. auch Greß, Germanistik und Politik. S. 67.

Endlich Arbeit: die Art, wie er die Tradition sich aneignet, das Kapital fortpflanzt und vermehrt und von neuem aus der poetischen Stoffwelt schöpft. [...]« (101 [148])

Es mag sein, daß hier sowohl der Literaturwissenschaftler als auch der Wirtschaftstheoretiker den teilweise metaphorischen Gebrauch der ökonomischen Begriffe kritisieren würde.[29] Natürlich ließe sich hier und an anderen Stellen einhaken. Wichtiger aber erscheint mir im Augenblick der Hinweis auf das Prinzipielle dieses Ansatzes. Und hier kann die erkenntniskritische Dimension dieses Literaturverständnisses nicht übersehen werden. Nicht den »Tempeldienst«, von dem Emil Ermatinger 1925 ehrfürchtig schaudernd spricht,[30] hat Scherer im Auge, nicht das »Heiligtum« der Dichtung, das Korff wenig später – 1933 – beschwört,[31] nicht den Schöpfer, der ein Gott ist, den Gustav Roethe 1906 im neuen, dem deutschen Helden erkennt,[32] nicht den Dichter, der »in einem weit höheren Grade von allen anderen Klassen von Menschen ab[weicht], als man anzunehmen geneigt ist«, von dem der Freund und Zeitgenosse Dilthey 1877 spricht.[33] Scherer vielmehr schließt in seinem Anspruch an die durchaus auch aufklärerisch zu verstehende Intention des Comtes-

---

[29] Es wäre eine sehr lohnende Aufgabe, Wissenschaftssprache – vergangene und gegenwärtige – auf ihren metaphorischen Wortgebrauch hin zu untersuchen und den ideologischen Implikaten der Gelehrtensprache nachzugehen. Zwei Beispiele aus dem Umkreis der hier angesprochenen Verdinglichung durch ökonomische Bezugssysteme: »Man will Theilnahme erwecken, dem Schmerz aus, um etwas Anderes einzutauschen.« (Poetik S. 69 [97].) Und: »Der Begriff des Nationalliteratur duldet gleichwohl keinen engherzigen Schutzzoll; im geistigen Leben sind wir freihändlerisch.« (Erich Schmidt: Wege und Ziele der deutschen Litteraturgeschichte. Eine Antrittsvorlesung. In: E.S. Charakteristiken. 1. Berlin 1886. S. 480–498: S. 493.)

[30] Emil Ermatinger: Die deutsche Literaturwissenschaft in der geistigen Bewegung der Gegenwart [1925]. Zit. nach: Materialien zur Ideologiegeschichte der deutschen Literaturwissenschaft. 2. Hg. v. Gunter Reiß. Tübingen 1973. [= Deutsche Texte. 22.] S. 39.

[31] Hermann August Korff: Die Forderung des Tages [1933]. Zit. nach: Materialien. 2. S. 88.

[32] Gustav Roethe: Deutsches Heldentum [1906]. Zit. nach: Materialien. 1. S. 68.

[33] Zit. nach: Wilhelm Dilthey: Das Erlebnis und die Dichtung. Lessing–Goethe–Novalis–Hölderlin. 14. Aufl. Göttingen 1965. [= Kleine Vandenhoeck-Reihe. 191 S.] S. 133.

schen Positivismus,[34] dessen Dreistadiengesetz in seiner antitheologischen und antimetaphysischen Tendenz seinen eigenen Postulaten und Erfahrungen entspricht.

Wilhelm Scherers antiklerikale Haltung ist früh schon und unmißverständlich zu beobachten. Poesie und Wissenschaft gelten ihm als »der eigentliche Antichrist«[35]: »Und die Herren, die von den Kanzeln donnern gegen die ›Classiker‹, wissen wohl, was sie thun.«[36] Daß Scherers Haltung in der Tendenz über einen engen Antiklerikalismus hinausweist ins Prinzipielle einer Opposition gegen politische Macht und Privilegien, läßt sich aus folgender Bemerkung ablesen:

> »Bildung ist geistige Freiheit. Und diese Freiheit mußte irgendwie, irgendwo, früher oder später in Conflict mit der Kirche kommen. Denn die Kirche war privilegiert, und Privilegien führen immer zum Mißbrauch. Weil nun auf Unabhängigkeit und Freiheit alles Große im geistigen Leben beruht, so sind viele Jahrhunderte hindurch alle geistigen Großthaten im Gegensatz zur Kirche in die Welt getreten.
> Wir Deutsche aber sollen von unseren Dichtern lernen, welcher Platz uns zukommt in dem weltgeschichtlichen Kampfe zwischen den Mächten des Stillstands und denen der Bewegung.«[37]

Scherers aus positivistischen Grundlagen erwachsende Kritik an der Metaphysik und seine antitheologische Haltung begründen so die Position eines Wissenschaftlers, dessen Tätigkeit vom Anspruch auf-

---

[34] Zum Positivismus vgl. Lothar Köhns Darstellung »Der positivistische Ansatz« (S. 29–63), in: Jürgen Hauff u. a.: Methodendiskussion. Arbeitsbuch zur Literaturwissenschaft. Frankfurt 1971, und: Positivismus im 19. Jahrhundert. Beiträge zu seiner geschichtlichen und systematischen Bedeutung. Hg. v. Jürgen Blühdorn und Joachim Ritter. Frankfurt a. M. 1971 [= Studien zur Philosophie und Literatur des neunzehnten Jahrhunderts. 16.] – Einen interessanten Versuch, den Begriff des Positivismus mit der aktuellen Theoriediskussion in der Literaturwissenschaft kritisch zu vermitteln, stellt Klaus Laermanns Aufsatz »Was ist literaturwissenschaftlicher Positivismus?« dar. (In: Zur Kritik literaturwissenschaftlicher Methodologie. Hg. von V. Žmegač und Z. Škreb. Frankfurt 1973. S. 51–74.)
[35] Wilhelm Scherer: Litteratur und Kirche [1869]. In: Kleine Schriften. I. 667–672: S. 667.
[36] Scherer: Kleine Schriften. I. S. 667.
[37] Scherer: Kleine Schriften. I. S. 671/672.

klärerischer Radikalität geprägt zu sein scheint. In der – durchaus positivistischen – Zielsetzung, theologisch oder metaphysisch begründete und verbrämte Mythen und ideologisch abgesicherte Herrschaftspositionen rational zu durchdringen und abzubauen, sieht man sich zugleich auf Scherers Versuch verwiesen, Poesie und Wissenschaft als aus denselben erkenntnistheoretischen Wurzeln stammend zu begreifen und zu vermitteln.[38]

Das Publikum

Scherers besondere Aufmerksamkeit gehört dem Publikum. 133 von 277 Seiten, also fast die Hälfte,[39] sind dem 2. Kapitel der ›Poetik‹ vorbehalten, das die Überschrift trägt: »Dichter und Publicum«. Dabei geht es nicht nur um die bereits angedeuteten Probleme des Konsumenten von Literatur, Scherers Überlegungen zielen auch in die Richtung einer sozial- und wirkungsgeschichtlich orientierten Literaturgeschichte mit dem Akzent auf der *Funktion* von Literatur. Was Hans Robert Jauß vor einem knappen Jahrzehnt unter dem Stichwort Rezeptionsästhetik [40] in die aktuelle literaturtheoretische

---

[38] Vgl. z. B. Poetik S. 80 [115]: »[...] das sind zum Theil die Gründe, welche dazu führten, in alter Zeit die Poesie als Form der Wissenschaft zu benutzen. Hier bleibt die Poesie also ihrem Amte der Ergötzlichkeit getreu.
Sie kann es um so eher, als sie ein Mittel der Forschung, der Erkenntniß in den Urzeiten und auch später ist. Die Phantasie ist ein großes Mittel der Erkenntniß in allen Geisteswissenschaften.«

[39] Freilich ist auch der Fragmentcharakter der Schererschen ›Poetik‹ zu berücksichtigen, der auch erklärt, weshalb die ersten Teile umfangreicher vorliegen.

[40] Hans Robert Jauß: Literaturgeschichte als Provokation der Literaturwissenschaft. Konstanz 1967. [= Konstanzer Universitätsreden. 3.]
Die sich an Jauß anschließende Diskussion läßt sich in ihren wichtigsten Beiträgen nachvollziehen anhand folgender Sammelbände: Manfred Naumann u. a.: Gesellschaft. Literatur. Lesen. Literaturrezeption in theoretischer Sicht. Berlin. Weimar. 1973. – Peter Uwe Hohendahl (Hrsg.): Sozialgeschichte und Wirkungsästhetik. Dokumente zur empirischen und marxistischen Rezeptionsforschung. Frankfurt a. M. 1974. [= FAT. 2072.] – Literatur und Leser. Theorien und Modelle zur Rezeption literarischer Werke. Hg. von Gunter Grimm. Stuttgart 1975. – Rezeptionsästhetik. Theorie und Praxis. Hg. von Rainer Warning. München 1975. [= UTB. 303.]

und literarhistorische Diskussion eingeführt hat, formuliert Scherers ›Poetik‹ in Grundzügen schon als Programm:

»Es ergiebt sich also die Nothwendigkeit, darauf zu achten, welche Nuancen des Publicums in der Litteraturgeschichte auftreten. Das Publicum arbeitet sehr stark mit. Es fragt sich, was es sich bieten läßt. Das Publicum von Athen, Florenz, Paris ist Bedingung für die betreffende Litteratur und verdient deshalb große Beachtung. Ohne die specifische weimarische Gesellschaft hätte Goethe nicht werden können, was er geworden ist. Blieb er in Frankfurt, dann mußte sich das ganze Niveau auf einer Stufe halten, und die Höhe von ›Tasso‹ und ›Iphigenie‹ wäre nicht zu erreichen gewesen.« (125 [187])

Die »Lehre vom Publicum« wird für Scherer »eine wichtige Lehre der Poetik«. (124 [185]). Schon 1865 in seiner Besprechung von Hettners »Litteraturgeschichte des 18. Jahrhunderts«[41] betont Scherer bereits die Frage nach dem Geschmack des Publikums als Frage nach den Korrelationen von Dichter und Publikum: »Ist aber die Thatsache jenes Geschmackes des Publicums, die Thatsache dieses Erfolges keiner tieferen culturhistorischen Begründung werth?«[42] Eine bei Jauß so zentral gewordene Kategorie, wie die der Publikumserwartung bzw. des Erwartungshorizonts, klingt hier an und wird in der ›Poetik‹, z. B. in Form der »getäuschte[n] Erwartung«, explizit verwendet.[43]

Die »Lehre von Publicum« sieht Scherer in engem Zusammenhang mit der »Lehre vom Erfolg«, einem gleichfalls »wichtigen Theile der Poetik« (90 [130]). Das Kriterium des Erfolgs hat für Scherer dabei zunächst eine spezifisch ökonomische Seite, die sich in die dargestellte Perspektive von Literatur »als bloße Waare« (85 [121]) nahtlos einfügt und sich in Vergangenheit und Gegenwart gleichermaßen in der Regelung ihres Werts »nach Angebot und Nachfrage« (85 [121]) auswirkt.

»Früher als litterarischen Ruhm aber erstrebt der Berufsdichter um seiner selbst willen, um des Werths willen, den er in sich trägt und dem Publicum mittheilt, gute Behandlung, freie Bewirthung, reichliche Anerkennung.

So hat die Poesie schon in alter Zeit einen Tauschwerth.« (84 [121])

---

[41] W. Sch.: H. Hettners Litteraturgeschichte des 18. Jahrhunderts. 3. Theil. 2. Buch. Braunschweig 1864. In: Kleine Schriften. II. 66–71.
[42] S. 67.
[43] Poetik S. 126 [188].

Der Tauschwert des literarischen Produkts und die materielle Absicherung seines Produzenten sind aber nur die eine Seite des Erfolgs. Neben der sich hierin dokumentierenden Blickrichtung vornehmlich auf den bzw. die Adressaten der intendierten *Wirkung*, enthält die Lehre vom Erfolg einen klaren Bezug zu jener Voraussetzung von Erfolg und Wirkung, die im Werk selber liegt, in der »Kunst des Dichters [...], ein Wort so in uns erklingen zu lassen, daß eine ganze Welt in dem schlichten Wort lebendig wird.« (134 [201])

Zwar relativiert Scherer sofort:

»Indessen es handelt sich hier nicht bloß um das Wort. Gerade hier ist die Lehre vom *Publicum* zu beachten: die besondere Resonanz, welche bestimmte Vorstellungen (durch das Wort geweckt) in der Seele des Menschen haben können durch besondere Zusammensetzung des Publicums, durch den Ort, den Moment – mit einem Wort die begleitenden Umstände.« (134 [201])

Aber trotzdem geht es auch und gerade um das Werk, das heißt konkret: um seine Machart. Scherers ›Poetik‹ legt durchaus großen Wert auf die »kunstmäßige Anwendung der Sprache« (= Kapitel I. – Vgl. S. V [IX]) und bezieht diese Forderung auf das konstitutive Merkmal »Rede«; sie gibt in diesem Aspekt indes zugleich zu erkennen, auf welchem – zentralen – Fundament sie aufbaut: auf dem der Rhetorik.

Rhetorik und Poetik

Scherers Poetik überrascht zunächst also auch in diesem Punkt. Wir sind es gewohnt, und dominierende literaturwissenschaftliche Lehrmeinungen der letzten hundert Jahre haben es uns eingeredet, in der Rhetorik seit dem Ende des 18. Jahrhunderts nur eine unbedeutende Disziplin am Rande zu sehen. Die Verabsolutierung des im 18. Jahrhundert entstehenden Literaturbegriffs, der Dichtung an den Kriterien der Zweckfreiheit, der Autonomie und des individuell-spontanen Schöpfertums mißt, hat die in der rhetorischen Tradition eingeschlossene Auffassung von Dichtung als Bestandteil öffentlicher Rede und als demzufolge mit Wirkabsichten und nach erlernbaren Regeln herstellbaren Produktes verdrängt.[44] Daß diese Tradition

---

[44] Vgl. auch die Skizze dieser Entwicklung bei Joachim Goth: Nietzsche und die Rhetorik. Tübingen 1970. [= Untersuchungen zur deutschen Literaturgeschichte. 5.] S. 4–12.

der Rhetorik in Wirklichkeit nie abgerissen ist und ungebrochen weiterwirkt in der Literatur auch des 19. Jahrhunderts haben neuere Forschungen[45] inzwischen eindrucksvoll nachgewiesen. Die Ausklammerung der Rhetorik aus dem Bewußtsein von Dichtungstheoretikern wie -praktikern hängt eng zusammen mit der Entwicklung bürgerlichen Selbstverständnisses im 19. Jahrhundert. Walter Jens hat diese historischen Implikationen deutlich gemacht:

»In der Verachtung der ›politischen‹ Rh[etorik] manifestiert sich die Gesinnung eines Bürgertums, das sich, realer Herrschaft beraubt, im reinen Reich der Kunst für mangelnden politischen Einfluß schadlos halten möchte und deshalb alle Grenzverwischungen unerbittlich attackiert: Rh[etorik] paßt nicht ins Konzept der bürgerlichen Eskapismus-Ideologie; ihre Wirkungs-Akzentuierung widerstrebt dem Theorem von der reinlichen Trennung der Welten: der einen der Realität, von der man sich, ohnmächtig, abkehrt, und der anderen der Poesie, die man auf Kosten der Rh[etorik] für autonom erklärt und in deren Bezirk man absolute Konzeptionen entwirft, um den mangelnden Einfluß im bürgerlichen Leben zu kompensieren.«[46]

Auf diesem Hintergrund erscheint es um so bedeutungsvoller, wenn Scherer sich bewußt in die Tradition der Rhetorik stellt.[47] Im 1. Ka-

---

[45] Zum Beispiel Friedrich Sengle: Biedermeierzeit. Deutsche Literatur im Spannungsfeld zwischen Restauration und Revolution 1815–1848. Bd. 1. Stuttgart 1971.

[46] Walter Jens: Rhetorik. In: Reallexikon der deutschen Literaturgeschichte. Hg. von W. Kohlschmidt und W. Mohr. 2. Aufl. Bd. 3. [noch im Erscheinen begriffen] Fünfte Lieferung. Berlin 1971. S. 434. – Heinz Schlaffer hat im Hinblick auf die »Refeudalisierung der Bourgeoisie im 19. Jahrhundert« (S. 146) interessante Einsichten in den Zusammenhang von aristokratischer Existenz und ästhetischem Dasein, bezogen auf das 18. Jahrhundert, vermittelt, die als Folie zu den hier angesprochenen Tendenzen aufschlußreich sind. (Heinz Schlaffer: Der Bürger als Held. Sozialgeschichtliche Auflösungen literarischer Widersprüche. Frankfurt a. M. 1973. [= edition suhrkamp. 624.] – Am Beispiel von Drama und Theater im 19. Jahrhundert hat Helmut Schanze ebenfalls auf diese Zusammenhänge aufmerksam gemacht: H. Sch.: Drama im bürgerlichen Realismus (1850–1890). Theorie und Praxis. Frankfurt a. M. 1973. [= Studien zur Philosophie und Literatur des neunzehnten Jahrhunderts. 21.] Insbes. die Einl.

[47] Vgl. Marie-Luise Linn: Studien zur deutschen Rhetorik und Stilistik im 19. Jahrhundert. Marburg 1963. [= Marburger Beiträge zur Germanistik. 4.] S. 34–36: Wilhelm Scherer.

pitel der ›Poetik‹, überschrieben mit »Das Ziel«, geht Scherer ausführlich auf die Geschichte der Rhetorik ein und entwickelt seinen Ansatz aus dem Zusammenhang von Poetik und Rhetorik.

»Es ergiebt sich nun aus allen diesen Betrachtungen sofort, daß eine umfassende und rein abzugrenzende Wissenschaft möglich ist, welche die *Kunst der Rede* systematisch behandelt. Diese gesamte Kunst der Rede ist in dem traditionellen Titel »Rhetorik Poetik Stilistik« enthalten. Aber dieser deutet hin auf ein Fachwerk, welches auf Vereinzelung der Disciplinen beruht. Wir constatirten dagegen, daß sich die Forderung gerade nach einer umfassenden Betrachtung der Kunst der Rede ergiebt.« (27 [30])

Und:

»Die spätere Rhetorik nun hat alle die Keime, die Aristoteles gelegt hat, zu einer sehr strengen und systematischen Theorie ausgebildet, welche für die Poetik theils ein Vorbild sein kann, theils ihr geradezu zu gute kommt.« (39 [50])

Die Gliederungsprinzipien der Schererschen Poetik orientieren sich denn auch im Großen wie im Kleinen an Struktur- und Aufbauprinzipien des rhetorischen Regelgebäudes. Das schon dargestellte 2. Kapitel »Dichter und Publicum« erhält – neben dem bisherigen Akzent – auch aus dem Blickwinkel der Rhetorik seinen Stellenwert. Die folgenden Kapitel: 3 – »Die Stoffe«, 4 – »Innere Form«, 5 – »Äußere Form«, einschließlich der »Lehre von den Dichtungsarten« bezieht Scherer ausdrücklich auf das Vorbild der Rhetorik. Scherers Überlegungen hierzu mögen als repräsentativer Beleg auch im Hinblick auf seinen Versuch einer produktiven Weiterentwicklung zitiert werden:

»Im Ganzen entspricht diese Einteilung den alten rhetorischen Lehren, diese aber erweisen sich als unvollständig, als auf einer nicht genug eindringenden Analyse beruhend. *Inventio* bedeutet hauptsächlich Topik, Fundstellen, Fundörter – davon ist nach eingeführter Weise im 3. Kap. zu handeln. *Dispositio*, Anordnung, kann als Theil der inneren Form angesehen werden, wenn nicht schon als Theil der äußeren – insofern der Plan möglichst fertig sein muß oder fertig sein sollte, wenn die *elocutio* beginnt. *Elocutio*, »äußere Form«, umfaßt dann bei der Poetik sowohl Sprache als Metrik.« (136 [203/204])

Neben Nationalökonomie und Wirkungsästhetik kommt also als 3. Charakteristikum der Schererschen Poetik die Rhetorik hinzu, auch hier wiederum überraschend für den heute um die Position einer kritischen Literaturwissenschaft Bemühten, nimmt doch in dieser Positionsbestimmung die Neubesinnung auf rhetorische und kommunikationstheoretische [48] Grundmuster der Textstrukturierung einen wichtigen Platz ein. Registriert man, daß, wie Ludwig Fischer und andere jüngst wieder betont haben, der Rhetorik eine »potentielle aufklärerische Funktion« zukommt, »die gesellschaftliche Widersprüche öffentlich zu benennen und von der Notwendigkeit der Veränderung zu überzeugen erlaubt«,[49] dann müßte man in Scherer den politischen Aufklärer schlechthin unter den Literaturwissenschaftlern und Dichtungstheoretikern der letzten hundert Jahre vermuten. Auch seine Auffassung von Poesie als einem »Organ der öffentlichen Meinung«[50] weist in diese Richtung.

Die Verbindung von Rhetorik und Poetik als Opposition zur Ontologie des Kunstwerks, ja mehr noch, als Opposition zur Ontologie des Herrschaftsanspruchs, der sich hinter dem Kunstwerk verbergen kann – auch bei dieser These enttäuscht uns Scherers Poetik – zunächst – nicht.

Politische Herrschaft durch Poesie

Scherer sieht die Funktion der Poesie nicht bloß in »Ergötzlichkeit« (79 [113]) oder Trost (79 [113]), er findet, ganz im Sinne der Rhetorik, »daß sie auch ein Mittel ist, um auf den Willen zu wirken, eine Erregerin, eine Zaubermacht, mit welcher der, der sie übt, die Menschen zum Guten und zum Bösen lenken und durch die Phantasie auf ihre Leidenschaften und Thaten wirken kann.« (79/80 [113]) Ohne Umschweife beschreibt Scherer unter den »Functionen« und »Ämter[n], welche die Poesie übernimmt« (82 [118]), den politischen Mißbrauch der »Macht« (83 [118]) der Poesie:

---

[48] Bezeichnend, daß die für alle Massenkommunikationsforschung immer wieder benutzte Lasswell-Formel ihre fast identische Entsprechung in der alten rhetorischen Suchformel von Mathieu de Vendome (1170) hat, wie Henk Prakke nachgewiesen hat. (Die Lasswell-Formel und ihre rhetorischen Ahnen. In: Publizistik. 3. 1965.) Vgl. auch Helmut Schanze: Medienkunde für Literaturwissenschaftler. Einführung und Bibliographie. München 1974. [= UTB. 302.] S. 25/26.
[49] Ludwig Fischer: Rhetorik. In: Grundzüge der Literatur- und Sprachwissenschaft. Hg. von Heinz Ludwig Arnold und Volker Sinemus. Bd. 1: Literaturwissenschaft. S. 134–156: S. 145.
[50] Wilhelm Scherer: Ein japanischer Roman [1881]. In: Kleine Schriften. I. 708–713: S. 713. – Vgl. auch Textanhang dieser Ausgabe Nr. 7.

»Die Leute in priesterlichen oder ähnlichen Lebensstellungen mögen es gewesen sein, die am frühesten consequent nach Benutzung der Poesie strebten, um mittelst derselben Macht auszuüben auf die Gemüther, auf den Willen der Menschen.
Die ganze sacrale, hieratische Poesie, die Opfergesänge und Hymnen, die Gebete und Zaubersprüche, von Priestern gelehrt und gleichsam verwaltet, dienen zugleich zur Vermehrung der Macht ihrer Träger.
Von unschätzbarem Werth ist die Poesie für diejenigen, welche mittelst ihrer den Willen zu beherrschen wünschen. Die Poesie schärft die Tugenden ein, welche den Machthabern erwünscht sind – so die von Priestern begünstigte Poesie.
Nicht minder thut das die von Königen begünstigte Poesie. Was schärft das germanische Epos ein? Was die Volkskönige von ihren Unterthanen verlangen, erwarten: Tapferkeit und Treue. Es singt den Ruhm der sangliebenden Könige der Völkerwanderung; es preist den Mann, der sich in edler Aufopferung für seinen Herrn hingiebt, der einen ruhmvollen Tod höher achtet als ein schmachvolles Leben. So schärft diese Poesie die Tugend ein, die jenen Königen erwünscht war.
Gewisse Richtungen der Poesie werden von denjenigen begünstigt, die Vortheil davon haben. Die Priester wünschen die Gottesfurcht verstärkt, weil sie ihrem eigenen Ansehen, als der Vermittler zwischen Gott und Mensch, zu gute kommt. Die geistlichen Dichter des 11. und 12. Jahrhunderts stellen die christlichen Heiligen als Tugendmuster auf, die Entsagenden, Demüthigen, Glaubenstreuen, Bescheidenen; sie preisen den Segen der guten Werke; sie verdammen die weltlichen Tugenden als Sünde.
Die aristokratischen Dichter hinwiederum, die aus dem Kreise des Adels hervorgehen, preisen die aristokratischen Tugenden: Selbstgefühl, Tapferkeit, Stolz, aber auch Freigebigkeit...
Die fahrenden Sänger preisen die Milde vor allem, die Freigebigkeit, die ihnen selbst zu gute kommt – sie preisen sie für sich selbst; für das Publicum, dem sie gefallen wollen, preisen sie die geistlichen Tugenden, wenns ein geistliches, die weltlichen, wenns ein weltliches ist.
Hier sehen wir schon, wie dem Sänger sein Vortheil aufgeht. Der Dichter, der von Tapferkeit und Treue sang, war am Hofe der Volkskönige der Völkerwanderung willkommen. Die Sänger schmeichelten. Sie gaben dem Könige nicht bloß gewaltigen Ruhm, sondern auch göttliche Ahnen. Sie verherrlichten die Thaten des Königs und logen gewiß, wo es sich besser machte.« (83/84 [118–120])

Diese hier ausführlich vorgestellte Passage aus Scherers ›Poetik‹ macht deutlich, in welch hohem Maße Ideologiekritik in Scherers wissenschaftlichem Ansatz angelegt ist. Es fällt indes auf, daß Scherers kritische Durchleuchtung des Verhältnisses von Poesie und Herrschaft hier ausschließlich auf die Vergangenheit gerichtet ist. Ausgespart bleiben an dieser Stelle ähnliche Bemerkungen über die für Scherer gegenwärtige Epoche, das bürgerliche Zeitalter des 18. und 19. Jahrhunderts. Gewiß, hier setzen seine schon dargelegten Erwägungen zur Literatur als Ware ein, hier analysiert er die Bedingungen des literarischen Marktes. Auffällig bleibt aber, daß explizite Zusammenhänge von politischer Herrschaft und poetischer Macht nicht in annähernd kritischer Weise für seine eigene Zeit erörtert werden. Merkwürdig neutral beschränkt sich Scherer hier auf den Bereich des bloß Funktionalen, vermeidet er konkrete Inhaltlichkeit.

Zu einigen Widersprüchen in Scherers ›Poetik‹

Wenn Scherer die Erörterung des Tauschwerts der Poesie in Kategorien der Nationalökonomie abhandelt, so sucht er ausdrücklich – »um nicht zu viel mit nationalökonomischen Begriffen zu wirthschaften« (94 [137]) – dort, wo es um den Gebrauchswert geht, das Ersatzwort »idealer Werth« (94 [137]).

Unter Gebrauchswert versteht Scherer einen »größten Werth, ein allgemeines Gut ohne Tauschwerth« (94 [137]). Daß die Poesie »ein solches allgemeines Gut der Menschheit« (94 [137]) sei, kann er nur bedingt bejahen: »Sie ist es nicht ganz. Sie ist schon in den ältesten Zeiten Eigenthum nur der Wenigen, die sie verstehen und Anderen mittheilen können, [...]«. (94 [137]) Trotz dieses eingeschränkten Gebrauchswertes versucht Scherer herauszufinden, ob sich »ein festes Verhältniß angeben [läßt], in welchem die Poesie zu ihren Wirkungen steht«. (95 [138]) Er sieht dieses feste Verhältnis »im Verhältniß der Poesie zur *Sittlichkeit*«. (95 [138]) Zwar hält es Scherer für nicht möglich, »feste Gesetze aufzustellen, wie die Poesie sich zur Sittlichkeit verhalten soll«. (95 [138]) Doch: »Historisch ist unzweifelhaft, daß die Poesie eine große sittliche Bildnerin der Völker, daß sie ein Haupterziehungsmittel der Nationen ist.« (95 [138])

Daß in dem von Scherer anvisierten Erziehungsprozeß das »eindringliche Studium Goethes Kern und Mittelpunct«[51] sein soll, verweist auf historische Bedingungen der so verstandenen »ästhetischen

---

[51] Wilhelm Scherer: Goethe-Philologie [1877]. In: W. Sch. Aufsätze über Goethe. Hg. von Erich Schmidt. Berlin 1886. S. 3–27: S. 10.

Erziehung der Nation«.⁵² Scherer nämlich beschreibt das ihm vorschwebende »Vorbild der deutschen Philologie«⁵³ im Kontrast zur dahinsiechenden Klassischen Philologie mit dem Paradigma des Dichterfürsten⁵⁴ Goethe: »Hat erst Goethe den Thron bestiegen und herrscht er über die Geister der Jugend, so werden die Weisen und Dichter Athens sich von selbst ihm gesellen.«⁵⁵ Das Bild von der Thronbesteigung des Dichterfürsten signalisiert in der Ambivalenz von ästhetischem und politischem Sinn die Situation des Bürgertums in der Mitte des 19. Jahrhunderts auf sehr eindringliche Weise. Helmut Schanze hat jüngst noch einmal am Beispiel des ›Dramas im bürgerlichen Realismus‹ darauf hingewiesen, wie nach dem Scheitern der Revolution von 1848, dem »Ende einer großen politischsozialen Bewegung« sowie der »Schlußepoche des bürgerlichen Revolutionsgedankens von 1789 und der deutschen Antworten hierauf«⁵⁶, politische Ohnmacht mit ästhetischen Mitteln kompensiert wird: »Nach der gescheiterten Revolution von 1848 hatten die bürgerlichen Revolutionäre nicht die Regierung, sondern das Theater übernommen.«⁵⁷ Das Theater wird zur anerkannten gesellschaftlichen Institution; es ist nicht mehr fürstliche Repräsentation, sondern wird »nun zur eigenen Sache der bürgerlichen Gesellschaft«.⁵⁸ Als Institut bürgerlicher Bildung und Erziehung ist es in besonderem Maße, was Literatur allgemein in dieser Zeit ist: »Ersatz für verlorene Hoffnungen.«⁵⁹ Zur Eröffnung des neuen Leipziger Stadttheaters ist in den ›Grenzboten‹ zu lesen:

»Poesie und Schauspielkunst der letzten Jahre haben selten durch neue Erfindungen von hervorragendem Kunstwerth erfreut, dennoch hat das deutsche Theater immer gesteigerte Bedeutung für die Bildung

---

⁵² Scherer: Goethe-Philologie. S. 10.
⁵³ Scherer: Goethe-Philologie. S. 10.
⁵⁴ Zum Stichwort »Dichterfürst« vgl. meine Einleitung »Vom Dichterfürsten und seinen Untertanen« zu: Materialien zur Ideologiegeschichte der deutschen Literaturwissenschaft. I. S. VII–XLI. – Und: Eberhard Lämmert: Der Dichterfürst. In: Dichtung. Sprache. Gesellschaft. Akten des IV. Internationalen Germanisten-Kongresses 1970 in Princeton. Hg. von Victor Lange und Hans-Gert Roloff. Frankfurt 1971. S. 439–455.
⁵⁵ Scherer: Goethe-Philologie. S. 10.
⁵⁶ Schanze: Drama im bürgerlichen Realismus. S. 9.
⁵⁷ Schanze: Drama im bürgerlichen Realismus. S. 6.
⁵⁸ Schanze: Drama im bürgerlichen Realismus. S. 5.
⁵⁹ Schanze: Drama im bürgerlichen Realismus. S. 5.

der Nation gewonnen. Unsere Bühnen sind ein regelmäßiges Tagesvergnügen aller ansehnlichen Städte, ihre Darstellungen üben eine unermeßliche Wirkung auf die Gedanken und das Empfindungsleben des Volkes aus.«[60]

Auf diesen historischen Hintergrund ist zu projizieren, was Scherer im allgemeinen und an fernen historischen Beispielen über die Funktion der Poesie als »sittliche Bildnerin«, als »Haupterziehungsmittel« der Nation ableitet. Von der »Macht« der Poesie kann auch hier gesprochen werden, und im Zitat aus den ›Grenzboten‹ ist ebenfalls unüberhörbar davon die Rede, aber es ist ein sehr diffuser Begriff geworden. Er bezieht sich auf Ersatzhandlungen außerhalb der politischen Realität und ist doch, auf lange Sicht gesehen, von eminent politischer Bedeutung. Die »poetische« Realität des Bürgertums verhindert in zunehmendem Maße, daß wahrgenommen wird, was in der Gründung des Deutschen Reiches 1871 schon zu beobachten ist und in der weiteren Entwicklung immer schärfer zutage tritt:

> »[...] am Eingang zum neuen Staatsgebäude [stand] kein ursprünglicher Emanzipationsakt der politisch mündigen Volksschichten, sondern der autoritäre preußische Obrigkeitsstaat expandierte mit blendenden Erfolgen zum Deutschen Reich von 1871. In seinem Gehäuse sollte sich auch die bürgerlich-industrielle Gesellschaft einrichten. Gegen mächtige Zeittendenzen feierten die aristokratischen, militärischen, agrarischen Kräfte den Triumph des siegreichen Ausgangs ihres aggressiven Defensivkampfes. Unter diesem Vorzeichen begann die Geschichte des neuen Reichs.«[61]

Die sich hier abzeichnenden Diskrepanzen und Widersprüchlichkeiten in der Bewußtseinslage des Bürgertums *drücken sich* in der ›Poetik‹ und ihrer Standortbeschreibung *aus*. Was die poetische *Praxis* demonstriert, signalisiert sich gleichermaßen in ihrem poetologischen Reflex. Auch hier hat der Literaturwissenschaftler, in Abwandlung der Formulierung von Schanze, ›nicht die Realität, sondern die Poetik übernommen‹. Auffälliges und charakteristisches Symptom dafür mag sein, wie sich ideologiekritischer Ansatz und durch die Geschichte überholt geglaubtes feudales Muster – Thron-

---

[60] In: Grenzboten. 27. 1. Sem. 2. Leipzig 1868. S. 409. – Zitiert nach: Schanze. S. 6.
[61] Hans-Ulrich Wehler: Das Deutsche Kaiserreich 1871–1918. Göttingen 1973. [= Deutsche Geschichte. 9.] S. 40.

besteigung des die Nation erziehenden Dichterfürsten – vermischen. Der historisch tatsächlich sich vollziehende »Feudalisierungsprozeß« des Bürgertums im Kaiserreich[62] erscheint hier auf die paradigmatische Formel gebracht.

Elitäre Strukturen, wie die zuletzt angedeuteten, verbinden sich mit Scherers schon zitierter Diagnose, Poesie sei schon immer »Eigenthum nur der Wenigen, die sie verstehen und Anderen mittheilen können«. In diese Richtung weist zusätzlich, was über Scherer bei seinen Schülern oder späteren Rezipienten zu lesen ist. So feiert ihn Konrad Burdach im Vorwort zu Scherers ›Kleinen Schriften‹ als den »Priester« jenes Geistes, der die »deutsche Philologie schuf und durch ihre Meister entfaltete«.[63] Scherer selbst sieht sich indes schon in dieser priesterlichen Funktion, wenn er anläßlich einer Rezension schreibt: »Ästhetische Überzeugungen sind so heilig wie sittliche. Wer durch seinen Beruf den künstlerischen Lebensinteressen nahe steht, muß über Kunstwerke mit demselben Gefühle der Verantwortung reden wie ein geistlicher Berather über Tugend und Sünde.«[64]

Wie kann man auf diesem Hintergrund zusammenbringen, daß Poesie einerseits »Eigenthum nur der Wenigen«, andererseits aber »Haupterziehungsmittel der Nationen« ist? Liegt nicht der Gedanke nahe, daß die Wenigen in der Poesie das Haupterziehungsmittel der Nation besitzen? Priester und Forscher, Priester und Künstler erscheinen in Analogie zueinander; Fürst und Dichter ebenso. Scherer selbst gliedert sich ein in diese Zusammenhänge. Und seine ›Poetik‹?

Den möglichen Vorwurf, er entwerfe das Programm einer normativen und politisch affirmativen Poetik, scheint Scherer mit dem Hinweis auf die historischen Phänomene und die Faktizität der Tatsachen aufzufangen:

»Die Poesie hat in unzähligen Fällen seit Jahrtausenden das zu empfehlen gesucht und in glänzenden Farben dargestellt, was die Aufopferung in den Menschen verstärken und den Egoismus zurückdrängen konnte. Sie hat unendlich viele Vorbilder des Großen, Guten, Edlen aufgestellt.

Vom Standpunct der Poetik aber ist es wieder eine unlösbare Frage:

---

[62] Vgl. u. a. auch Helmut Böhme: Prolegomena zu einer Sozial- und Wirtschaftsgeschichte Deutschlands im 19. und 20. Jahrhundert. Frankfurt a. M. 1968. [= edition suhrkamp. 253.] S. 51–53, 80/81 u. a.
[63] Konrad Burdach: Vorwort zu Scherer. Kleine Schriften. I. S. XX.
[64] Scherer: Kleine Schriften. II. 148.

soll die Poesie sittlich wirken? *soll* sie eine sittliche Bilderin der Völker sein?
Sie ist es thatsächlich gewesen, und oft.« (95 [138])

In der Berufung auf das immer schon so Gewesene liegt letztlich auch eine Tendenz zur Bejahung für die Gegenwart. Dies bestätigt sich, bezieht man den »Standpunct der Poetik« auf Scherers Definition von Sittlichkeit, die er in Verbindung mit dem »Standpunct des öffentlichen Wohles« wenige Seiten später gibt:

> »Unter Sittlichkeit kann ich aber nichts anderes verstehen als die Summe der Forderungen, welche die Gesammtheit an den Einzelnen stellt, die Schranken, mit denen die Gesellschaft ihr Mitglied umgibt; und da doch jeder Einzelne sich als ein Mitglied der Gesellschaft fühlt, so wird der Dichter also gut thun, auf diese Gesellschaft Rücksicht zu nehmen. Stellen wir uns auf den Standpunct des öffentlichen Wohles, so werden wir unbedingt sittliche Wirkung von der Poesie verlangen, und zwar verschieden je nach den Kreisen: die directe sittliche Wirkung für die Masse, die indirecte für die feiner Gebildeten.« (99 [145])

Die Problematik dieser Vorstellung von Sittlichkeit macht bereits Th. Lipps in seiner Rezension von 1890 deutlich: »Die Gesellschaft hat ja doch oft genug an den Einzelnen Forderungen gestellt, die Scherer, wenn er sein sittliches Urtheil fragte, ebenso gut wie jeder Andere unsittlich nennen würde. Zudem, was heisst das: die Gesellschaft? Wer repräsentiert sie? Die Majorität? Wie erfahren wir deren Forderungen?«[65]

Am Beispiel von Nation und Nationalem wird die Fragwürdigkeit eines so formulierten ›Standpunkts des öffentlichen Wohles‹ offenkundig. Scherer nimmt ihn ein: wie ein roter Faden zieht sich der Gedanke der Nation durch sein gesamtes Werk. In der Widmung zur Sprachgeschichte, seinem Lehrer Müllenhoff zugeeignet, wünscht er 1868 eine Wissenschaft, die »das kühne Unternehmen wagte, ein *System der nationalen Ethik* aufzustellen«.[66] Die hier schon geforderte »nationale Güter- und Pflichtenlehre«[67] ist nicht weit entfernt von einer Poetik des »öffentlichen Wohls« und der in ihr angelegten Erziehung der Nation. 1870, zum »neuen Abdruck von Jacob

---

[65] Th. Lipps: Ästhetischer Litteraturbericht (III.). In: Philos. Monatshefte. 26. 1890. 323–333: S. 328.
[66] Scherer: An Karl Müllenhoff. In: Zur Geschichte der Deutschen Sprache. Berlin 1868. S. VII.
[67] Scherer: An Karl Müllenhoff. S. VII.

Grimms Deutscher Grammatik«[68] erklärt Scherer, dessen Herz »in diesen bewegten Tagen« wie »jedes deutsche Herz vor banger Erwartung pocht«[69]: »Diese Wissenschaft [= deutsche Philologie, G. R.] ist gebaut auf das reinste, edelste, heiligste Gefühl, das einen Menschen erfüllen kann, auf die Liebe zu der geistigen Gemeinschaft, der er entstammt, auf die Liebe zu seiner Nation.«[70] Scherer praktiziert, was Kaiser Wilhelm II. dann 1890 für das Gymnasium fordert:

> »Die Philologen haben hauptsächlich auf den Lernstoff, auf das Lernen und Wissen den Nachdruck gelegt, aber nicht auf die Bildung des Charakters und die Bedürfnisse des jetzigen Lebens ... Dann fehlt vor allem die nationale Basis. Wir müssen als Grundlage für das Gymnasium das Deutsche nehmen.«[71]

Scherer hat in diesem Punkt dem Kaiser längst schon vorgegriffen: »Es ist ein Heiliges, was wir im Schweigen der Verehrung über uns fühlen, dieses Heilige, das ist der Geist unserer Nation.«[72]

Es sind die gleichen Worte, – aber sprechen der Liberale[73] Scherer und der Kaiser des imperialistischen Deutschlands tatsächlich dieselbe Sprache, wenn sie das Nationale verherrlichen? Der Kontext und die Rezeption Schererscher Schlagworte wie nationale Ethik scheinen dafür zu sprechen. Aber der kritische Wissenschaftler, der Scherer unbezweifelbar auch ist? Ist es bloß das »Dilemma des Positivismus«, daß seine Faktengläubigkeit in Herrschaftslegitimation umschlägt, wie Franz Greß in seiner Scherer-Analyse deutlich zu machen versucht hat?[74] Daß die postulierte Induktion in die verpönte Deduktion umschlägt, ist dem Positivismus häufig als Selbstwiderspruch angelastet worden.[75] Auch Scherers ›Poetik‹ ist nur

---

[68] Scherer: Zum neuen Abdruck von Jacob Grimms Deutscher Grammatik. 1. Teil. [1870]. In: Kleine Schriften. I. 21–30.
[69] Scherer: Zum neuen Abdruck. 21.
[70] Scherer: Zum neuen Abdruck. 22.
[71] Zitiert nach: Materialien zur Ideologiegeschichte der deutschen Literaturwissenschaft. II. 106.
[72] Zitiert nach: Konrad Burdach: Die Wissenschaft von deutscher Sprache. Ihr Werden. Ihr Weg. Ihre Führer. Berlin. Leipzig 1934. S. 140.
[73] Vgl. Burdach: Vorwort zu Kleine Schriften. I. S. X und Scherers Bismarck-Aufsätze: Kleine Schriften. II. 213 und 218.
[74] Greß: Germanistik und Politik.
[75] Vgl. hierzu auch die anonym erschienene Kritik in den ›Grenzboten‹ 1888. (Anhang: Text Nr. 15.)

ihrem Anspruch nach empirisch-induktiv,[76] ihr normativer Charakter ist tendenziell und explizit immer wieder spürbar.

III.

Es ist schwierig, die skizzierte Problemlage mit eindeutigen und einfachen Erklärungen zu versehen, es ist auch kaum erstrebenswert. Vielleicht ist es zunächst sogar ebenso schwierig, das Interesse an dieser Problemlage hinreichend plausibel zu machen. Von den eingangs anvisierten Frageperspektiven her ist an das spezifisch wissenschaftsgeschichtliche Interesse des hier vorgetragenen Ansatzes zu erinnern. Dabei käme der Analyse des Sozialisationsprozesses – bei aller Eingeschränktheit der hierzu bisher verfügbaren Hilfsmittel – die Aufgabe zu, in der Vermittlung von biographischem Kontext und wissenschaftlicher Theorie jene Wurzeln offen zu legen, die vermuten lassen, hier hätten die Widersprüche im wissenschaftlichen System ihren Ausgang genommen. Scherers Biographie ist deshalb hier zu befragen.

Scherers wissenschaftliche und politische Sozialisation

Scherers wissenschaftliche Sozialisation ist nicht zu trennen von seiner politischen.[77] Dies verdeutlicht sich an seiner glühenden Verehrung der deutschen Nation. Scherer war von Geburt Österreicher; 1841 geboren, erlebt er die politische Niederlage des österreichischen Liberalismus in der Revolution von 1848 als Siebenjähriger. Kindheit und Jugend fallen in die Zeit der Konkurrenz Preußens und Österreichs um die Führungsrolle in der deutschen Einheitsbewegung. Scherers nationale Haltung scheint sich erst während der Zeit seines Studiums herauszubilden.[78] 1859 beteiligt sich der Student

---

[76] Vgl. Dietrich Grohnert: Untersuchungen zur literaturwissenschaftlichen Methode Wilhelm Scherers. Diss. Masch. Potsdam 1963. S. 130ff.

[77] Greß: Germanistik und Politik. S. 52 spricht von der »Politischen Biographie« Scherers und bestimmt »Biographie als soziales Phänomen«. Vgl. im einzelnen die Thesen von Greß. – Zu einigen Aspekten einer »Sozialgeschichte der literarisch gebildeten Intelligenz« (wenn auch nicht mit direktem Bezug zu Scherer) vgl. die Beiträge von Dietrich Harth, Wilhelm Kamlah und Reinhard Lahme in: Propädeutik der Literaturwissenschaft. Hg. v. Dietrich Harth. München 1973. [= UTB. 205.]

[78] Zu den Jugendeinflüssen vgl. Grohnert: Untersuchungen. S. 47ff. und

Scherer »an den Vorbereitungen zur Abhaltung einer eigenen studentischen Schillerfeier, die jedoch vom Unterrichtsministerium untersagt«[79] wird. Scherer ist hier noch innerhalb der liberalen Bewegung der idealistische Student ›großdeutscher Prägung‹. Ein Jahr später, 1860, geht er aus Enttäuschung über die Wiener Universität und insbesondere über seinen dortigen Lehrer Pfeiffer, nach Berlin, um bei Müllenhoff »wissenschaftliche Methode«[80] zu studieren; 1862 kehrt er »als entschiedener Verehrer der preußischen Politik«[81] nach Wien zur Promotion und Habilitation zurück, »erfüllt von dem Gedanken, daß der Retter Österreichs nur der deutsche Geist sein könne. Wohlgemerkt, fügte er hinzu: ›Ich sage nicht, ›die Deutschen‹, sondern ›der deutsche Geist‹.‹«[82] Seine pro-preußische Haltung verstärkt sich zusehends, Österreich ist ihm »kein Staat mehr, sondern eine bloße Polizeianstalt und das eine sehr schlechte.«[83] Scherers ›Geschichte der deutschen Sprache‹ erscheint 1868, das darin geforderte »System der nationalen Ethik«[84] muß auch aus der immer offener zur Schau getragenen Haltung gegen den österreichischen

---

Scherers offenen Brief »An Gustav Freytag« (1886), in: Kleine Schriften. II. 36–39.
[79] Greß: Germanistik und Politik. S. 53.
[80] Vgl. die Einführung von Edward Schröder zu: Briefwechsel zwischen Karl Müllenhoff und Wilhelm Scherer. Hg. von Albert Leitzmann. Berlin und Leipzig 1937. S. XI.
[81] Burdach: Wissenschaft von deutscher Sprache. S. 139.
[82] Wilhelm Scherer – Erich Schmidt. Briefwechsel. Hg. von Werner Richter und Eberhard Lämmert. Berlin 1963. S. 16.
[83] Briefwechsel Müllenhoff–Scherer. S. 160. – Ähnlich, fünf Monate später, im Dez. 1866 (S. 182): »Wenn ich erlebe daß dies Österreich zerfällt und wir Deutschösterreicher Bestandteil des großen deutschen Staates werden, so habe ich genug und eine größere Freude erlebt als mir meine eigenen Leistungen jemals machen können. Auf jenes Ereignis aber bin ich mit einer Leidenschaft gespannt, die vieles in mir verschlingt und aufsaugt.«
[84] H. Steinthal bringt gerade dieses Schlagwort vom »System der nationalen Ethik« in seiner Rezension von Scherers ›Poetik‹ in einen bezeichnenden Zusammenhang mit dieser: »Das erste was ich zu bemerken finde, ist die Tatsache schlechthin, dass Scherer es für nötig hielt, außer der deutschen Litteratur-Geschichte eine Poetik zu schreiben, die nicht bloß eine Poetik der deutschen Poesie sein sollte, sondern, wie empirisch auch immer, doch eine allgemeine Lehre der menschlichen Dichtung. Dies ist wichtig hervorzuheben, obwol es eine unausweichliche Folge

Staat begriffen und auf Scherers preußisch-deutsche Loyalität bezogen werden. 1872 nimmt Scherer einen Ruf an die neu gegründete Reichsuniversität Straßburg[85] an und entgeht so, nach einer offiziellen Verwarnung, einer bevorstehenden disziplinarischen Untersuchung durch die österreichische Regierung.

Scherers entscheidendes Erlebnis liegt offenkundig in den Studienjahren in Berlin. Ohne die Vielfalt der damaligen Universität Berlin hier beschreiben zu können und zu wollen, vermittelt doch eine Schilderung Diltheys aus dem Nachruf auf Scherer die Perspektive, die das hier anstehende Problem von Scherers wissenschaftlicher und politischer Sozialisation weiterführt:

»Berlin war [...] zweifellos der Mittelpunkt der germanistischen Studien, denen sich Scherer gewidmet hatte. Hier lebte und arbeitete noch Jakob Grimm, zuweilen sah man wohl die schlichte unbeschreiblich imponirende Gestalt durch den Thiergarten schreiten oder vernahm ihn in der Akademie. Niemand kann den Eindruck vergessen, der ihn dort über den Bruder sprechen hörte. Scherer durfte ihm näher treten, und das Verhältniß zu dieser herrlichsten deutschen Gelehrtennatur ist vielleicht das tiefste und reinste Pietätsverhältniß seines Lebens gewesen, in alt deutscher Weise ein Gefolgschaftsverhältniß. Haupt und Müllenhoff waren auf der Höhe ihrer Universitätswirksamkeit. Müllenhoff's ungewöhnliche Kraft historischer Phantasie, fest gegründet auf eine höchst umfangreiche und sichere Gelehrsamkeit, wirkte bestimmend auf Scherer.«[86]

---

dessen ist, was Scherer in der Widmung seines Werkes ›Zur Geschichte der deutschen Sprache‹ über eine Historik als ›Mechanik der Gesellschaft‹ (S. VII) ausgesprochen hat. Ich weiß nicht, ob er sich jemals über die allgemeine Ethik erklärt hat, welche über die ›nationale Ethik‹ (S. VIII) hinaus gehend auf der umfassendsten Völker- und Sitten-Geschichte, auf dem ›demokratischen Dogma vom unfreien Willen, dieser Centrallehre des Protestantismus, dem Eckstein aller wahren Erfassung der Geschichte‹ beruhen müsste, aber doch von dieser Geschichte noch verschieden wäre. Doch gleichviel, seine Poetik liegt vor, und zwar, wie hier ausgeführt werden soll, genau so, wie sie aus den Grundsätzen folgen musste, die er in jener ›Widmung‹ bekannt hat.« (H. Steinthal. [Rez. zu:] Wilhelm Scherer. Poetik. In: Zs. f. Völkerpsychologie u. Sprachwissenschaft. 19. 1889. 87–97: S. 88.)

[85] Greß: Germanistik und Politik. S. 60/61 bringt zur Gründung der Universität Straßburg Material aus den Reichstagsprotokollen, das den ideologischen Hintergrund gut beleuchtet.

[86] Zitiert nach: Materialien zur Ideologiegeschichte. I. 17.

In Grimm erlebt Scherer die, wie er selbst sagt, »gleichsam symbolische Persönlichkeit, die in ihrer unschuldigen Größe Alles überragte und Alles vereinigte«,[87] wo die »deutsche Wissenschaft sich im nationalen Sinne zusammenschloß«.[88] Dieser ›nationale Sinn‹ aber gründet sich auf die Vorachtundvierziger Erfahrungen.[89] Es handelt sich um einen Nationalismus, der als »antiaristokratische, liberale Emanzipationsideologie des aufsteigenden Bürgertums [...] seit dem ausgehenden 18. Jahrhundert seinen Siegeszug angetreten [hatte]«.[90] Der »von ständigen Kriegsduellen geplagten Welt des Ancien Régime hielt er das Ideal der über die Grenzen hinweggreifenden versöhnenden Freundschaft aller Völker entgegen – sobald diese nur erst in Nationalstaaten mit ihren Repräsentativkörperschaften für das Besitz- und Bildungsbürgertum organisiert seien.«[91]

Der deutsche Nationalismus *nach* 1848 aber verlor seine liberalen Elemente.[92] Scherer freilich bleibt den alten Vorstellungen weitgehend verpflichtet.[93] Fixiert auf die dominierende Persönlichkeit

---

[87] Wilhelm Scherer: Jacob Grimm. 2., verb. Aufl. Berlin 1885. S. 249.
[88] Scherer: Grimm. S. 249.
[89] Vgl. hierzu u. a. Scherer: Zum neuen Abdruck von Jacob Grimms Deutscher Grammatik. 1. Theil. – Kleine Schriften. I. 21–30.
[90] Wehler: Kaiserreich. S. 107.
[91] Wehler: Kaiserreich. S. 107/108. – Vgl. hierzu auch: Helmuth Plessner. Die verspätete Nation. Über die politische Verführbarkeit bürgerlichen Geistes. Frankfurt a. M. 1974. [= suhrkamp taschenbuch wissenschaft. 66.] (1. Aufl.: 1959.)
[92] Wehler: Kaiserreich. S. 108: »Von Anbeginn an hatte dieser verwandelte Nationalismus moderner Prägung zwei Stoßrichtungen: gegen äußere und gegen innere Gegner. [...] Es gehörte zur Janusköpfigkeit auch dieses reichsdeutschen Nationalismus, daß er nicht nur gegenüber fremden Nationen militant, sondern stets auch gegen innere Feinde aggressiv wurde bzw. gegen beide mobilisiert werden konnte, ob nun die Katholiken aus der protestantischen Reichsgesellschaft gestoßen oder ob die der Internationalen angehörenden Sozialdemokraten als ›vaterlandslose Gesellen‹ verketzert wurden.«
[93] Grohnert: Untersuchungen. S. 60 kritisiert zwar Scherers »politische Kurzsichtigkeit« im Umkreis seiner deutschnationalen Äußerungen, aber er hebt auch in diesem Zusammenhang hervor: »Und doch ist darunter ein subjektiv positives Anliegen verborgen, das ihn von der Mehrheit der Brutalität und Gewalt zugeneigten Mitglieder deutschnationaler Verbindungen unterscheidet. Das ist einmal seine Absage an den unter seinen Gesinnungsfreunden weitverbreiteten Antisemitismus, und

Grimms sieht er nur, daß »sich so vieles von dem verwirklicht hat, was er [= Grimm, G. R.] voraussah«.[94] Die Grimmsche »Zuversicht nationaler Wiedergeburt«[95] und dessen unbeirrter Glaube, »daß Preußen zur Führung Deutschlands berufen sei«,[96] bestätigen sich für Scherer in der Gründung des deutschen Reichs unter der Führung Preußens: »Und die Erfüllung dessen zu erleben, was er einst gewünscht, erhofft, war ihm nicht mehr beschieden.« – heißt es in der 2. Auflage der Schererschen Grimm-Biographie von 1885.[97]

Scherer spricht von der Nation und denkt in der Vergangenheit. Der Nationalismus des deutschen Kaiserreichs aber ist ein anderer. Der Liberalismus dankt in den siebziger Jahren ab; in den achtziger Jahren beginnt, wie Helmut Böhme gezeigt hat, eine »Neufundierung des [preußisch-deutschen] Staates auf der Basis quasi vorindustrieller, ständisch-autokratischer Prinzipien: Königstreue und Staatstreue, Königsschutz und Staatsschutz. Zwar stimmten die ständischen Vorstellungen nicht mehr mit der gesellschaftlichen Wirklichkeit überein, aber die für Deutschland entscheidenden Bevölkerungsschichten – auch die Industriellen – dachten und lebten immer noch, oder wieder, in ›den Kategorien der alten ständischen Trias von Adel, Bürgertum und Bauerntum und fügten diesem ständischen Schema die neu entstehende Schicht der Fabrikarbeiter als ›vierten Stand‹ an (K. E. Born)‹.«[98]

> das ist auf der anderen Seite sein utopischer Wunsch nach Herstellung demokratischer Freiheiten aus bürgerlich-liberaler Sicht.« Um so erstaunlicher freilich, daß und wie sehr Scherer die obrigkeitsstaatliche autoritäre Struktur des Preußischen Staates verkannte.
>
> [94] Scherer: Grimm. S. 249.
> [95] Scherer: Grimm. S. 249.
> [96] Scherer: Grimm. S. 252.
> [97] Scherer: Grimm. S. 253. – Vgl. in diesem Zusammenhang Lämmert. Wissenschaftsgeschichte und Forschungsplanung. S. 681/682: »Allein die stehenden Topoi, mit denen von Jacob Grimm über Rudolf Hildebrand und Julius Petersen bis zu Wolfgang Stammler die deutsche Philologie als Sachwalterin deutscher Gemeinsamkeit apostrophiert wurden, geben zu erkennen, wie sehr im Laufe der Geschichte – hier von den Einigungsbemühungen vor 1848 bis zu den Restitutionstendenzen im früheren und im späteren 20. Jahrhundert – derselbe Rechtfertigungsnachweis seinen argumentativen Zweck ändern kann.«
> [98] Helmut Böhme: Prolegomena zu einer Sozial- und Wirtschaftsgeschichte. S. 80/81. – Auf eine analoge Entwicklung im Bereich der akademisch Gebildeten weist Timm, Wissenschaftsgeschichte. S. 91 hin: »Auf jeden

Genese und Verwendung des Begriffs »Nation« in Scherers wissenschaftlichem System verdeutlichen, wie eng politische und wissenschaftliche Sozialisation zusammenhängen: Wissenschaftliche Sozialisation ist zugleich auch politische.[99]

Die bis jetzt dargestellte Komponente der wissenschaftlichen Sozialisation bezieht sich auf die vermittelten Inhalte. Dies ist aber nur die eine Seite. Ebenso entscheidend ist die formale Seite dieses Vermittlungsprozesses. Nur scheinbar nebensächlich ist nämlich die Frage nach den sozialen Beziehungen derjenigen Personen, zwischen denen sich die Vermittlung der Inhalte vollzieht. In welcher Form geschieht die Sozialisation? Wie muß das Verhältnis zwischen Scherer und Grimm beschaffen sein, damit Scherers Glaube an den Lehrer so ungebrochen sein konnte?

Autoritäre Strukturen im Lehrer-Schüler-Verhältnis

Dilthey hat in seiner schon zitierten Beschreibung zwei Stichworte geliefert, die aufhorchen lassen: Pietätsverhältnis und Gefolgschaftsverhältnis. Das Lehrer-Schüler-Verhältnis, das belegen zahlreiche Stellen bei Scherer, ist durch Hingabe und Unterordnung, Ehrfurcht, Bescheidenheit, Selbstlosigkeit, Treue, Festigkeit, Reinheit usw. auf seiten des Schülers gekennzeichnet.[100] Und dies gilt nicht nur für das

---

Fall strebt die Gesamtheit der akademisch Gebildeten in Deutschland während des 19. Jh. eine Art geistiger Aristokratie an. Sie bilden in ihrer Gesamtheit eine Art von Wissenschaftsadel, zumal wenn sie an der Staatsverwaltung und an der Ausbildung seiner Bürger aktiv beteiligt wurden.« etc. Vgl. auch das Kapitel »Im Banne des Historismus« bei Walter Müller-Seidel: Theodor Fontane. Soziale Romankunst in Deutschland. Stuttgart 1975. S. 57ff.

[99] Vgl. dazu Huber: Sozialisation von Wissenschaftlern. S. 14: »Wenn die Annahme stimmt, daß die Hochschule Sozialisationseffekte in den angedeuteten Richtungen bewirkt, hat dies weitreichende Konsequenzen: die Sozialisation in der wissenschaftlichen Ausbildung wäre nicht nur als Aneignung der Normen und Einstellungen einer fachlichen oder professionellen Subkultur, also als eine bereichsspezifische Sozialisation, sondern auch als Aneignung herrschaftsstabilisierender Normen und Einstellungen überhaupt und damit als *politische Sozialisation* zu analysieren und nach Möglichkeit zu beeinflussen.«

[100] Vgl. z. B. auch Scherers Beschreibung der »deutschen Persönlichkeit«, Kleine Schriften. I. S. 59.

Verhältnis Scherers zu Grimm. Hier ist es nur besonders gut ablesbar.[101] Ich wähle eine Passage aus, die zugleich auch den Übergang andeutet, wo Fixierung an den konkreten Lehrer sich zu internalisieren beginnt zu einem abstrakten wissenschaftlichen Über-Ich:[102]

> »Der Wissenschaft dienen ist leicht und schwer, wie man es nimmt. Wer in der Einsamkeit seine Heimat hat,[103] der erstarkt im Verkehr mit den hohen Ideen, welche die Geister beherrschen. Aber es kann ein warnendes Gefühl über ihn kommen, als ob er in frevelhaftem Beginnen titanisch die Grenzen der Menschheit überschritte. Nur wer die warnende Stimme nicht achtet, geht zur Größe ein. Und manchmal gewährt ihm ein gütiges Geschick, was er zur Noth entbehren müßte, die ganze volle schöne Menschlichkeit.
> Solche Naturen flößen beides ein: ehrfürchtige Scheu und warme Zuneigung. Diejenigen, die ihr Werk fortsetzen, blicken zu ihnen wie zu schützenden Genien empor.
> Das fühlte ich schon, als ich im Frühjahr 1860 zum ersten Male Jacob Grimm gegenüberstand. Er war so freundlich, mild und gütig gegen den jungen Studenten, der noch nichts aufzuweisen hatte, als einigen Eifer und guten Willen. Alle Beklommenheit verschwand, mit der ich die Treppe hinaufgestiegen war und im Vorzimmer gewartet hatte. Damals ahnte ich nicht, daß einst das Hauptwerk seines Lebens durch meine Hände gehen sollte, um eine neue Gestalt zu gewinnen.
> Es war mir aber wieder zu Muthe wie bei jener Begegnung, als ich im Herbst 1866 zum ersten Mal das Handexemplar der Grammatik aufschlagen und das heimliche Weben des großen Geistes darin belauschen durfte.«[104]

---

101 So z. B. in einem Brief Müllenhoffs an Scherer vom 1. Juni 1877: »Verzeihen Sie, wenn ich dann und wann von dem Recht eines Vaters gegen Sie Gebrauch mache, das Sie mir zuweilen wohl schon ausdrücklich zugesprochen haben.« (Briefwechsel Müllenhoff–Scherer. S. 612.)
102 Vgl. hierzu auch die im 1. Band der Zeitschrift ›Euphorion‹ (1894) von Erich Schmidt mitgeteilten »Wissenschaftliche[n] Pflichten. Aus einer Vorlesung Wilhelm Scherers.« (Materialien zur Ideologiegeschichte. I. 47–50.)
103 Den hier sich im Stichwort der Einsamkeit oder, an anderer Stelle, in der Formulierung »von dem stillen Glück des einsamen Forschers« (Kleine Schriften. I. 90.) andeutenden Komplex »Entsagung« bezieht Peschken, Germanistische Ideologiekritik, in einer interessanten, sozialgeschichtlich orientierten Anmerkung (Anm. 122. S. 182) auf die soziale Struktur der in den 60er und 70er !ahren entstehenden Vorstellung von der »Mietskaserne« und ihrer architektonischen Realisation.
104 Scherer: Kleine Schriften. I. 23.

Unverkennbar enthält diese Beschreibung jene Elemente, die die Sozialpsychologie unter das Syndrom der autoritären Persönlichkeitsstruktur faßt: Hilflosigkeit und Anlehnung an eine höhere, übergeordnete Macht, die Bedeutung von Liebe und Zuneigung in Beziehung zur Drohung ihres Verlustes, das Moment des Selbstquälerischen, die Bewunderung des Titanen, die Gehorsamsstruktur.[105] Die Stichworte sind bekannt; ich beschränke mich deshalb hier auf ihre bloße Andeutung.[106]

Scherer beschreibt – distanzlos – seine eigene wissenschaftliche Sozialisation, so wie sie sich für ihn als Bewunderung seines Lehrers abspielt. Die autoritäre Struktur dieser wissenschaftlichen »Kommunikation« ist dabei kein singuläres Phänomen.[107] Nicht nur im Bereich der Wissenschaft verhält es sich so. Beinahe als Banalität erscheint es festzustellen, daß die Wilhelminische Gesellschaft im Ganzen durch Obrigkeits- bzw. Untertanengesinnung geprägt war.[108] Autoritäre Einstellung, so lehrt auch das Psychologische Handbuch,

---

[105] In Scherers Beschreibung von Lachmanns »eigener Persönlichkeit« findet sich ein Teil dieser Merkmale unverkennbar wieder: »Er imponirt durchaus. Er hat etwas vornehm Abgeschlossenes; dabei etwas erschreckend Makelloses. Man traut ihm wenig Erbarmen zu, wenig Nachsicht mit fremden wie eigenen Fehlern. Man fürchtet ihn, auch wenn man ihn liebt. Ein philologischer Nachwüchsling kann vor ihm einen Schrecken bekommen, wie ein sündiger Enkel, der sich plötzlich vor dem Bilde eines tugendhaften gestrengen Ahnen sieht. Lachmann hat eine sichere stolze Art, diese oder jene mögliche Ansicht ohne Angabe von Gründen als ›ungereimt‹ oder ›verkehrt‹ zu bezeichnen, daß man nicht nachträglich derjenige sein möchte, dem es gilt.« (Scherer: Kleine Schriften. I. 93.)
[106] Vgl. neben einschlägigen Handbuchartikeln u. a. Theodor W. Adorno: Studien zum autoritären Charakter. [1949/50] Frankfurt a. M. 1973 [= suhrkamp taschenbuch. 107.] und: Erich Fromm: Autorität und Familie. Sozialpsychologischer Teil [1936]. In: Marxismus. Psychoanalyse. Sexpol. Bd. 1. Hg. von Hans-Peter Gente. Frankfurt a. M. 1970 [= Fischer Bücherei. 6056.]
[107] Sie setzt sich fort im Verhältnis Scherers zu seinen Schülern, wovon Otto Brahm ein nachdrückliches Beispiel im Nachruf auf seinen Lehrer gibt: vgl. Otto Brahm: Wilhelm Scherer. In: O. B. Kritische Schriften. II. 283-311 (insbes. Kap. III.). Oder Franz Schultz' Erinnerung an den Seminarbetrieb bei Erich Schmidt: Berliner germanistische Schulung um 1900 [1937]. In: Materialien zur Ideologiegeschichte. I. 50-55.
[108] Vgl. u. a. Wehlers Kaiserreich-Analyse.

ist die »Bezeichnung für eine am Führungsprinzip bzw. Obrigkeitsstaat orientierte Denkweise, die dem sozial-integrativen, d. h. demokratischen Denken entgegengesetzt ist«.[109] Im »Modell der Humboldtschen Gelehrtenrepublik«[110] funktioniert das Zusammenleben nach den gleichen Regeln wie im gesellschaftlichen Kontext: Deutsche Philologie als Kaiserreich im Kleinen.

Am Beispiel Scherers wird etwas sichtbar, das in der heutigen Wissenschaftsdidaktik eine immer größere Rolle spielt, nämlich, daß die Lernstruktur die Sachstruktur bestimmt.[111] Läßt sich die beobachtete Widersprüchlichkeit in Scherers wissenschaftlichem System etwa nicht – unter anderem – aus einer Aporie von Lernstruktur und Sachstruktur ableiten? Aus dem dargelegten Material wird die Folgerung nahe gelegt, daß die Lernstruktur von Scherers wissenschaftlicher Sozialisation in nicht geringem Maße dazu beigetragen hat, ihn – kraß gesagt – bereits zum »Untertanen« zu disponieren und einem so strukturierten Verhaltensmuster anzupassen,[112] ehe es um den Transfer von Wissenschaftsinhalten gehen konnte.

Scherers Biographie und Werk zu analysieren, scheint so – in Anlehnung an eine eingangs getroffene Bemerkung – doch entschieden mehr zu sein als nur etwas für Archivare: Es ergibt sich daraus als Aufgabe, die Bedingungen wissenschaftlicher Sozialisation – und das heißt auch: die Sozialisationsbedingungen des Studiums – in den Reflexionsprozeß über Wissenschaftsinhalte miteinzubeziehen.

---

[109] James Drever und Werner D. Fröhlich: dtv-Wörterbuch zur Psychologie. 3., völlig neu bearb. Aufl. München 1970. [= dtv. 3031.] S. 55.
[110] Lämmert: Wissenschaftsgeschichte und Forschungsplanung. S. 672.
[111] Vgl. hierzu Huber: Sozialisation von Wissenschaftlern, der sich auf Hartmut von Hentigs Thesen für Wissenschaftsdidaktik bezieht. (Hartmut von Hentig. Wissenschaftsdidaktik. In: H. v. H., L. Huber, P. Müller (Hrsg.): Wissenschaftsdidaktik. Göttingen 1970 [= 5. Sonderheft der Neuen Sammlung.] S. 13–40.
[112] Zur Theorie der Charakterstruktur in Beziehung zur Sozialisation vgl. Adorno: Studien zum autoritären Charakter, insbes. S. 5–12.

Poetik

von

Wilhelm Scherer.

Berlin
Weidmannsche Buchhandlung
1888

Vorbemerkung des Herausgebers
[R. M. MEYER]

Die Poetik, die leider das letzte große Werk Scherers bleiben sollte, war in den letzten Jahren seine Lieblingsarbeit. Der älteste Entwurf ist von 1877 datirt; besonders aber seit Vollendung der Litteraturgeschichte stand der Plan, eine umfassende Lehre von der Dichtkunst auf breitester empirischer Grundlage aufzubauen, im Mittelpuncte seines Interesses. Im Sommersemester 1885 las er dann die »Poetik« als vierstündiges Privatcolleg, zum ersten und zugleich zum letzten Male. Er erstaunte selbst, wie er wiederholt aussprach, über die geringe Mühe, die ihm die Vorbereitung machte: die Gedanken strömten ihm so leicht und in solcher Fülle zu, als habe er mit dieser Arbeit nur die Früchte langjähriger Anstrengungen abzupflücken. Auch die große Theilnahme, die er bei seinen Zuhörern fand, erfüllte ihn mit lebhafter Freude und nicht minder der rege Gedankenaustausch, den er mit Freunden und Collegen über diese Themata unterhielt. Als er – nur zu bald darauf – durch eine beängstigende Krankheit auf sein nahes Ende vorbereitet worden war, äußerte er in trüben Gedanken, er habe, als er die Poetik vortrug, auf der Höhe seines Schaffens gestanden.

In dieser traurigen Zeit, als er Abrechnung hielt mit dem Leben, hat er auch die Veröffentlichung der Poetik angeordnet und mich zum Herausgeber bestimmt. Mich traf die Wahl hauptsächlich wohl, weil ich noch kurz vor jener Katastrophe den Inhalt dieser Vorlesungen wiederholt und eingehend mit dem verehrten Lehrer hatte besprechen können. Über die Art der Herausgabe hat Scherer besondere Bestimmungen nicht getroffen. Dennoch war mir meine Aufgabe klar vorgezeichnet. Es lag nicht etwa ein druckreifes Manuscript vor, sondern im mündlichen Vortrag hatte Scherers Arbeit für die Poetik die letzte Stufe, die ihm hierfür überhaupt gegönnt war, erreicht. Somit galt es vor allem, den Wortlaut seines Collegs festzustellen. Außer Scherers Heft, von dem er in großen Partien fast gar nicht abgewichen war, und meiner eigenen Nachschrift standen mir hierfür die sorgfältigen und größtentheils vollständigen Hefte mehrerer Zuhörer des Collegs, der Herren Dihle, Heinemann, Specht und Szamatolski, zu Gebote. Durch Vergleichung der erwähnten Nachschriften gelang es, das Colleg, wie Scherer es wirklich gehalten hat, fast wörtlich herzustellen. Nunmehr war noch auszuscheiden, was er unfehlbar selbst nur für den mündlichen Vortrag bestimmt hatte: Recapitulationen, actuelle Anspielungen u. dgl.; doch habe ich auch hier lieber zu wenig ausscheiden wollen, als zu viel. Der Wortlaut bedurfte natürlich hin und wieder kleiner Ergänzungen; sachlich habe ich absolut nichts hinzugefügt. In jedem Stadium der Redaction wurde der Text wiederholt mit dem Originalmanuscript verglichen, und so kann ich wohl für die Zuverlässigkeit dieses Textes bürgen. Natürlich aber darf derselbe sich nur als das geben, was er ist: die nach philologischen Principien besorgte Herausgabe eines Entwurfs, der wohl seinen Reichthum an anregenden und schöpferischen Gedanken schon beim mündlichen Vortrag bewährt hat, Abschließendes aber nirgends bietet und alle Ungleichheiten zeigt, die ein Collegheft – besonders beim ersten Lesen – zu zeigen pflegt.

Ich glaubte mich natürlich auch nirgends zu Umstellungen berechtigt. So habe ich die Litteraturangaben an ihrer jedesmaligen Stelle gelassen, obwohl dieselben aus dem Zusammenhang des gedruckten Werkes störend herausfallen. Der Leser wird gewiß über derartige Hindernisse wie über Manches, was besonders auf den ersten Bogen befremden mag, leicht durch den großen Gedankengang des Werkes hinweggetragen werden, während jede Änderung dem Charakter der Herausgabe zuwidergelaufen wäre. – Auch die Orthographie wurde unverändert beibehalten, wie Scherer sie in seinen letzten Arbeiten, der »Litteraturgeschichte« und dem »Jakob Grimm« durchgeführt hatte.

Scherer hatte ferner alle Papiere, welche auf dies Colleg Bezug hatten, ohne doch direct ins Heft zu gehören, in einem besondern Convolut vereinigt. Zu einer unverkürzten Wiedergabe eigneten sich diese Papiere – Entwürfe, Auszüge, Notizen – natürlich nicht; andererseits aber enthielten sie so viel Schönes und Neues, daß es nicht verloren gehen durfte. Auch was er nachher verwarf, war oft lehrreich; und so schien es das Richtigste, in dem Anhange über diese Papiere Rechenschaft zu geben, aber nur einzelne und auch diese nur zum Theil vollständig mitzutheilen.

Während der ganzen Arbeit durfte ich mich freundlicher und hilfreicher Theilnahme von verschiedenen Seiten erfreuen. Herman Grimm unterstützte mich mit gütigem Rath; vor Allem aber habe ich Erich Schmidt zu danken, der eine doppelte Correctur gelesen und in zahlreichen Fällen bessernd und helfend eingegriffen hat.

Die Stelle, welche die Poetik in Scherers Lebenswerk einnimmt, hat W. Dilthey in seinem Nekrologe auf Scherer (Deutsche Rundschau 1886, S. 132) schön und deutlich bezeichnet. Groß angelegt, reich an Entdeckungen und reicher an Anregungen, und dann so plötzlich und jäh abgebrochen, scheint dies Werk fast ein Abbild der Lebensthätigkeit unseres geliebten Lehrers; möge es auch diesem letzten, unvollendeten Geschenk Scherers nicht an dankbaren Schülern und ernsten Fortsetzern fehlen. –

Berlin, 12. Februar 1888.

Richard M. Meyer.

Vorwort

Die Aufgabe, die ich mir hier gestellt habe, wird sich aus dem ersten Kapitel näher ergeben. Ich will Rechenschaft ablegen von den Unvollkommenheiten, welche meinem Versuch anhaften werden, und den geringen Vorarbeiten, die ich benutzen kann. Ich will hier nicht traditionelle Lehren überliefern, sondern auf neuen eigenen Wegen in das Wesen der Poesie eindringen – und ich lege mir in der Regel selbst erst, wenn ich meine Ansicht neu gebildet, Rechenschaft darüber ab, wie weit ich mit Vorgängern zusammengetroffen bin, wie weit die Vorgänger etwa das Bild, das ich mir gemacht, ergänzen.

Ich theile den Stoff in einige große Abschnitte, die ich Kapitel nenne. Und innerhalb der Kapitel suche ich möglichst scharf und deutlich zu gliedern. Es wird sich auch nicht vermeiden lassen, daß viele Unterabtheilungen gebildet werden müssen. Erschrecken Sie nicht über die »römisch I, arabisch 1, groß A und klein a und α«, die vielleicht zur Verwendung kommen!

Sein Sie auch noch auf ein Anderes von vornherein aufmerksam gemacht. Ich strebe wenig danach, das Wesen der Sache durch Definitionen aufzufassen und in eine Definition zu pressen. Ich scheue mich vielmehr vor Definitionen, weil damit zu viel Unwesen getrieben worden ist. Ich hoffe ohne Definitionen oder auch mit Definitionen, die im Sinne der strengen Logik recht unvollkommen sind, Ihnen doch überall deutlich zu werden und die Sachen hinlänglich streng zu bezeichnen.

Manches ist noch unfertig; dann werde ich vorläufig abbrechen, um Ihnen offen und ehrlich zu zeigen, wo ich sachlich noch nicht im Reinen bin.

Erstes Kapitel: Das Ziel

Die richtige Stellung der Aufgabe ist schon ein wesentlicher Theil der Lösung. Es muß also die wahre Begrenzung der Aufgabe gefunden werden, das Ziel und die Methode, es anzustreben. Es ist bald gesagt: Poetik sei die Lehre von der Poesie. Aber es ist damit herzlich wenig gesagt; denn wir haben dann erst die Fragen zu beantworten:

Erstens: wie ist die Poesie zu begrenzen? Was gehört in ihr Gebiet?

Zweitens: auf welche Seite des Gegenstandes bezieht sich unsere Lehre? Welche Ziele hat die Forschung? Und welche Wege stehen ihr zu Gebote?

I. Gebundene und ungebundene Rede

Das Wort »Poesie« wird von uns in doppeltem Sinne angewandt. Die gewöhnliche Gegenübersetzung von Poesie und Prosa meint dasselbe, was wir durch die Gegenübersetzung von gebundener und ungebundener Rede ausdrücken; trotzdem aber rechnen wir doch unbestritten zur Poesie auch den prosaischen Roman. Wie grenzen wir ab? –

Jedenfalls bezweifelt kein Mensch, daß die Poesie ein Verhältniß zur Sprache hat, daß auf dem Gebiet der Anwendung der Sprache auch ihr Gebiet zu finden sein muß. Und zwar vermuthlich auf dem Gebiete der kunstmäßigen Anwendung der Sprache, da man doch die Poesie zu den Künsten zu zählen pflegt, wenn auch der eigentliche Sinn des Wortes »kunstmäßig« hier noch dahingestellt bleiben soll.

Aber es muß sofort hinzugefügt werden: nicht alle Poesie ist kunstmäßige Anwendung der Sprache, und nicht alle kunstmäßige Anwendung der Sprache ist Poesie.

Betrachten wir diese beiden Sätze näher, und beginnen wir mit dem ersten.

A. *Nicht alle Poesie ist kunstmäßige Anwendung der Sprache*

Sie werden das ohne weiteres zugeben; denn Sie werden mit mir einverstanden sein, daß die Erfindung eines Ballets, d. h. einer zusammenhängenden dramatischen Handlung, bei welcher nicht gesprochen wird, ein Act poetischer Erfindung ist. Der Dichter wird zwar auch dabei die Sprache anwenden: er wird den Darstellern mündlich den Gang ihrer Action vorzeichnen, oder er wird eine schriftliche Instruction ausarbeiten – aber das ist gewiß kein kunstmäßiger Gebrauch der Sprache, sondern die Sprache ist hier bloßes Verständigungsmittel. Das Kunstwerk entsteht erst, wenn agirt wird, und das geschieht ohne Sprache. Wenn vollends einer eine selbsterfundene Pantomime aufführt, nach seinen eigenen Gedanken, nach seiner eigenen Erfindung, – so braucht er die Sprache überhaupt nicht; und dennoch kann dies ein dichterisches Kunstwerk sein. Es giebt also Action, Tanz, Gebärdenspiel ohne Sprache, wobei gleichwohl ein poetisches Kunstwerk entsteht.

Wenn aber hier die Sprache bei dem künstlerischen Act entbehrt und ein geistiger Inhalt ohne Rede dargestellt wird, so hat das gesprochene Drama zwar zu sprechen, aber es hat nicht Sprache allein. Das Drama ist seiner ursprünglichen Bestimmung nach immer ein aufgeführtes Drama, und erst in der Aufführung ist es vollständig – ohne die Aufführung ist es nur ein Fragment eines Kunstwerkes. Das Stehen, Gehen, die ganze Action des Schauspielers gehört mit dazu, also etwas, was über eine kunstmäßige Anwendung der Sprache herausgeht; und all dies, was im Drama nicht Sprache ist, zur Sprache hinzukommt, ist Poesie und macht das poetische Kunstwerk erst vollständig.

Denken wir dann vollends an die Oper, so tritt zur Anwendung der Sprache nicht bloß die Action, sondern auch die Musik hinzu.

Und Musik und Poesie stehen nun weiter in altem Bunde, wie wir gleich näher sehen werden. Noch die deutsche Lyrik des 12. und 13. Jahrhunderts ist immer gesungene Poesie, und zu dieser Lyrik muß auch eine strophische Didaktik gezählt werden. Da ist also, wo das Kunstwerk in lebendige Erscheinung treten soll, immer auf die Mitwirkung der Musik gerechnet: mithin auch nicht bloß auf kunstmäßige Anwendung der Sprache. Und hier haben wir es doch gewiß mit Poesie zu thun. Wir wissen nicht genau wie im Mittelalter vorgetragen wurde; aber denken wir uns einen Vortragenden, der seines Stoffes mächtig und davon ergriffen ist – da ist Mienenspiel und Action jedenfalls möglich, und bis zu einem gewissen Grade Mienenspiel sogar kaum zu vermeiden. Wenn nun ein solches Lied wirkt, so wird auf uns auch das Mienenspiel mitwirken, und das lyrische Kunstwerk wird Gestalt und Wahrheit gewinnen durch seine Verbindung nicht bloß mit Musik, sondern auch mit einer gewissen Action. Ja sehen wir ab vom Gesang, so gilt dasselbe bei der Declamation. Sie wird die Stimmung unwillkürlich reflectiren lassen, wenn auch nur auf den Gesichtszügen des Declamirenden. Sollte z. B. eine Schauspielerin auf offener Bühne declamiren, so wird das Mienenspiel und die Action, ja die Decoration hinzukommen. Also auch außerhalb des Dramas tritt Action oder wenigstens ein Minimum von Action hinzu, wo poetische Kunstwerke ins Leben treten. Wir heute verlangen freilich bei Declamation nur eine mäßige Anwendung von Mienenspiel und womöglich gar keine Action. Aber das ist eine conventionelle, vielleicht sogar individuelle Ansicht. Die berühmte Schauspielerin Frau Rettich in Wien declamirte z. B. auf dem Theater ›Hero und Leander‹ mit viel Mimik und einiger Action. Auf den Ort und dessen Dimensionen, auf das Publicum u. s. w. wird für das Maß der Action sehr viel ankommen.

Also auch außerhalb des Dramas treffen wir bei der Poesie nicht bloß Rede. Die Rede ist eben *ein* Ausdrucksmittel des Menschen, aber nicht das einzige; und in der Art des Menschen liegt es, die Sprache durch alle übrigen Ausdrucksmittel mindestens zu unterstützen. Die Deutschen sind mehr als andere Völker, im Gegensatz besonders zu der lebhaften Gebärdensprache der Italiener, in Gefahr die Gewalt der Sprache an sich zu überschätzen und die andern Ausdrucksmittel zu unterschätzen. Schon der unarticulirte Schrei, der auf dem Theater kaum entbehrt werden kann, ist nicht Sprache!

Für die Aufgabe der Poetik nun, wie ich sie mir vorzeichne, bemerke ich, daß ich von den zur Sprache hinzutretenden Ausdrucksmitteln hier absehe, obwohl diejenigen, welche beim Vortrage der Poesie in Betracht kommen, das poetische Kunstwerk erst zur völligen Erscheinung bringen. Ich will keine Theorie der Declamation oder gar der Schauspielkunst geben noch eine solche des Gesanges, und vollends nicht des Tanzes. Aber ich will allerdings darauf hinweisen, daß wirklich lebendig die kunstmäßige Anwendung der Sprache erst wird, wenn anderes hinzutritt. Für uns freilich besteht der Genuß der Poesie heute fast nur im stillen Lesen. Aber dies ist etwas verhältnismäßig spätes. – Aristoteles setzt allerdings schon wiederholt das einsame Lesen voraus, sogar für die Tragödie (Poet. 1462a, 17 und sonst). Aber ganze Jahrtausende menschlicher Entwickelung kannten die Poesie nur als lebendigen Gesang und lebendige Rede. Wo es sich darum handelt, in der Natur der Poesie Poesie tiefer einzudringen, muß man diesen Unterschied streng im Auge behalten. Wir haben es hier eben nur mit dem Geschäft des Dichters zu thun, aber auch jetzt noch ist für die große Mehrzahl der Menschen Poesie nicht stilles Lesen allein; dies ist nur ein junges Surrogat der lebendigen vorgetragenen Poesie, wie es hochentwickelte Völker benutzen. Schon die Schrift an sich ist etwas verhältnismäßig spätes, und noch jünger ist der Einfluß, den sie auf die Poesie und den Genuß derselben ausübt. Dieser Einfluß ist aber ein höchst bedeutender. Die meisten Bücher sind nur für das Lesen bestimmt. Ja die Mittel der Schrift, die Buchstaben, können als Symbol gebraucht werden; man kann ein ganzes Buch mit Symbolen, mit Buchstaben füllen, wo dann also alles bloß auf das Auge berechnet ist. Die mathematische Formel ist der äußerste Gegensatz zur Poesie.

Dies ist das eine Extrem im sprachlichen Ausdruck, in welchem die gänzliche Abwesenheit der Poesie vorliegt.

Wir halten uns also gegenwärtig, daß für die Mehrzahl der Menschen noch jetzt, und daß auf einer bestimmten Stufe der Entwicklung für alle Völker die Poesie in der Form auftritt, daß Mensch vor Mensch steht und geschaut wird, so noch jetzt wenigstens beim Vorlesen; daß Gesang, Bewegung, Action hinzutreten müssen, um die Poesie lebendig zu machen.

Aber dies alles bedenkend können wir doch in unsere Betrachtung nur die »hohe Poesie« ziehen und müssen von jener lebendigen absehn. Wir stimmen dabei überein mit Aristoteles; denn schon die Alten haben sich mit der Frage beschäftigt, wie viel Action zutreten dürfe. Aristoteles redet nicht bloß von jüngeren Schauspielern, welche nach Ansicht der älteren zu viel charakterisirten, sondern berichtet auch von einem Sosistratos, der dem rhapsodischen Vortrag des Epos zu viel sichtbare Zeichen hinzufügte, und von einem Opuntier Mnasitheos, der dasselbe beim Gesange that (Poet. 1462 a 6 f.).

Bei Aristoteles werden überhaupt sehr richtig μέλος (Musikalisches) und ὄψις (Scenisches) als Bestandtheile des Poetischen bezeichnet. Aber auch er läßt sie dann in der Poetik bei Seite und macht dem Lesen fast zu große Concessionen, als sei das Kunstwerk fertig, wenn der Dichter fertig ist. Es gab aber bei den Griechen sogar eine Theorie des Vortrags (ὑπόκρισις), u. a. von einem Glaukos aus Teos (Arist. Rhetor. III, 4 Bekker). –

B. *Nicht alle kunstmäßige Anwendung der Sprache ist Poesie*

Auf das Wesen der Sprache werden wir noch zurückkommen müssen. Sie ist halb Tochter des Bedürfnisses, eine Erfindung um den nothwendigen und nützlichen Verkehr der Menschen zu erleichtern, abgekürztes Ausdrucksmittel – für die Erleichterung des Verkehrs in den Urzeiten von größerem Werth als Landstraße, Eisenbahn und Telegraph – halb ein Versuch einer Auffassung und Darstellung der Welt...

Die Sprache ist eine Fertigkeit; und man könnte von vornherein sagen: eine Kunst, wenigstens sofern sie Vorstellung der Welt ist. Doch bleibt dieser Name »Kunst« besser einer besonderen Anwendung vorbehalten. Die wenigsten Menschen besitzen die ganze Sprache ihrer Nation. Jeder überschaut und beherrscht nur ein geringes Gebiet, schon was den Wortschatz anbelangt. Die Terminologie für Lebensmittel, Küchengeräthe u.s.w. kennt jede Köchin jedenfalls genauer als ich. Ich weiß nur wenig Pflanzen zu benennen u.s.w. So ist jede Terminologie nur denen geläufig, welche sich mit den betreffenden Gegenständen beschäftigen. Die Jäger wissen eine Menge Dinge zu benennen, denen gegenüber ein anderer rathlos ist. So werde ich verhältnismäßig am genauesten aus dem gesammten Gebiete der Sprache die Darstellungsmittel innerhalb der Wissenschaft, welcher ich diene, kennen. Wer sich viel mit litterarischen Dingen beschäftigt, wird einen eigenen Wortschatz für dies specielle Gebiet sich aneignen, wie z. B. bei den Franzosen Ste. Beuve mit so viel Feinheit that; zu solcher Reichhaltigkeit ist die Sprache der deutschen Kritik überhaupt nicht gelangt, und wie arm sind gar die meisten Illitteraten in Bezeichnungen für die Eigenthümlichkeiten eines litterarischen Kunstwerks!

Verbindet sich nun mit dem Wohnen in einem besonderen Gebiet der Sprache die Gewohnheit, darüber zu sprechen und zu schreiben, so werden alle Wendungen aus diesem Gebiet dem Betreffenden bequemer liegen als alle Sprachmittel außerhalb des Gebiets. Und je mehr er diese Mittel unbedingt beherrscht, d. h. je leichter es ihm wird, mit der Sprache alle die Wirkungen zu erzielen, die er erzielen möchte, desto mehr wird er die Sprache kunstmäßig handhaben.

Dazu gehört nun aber als Voraussetzung eine lange Tradition. Der Einzelne macht Gebrauch von den Errungenschaften früherer Perioden. So sammelt sich ein Kapital von Bildung und Kunst an. Glücklich das Land, in welchem diese Tradition nie abbricht! Aber in Deutschland war z. B. im 17. Jahrhundert das Philosophiren in deutscher Sprache so ganz abhanden gekommen, daß Leibniz nur in lateinischer oder französischer Sprache philosophiren konnte, obwohl er den dringenden Wunscht hegte, es in deutscher Sprache thun zu können.

So wie dies heut ist, wird es in allen Zeiten gewesen sein. Nur in einem Punct unterschied sich die ältere Zeit: eine geringere Arbeitstheilung im Leben muß auch eine geringere Arbeitstheilung in der Sprache zur Folge gehabt haben. Es wird innerhalb der Nation mehr Menschen gegeben haben, welche annähernd die ganze Sprache beherrschten, als heute vorhanden sind. Dennoch wird auch in alten Zeiten eine Kunst sich ausgebildet haben. Wohl war das Sprachgebiet überhaupt kleiner und deshalb leichter zu übersehen. Aber auch damals wird es Einzelne gegeben haben, welche leichter und freier sprachen, und welche im Stande waren feste Begriffe zu prägen; und es wird Leute gegeben haben, welche ein besonderes Talent besaßen die Errungenschaften ihrer Vorgänger sich anzuzeigen. Es wird Meister der Sprache gegeben haben – und sie werden die ersten Künstler auf diesem Gebiet geworden sein. –

Aus allen möglichen und für die Urzeiten wahrscheinlichen Anwendungen der Sprache lassen sich nun mindestens drei ausheben, welche zugleich kunstmäßig und unzweifelhaft poetisch genannt werden müssen, wenn wir bei dem Namen »Poesie« den Sprachgebrauch festhalten wollen. Es sind aller Wahrscheinlichkeit nach die ältesten überhaupt vorhandenen: auf sie führen die Spuren der Anfänge später hochentwickelter Litteraturen, und sie finden wir im Gebrauch der heutigen Naturvölker.

Es sind dies: 1. Chorlied; 2. Sprichwort; 3. Märchen.

1. *Chorlied* ist festlicher Tanz verbunden mit gesungenen Worten, vielleicht auch mit Instrumentalbegleitung. Schon Aristoteles (Rhet. 112,4) weiß, daß Rhapsodie und Schauspielkunst mit der Poesie zugleich entstanden; aber von der Orchestik sagt er nichts! Auf solche Verbindung von festlichem Tanz mit Gesang aber führen die ältesten Nachrichten über germanische Poesie, ja arische Poesie überhaupt. Und von eben solchen mit Gesang verbundenen Massentänzen sind auch bei Naturvölkern merkwürdige Beispiele vorhanden. Auf eins, das merkwürdigste mir bekannte, will ich hier hinweisen, obwohl es unanständig ist; aber in diesen Dingen darf man sich, wie in der Anatomie und Physiologie, nicht scheuen, Schmutz zu berühren. Es ist ein australischer Tanz, über den Fried-

rich Müller (Reise der Fregatte Novara, Ethnographischer Theil S. 7; Allgemeine Ethnographie S. 213) berichtet. Es gab ähnliche Gesänge z. B. auch in Griechenland: die phallischen, τὰ φαλλικὰ (Arist. Poet. 1449 a, 11f.). Sie waren nach Aristoteles in vielen Städten in Gebrauch, und die Vorsänger solcher Lieder legten nach seiner Annahme den Grund zur Komödie, wie die der Dithyramben zur Tragödie.

Auch für die Sprichwörter darf das höchste Alter angesetzt werden. Dasselbe gilt vom Märchen, der kleinen Erzählung: bei den Naturvölkern sind Märchen gefunden worden. Beides also sind gleichfalls Urelemente der Poesie. Damit sollen jedoch die alten Gattungen nicht erschöpft sein; so ist das Zauberlied zu bedenken. Aber diese drei entschieden alten Gattungen habe ich herausgegriffen, weil sie für unsern nächsten Zweck als Typen ausreichen. Dagegen ist z. B. das Liebeslied gewiß auch sehr alt; aber jene Australier möchten es doch wohl kaum besitzen.

2. Das *Sprichwort* hat in alter Zeit keine Existenz für sich; es setzt allemal eine Gelegenheit voraus, bei welcher es zur Anwendung kommt. Diese Anwendung ist immer eine Subsumption eines einzelnen Falles unter einen allgemeinen Erfahrungssatz, man könnte sagen unter ein Gesetz. Das Sprichwort erinnert an viele oder wenigstens an einen ähnlichen Fall, es ist also eine Generalisation; und es kann sich in jedem Augenblick, in jedem Gespräch bei gebotener Gelegenheit einfinden. Immer enthält es eine Erinnerung an etwas Bekanntes, es ist ein Citat, ein geflügeltes Wort. Da haben wir also eine sich blitzartig einmischende Poesie. Die Nationen haben jede für sich einen Sprichwörterschatz, aus welchem der Sprechende schöpft, wie jede einen Wortschatz hat. Aber die Sprache ist im Sprichwort schon angewandt und zwar in kunstmäßiger Prägung. Nur behält hier die Poesie eine dienende Rolle, denn das Sprichwort wird aus dem Sprachschatz herausgenommen behufs augenblicklicher Verwendung.

Viel selbständiger ist die Poesie dagegen in den anderen Gattungen, dem Fest- und Tanzlied einerseits und dem Märchen andererseits. Diese beiden andern sind anscheinend die wichtigsten Typen der Dichtung überhaupt.

Der Tanz des Chorliedes, soweit wir davon Kenntniß haben, beruht auf dem Gehen, und die Tanzschritte sind die Grundlage des Rhythmus. An die Tanzbewegungen aber sind die Worte gebunden; selbst wenn in ihnen ein Wechsel von Vor- und Rückbewegung herrscht, entspricht dem ein Parallelismus der Worte. Ich zweifle nicht daran, daß *die* Ansicht von der Entstehung des Rhythmus die richtige ist, welche ihn aus dem Tanze herleitet. Für die Griechen weist schon die rhythmische Terminologie darauf hin, daß der Rhythmus Frucht des Tanzes ist; daher die Ausdrücke: ἄρσις und θέσις, Hebung und Senkung. Der Rhythmus aber schafft erst das, was wir gebundene Rede nennen; für diese ist er Typus und Ursprung zugleich. Also: der Rhythmus hat seinen Ursprung im Tanze, die gebundene Rede wieder im Rhythmus, so daß demnach mittelbar auch sie im Tanz wurzelt. Diese gebundene Rede aber ist eben zunächst jene Gattung aller Poesie, die wir als Chorlied bezeichnen. Das ist die einzige Quelle, aus der der Rhythmus, wenn wir die Sache im Großen ansehn, herstammt: durch den Tanz des Chorliedes ist der Rhythmus in die Welt gekommen.

Und somit ist das Chorlied Ursprung der *gebundenen Rede* überhaupt.

3. Das *Märchen* dagegen ist *ungebundene Rede,* prosaische Erzählung.

Da haben wir schon in den Urzeiten einerseits gebundene, andererseits ungebundene Rede, die doch Poesie ist. –

Nehmen wir nun die deutsche Litteratur als Paradigma der höheren Entwicklung.

Es kommt eine spätere Zeit wo die gebundene Poesie sich ablöst vom Tanz; mit dem Gesang bleibt sie zunächst noch verbunden, bis sie auch von dem sich ablöst. Das Tanzlied dauert zwar auch neben solcher vom Tanz losgelöster Poesie lange fort; noch die Volkslieder des 15. und 16. Jahrhunderts sind im Volke selbst vielfach Tanzlieder, und die Siegfriedslieder der Faröer sind es noch heute. Aber daneben entsteht eine neue Art von Poesie, welche zwar die gebundene Form beibehält, aber nicht mehr Tanzpoesie ist. So können die Bindemittel der gebundenen Poesie, Allitteration oder Reim, auch der Rhythmus selbst auf das Sprichwort übertragen werden. Oder auch Zauberformeln können eine solche Form annehmen, weil die Tanzpoesie feierliche religiöse Festpoesie, Cultuspoesie ist und auch jene Zauberformeln feierlich religiös sind. Daher mischt sich leicht Tanz ein, und auch rhythmische Bewegung ist hinzuzudenken. Nur muß man den Begriff »Tanz« nicht zu eng nehmen.

Immerhin bleibt also die gebundene Poesie mit dem Gesang noch verbunden. Nur fragt es sich, von welcher Art dieser Gesang war. Man darf nicht die heutigen Formen des Gesangs zu Grunde legen.

Wir wissen von einem recitativartigen Vortrag, der in der Mitte schwebt, wie bei den serbischen Liedern, wo der Vortrag nur entfernt zusammenhängt mit dem, was wir heute Gesang nennen: »singen und sagen« nennt ihn die älteste deutsche Terminologie (Lachmann: Über Singen und Sagen, Kleine Schriften 1, 461). Wir wissen von höchst eintönigen, immer wiederholten Melodien, mit denen bei andern Völkern epische Lieder verbunden werden.

Betrachten wir nun aber die Entstehung des Epos überhaupt, so sehen wir, wie die beiden Grundformen der Poesie, gebundene und ungebundene Rede, sich einander nähern. Die älteste Form der epischen Poesie ist entschieden das Märchen, die kurze Erzählung. Der Märchenerzähler der ältesten Zeit steht seinem Publicum gegenüber – während beim Tanzlied das ganze Publicum selbst singt. Wir sehen nun, wie in die ungebundene Rede des Vortragenden einzelne Stücke in gebundener Rede aufgenommen werden, wobei vielleicht der Vortrag sich eigentlichem Gesang schon eher nähert. So sehen wir sich eine *gemischte Form* entwickeln, die Prosa und Poesie verbindet. So bei den Germanen in der Saga der altnordischen Poesie; dieselbe Form setzte Müllenhoff für die altdeutsche Dichtung überhaupt mit Recht voraus (s. Zeitschrift für deutsches Alterthum 23, 51); so bei den Kelten in der mittelirischen Poesie (s. Windisch, Irische Texte S. 63. 114. 203); endlich bei den Indern im Veda (s. Oldenberg, Zeitschrift der Deutschen Morgenländischen Gesellschaft 39, 52f.). So gehören gebundene und ungebundene Rede, äußerlich vermischt, zusammen, um ein episches Kunstwerk hervorzubringen; diese Mischung ist Voraussetzung für das Epos.

Diese Form der gemischten Erzählung ist erst die Vorstufe einer Form, die ganz in gebundener Rede sich bewegt. Dies *Epos in gebundener Rede* hatte jedenfalls keine Spur von Tanz und dennoch einen festen Rhythmus. Freilich in einem Punct ist es weniger gebunden als der Tanz: es war nicht strophisch, sondern bewegte sich in fortlaufenden Vollzeilen. Dieser Unterschied des Epos vom Tanzlied ist auch außerhalb der deutschen Dichtung typisch, wo sich ein Epos gestaltet hat. Das Epos ist individuelle That, persönlicher Vortrag, Einzelvortrag – und das giebt ihm eine größere Freiheit, die sich zunächst also dadurch äußert, daß strophische Gliederung wegbleibt.

Der Rhythmus lockert sich allmälig noch mehr; wenigstens bei den Deutschen ist dies eingetreten. Größere Freiheiten der Tanzpoesie gegenüber können wieder bis an die Grenze der ungebundenen Rede führen. Solcher verwilderter Rhythmus, wie es wenigstens scheint, findet sich im Beowulf, im Heljand. Der Vortrag des Epos war grade eben das »singen und sagen«: es ward recitativisch gesungen.

Solche recitativisch vorgetragene Poesie ist die Vorstufe einer bloß gesagten, declamirten, nicht mehr recitativisch gesungenen, sondern im Sprechton vorgetragenen Poesie. Solche epische Lieder aus dem Kreise des Volksepos, solche Heldendichtungen finden sich in Deutschland gegen Ende des 12. Jahrhunderts. Und man beobachtet in dieser volksthümlichen Poesie zunächst noch keinen entschiedenen Einfluß auf die Form; die Art des Vortrags manifestirt sich nur z. B. durch das Überlaufen der Construction von einer Strophe in die andere. Daraus ersehen wir nämlich, daß die Strophe nicht mehr gesungen worden sein kann: denn die abgeschlossene Strophe verlangt unbedingt eine Pause. Die Strophe ist also etwas ungebundener, freier.

Neben diesen strophischen Heldenliedern, die nur gesagt werden, wie Nibelungen, Kudrun u. s. w. steht die höfische Poesie, welche in der Form den Einfluß des Sagens noch deutlicher zeigt: sie ist in fortlaufenden Reimzeilen ohne strophische Gliederung abgefaßt.

Aber es wird gewiß schon vordem das Lehrgedicht des 12. Jahrhunderts und die geistliche Erzählung nur gesagt worden sein.

Wir haben also zwei Acte der Loslösung zu unterscheiden innerhalb der gebundenen Poesie:

I. Ablösung vom Tanz;
II. Ablösung vom Gesang.

Dadurch gewinnen wir drei Klassen von Poesie, die wohl als drei historische Stufen angesehen werden können:

1. Tanzpoesie; 2. Gesangpoesie; 3. ungesungene Poesie, oder: 1. getanzt und gesungen; 2. gesungen aber nicht getanzt; 3. weder gesungen noch getanzt. Soweit diese letztere Poesie strengen Rhythmus in sich hält, so weit zehrt sie von der Erbschaft der getanzten Poesie. –

Es kann nun gar keinem Zweifel unterliegen, daß das gesammte Gebiet der gebundenen Poesie in den Bereich unserer Aufgabe fällt. Was irgend in Rhythmus und Reim, in irgend welchen Formen der gebundenen Rede abgefaßt wurde, das muß uns als Poesie gelten und das bildet Material für unsere Untersuchungen. Wenn wir von gereimter Prosa reden, so hat das seinen guten Sinn, wir werden später erörtern welchen; aber auch diese gereimte Prosa muß *uns* Poesie sein. Vollends nun etwa das ganze didaktische Gedicht aus der »eigentlichen« Poesie ausscheiden zu wollen ist der Gipfel der Willkür und verdient von unserm Standpunct aus gar keine Widerlegung; denn wenn man nicht daran festhält, daß alle gebundene Poesie in die Poetik gehört, dann sind die Grenzen gleich unsicher und subjectiv.

Wir erheben also hierin Widerspruch gegen Aristoteles, welcher das Lehrgedicht von der Poesie ausschließt, während er den sokratischen Prosadialog einschließt. Wie er dazu kommt, ist sehr klar. Ihm ist die Poesie Charakterdarstellung: daher ist für ihn der sokratische Dialog Poesie, weil er immer den Charakter des Sokrates darstellt. Das Lehrgedicht aber ist ihm nicht Charakterdarstellung und daher ausgeschlossen. Aber ist das richtig? Man kann sich doch wohl leicht ein Lehrgedicht denken, durch welches ein Charakter gezeichnet wird, dem man es in den Mund legt, z. B. ein Lehrgedicht, in dem Sokrates seine Ansichten entwickelt. Es wird jedenfalls oft ein Lehrgedicht einen Beitrag zur Charakteristik des Verfassers ergeben; man braucht also hier nur den Aristoteles beim Wort zu nehmen um ihn zu widerlegen. Denn wenn man ihm nachgeht, müßte man unterscheiden zwischen Lehrgedichten wo man eine Spur von Charakteristik findet, und wo nicht; und das ist unmöglich. Wir kommen darauf bei Aristoteles zurück.

Weit schwieriger nun ist die Frage: was gehört aus dem Reich der ungebundenen Rede zu unserer Aufgabe?

Aber ehe wir dazu übergehen, müssen wir noch an die vorher erhobene Forderung erinnern, sich Poesie, ehe sie im Stillen gelesene Poesie wurde, in ihrer lebendigen Erscheinung vorzustellen; d. h. eine Betrachtung wäre hier nöthig über den Vortrag der gebundenen Rede bei den verschiedenen Völkern; über die Gegensätze von Gesang, Recitativ und Sprechen nicht bloß, sondern über die mancherlei Nuancen, die dabei möglich sind; über die angewandten und nicht angewandten begleitenden Instrumente u. s. w. Ein reiches Material stellt die Anthropologie und Geographie hier zur Verfügung, und über weite Gebiete hin finden sich analoge Erscheinungen zum Beweise der überall gleichen Natur des Menschen. Nach einem allgemeinen Gesetze darf wohl vermuthet werden, daß ein ursprünglich roher ungeordneter formloser an den natürlichen Schrei anknüpfender Gesang durch eine sehr strenge Form verdrängt wurde, eine strenge Form, die wie ein starres Gesetz über dem Texte stand. Diese individualisirte sich aber dann nach und nach; und so entsteht wieder eine größere Freiheit. So im Vortrag recitativischer Art, oder ans Recitativische streifend eintönige Melodien, die zur Charakteristik wenig Raum bieten. Die stärkste individuelle Freiheit des Vortragenden hat natürlich der Sprechvortrag. Noch hat er einiges mit dem Gesang gemein: das Tempo, denn bestimmte Gedichte verlangen je nach der Stimmung ein verschiedenes Tempo; die Stärke (s. Arist. Rhet. III. 9 B); die Stimmlage, die gewechselt wird, hoch bei freudigen, niedrig bei düsteren Momenten. Auch die Accente, die durch den Wortsinn verlangt werden, haben ihre Analogie in der Musik, in die sie aber mehr aus der Rede, aus dem Sprechvortrag herübergekommen sind. Dies wäre weiter auszuführen. – Eingehend handelt die Rhetorik der Griechen und Römer vom Vortrag (und Gestus).

So sind ja in der Declamation noch zahllose Stufen möglich. Wir sind über die Declamation früherer Zeit sehr wenig unterrichtet; doch ist auch hier Entwicklung von Gebundenheit zu Freiheit historisch zu erschließen. Der ältere Vortrag war vermuthlich sehr eintönig, »singend« (d. h. ungefähr wie wir uns ein singendes Sprechen denken): der Rhythmus namentlich wird je weiter zurück, desto stärker hervorgehoben sein. Später hat sich dann der Vortrag allmälig immer mehr davon entfernt: immer mehr individuelle Freiheit, immer mehr Versuch zu charakterisiren in genauem Anschluß an den Wortton, immer stärker wird die Verführung den Wortton zu vernachlässigen u. s. w. So läßt sich eine höchste Stufe in der Freiheit denken, wobei die Gesammtstimmung als herrschend deutlich zum Ausdruck kommt und doch jedes Wort charakterisirt wird.

Dies also ist die höchste Fähigkeit: die Eigenthümlichkeit jedes Wortes zu wahren, ohne daß die Gesammtstimmung leidet. Denn es tritt dabei die Gefahr ein des Zerzupfens, Zerreißens, der Zerstörung der Einheit.

Wir nach heutiger Geschmacksrichtung sind wohl einig darin, den möglichsten Anschluß an die Rede des täglichen Lebens für das Beste zu halten, wobei aber nur ein stärkeres und feineres Herausarbeiten der Nuancen erfolgt. Wahrheit und feine Charakteristik stehn uns heut am höchsten. Wie weit ist denn nun dabei der Rhythmus noch hervorzuheben? Die Neigung geht heute dahin, ihn um der natürlichen wahren Charakteristik willen zu verwischen. Wir sind wieder zu der naturalistischen Kunst der Ekhof und Schröder zurückgekehrt, zu der Art jener Zeit, in welcher man die ungebundene Rede für die Tragödie vorzog. So ist auch jetzt wieder der Conflict mit dem Rhythmus modern: Schauspieler lassen sich bei Jambenstücken ihre Rollen in Prosa ausschreiben.

Zwischen jener Zeit Ekhofs und Schröders und der Gegenwart liegt die Einführung des fünffüßigen Jambus, die Zeit der weimarischen Bühne, wo auf strenge Hervorhebung des Rhythmus geachtet wurde – wir wissen natürlich nicht genau, in welchem Maß, wie weit im Gegensatz zur Naturwahrheit. Und *vor* jener Zeit des Naturalismus, der Natürlichkeit, in den Tagen Gottscheds herrschte vermuthlich bei uns wieder die strengere Form, der französische Stil, d. h. wahrscheinlich das tragische Tremolo, eine erstaunliche Form unnatürlicher Rede, welche von vornherein pathetisch die natürliche Gliederung der Declamation mit gleichmäßig tragischen Falten bedeckt.

Ich weiß nicht, wie es die heutige französische Bühne hält. Im Jahr 1875 fand ich sie im Schwanken: Sarah Bernhardt sprach in der mittelalterlichen Tragödie (La fille de Roland) wie im modernen Drama; keine Rücksicht als auf den Accent der Wahrheit, möglichste Anknüpfung an die Wirklichkeit in der Sprache: Conversationston des täglichen Lebens. Andere dagegen, Darsteller männlicher Rollen, wandten die pathetisch tremolirende Stimme durch alle Theile ihrer Rollen an. So hat wohl auch Talma gesprochen.

Es war zum zweiten Mal, daß ich diese Art des Vortrags hörte. Einmal hatte ich sie gehört, als ein holländischer College mir einige Zeilen des Dichters Bilderdijk vorlas. Die französische tragische Schule hat offenbar auf die Declamation der Holländer so eingewirkt, daß selbst innerhalb des Vorlesens, wo kunstmäßiges Vorlesen beabsichtigt wird, dieser Ton Anwendung findet.

Ja auch in Deutschland ist die charakterisirend sprechende Art des Vortrags nicht die unbedingt herrschende. Ich sehe von Damen ab, die durch Unfähigkeit in eintönig klappernden Rhythmus fallen. Ich kenne hochgebildete Menschen, welche Verse viel lieber halb scandirend und in gleichmäßigem Tone selbst citiren und vorlesen hören, als mit dem Versuch durchgebildeter Accentuation. Und höchst eigenthümlich war die Art wie Emanuel Geibel las. Vom Standpunct des charakteristischen Sprechens war man zuerst unangenehm überrascht. Denn es war in seinem Vortrag etwas »Singendes«, d. h. über die natürliche Rede sich Erhebendes, einer Art Normal-Sprech-Melodie Zustrebendes. Bald aber empfand man das nicht mehr als etwas Unnatürliches, sondern als ein besonderes poetisches Element, eine Sprechweise für sich, innerhalb deren doch eine strenge und getreue Charakteristik möglich war, welche Geibel mit der größten Kunst herausarbeitete. Jene allgemeine Sprechweise war gleichsam bloß die Tonlage, das Instrument: man kam schon durch die Verwunderung in eine ganz andere Regung. Hier also war diese Art zu lesen berechtigt. Leider weiß ich nicht, ob Geibel diese Vortragsart sich erfunden hat oder ob er unter dem Einfluß einer Tradition stand.

Kehren wir nun zu der Frage zurück, wie weit die ungebundene Rede uns hier angeht.

Überblicken wir wieder das historische Material.

Das Märchen trat uns als uralte Gattung ungebundener Poesie entgegen. Wir sahen, wie aus der kleinen Prosa-Erzählung sich die gemischte Erzählung und endlich das epische Lied entwickelt. Aber es ist hier wie auf dem Gebiete der gebundenen Poesie: die ursprünglichen Gattungen hören nicht auf, wenn sich neue daraus entwickelte Gattungen geltend machen. Die Epoche des Epos bedeutet ein Übergewicht gebundener Poesie über die ungebundene. Aber wir dürfen vermuthen, daß die ungebundene immer fortbestand. So dürfen wir aus allgemeinen Gründen überzeugt sein, daß selbst in der Zeit, in welcher das germanische Epos aufkam und die deutsche Poesie beherrschte, daß selbst in der Zeit der Völkerwanderung das schlichte prosaische Märchen doch immer noch vorhanden war. Ja es kommt bald die Zeit, wo mit dem Gebrauch der Schrift ungebundene Rede überhaupt sich innerhalb der Litteratur geltend macht, wo eine prosaische Litteratur entsteht und eine wachsende Macht bethätigt. Doch ist die Zeit, in welcher die Prosa-Erzählung litterarisch wird, sonst erst eine verhältnißmäßig späte; die deutschen Verhältnisse sind hier nicht maßgebend, weil die Übertragung von Rom aus, die Übersetzungslitteratur eine raschere Gestaltung der Novelle bewirkt.

Wie zur Zeit des Epos die gebundene Poesie überwog, so greift später die ungebundene Rede um sich. Die ungebundene Rede ist nach und nach fast auf alle Gebiete der gebundenen vorgedrungen. Der Moment, wo wir die Prosa umfassender auftreten sehen, ist für Deutschland das dreizehnte Jahrhundert, wenn wir eben von Übersetzungen absehen. So lange muß das Märchen ohne Aufzeichnung fortdauern. Aber noch im fünfzehnten, sechzehnten, ja achtzehnten Jahrhundert finden neue Schritte in dieser Richtung statt: Gattungen fallen der ungebundenen Rede zu, die vorher nur als Poesie verfaßt wurden.

Die ältesten griechischen Philosophen trugen ihre Lehre in Versen vor. Das Lehrgedicht ist also älter als die wissenschaftliche Prosa. Die Prosarede übernimmt die Aufgabe, die Ansichten von der Welt und von Gott dem Volk zu übermitteln.

Ebenso ist es bei allen übrigen Völkern: die Gesetze sind ursprünglich in Versen aufgeschrieben, dann werden sie prosaisch. Von den Inschriften sind vermuthlich die in poetischer Form die älteren: daher die griechische Gattung des Epigramms. Das Epos ward durch die Geschichtschreibung abgelöst. In Deutschland gehen die Reimchroniken bis ins 16. Jahrhundert, aber seit dem 13. giebt es daneben eine prosaische Geschichtschreibung in deutscher Sprache. Die neuesten Nachrichten wurden im deutschen Mittelalter vielfach durch Lieder der Spielleute verbreitet. Dieses politische Lied geht bis ins 17. Jahrhundert; ja noch die politischen Gedichte der Gegenwart sind Ausläufer dieser Lieder. Dabei muß man aber nicht bloß an die patriotische Poesie der Arndt, Körner bis zu den Dichtern des Jahres 1870 denken, sondern auch an die Zeitgedichte unserer Witzblätter, z. B. das Kladderadatsch. Daneben haben schon mit dem Beginn des 16. Jahrhunderts die prosaischen Zeitungen angefangen, deren Voraussetzung die Buchdruckerkunst ist.

Der gesammte Journalismus überhaupt, das Extrablatt, die Flugschrift hat Functionen übernommen, welche früher der Poesie oblagen.

Auf verschiedenen Gebieten kann man, namentlich im 15. Jahrhundert, geradezu beobachten, wie die Prosa sich an Stelle der Poesie setzt, die ungebundene Rede an die Stelle der gebundenen: Prosa-Auflösung mittelhochdeutscher Romane – oder vielmehr Entstehung des Romans, d. h. des Prosaromans durch Auflösung höfischer Gedichte. Ebenso bei Novellen; ebenso bei geschichtlichen Gedichten, wie der Kaiserchronik. Die kleine Erzählung, Märchen, Novelle, Anekdote wird endlich litterarisch (zum Theil durch Übersetzung, sodaß wieder Culturübertragung vorliegt).

Wenn im Mittelalter Freidank ein gereimtes Lehrgedicht aus Sprichwörtern und Sentenzen zusammensetzte, so stellt das 16. Jahrhundert die Sprichwörter als Sammlung prosaisch und gelehrt neben einander. Und später reihten sich die Sammlungen von Reflexionen, die Sentenzen, die Maximen und Aphorismen, die »Fragmente« an (Goethe, Schlegel). Auch das ist eine Form der Prosa-Auflösung des Lehrgedichts! Eine andere ist der Essay, woraus sich das Feuilleton

entwickelt, wenigstens gewisse Theile desselben – andere anderswoher, z. B. die Recension aus dem Spott- und Lobgedicht...
Der Hauptsatz des Lehrgedichts aber ist die gesammte wissenschaftliche Literatur.
Die Reiselitteratur beginnt mit der Odyssee, wie man wohl sagen kann. Im 12. Jahrhundert giebt es viele deutsche Odysseeartige Gedichte. Dann aber im 14. und 15. Jahrhundert kommen die Reiseerzählungen in Prosa, zuerst romantisch gehalten wie die Berichte der Palästinapilger, Mandeville u. s. w., dann einfach berichtend bis auf Alexander von Humboldt und seine Nachfolger.
Der Brief ist eine poetische und prosaische Gattung. Er zeigt die gleiche Entwicklung. Mischung von Prosa und Vers ist in der Epistel des 18. Jahrhunderts (wie in der Schäferei des 17. Jahrhunderts) sehr beliebt. Auch für den Dialog gilt dasselbe.
Überall ist dabei der Einfluß der Übersetzerthätigkeit auf Entstehung und Ausbildung der Prosa zu prüfen. Er beginnt schon im 8. und 9. Jahrhundert (vgl. Anzeiger für deutsches Alterthum 3, 202).
Im 17. und 18. Jahrhundert zeigt sich eine neue Invasion der Prosa. Was hat noch im 16. Jahrhundert Hans Sachs alles in Knittelversen abgehandelt: alle Fastnachtspiele, alle Tragödien und eine Menge didaktischer Gattungen! Für das Drama wurde schon am Schluß des 16. bez. im 17. Jahrhundert die Prosa durch die englischen Komödianten eingeführt; im 18. Jahrhundert tritt sie auch da ein, wo bis dahin noch der Alexandriner geherrscht hatte: prosaische Tragödie.
Ebenso auf andern Gebieten: gegenüber der gereimten Fabel von Gellert u. A. erneuert Lessing die Prosafabel; er hat auch sogenannte prosaische Oden verfaßt, eigentlich freilich nur Gerippe von Oden. Bei Novalis finden wir prosaische Hymnen, und diese sind trotz der prosaischen Form höchst poetisch. Sehr merkwürdig ist die prosaische Auflösung der komischen Epopöe in Thümmels ›Wilhelmine‹.
Noch etwas anderes: die Psalmen wirken auf uns als Prosa, und so waren sie schon im Mittelalter das gelesenste Buch; und doch sind sie voll hoher schöner lyrischer Poesie. Dies wäre denn also prosaische Lyrik. Und die Psalmen werden nun auch componirt, vollständig oder einzelne Verse: das ist also gesungene Prosa! Überhaupt wurden Bibelstellen componirt, während die recitativische Prosa schon älter ist, ja in der Kirche uralt als Psalmodie, gregorianischer Gesang.

Dies sind einige von den historischen Beispielen. Man könnte sich aber noch mancherlei Gattungen construiren, mancherlei denken was in Wirklichkeit bis jetzt nicht eingetreten, oder wovon ich wenigstens nicht weiß daß es eingetreten. Aber dergleichen könnte sehr wohl noch eintreten. Namentlich ist es denkbar, daß es eine vollständige Lyrik in Prosa gäbe. Alle lyrischen Gattungen könnten auch in Prosa versucht werden ohne den Zwang von Metrum und Reim.

Thümmels ›Wilhelmine‹ ist ein recht gutes Beispiel für mancherlei ähnlich denkbares. Derselbe Stoff konnte als Novelle behandelt werden, Thümmel hat ihn aber keineswegs so behandelt: vielmehr sieht jeder gleich, daß es ein prosaisches komisches Epos ist, d. h. in bestimmter Manier des Vortrags, wobei die technischen Mittel der Epopöe alle, nur in ungebundener Rede, auf kleinere Situationen angewandt werden. Thümmel hat aber keine Nachfolger gefunden; so steht dies Werk vereinzelt und zeigt wie viel ein Einzelner thun kann.

So könnte man sich z. B. eine Geschichtschreibung denken im Stil der Epopöe, mit den Darstellungsmitteln der Epopöe, aber nicht in Versen. Wenn sich ein solches Werk treu an die Überlieferung hielte, wäre es doch kein historischer Roman.

So gut man die dramatische, dialogische Form für geschichtliche Darstellung benutzt hat, also Lesedramen mit historiographischer Absicht, so gut sind auch hier und anderwärts noch manche Mischformen denkbar. So könnte z. B. auch das Lehrgedicht prosaisch behandelt werden und doch so, daß gar keiner in Versuchung käme es als wissenschaftliche Untersuchung zu denken; freilich der Ton der Untersuchung müßte bleiben und alle Resultate gegeben werden. So etwa die Geschichte der Entstehung der Welt nach Laplace und Kant, der Entstehung der Wesen nach Darwin. Wir können deswegen auch nicht behaupten, daß für irgend eine Gattung die Prosa niemals vordem angewandt worden sei; obschon wir andererseits auch nicht behaupten dürfen, daß die Kunst der Rede alle in ihr überhaupt möglichen Formen durchlaufen werde. –

Wir waren in dieser Betrachtung von dem Märchen ausgegangen als einem selbständigen Keim kunstmäßiger, poetischer, aber ungebundener Rede.

Wir haben in großer Masse sonstige ungebundene Rede aus der gebundenen hervorgehn sehen. So war Ablösung von Tanz und Ablösung von Musik uns als Entwicklungsact der gebundenen Rede erschienen, so muß als weitere Entwicklungsphase constatirt werden: der Übergang der gebundenen in ungebundene Redeform für eine Reihe von Gattungen der kunstmäßigen Rede.

Wir haben hingewiesen auf Prosa, welche auf Übersetzung beruht. Diese tritt nur ein bei Culturübertragung.

Aber abgesehen davon, sind noch viele sonstige Keime *kunstmäßiger aber ungebundener Rede* vorhanden. Manches bleibt darin ungewiß. Z. B. ob nicht die mimische Darstellung zur Unterhaltung, komische Scenen u. dgl. von vornherein in ungebundener Rede waren, weil nur Nachahmung des Lebens.

Vor allem aber: wie ist es mit der *Rede?* mit der Rede im engern Sinn? Diese wird sich auch in Urzeiten eingestellt haben in der ältesten Form: als Rede an eine Volksversammlung, welche überzeugt und zu Thaten hingerissen werden soll. Jeder, der ein Volk führen will ohne in dem Verhältniß des Despoten zu stehn, bedarf der Redegewalt. So finden wir die Rede z. B. bei den nordamerikanischen Indianern ausgebildet. Die Parlamentsrede der Gegenwart ist eine Entwicklung dieser Volksreden der Urzeit. Wie nun diese Rede beschaffen war, läßt sich schon hieraus vermuthen. Die poetische Form ist freilich denkbar; so mochte, wie der Gesetzvortrag des Priesters vielleicht gebunden war, auch der Keim der Predigt, der priesterlichen Ansprache an die Volksversammlung, gebunden sein. Und so möglicherweise auch jene Rede zur Volksversammlung in derselben Weise, wie Verhandlungsformeln, Anklage, Schwüre, Verurtheilungsformeln gebunden waren. Aber diese wurden doch gewiß früh losgebunden, besonders wo das Leben selbst eine unmittelbare Anwendung verlangte, mitten in der That. Und es sind doch wohl überhaupt zu viele Fälle denkbar, wo eine Rede eingreifen kann, wo sie improvisirt wird, als daß man nicht schon aus der Natur der Sache schließen müßte, daß sie häufig eine rein prosaische, selbst jeden poetischen Anklangs entbehrende war. Jedenfalls kennen wir die Rede in entwickelten Litteraturen nur als solche ungebundene Rede, und müssen sie daher als eine alte Gattung ungebundener Rede, die nicht poetisch ist, anerkennen.

Wie dem nun auch sei, auf allen diesen Gebieten der ungebundenen Sprache ist eine kunstmäßige Anwendung der Sprache möglich. Ja auf allen diesen Gebieten kann lauter Vortrag stattfinden, bei welchem die Behandlung der Stimme und die Gebärde hinzutritt, um ein Kunstwerk lebendiger Rede zu Stande zu bringen.

Es ergiebt sich nun aus allen diesen Betrachtungen sofort, daß eine umfassende und rein abzugrenzende Wissenschaft möglich ist, welche die *Kunst der Rede* systematisch behandelt. Diese gesammte Kunst der Rede ist in dem traditionellen Titel »Rhetorik Poetik Stilistik« enthalten. Aber dieser deutet hin auf ein Fachwerk, welches auf Vereinzelung der Disciplinen beruht. Wir constatirten dagegen, daß sich die Forderung gerade nach einer umfassenden Betrachtung der Kunst der Rede ergiebt. Und dieser gegenüber ist die Poetik willkürlich ausgewählt, und ihren Grenzen nach der Seite der Prosa verfließen, wenn man sich nicht auf die gebundene Rede beschränken will.

Strenge Systematik würde innerhalb der Kunst der Rede unterscheiden: erstens die gebundene mit ihren Gattungen, zweitens die ungebundene mit ihren Gattungen. Man müßte ferner untersuchen was beiden gemeinsam ist und was jede für sich besitzt.

Insofern die Poetik für sich behandelt und nicht auf gebundene Rede beschränkt wird, ist die Hereinziehung von Stoff der ungebundenen Rede mehr oder weniger willkürlich. Aber zum Theil ist die Abgrenzung doch sehr entschieden in der Sache begründet, z. B. Epopöe und Prosaroman bieten sehr weitgehende analoge Erscheinungen. Der historische Roman nun leitet weiter zur Geschichtschreibung hinüber; da muß man aber Halt machen. Die Wissenschaft in ungebundener Rede ist ausgeschlossen. Innerhalb der Wissenschaft kommt freilich die Scala der Darstellung zur Untersuchung. Denn die Darstellung der Untersuchung ist eine Kunstform für sich. Es war wohl niemand so voller Poesie wie Jacob Grimm; und dennoch wird niemand von seinen grundlegenden Werken behaupten, daß sie poetische Werke seien – bei aller Kunst der Darstellung. So ist auch die philologische Anmerkung wieder eine Kunstform für sich, deren äußerste Präcision und Knappheit Karl Lachmann erreicht hat. Untersuchungen wie die Lessings haben eine bestimmte Kunstform und sind dennoch keine Poesie.

In der Geschichtschreibung finden sich epische Elemente, in der Naturwissenschaft Naturschilderungen u. s. w.; das Extrem aber ist von der Poesie weit entfernt: Mathematik. Ganz ebenso nähern sich z. B. griechische Predigten aus dem vierten Jahrhundert durch ihre Naturkraft der Poesie. Und die Poetik muß sie dennoch ausschließen. Aber eine umfassende Redekunst müßte das alles berücksichtigen.

Die schwierigste Frage bleibt also allemal, was von der ungebundenen Rede hineinzuziehen ist.

Dieselben Schwierigkeiten der Abgrenzung sind immer bei der Litteraturgeschichte vorhanden, welche in Wahrheit sehr selten die ganze Litteratur oder auch nur die Producte der Nation auf dem Gebiete der Kunst der Rede umfaßt. Vielmehr verläuft sie sich auf dem Gebiete der ungebundenen Rede gegen die Wissenschaft hin.

Die Wissenschaft und was uns mehr praktisches Bedürfniß scheint ohne Anspruch auf künstlerische Wirkung, auf Anregung der Phantasie – das ist ausgeschlossen.

Während für Lyrik, Epik, Dramatik die gebundene und ungebundene Form keinen Unterschied macht, gehört das Lehrgedicht – gegen Aristoteles – wohl in die Poetik, aber nicht die Lehre in ungebundener Rede, nicht der Vortrag der Wissenschaft; nicht die Parlaments- oder Gerichtsrede; nicht die Predigt.

Aber immer muß man das gesammte Gebiet der Rede im Auge haben, um der Poetik ihre rechte Stellung zu wahren und nie vergessen zu lassen, daß sie ein verhältnißmäßig willkürlich ausgewähltes Fragment aus dem Gesammtgebiet der kunstmäßigen Rede ist – wie auch andererseits die kunstmäßige Rede überall an die nicht kunstmäßige anknüpft und auch diese Anknüpfung und die allmäligen Übergänge nicht außer Acht gelassen werden dürfen.

Macht doch das Drama z. B. von aller Art der Rede, auch von der gar nicht kunstmäßigen, ja von dem unarticulirten Schrei – kunstmäßigen, künstlerischen Gebrauch. –

Hiermit wäre denn die erste Frage, die nach der Begrenzung unseres Stoffs, der Abschnitt von gebundener und ungebundener Rede erschöpft. Der Begriff der Poetik ist also schließlich ungefähr so auszudrücken:

Die Poetik ist vorzugsweise die Lehre von der gebundenen Rede; außerdem aber von einigen Anwendungen der ungebundenen, welche mit den Anwendungen der gebundenen in naher Verwandtschaft stehen.

So ungefähr läßt sich das Resultat unserer Erörterungen zusammenfassen. Wenn uns die Wissenschaft und ihr Vortrag nicht beschäftigt, so würde uns ein prosaisches Lehrgedicht, wie ich es vorhin skizzirte, allerdings beschäftigen – ein Lehrgedicht das selbstverständlich nicht Untersuchung enthielte, sondern Darstellung des

Gefundenen, alles vorgetragen im Stil der Epopöe, dann gleichviel ob in gebundener oder ungebundener Rede.

Und ebenso ists ja mit dem Drama. Wie wenig trägt da der Unterschied zwischen gebundener und ungebundener Rede aus! Wie vieles hat die Technologie des Dramas zu erzählen, ehe sie an die letzten sprachlichen Ausdrucksmittel kommt! Ebenso ists mit dem Romane wegen seiner nahen Verwandtschaft zur Epopöe; Novelle und Märchen gehören zur ältesten Gattung der Poesie, und auch diese gehören hier hinein.

Wenn ich vorausgreifen wollte, so könnte ich zu einer viel schärferen Grenzbestimmung gelangen. Wir werden später eine äußere und innere poetische Form kennen lernen. Wo nun die metrische Form fehlt, kann doch die sprachliche Form, der Ausdruck poetisch sein; wo also die äußere poetische Form fehlt, kann die innere Form Annäherung an die Poesie bewirken. Daß die Grenzen verfließen, beruht eben auf der Verwandtschaft zwischen gewissen Gattungen gebundener und ungebundener Rede.

II. Die Aufgaben und Methoden der Forschung

Wir wissen jetzt, mit welchem Gegenstand wir uns beschäftigen. Es handelt sich nun weiter darum, was und wie von diesem Gegenstand zu lehren sein wird, resp. auf welche Puncte die Wissenschaft, die Forschung ihr Augenmerk richten muß, und durch welche Mittel sie auf diesem Gebiete zu gemeingiltigen Erkenntnissen gelangt.

Wie wir uns im ersten Abschnitt im gröbsten Umriß auf dem ganzen Gebiete der Entwicklung der Kunst der Rede orientirten, so wollen wir uns hier ebenso über die Lehre von der Poesie geschichtlich orientiren.

Das kann aber auch hier nur eine flüchtige Übersicht sein. Eine Geschichte der Poetik, ein Hilfsmittel zur Orientirung kenne ich nicht. Das Gebiet der Poetik ist eingeschlossen oder sollte wenigstens eingeschlossen sein in den Geschichten der Ästhetik, die es allerdings giebt, obgleich den höchsten Anforderungen wohl kaum entsprechend.

Robert Zimmermanns Ästhetik Bd. 1. (Wien 1858) enthält die Geschichte der Ästhetik, aber leider nur eine Geschichte der Ästhetik

»als philosophischer Wissenschaft«, wobei denn von vornherein die allgemeinen Lehren vom Schönen, die Erörterungen über das Schöne u. s. w. zur Hauptsache werden. Hübsch ist die Übersicht von A. W. Schlegel, Vorlesungen über schöne Litteratur und Kunst (Heilbronn 1884) 3 Bde.: 1, 36-89 eine Geschichte der Ästhetik von Plato bis Kant. Max Schaslers Geschichte der Ästhetik kenne ich nicht.

Wir besitzen eine Geschichte der Theorie der Kunst bei den Alten von Eduard Müller (Breslau 1834-37) 2 Bde., woraus immerhin einiges zu gewinnen; und specieller die Lehren der Alten über die Dichtkunst von J. A. Hartung (Hamburg 1845).

Ferner eine Geschichte der Ästhetik in Deutschland von Hermann Lotze (München 1868). Aber dies Buch ist nicht sehr historisch und nicht sehr eingehend; namentlich der Abschnitt über Theorie der Dichtkunst S. 619-672 ist sehr flüchtig und berührt nur eben die Spitzen.

Reich an Nachweisungen über hierher gehörige Litteratur und insofern eine vielfältige bibliographische Ergänzung zu den vorgenannten historischen Werken sind Blankenburgs Litterarische Zusätze zu Sulzers Theorie der schönen Künste, 3 Bde. (Leipzig 1796-98); in Folge der alphabetischen Anordnung sind hieraus die Titel der bis dahin erschienenen Bücher bequem zu lernen. Hauptsächlich sind zu beachten die Artikel »Ästhetik« (1, 27) und »Dichtkunst, Poetik« (1, 381).

Mit Recht beginnt Eduard Müller seine Geschichte mit Erörterung der Stellen, in denen bei Homer Ansichten über das Wesen der Dichtkunst hervortreten. Man sieht aber die Größe der Aufgabe, wenn sie universal genommen wird. Alle Ansichten über das Wesen der Dichtkunst – oft schon im Namen ausgedrückt – wie sie bei allen Völkern in Mythen und einzelnen zerstreuten Aussprüchen hervortreten, wären zu sammeln und zu erörtern, wenn man eine vollständige Theorie aufstellen wollte (vgl. Wackernagel, Poetik S. 37ff.).

Unter den Griechen scheint Sophokles der erste gewesen zu sein, welcher seine Kunst mit theoretischem Bewußtsein übte. Wenigstens werden von ihm die ersten eigentlichen Kunsturtheile überliefert.

Dann hat namentlich Plato viele Beiträge zur Theorie besonders der Poesie und der Poesie im Verhältniß zur Musik gegeben. Aber wir dürfen nur das Wichtigste aus der Theorie der Alten herausgreifen, und wir halten uns an die Werke des größten Ruhms und der größten Nachwirkung, die schon zugleich durch ihre geläufigsten Titel sich als Lehren der Dichtkunst ankündigen: *Aristoteles* ›de arte poetica‹ und *Horatius* ›de arte poetica‹.

Beide sind zugleich Typen für die Behandlung des Gegenstandes: in wissenschaftlicher Prosa durch den Philosophen, im Lehrgedicht durch den Dichter.

Dabei tritt Aristoteles ganz entschieden in den Vordergrund. Er ist nicht der Einzige, der ein eigenes Werk über Dichtkunst geschrieben; z. B. Philodemos, der Epikureer, den wir aus den herculanensischen Rollen fragmentarisch kennen, schrieb περὶ ποιημάτων, ein Werk, worin er u. a. die Theorie vorbrachte, die im Gegensatz zu den Stoikern und Krates von Pergamon stand, daß die Poesie nicht nach Nutzen zu streben habe und daß ihre Nützlichkeit kein Maßstab für die Beurtheilung der Dichtung sei (s. Gomperz, Zeitschrift für österreichische Gymnasien 1865 S. 725).

Proclus über die Dichtkunst ed. Fr. Morell (Paris 1615) s. Blankenburg 1, 384.

Aber *Aristoteles' Poetik* ist ein Werk von weit reichendem Ruhm und weit reichender Macht. Sie erfuhr das gewöhnliche Schicksal der Aristotelischen Schriften: sie wurde ins Syrische und Arabische übersetzt, und daraus zunächst ins Lateinische; in dieser Form wurde sie bei uns zuerst bekannt. In einem solchen Auszug aus dem Lateinischen wurde sie zuerst gedruckt Venedig 1481; dann vollständig übersetzt von Lorenzo Valla 1498; endlich 1508 erschien wieder in Venedig der Originaltext (Aldus Manutius). Seitdem zahlreiche Ausgaben (s. Susemihl Ausgabe und Übersetzung Leipzig 1874, in der Vorrede); Übersetzungen in alle europäischen Sprachen (s. Blankenburg 1, 381–384); zahlreiche Erläuterungsschriften.

Großen Einfluß gewann Aristoteles besonders auch auf die französische Tragödie. Von da stammt die Lehre von den drei Einheiten. Doch eben dadurch daß er hier, mißverstanden, beschränkend wirkte, erweckte er Opposition; aber man darf sagen: Lessing hat ihn gerettet. Den schwierigen Erörterungen des Corneille gegenüber, welcher seine Abweichungen von Aristoteles zu rechtfertigen suchte, appellirt Lessing vom Buchstaben an den Geist und er hat einen Grad von Verehrung, ja fast einen Glauben an die Unfehlbarkeit des Aristoteles geäußert, die ich nicht umhin kann, übertrieben zu finden.

Von allen Ausgaben nenne ich nur eine: Ἀριστοτέλους περὶ

ποιητικῆς ed. Vahlen (Leipzig 1885), gestützt auf die einzige alte Handschrift, die Grundlage der ganzen Überlieferung, den Parisinus 1741 aus dem 11. Jahrhundert. Vgl. dazu Vahlen, Beiträge zu Aristoteles Poetik I.–IV. (Wien 1865–1867); ferner Zur Kritik aristotelischer Schriften (Poetik und Rhetorik) Sitzungs-Berichte der Wiener Akademie Bd. 38; Der Rhetor Alkidamas (zur Rhetorik) ebd. 43; Aristoteles und Goethe ebd. 75; Wo stand die verlorene Abhandlung des Aristoteles über die Wirkung der Tragödie? ebd. 77. Vahlens Commentar ist eine eingehende Auseinandersetzung über das, was Aristoteles gesagt und geglaubt hat, ohne Rücksicht darauf, ob er recht hat. Außerdem namentlich Jacob Bernays, Zwei Abhandlungen über die Aristotelische Theorie des Dramas (Berlin 1880). Weitere Litteratur bei Döring, Die Kunstlehre des Aristoteles (Jena 1876).

Die Poetik des Aristoteles, etwa um 330 verfaßt, ist bekanntlich unvollständig auf uns gekommen. Aristoteles handelt in den erhaltenen Partien über die Poesie im allgemeinen und über Tragödie und Epos insbesondere. Was er über Komödie und über andere Dichtungsarten vorgetragen, ist verloren, obgleich nicht gänzlich. Auch ist das Erhaltene in sich nicht lückenlos.

Der Gesichtskreis des Aristoteles ist auf die griechische Poesie beschränkt; aber eine Kenntnis des reichsten Materials liegt seiner Schrift zu Grunde. Er grenzt sich das Gebiet ab: den didaktischen Dichter will er nicht Dichter nennen. Dagegen die sicilischen Mimen (dialogische Sittenbilder in Prosa) und die sokratischen Dialoge sind ihm Poesie. Das Object der poetischen Darstellung sind handelnde Personen; und eben daher sei der Lehrdichter kein Dichter. Ich zeigte schon, daß dies nicht richtig ist: das Gedicht braucht nur als Monolog des Dichters gefaßt zu werden, so schildert es den Charakter des Autors und Aristoteles ist widerlegt. Ader man denke sich ein Lehrgedicht über Epik mit Aufstellung von Typen. – Aristoteles will auch lehren, wie man behufs einer schönen Dichtung die Fabel gestalten muß, d. h. er will jedenfalls auch eine Anweisung zur Dichtung geben, zeigen wie man es machen muß, damit sie gelinge.

Er spricht von den Gegenständen – »Kunststil« modernisirt Vahlen –: hohe würdige für die Tragödie, niedrige für die Komödie; von den Mitteln, der Darstellungsweise der Poesie und unterscheidet danach die Arten.

Er redet vom Ursprung der Poesie aus zwei in der Menschennatur liegenden Gründen: 1. dem Nachahmungstrieb; 2. dem angebornen Sinn für Rhythmus und Harmonie. Die Arten der Dichtung sondern sich nach den den Dichtern eigenen Charakteren: einerseits Richtung auf nachahmende Darstellung des Hohen und Edlen: Dichter von Lob- und Preisliedern, Epen, Tragödien – auf dem Dithyrambus beruhend; andererseits Richtung auf das Niedrige, τὸ φαῦλον: Dichter von Tadelgedichten (ψόγος), Jamben, Komödien – auf den phallischen Liedern beruhend. Diese Unterscheidung der beiden Richtungen einerseits auf das Hohe und Edle, andererseits auf das Gewöhnliche geht bei Aristoteles durch und ist zugleich Unterscheidung der Kunststile, insofern die Auswahl des Gegenstandes auf diesem moralischen Unterschied beruht.

Er verfolgt die Entwicklung der Tragödie und Komödie etwas näher und wendet sich dann der speciellen Erörterung der einzelnen Dichtungsarten zu, wovon aber nur die Lehre von der Tragödie und vom Epos erhalten ist, und zwar so daß die Tragödie für sich sehr ausführlich behandelt wird und dann eine Anwendung aufs Epos geschieht, sofern die dort gefundenen Kunstgesetze auch hier passen.

Zuletzt wird behauptet, daß die Tragödie vor dem Epos den Vorzug verdiene.

Die Verwandtschaft überhaupt zwischen Tragödie und Epos beruht, wie erinnerlich, darauf, daß beide das Hohe und Edle darstellen. Freilich müßte sich, um diesen Grund zu erschöpfen, mindestens Hymnus und Enkomion anschließen, oder wenigstens doch der Dithyrambus.

Eine weitere Abhandlung hätte die Komödie und die Scheltlieder, Satiren, Jamben abzuhandeln gehabt. Aus diesem Abschnitt sind uns Excerpte insbesondere über die komischen Charaktere und über die Arten des Lächerlichen erhalten (Vahlen S. 77), welche Bernays musterhaft erläuterte (a.a.O. 133).

Auf den ersten Blick fällt eine gewisse Dürftigkeit des allgemeinen Theiles auf, wenn man ihn mit dem Abschnitt über die Tragödie vergleicht. Aber jene Dürftigkeit wird hier eben ergänzt. Die Tragödie ist dem Aristoteles die vornehmste Dichtungsart und sie ist ihm daher vielfach das Paradigma für die Dichtung überhaupt. Die ganze Analyse des poetischen Processes ist hier genauer. Deshalb ist hier wohl keine Lückenhaftigkeit der Überlieferung anzunehmen, sondern Aristoteles ging nicht recht systematisch vor.

Man merkt, daß Aristoteles wohl unterschieden hat zwischen dem rohen Stoff und dem Durchgang, den derselbe durch den Geist des Dichters nimmt in die Gestalt, in die er dabei gebracht wird; obgleich μῦθος in Doppelbedeutung so viel wie Sujet und so viel wie σύνθεσις τῶν πραγμάτων, Composition bedeutet (s. Vahlen, Beitr. 1, 31ff.). Er macht sich klar, daß weiterhin ein besonderes Feld dichterischer Thätigkeit, die Ausbildung des Gedankens, in Betracht kommt (διάνοια), wofür er auf die Rhetorik verweist – ein Hinweis, der für uns nicht verloren sein soll. Ja weiterhin faßt er den sprachlichen Ausdruck ins Auge, sowie selbstverständlich die metrische Form, indem er zwar auf Grammatik und Metrik verweist, aber doch einiges speciell der Poetik zugehörig erörtert, z. B. die Eigenthümlichkeiten der poetischen Sprache, ihren Unterschied von der Prosarede.

Durchaus scheint ihm die Erfindung des μῦθος als Hauptsache und die Fabel, das Sujet, »die Handlung«, wie Lessing wohl sagen würde, wichtiger als die Charaktere. Bei der Poesie im allgemeinen behandelt er den dichterischen Proceß nur obenhin und nur bei der Tragödie legt er ihn näher dar. Aber alle diese Dinge, obgleich an der Tragödie entwickelt, wären einer Verallgemeinerung für Poesie überhaupt fähig. Bezeichnend genug leider für die Art, wie diese Dinge getrieben worden sind, ist es, daß trotz der Jahrhunderte lang unantastbaren Autorität des Aristoteles niemand darauf ausgegangen ist, seine Poetik in seinem eigenen Sinne zu ergänzen, auszubauen. Lessing würde es vielleicht gethan haben, wenn er zum Abschluß seiner ästhetischen Untersuchungen gelangt wäre, denn seine Betrachtungsweise im Ganzen vergleicht sich mit der des Aristoteles. Sein ›Laokoon‹ in drei Bänden hätte mit dem Beweise schließen sollen, daß die Tragödie höher stehe als das Epos – mit demselben Gedanken also, mit dem für uns Aristoteles schließt; dies ist recht bezeichnend für sein Verhältniß zu Aristoteles. Er würde aber diesen Vorrang der Tragödie vor allen andern Dichtarten viel strenger als Aristoteles (für uns!) motivirt haben und zwar mittelst Ausbildung des aristotelischen Gedankens, daß alle Poesie μίμησις, »nachahmende Darstellung« sei; denn dieser Grundsatz sei in der Tragödie am vollständigsten ausgedrückt.

Während nun Aristoteles die Entstehung des poetischen Kunstwerks so eingehend analysirt, wirft er nur bei der Tragödie die Frage nach der Wirkung auf; hier hat er dieselbe sogar gleich in die Definition aufgenommen. Er hat diese Frage auch in der ursprünglichen Gestalt der Poetik beantwortet: es ist das die berühmte Katharsislehre, worüber ebenfalls Bernays neues Licht verbreitet hat.

Wiederum ergiebt sich für eine empirische Poetik daraus die Forderung einer allgemeinen Erörterung: Erörterung der poetischen Wirkung, resp. Erörterung der Wirkung in verschiedenen Dichtarten und bei verschiedenen Stoffen.

Außerdem hat Aristoteles einen Abschnitt, der einen naiven Eindruck macht, worin er die Anschuldigungen zusammenstellt, die gegen Dichtungen gerichtet werden, fünf an der Zahl; und die Gesichtspuncte für die Rechtfertigung: zwölf: Er hat dabei die Kritik seiner Zeit in ein System gebracht und stellt dadurch für die Poetik den Gesichtspunct auf: Verhältnis des Publicums zum Dichter.

So ungefähr ist die Poetik des Aristoteles beschaffen – ein außerordentliches Werk, zum Theil von ewigem Gehalt. Wodurch? Trotz der Beschränkung auf Griechisches scheint es doch nicht daran gebunden, sondern so sehr auf die Wahrheit und das Wesen der Dinge zu dringen, daß vieles unumstößlich sicher beobachtet oder doch wenigstens als nützlicher Fortschritt in der Beobachtung dieser Dinge anzusehn ist. Deshalb eben konnte ein so selbständiger Geist wie Lessing die Poetik für unfehlbar halten. A. W. Schlegel (Vorlesungen 1, 43), wirft dem Aristoteles vor, er zergliedere und classificire das Vorhandene wie jedes andere Naturproduct ohne Rücksicht auf Schönheit. Er hat noch sonst allerlei zu bemerken über den Mangel an ästhetischem Kunstsinn bei Aristoteles. Ich sehe umgekehrt grade hierin einen großen Vorzug des Aristoteles. Er schöpft nicht alles aus; aber innerhalb der Beschränkung, die ihm auferlegt ist oder die er sich selbst auferlegt, kommt er zu dauernden Beobachtungen, weil er so treu beobachtet und classificirt. Ja, Aristoteles ist mir – abgesehen von der Erweiterung des Gesichtskreises, die uns von selbst reicher macht, als er war – nicht Naturforscher genug. Er behandelt mir nicht hinlänglich die vorhandene Dichtung mit der kühlen Beobachtung, Analyse und Classification des Naturforschers. Er ist mir zu sehr Gesetzgeber. Er sucht die *wahre* Tragödie und das *wahre* Epos; er macht Werthunterschiede, die sich entschieden bestreiten lassen; er ist nicht unparteiisch gegenüber den Erscheinungen, die er findet, und er verwirft vorschnell, wie sich noch nachweisen läßt, vielbehandelte Gattungen; z. B. die Erzählung, in die der Erzähler seine Persönlichkeit einmischt. Wir brauchen ja nur den Homer anzusehn: jedes Epitheton, das er seinen Helden beilegt, ist doch ein Urteil, das der Dichter abgiebt. – Aristoteles hat einseitige Ideale; so auf dem Gebiete des Dramas: namentlich ist er dem Aristophanes abgeneigt und begünstigt die mittlere attische Komödie, wie denn die neuere attische Komödie unter seinem Einfluß zu stehen scheint (Bernays, S. 152 und sonst). Also er ist zu sehr Gesetzgeber; aber ich gebe zu: er ist ein maßvoller Gesetzgeber (Bernays S. 184) und darauf beruht nicht zum geringsten Theile seine Größe ...

Aristoteles selbst giebt sein Werk als Fragment; er verweist, wie gesagt, für die Gedankenbildung auf seine Rhetorik. Hiermit ist ein Gebiet bezeichnet, welches schon bei ihm selbst und namentlich unter der Hand seiner Nachfolger auch für die Lehre vom dichterischen Ausdruck sehr wichtig wurde. –

Antike Rhetorik: Versuch einer historischen Übersicht. Vgl. Manso, Über die Bildung der Rhetorik unter den Griechen (in: Vermischte Abhandlungen, Berlin 1821); Leonhard Spengel, Συναγωγὴ τεχνῶν s. artium scriptores ab initiis usque ad editos Aristotelis de rhetorica libros (Stuttgart 1828), über die voraristotelischen Rhetoren; Spengel, Über das Studium der Rhetorik bei den Alten (Minden 1842); Ernesti, Lexicon technologiae Graecorum rhetoricae (Leipzig 1795); Volkmann, Die Rhetorik der Griechen und Römer in systematischer Übersicht (2. Auflage Leipzig 1874). – Sammlung der Quellenschriften von Walz, Rhetores graeci (Stuttgart 1832–36, 9 Bde.); Spengel, Rhetores graeci (Leipzig 1853–56, 3 Bde.).

Die Resultate der classischen Entwicklung sind wohlbekannt, insbesondere bei Volkmann correct dargelegt. Aber die historische Entwicklung dieser Lehren, ihre allmälige Ausbildung, die Reconstruction des Verlorenen ist lang nicht genügend ins Reine gebracht. Wir machen einen leisen Versuch; einige Winke von Prof. Emil Hübner sind benutzt.

Die Rhetorik geht mit der praktischen Redekunst in ihrer Entwicklung Hand in Hand, wie die Poetik mit der Poesie, und die sich ändernden Geschmacksrichtungen spiegeln sich in der Theorie, und werden zum Theil durch die Theorie bestimmt oder befördert.

Quintilian giebt im dritten Buch einen Abriß der Rhetorik bis auf seine Zeit, nur eine Art Leitfaden. Blaß, Die griechische Beredsamkeit von Alexander bis auf Augustus (Berlin 1865).

Die kunstmäßige Theorie der Rhetorik begann in Sicilien. An die Spitze stellt Quintilian den Empedokles (460). Die ältesten Verfasser von artes (τέχναι) waren Horaz und Tisias; auf sie folgte Gorgias, der Schüler des Empedokles, der die Lehre der Beredsamkeit nach Athen übertrug und damit einen großartigen Erfolg erzielte. Seine Reden scheinen stark poetisch gefärbt gewesen zu sein, und so gehört die Rhetorik in die Poetik, weil sie für die Lehre vom Ausdruck wichtig ist. Der berühmteste von den Zuhörern des Gorgias war Isokrates (doch ist es unsicher, ob jener wirklich sein Lehrer war). Gegen Isokrates polemisirt Aristoteles vielfach.

Die voraristotelische Rhetorik und der Inhalt so vieler verloren gegangener Artes ist hauptsächlich aus Anaximenes von Lampsacus zu entnehmen: Anaximenis ars rhetorica quae vulgo fertur Aristotelis ad Alexandrum rec. Leonh. Spengel (Zürich 1844) vgl. auch Aristotelis ars rhetorica cum adnotatione Leonh. Spengelii. Accedit vetusta translatio latina (2 Bde. Leipzig 1867) und Spengel, Über die Rhetorik des Aristoteles (Abhandlungen der Münchener Akademie, Erste Classe Bd. 6 Abth. 2. S. 457ff.). Neben der aristotelischen Rhetorik ist für uns diese anaximenische die Grundlage der Erkenntniß.

Für die Zeit nach Alexander d. Gr. haben wir nur wenige Fragmente. Es entstand die sogenannte asiatische Beredsamkeit, mit welchem Ausdruck Griechen und Römer den Gipfel des Ungeschmacks zu bezeichnen suchten: einerseits schwülstiger Wortschwall mit Häufung von Tropen und Figuren, andererseits affectirte Kürze; dort pomphafte Redensarten, hier kleine Sätzchen, die auffallen sollen, sententiös, pikant, gesucht. Diese Art war noch beim Beginn von Ciceros Laufbahn so mächtig, daß sein älterer Zeitgenosse Hortensius sie nach Rom bringen konnte. Die Vertreter dieser asiatischen Beredtsamkeit schrieben, wie es scheint, keine Theorien. Die Philosophen, sagt Quintilian, waren darin eifriger als die Redner, besonders die Häupter der stoischen und peripatetischen Schule.

Der erste, der wieder theoretisch eingriff und sich seinen eigenen Weg bahnte, war (nach Quintilian) Hermagoras, vielleicht der Stoiker aus Amphipolis im 2. Jahrhundert v. Chr. Er scheint auf die älteren Lehrbücher zurückgegriffen zu haben und bildete sie scholastisch aus; besonders der Theorie der inventio widmete er selbständige Studien. Insofern er die Tradition wieder aufnahm, mit der classischen attischen Beredsamkeit die Verbindung wiederherstellte, war er ein Reformer. Er wirkt auf den römischen Rhetor Cornificius, den Autor der Rhetorica ad Herennium, und auf Ciceros erste rhetorische Schrift de inventione. Hier wird classische Einfachheit erstrebt.

Unterdessen hatte sich auch eine rhodische Schule vom asiatischen Schwulst emancipirt und war auf die Attiker zurückgegangen, und unter des Rhodiers Molon Einfluß gewann Cicero neue Einsichten und den Standpunct, den er in De oratore, Brutus, Orator einhielt. Aber er hatte schon gegen eine Richtung zu kämpfen, welche Brutus vertrat und die auch sonst in Rom um sich griff: eine strengere fast archaisirende Renaissance des Atticismus, die über Demosthenes und Isokrates auf den schmucklosen Lysias zurückgehen wollte; gerade die höchste Einfachheit, die Abwesenheit aller rhetorischen Kunst war es, die an Lysias lockte. Angeregt scheint diese ganze Richtung durch Apollodorus von Pergamon, den Lehrer des Octavianus Augustus, vermuthlich noch im 2. Jahrhundert v. Chr. geboren.

Den Schülern des Apollodor standen die des (jüngern) Theodorus von Gadara gegenüber, der sich lieber den Rhodier nennen ließ, des Lehrers des Tiberius, und ihre Anhänger befehdeten sich wie philosophische Secten. Es scheint, als wenn die sententiöse Richtung der asiatischen Beredsamkeit in Rhodus noch eine Zuflucht gehabt hätte, und vielleicht überhaupt ein stärkerer Aufwand an rhetorischen Künsten.

Die herrschende Richtung aber war die auf das Einfache, ja auf das alterthümlich Strenge. Diese Richtung wird unter Augustus in sehr vorzüglicher Weise durch Dionysius von Halikarnaß vertreten, nur daß er ein arger Purist ist. Neben ihm wird Cäcilius genannt, aus dessen Schrift über das Erhabene uns einige wesentliche Gedanken gerettet sind durch den Pseudo-Longinus περὶ ὕψους (auch noch im 1. Jahrhundert n. Chr.), welcher gegen Cäcilius polemisirt. Cäcilius war, wenn wir den Nachrichten des Suidas trauen dürfen, ein Jude; er citirt ein Stück aus der Genesis als Beispiel erhabener Einfachheit. Diese pseudo-longinische Schrift hat großen Ruhm erlangt.

Um 90 n. Chr. begann Quintilian seine Institutio oratoria, maßvoll, classisch, Cicero verehrend, auf die großen Muster überall gestützt aber ohne ausgeprägten Parteistandpunct; es scheint ein Ausgleich zwischen beiden Richtungen stattgefunden zu haben. Es wird ein gewisser Eklekticismus an die Reihe gekommen sein, und diesen ungefähr vertritt Quintilian. Hauptsächlich leitete er wohl aber die griechischen Artes, Leitfäden, fort, vielleicht hauptsächlich den Hermagoras.

Damit war die mehr scholastische Rhetorik wieder eingeleitet. Sie hat die Tradition durch sehr feine, sorgfältig geschiedene Distinctionen bereichert, und für jede eigene rhetorische Mittel gesucht. Unter den späteren Lehrern ist Hermogenes um 160 n. Chr. hervorzuheben, der die alten Artes durch solche Distinctionen ausbildete, indem er namentlich die verschiedenen Stile classificirte.

Noch viele Theoretiker, lateinische und griechische, folgen, immer unselbständiger. Aus welchen Quellen sie schöpften, wird sich hoffentlich einmal genauer sagen und damit zugleich das Verlorene annähernd errathen lassen. Hier ist aber noch das Feld für eine große Untersuchung: die ältere Geschichte der Rhetorik wäre darzustellen. Die schließlichen Resultate dieser Entwicklung der Theorie geben Ernesti und Volkmann.

Wir können noch ganz gut beobachten, wie die Tradition dann dünner und dünner, geistloser wird, bis ins Mittelalter hinein: Isidor, Alcuin – und andere? Die weitere Entwicklung nach Alcuin ist mir nicht bekannt und wohl nicht untersucht.

Natürlich lebt die Rhetorik in der Zeit der Renaissance wieder kräftiger auf. Unter den Deutschen ragen Melanchthon und Johannes Sturm als Verfasser von Lehrbüchern hervor; Sturm auf Hermogenes gegründet, den er auch neu herausgab. Vgl. Blankenburgs Zusätze zu Sulzer 2, 535f. –

Wir kehren zu der Rhetorik des Aristoteles zurück.

Die Aristotelische Rhetorik enthält nicht bloß vielerlei Beobachtung über die Gedankenbildung zu rednerischen Zwecken, nicht bloß eine Topik, einen Versuch die Fundstellen anzugeben, worauf er in der Poetik verwiesen hat, sondern sie führt auch eine Eintheilung in politische, gerichtliche und epideiktische Beredsamkeit durch, die für die spätere Theorie durchaus maßgebend geworden ist. Er handelt über Tugend und Laster, Schönes und Häßliches, als Gesichtspunct der Lob- und Tadelreden. Er handelt von den Affecten, die in der Rede zum Ausdruck kommen und zu denen die Zuhörer erregt werden können. Er handelt ferner vom Ausdruck, jetzt aber im Gegensatz zum poetischen. Und er giebt gelegentliche Bemerkungen über Beispiel, Parabel und Fabel (2, 20) sowie über den Sinnspruch (2, 21), d. h. über Gattungen der Rede, die auch für die Poesie Bedeutung haben und in unserem Sinne ganz der Poesie zugerechnet werden müssen. Er bemerkt, daß das Räthsel eine Metapher enthalte (3, 12)...

Die spätere Rhetorik nun hat alle die Keime, die Aristoteles gelegt hat, zu einer sehr strengen und systematischen Theorie ausgebildet, welche für die Poetik theils ein Vorbild sein kann, theils ihr geradezu zu gute kommt.

Sie hat Erfindung, Anordnung, Darstellung (εὕρεσις τάξις λέξις –

inventio dispositio elocutio) strenge geschieden, d. h. Acte der Hervorbringung der Rede, welche ohne weiteres auf das Gedicht übertragen werden können. Die antike Rhetorik hat namentlich die Lehre von der Erfindung sehr genau analysirt und dabei insbesondere die Topik der Beweise, die wie es scheint Aristoteles begründete, und die sonstige Topik ausgebildet, wodurch sie ein Vorbild für die Poetik gab, das noch kaum verwerthet ist: eine Untersuchung über die Gesichtspuncte, nach denen Dichter einen Stoff umarbeiten, um ihn poetisch zu fördern, oder die Gesichtspuncte, die ihnen an dem Stoffe selbst hervortreten und wodurch er ihnen poetisch wird, müßte angestellt werden... Die Rhetorik hat ferner für die Lehre vom Ausdruck die Classification der Tropen und Figuren so reich ausgebildet, daß die ganze Folgezeit nichts hinzufügte. Dagegen hat sie allerdings wieder gewisse Dinge bei der Lehre vom Ausdruck vernachlässigt, z. B. die Verschiedenheit des Überwiegens verbaler oder nominaler Bestandtheile. Die antike Rhetorik hat endlich sehr merkwürdige Beiträge zur Lehre vom Stil gegeben.

Unter den Rhetoren des Alterthums war wohl am meisten Dionys von Halikarnaß zu dem Bewußtsein durchgedrungen, daß in der Lehre vom Ausdruck Poetik und Rhetorik ein gemeinsames Gebiet haben. Dieses Bewußtsein wohnt in seiner Untersuchung περὶ συνθέσεως ὀνομάτων, »von der Zusammenstellung der Worte« – über den äußern Reiz der Rede, wie er eben durch die Zusammenstellung erreicht wird. Er lehrt dabei zu achten auf das Melodiöse, das Eurhythmische, die Abwechslung und die Übereinstimmung der Darstellung mit ihrem Gegenstande: »einer anderen Zusammenstellung der Worte bedient sich der Zornige, einer anderen der Betrübte, der Furchtsame, der Freudige« u. s. w. Er sondert alle Schriftsteller in drei Klassen (deren Scheidung jedoch schon älter ist): 1. bei denen das Herbe und Strenge; 2. bei denen das Zierliche und Blühende; 3. bei denen die Mitte zwischen beiden Extremen der vorherrschende Charakter der Darstellung ist... vgl. Ed. Müller 2, 231f. Hierin war schon Theophrast sein Vorgänger; Hermogenes im 2. Jahrhundert n. Chr. hat dann zehn verschiedene Stilarten.

So hat die antike Rhetorik manche directe Beiträge zur Poetik geliefert; vor allem hat sie aber in der Strenge der Analyse ein Vorbild für die Art gegeben, wie man ein Kunstwerk behandeln soll. Wie vieles für die Poetik direct zu verwerthen sei, erkannte schon die Renaissance. Die Zusammenfassung der Poetik mit der

Rhetorik und der Metrik war den Theoretikern der Renaissance etwas ganz natürliches. Das Hauptlehrbuch der Poetik schrieb Julius Cäsar Scaliger, ein posthumes Werk, das 1561 erschien. Es liegt all den zahlreichen Poetiken der Folgezeit zu Grunde, auch den deutschen Poetiken, z. B. der von Opitz 1624; zwar ist für Opitz auch die Poetik des Ronsard Vorbild, aber dieser fußt selbst auf Scaliger. Ein Verzeichniß deutscher Poetiken in Goedekes Grundriß der deutschen Dichtung 2, 438.

Scaligers Poetik vereinigt jene Materien, die antike Poetik, Rhetorik und Metrik und fügt freilich noch allerlei anderen Stoff hinzu, namentlich litterarhistorischen und antiquarischen. Eine wahrhafte Fortbildung der Erkenntniß ist auf diesem Wege nicht erreicht worden, nur ein Fortleiten der antiken Tradition. Diese Theoretiker sind nicht tiefer eingedrungen in das Wesen und die Erscheinungsformen der Poesie. Sind doch alle diese Poetiken in einer Zeit geschrieben worden, wo die lateinischen Dichter als unbedingtes Vorbild galten. Gemäß diesem antiken Ideal sind auch die Poetiken nicht wesentlich über das herausgekommen, was schon die antike Theorie vorgetragen hat.

In dieser ganzen Tradition steht das Vorbild des Aristoteles als eigentliches Muster.

Wir haben aus der Reihe der antiken Theoretiker Aristoteles und Horaz herausgegriffen. Aristoteles und alles was an ihm hängt ist erledigt, von *Horatius* noch zu handeln.

Horaz gehört in weiterm Sinn selbst zur Schule des Aristoteles; die aristotelischen Grundsätze von Nachahmung, Handlung, Führerrolle der Tragödie u.s.w. finden sich bei ihm wieder. Aber er hat doch eine besondere Strömung begründet: das Lehrgedicht über die Poesie hat er eingeführt. Den Brief an die Pisonen, Epist. 2, 3 (bei Batteux-Ramler dritte Aufl. 3, 221f. übersetzt und erläutert), nennt schon Quintilian *Ars poetica*: und damit that man eigentlich wohl Horaz Unrecht, denn er hat gewiß nicht die Absicht gehabt, hiermit eine vollständige Poetik zu liefern, obgleich man die Schrift oft so angesehn hat. Eigentlich ist es nur eine Warnung vor Dilettantismus, an die Brüder Piso gerichtet. Nach Porphyrio liegen die *Praecepta Neoptolemi* τοῦ Παριανοῦ *de arte poetica* zu Grunde, von denen wir nichts wissen. Daß dies Compendium, wenn Horaz es benutzt hat, von Aristoteles beeinflußt war, daß jedenfalls Aristoteles' Poetik auf Horaz, wenn auch vielleicht nur indirect und jedenfalls sehr allgemein, eingewirkt hat, das liegt offen zu

Tage. Wie Aristoteles behandelt er die Tragödie ausführlich als Paradigma der Poesie überhaupt. Als Zweck der Dichtkunst stellt er prodesse oder delectare oder Verbindung von beiden hin, und das letztere, die Verbindung des Nützlichen mit dem Angenehmen, empfiehlt er am meisten. Von der Würde der Poesie und ihrem Segen für die Menschheit hat er hohe Vorstellungen. Die Frage, ob ein gutes Gedicht mehr dem Genie oder mehr den Regeln zu verdanken habe – *natura fieret laudabile carmen an arte, quaesitum est* – beantwortet er damit: sie sind beide nöthig; wer *studium* allein noch *ingenium* allein kann etwas leisten. Und so fast überall: maßvolle mittlere Weisheit, sehr viel gesunder Menschenverstand; aus diesen Eigenschaften floß die gewaltige Autorität des Gedichtes. Diese Autorität war so groß, daß aus dem Zusammenhang herausgerissene Worte wie *ut pictura poesis* für ganze Zeitalter verhängnißvoll wurden.

Horazens *Ars poetica* wurde ferner das Vorbild für alle Lehrgedichte über Poesie; diese Gattung wurde später vielfältig gepflegt.

Lateinisch: Marco Girolamo Vida, De arte poetica libri III (Cremona 1520), vgl Blankenburg 1, 387 a.; recht steril.

Italienisch: Landi 1549; Muzio 1551; Menzini 1690; Martelli 1710: ebd. 394 a.

Spanisch: de Mesa; Lope de Vega (Nueva arte de hazer comedias); Juan de la Cueba 1582: ebd. 395 a.

Französisch: Jean de la Fresnaye Vauquelin 1605; Boileau 1674: ebd. 399 a.

Englisch: Pope, Essay on criticism 1711 u. A.: ebd. 402 a.

Stärker aber haben von allen nur Boileau und Pope gewirkt. Den größten Einfluß hat Boileau gehabt. Seine *Art poétique* ist 1674 mit einer Übersetzung des Longin erschienen, über dessen Einfluß s. v. Stein, Boileau und Descartes S. 219f. (das erhabene Einfache bei Boileau wie bei Longin ebd. 222; ebenso bei Winckelmann vgl. Justi, Winckelmann 2², 140). Jetzt pflegt man diese Schrift zu verachten, und sie trägt allerdings weder sehr tiefe noch sehr neue Gedanken vor, lehnt sich auch stark an Horaz an; man muß ihr aber das Lob ertheilen, daß sich das Gedicht von Anfang bis zu Ende angenehm liest, ja geradezu spannend, daß es vortrefflich abwechslungsreich, anschaulich, unterhaltend gemacht ist und in verständig maßvoller Gesinnung mit Horaz wetteifert. Um so mehr war es ein Schrecken der Romantiker. So ist auch die Herausgabe des Longin gegen den Schwulst in Boileaus Jahrhundert gekehrt. Boileau sucht so seine Bundesgenossen unter den Alten. Als im Gegensatz gegen die schwülstige Poesie jene *raison* die herrschende Macht geworden war und die *imagination* immer mehr zurücktrat, da konnte man die *Art poétique* allerdings als philisterhaft ansehen und wieder einen höheren Schwung erwünschen. Immerhin war sie doch nur ein Nachklang antiker Theorie. –

So weit verfolgen wir, was auf die Tradition der Alten zurückgeht.

Es wäre zu untersuchen, ob es im Mittelalter selbständige Ansätze zu einer von den Alten unabhängigen Poetik giebt. Eine ausgebildete Künstlerpraxis war sicher vorhanden, und ein Bewußtsein dessen was man that, auch Kunstregeln; aber wenig Bedürfniß, darüber öffentlich zu reden. So sind denn die paar Stellen der Polemik von Dichtern gegen ihre Standesgenossen (Gottfried von Straßburg gegen Wolfram von Eschenbach; Walther von der Vogelweide gegen Neidhart von Reuenthal) und die paar sonstigen litterarischen Stellen mit Kunsturtheilen das Einzige, wenigstens bei den Deutschen, worauf wir uns berufen können. In Gottfrieds Kritik muß uns die große Feinheit seines Kunsturtheils mit hoher Achtung erfüllen; zwischen ihm und Wolfram herrscht jener Gegensatz zwischen Herb und Zierlich, von dem Dionys von Halikarnaß gesprochen hat. Aber dieser Angriff Gottfrieds sammt Wolframs Antwort reichen nicht aus, um eine mittelalterliche Poetik zu reconstruiren. Ein Ausdruck, den Gottfried dabei gebraucht, ist seltsam: er spricht von der glôse gerade wie Aristoteles über die γλῶσσαι spricht; sollte dies etwa aus der aristotelischen Theorie irgendwie abgeleitet sein?

Jedenfalls wenn selbständige Ansätze vorhanden waren, so sind sie verkümmert.

Die Tradition der Alten aber, in Poetik Rhetorik Lehrgedicht, geht bis ins 18. Jahrhundert.

Was aber dann neu, charakteristisch einsetzt, wird am zweckmäßigsten durch das Stichwort der *Ästhetik* bezeichnet, das bei Alexander Baumgarten 1750 zuerst auftritt, indem er die *Aesthetica*, die Lehre von der sinnlichen Wahrnehmung, als besondere philosophische Wissenschaft innerhalb des Wolffischen Systems constituirte. Er macht reichlichen Gebrauch von den Ansichten des Aristoteles und bringt es trotz der Neuheit des Wortes Ästhetik nirgends zu fruchtbringenden Gedanken.

Die Entwicklung der Ästhetik nun und der Poetik innerhalb der

Ästhetik möchte ich nicht näher verfolgen. Es wäre schon äußerlich nicht möglich das Material zu bewältigen; und ein besonderes Colleg wäre nöthig um für die Speculation innerhalb dieser Lehren die metaphysischen Grundlagen zu erläutern. Das gehört eher in die Geschichte der Philosophie. Ich bin überzeugt daß die philosophischen Untersuchungen über »das Schöne« die Poetik wenig gefördert haben. Ich spreche Ihnen also nicht von der Lehre Baumgartens, Kants, Hegels, Vischers. Auch nicht von den Franzosen: von Batteux, der alle schönen Künste auf Ein Princip zurückführte und zwar auf das aristotelische der μίμησις, und dessen Werk hauptsächlich eine Poetik ist; von Diderot, der fruchtbarer war, weil feinsinniger und weil er kein System wollte, sondern Einzelbeobachtungen gab: er schlug den Weg ein, auf welchem Lessing so glücklich ist; nicht von Marmontel, der eigentlich nur durch ein hübsches klares System erfreut. Auch nicht von Burke, dessen Betrachtungen über das Schöne und Erhabene auf Kant eingehen; nicht von Hemsterhuis. Ich begnüge mich zu constatiren, daß die Ästhetik des 18. Jahrhunderts doch in gewisser Weise einen Fortschritt machte, indem man darauf ausging, das Gemeinsame der schönen Künste aufzufinden, was von selbst hinführte zu einer Untersuchung der Grenzen zwischen den schönen Künsten; daß aber dieser Fortschritt dadurch wieder halb vernichtet ward, daß man vielfach deductiv und metaphysisch verfuhr und in der Erläuterung von Begriffen die Wahrheit zu besitzen glaubte; daß die ausgebreitete empirische Untersuchung zurückgedrängt wurde und die Einsicht in die Technik der Dichtkunst, die Einsicht in den Proceß der Entstehung dichterischer Kunstwerke nicht gefördert ward. Nur Empiriker wie Lessing fördern. Ich verkenne nicht den Werth einer Untersuchung über die Wirkung aller Künste; aber eine solche Vergleichung und Abgrenzung kann erst als Krönung des Gebäudes nützlich sein, wenn man sich über die einzelnen Künste klar ist!

Von den Theoretikern, die Systeme des Schönen bauen, unterscheidet sich Lessing wesentlich. Das ist Lessings eigenthümlicher Vorzug, daß er auf den Weg des Aristoteles wieder einlenkend so vielfach empirisch, inductiv verfuhr und z. B. über die Methode des epischen Vortrags bei Homer neues Licht verbreitete.

Herder, weniger sorgfältig in der Einzeluntersuchung, drang doch durch ausgebreitete historische Kenntniß, die seinen Gesichtskreis erweiterte, sowie durch seine geniale Analyse, die ihn die starken Urelemente der Poesie herausempfinden ließ und ihm über die

Sprache neue Einsichten gab, tief in das Innere der Poesie und hat durch seine Anregungen vielleicht am meisten eine neue Poetik vorbereitet.

Auf Herders Wege suchte sich früh Goethe zu orientiren, und Herders Theorie wirkte auf Goethes Praxis. Mit hohem urpoetischem Umblick hat Goethe stets die Poesie aller Völker und Zeiten betrachtet, und was er theoretisch über Poesie äußerte, sind goldene Worte, von denen keins für uns verloren sein darf.

Der Gedankenaustausch mit Schiller galt vielfach technischen Fragen; und ihre Meinungen über Epos und Drama haben sie zu einem äußerlich formulirten Abschluß gebracht. Wo sich Schiller auf Technisches einläßt, ist er mir werthvoller, als in seinen allgemeinen Untersuchungen auf Kantscher Grundlage, die er übrigens selbständig fortbildet, und die auch von fruchtbaren Bemerkungen durchzogen sind.

Anstatt hierauf näher einzugehen, ziehe ich es vor, gelegentlich, bei den Problemen selbst, die Schriften heranzuziehen, durch die ich mich gefördert finde oder gegen die mir ausdrückliche Polemik nützlich scheint. Hier soll nur auf einen Punct hingewiesen werden; dies ist ihre Lehre vom Ideal. Über die Geschichte dieses Ideals sind wir im Allgemeinen unterrichtet: dasselbe wurzelt in Winckelmann und dieser wieder in der italienischen Praxis seit dem Eklekticismus der Carracci (s. Justi 2², 144f.).

Unter den systematisirenden abstracten Theoretikern muß entschieden Hegel ausgezeichnet werden: durch die Gewandtheit der Generalisation ist er zu Lichtblicken gekommen, bis zur Einzelbeobachtung mit genialer Intuition vorgedrungen. Seine Vorlesungen über Ästhetik wurden von Hotho 1835 herausgegeben; zweite Auflage in 3 Bänden 1842-43. Ihm schließt sich Fr. Th. Vischer an, der 1843 einen neuen Plan zur Gliederung der Ästhetik schrieb (abgedruckt in den Kritischen Gängen 2, 343). Sein Formalismus ist noch strenger als der Hegels. Sofort aber als sich Vischer ankündigte, erfuhr seine Betrachtungsweise einen lebhaften Angriff durch H. Hettner: Wider die speculative Ästhetik 1845 (Kl. Schriften 164ff.). Hettner schüttet aber das Kind mit dem Bade aus: ihm war alle Ästhetik speculativ, und so setzte er nicht empirische Ästhetik dagegen, sondern Kunstgeschichte. Dieser Vorschlag blieb demnach erfolglos. Den angekündigten Plan hat Vischer dann ausgeführt: Ästhetik oder Wissenschaft des Schönen 1846-57; 3. Theil 2. Abschnitt 5. Heft (1857) behandelt die Dichtkunst. Es ist der Schluß des Werkes, ein mäßiger Band für sich. In der speculativen Grundlage ist es für uns gänzlich unbrauchbar; die schwierige Frage vom Ursprung der Poesie z. B. wird nirgends erörtert. Aber das Buch ist voll feiner Einzelbeobachtungen. Die empirische Grundlage fehlt, weil sich ja der Hegelsche Begriff ganz von selbst entwickelt. Vischer ist nicht stehen geblieben, sondern er hat selbst eine »Kritik meiner Ästhetik« (Kritische Gänge N.F. Heft 5 u. 6) 1866 und 1873 geschrieben.

Von denjenigen, welche von der Ästhetik aus sich mit der Poetik beschäftigen ist noch zu nennen Moritz Carriere, ›Die Poesie. Ihr Wesen und ihre Formen mit Grundzügen der vergleichenden Litteraturgeschichte‹. (zuerst Leipzig 1844). Gut ist bei ihm die Neigung, innerhalb der Gattungen die Dinge unparteiisch nebeneinander zu stellen und zu vergleichen.

Man darf sagen, daß auf dem Gebiete der Ästhetik diejenigen Forscher am fruchtbarsten gewesen sind, die nicht darauf ausgingen, ein System der Künste, eine Gesammt-Ästhetik zu bauen, die vielmehr einzelne Probleme ins Auge fassen. Fast immer nehmen sie die bildenden Künste zum Ausgangspunct und konnten gerade da den Werth der technischen Untersuchung zeigen; so haben z. B. der Anatom Henke, der Physiker Helmholtz die Ästhetik besonders bereichert.

Beiträge zu einer Ästhetik von nicht speculativem sondern mehr empirischem Charakter giebt Gustav Theodor Fechner, Vorschule der Ästhetik, 2 Bde. (Leipzig 1876). Dies Buch ist mit dem größten Nutzen zu lesen. Alle unsere Systeme philosophischer Ästhetik schienen Fechnern »Riesen mit thönernen Füßen« (S. 4). Er will eine Ästhetik von unten statt der gewohnten Ästhetik von oben, d. h. eben inductive Ästhetik statt der deductiven. Immerhin wird man gelegentlich deductiv vorgehen können, wo eine Folgerung für das Ästhetische aus der allgemein bekannten Natur des Menschen möglich ist. Fechner sucht die Gesetze des Gefallens und Mißfallens, der Lust und Unlust (S. 5). Er hat aber nicht vorzugsweise die Poesie im Auge; und indem er von vornherein das Schöne auf allen Kunstgebieten aufsucht, ergeben sich gewisse Verrückungen der Gesichtspuncte, die mir nicht unwesentlich und die mir gefährlich scheinen. Den Begriff des Schönen, von dessen Erklärung (allerdings nur Vorstellung) Fechner ausgeht, suche ich so viel als möglich zu vermeiden – aus Gründen, welche die That rechtfertigen soll.

Die Aufgabe der Ästhetik beginnt meiner Ansicht nach erst dann, wenn alles von unten auf ausgeführt ist.

Die Ästhetik ist durch ihre speculative Richtung stark außer Contact gekommen mit der Litteraturgeschichte, mit der Philologie. Man sprach von vagem Ästhetisiren nicht mit Unrecht, und die Litteraturgeschichte sah eine Reihe von Aufgaben vor sich, Aufgaben ästhetischer Natur, zu denen aber die Ästhetik als Wissenschaft wenig beitrug. Suchte man die Hilfe, welche die Ästhetik debitirte, zu bestimmten philologischen Aufgaben z. B. zur Charakteristik eines bestimmten Dichters oder Gedichtes anzuwenden, so ergab sich ihre Unbrauchbarkeit, wenn man nicht bei allgemeinen und unbestimmten Phrasen stehen bleiben wollte, welche eben nicht zu charakterisiren im Stande waren. Die Litteraturgeschichte muß aber darauf ausgehen, ein lebendiges Bild der Individualität der einzelnen Dichter zu geben; und fragt sie bei der Ästhetik an, so findet sie nichts; man braucht bloß einmal die Charakteristiken dort anzusehen: überall erscheint »schwungvoll« u. dgl.

Die Philologie hatte sich dann lange den ästhetischen Fragen überhaupt entfremdet; seit einiger Zeit aber führen Untersuchungen über den Stil bestimmter Dichter immer mehr wieder dazu zurück.

Und wenn die Philologie ästhetischen Fragen nicht sehr geneigt war, so hielt sie doch eine ziemlich entschiedene ästhetische Tendenz fast instinctiv inne, worin eine Neuerung gegenüber aller früheren Poetik und Ästhetik lag und zugleich eine gewisse Fortführung der Herderschen Art, Poesie anzusehen.

Die frühere Poetik und Ästhetik war principiell parteiisch. Die Philologie hatte die Tendenz unparteiisch zu sein.

Jene suchte das wahre Epos, die wahre Lyrik, das wahre Drama. Diese suchte verschiedenen Arten des Epos, der Lyrik, des Dramas gerecht zu werden.

Jene verglich um vorzuziehen und zu verwerfen, diese verglich um Verwandtschaft und Eigenthümlichkeit schärfer zu erfassen und perhorrescirte z. B. Vergleichungen zwischen Homer und den Nibelungen, die auf einen Vorzug des Homer hinausliefen.

Sucht man mit dieser Tendenz der Philologie Ernst zu machen und eine Poetik aufzubauen, worin dieselbe vollständig befriedigt wäre, so scheint man damit allerdings die Hand an ein aussichtsvolles Unternehmen zu legen, ja einer Richtung zum Durchbruch zu verhelfen, welche schon die frühere Ästhetik nicht abwehren konnte.

Tritt man nun an ein Buch wie die ›Poetik, Rhetorik und Stilistik‹ von W. Wackernagel (Halle 1873) heran, so sollte man meinen, daß ein solcher Mann die Forderung erfüllt haben werde; man findet sich aber enttäuscht. Zwar viel werthvolles Material, aber der gedankliche Theil recht schwach, und mit dem Material allein ist nicht viel anzufangen. Die Sache ist wesentlich noch zu machen.

Die Aufgabe der früheren Poetik, die wahre Poesie zu suchen, hat sich als unlösbar erwiesen. Sie hat die wechselnden Geschmacksrichtungen niemals zu beherrschen vermocht, sie hat vielmehr oft unwillkürlich nur die Geschmacksrichtungen abgespiegelt, nur Versuche gemacht, das in der Praxis Herrschende zu rechtfertigen. Oder aber sie war ohnmächtig, war doch jedenfalls nicht im Stande so einleuchtende Beweise beizubringen, daß man sich ihr gefügt hätte. So ist z. B. die Kritik gegenüber dem jetzigen Naturalismus ohnmächtig... Sie hat nach dem Guten in der Kunst gestrebt und wollte das Schlechte bekämpfen; aber sie hat keine festen Maßstäbe gefunden zur Scheidung zwischen Gut und Schlecht... Sie hat sich deshalb schon entschließen müssen, seit Schiller, nicht mehr alle Erscheinungen auf den Unterschied von Gut und Schlecht zurückgehen zu lassen und so weit wenigstens jenes Suchen nach der reinen wahren Poesie aufzugeben, daß sie die Gegensätze zwischen Naiv und Sentimental, Klassisch und Romantisch, also Stilunterschiede, als quasigleichberechtigt nebeneinander stellte. Auf diese Weise hat man einen Stilgegensatz der Classification zu Grunde gelegt; und sogar Vischer hat den Gegensatz »Klassisch« und »Romantisch« durch seine ganze Ästhetik durchgeführt, hierin der Erbe der romantischen Doctrin.

Es ist nun aber sehr leicht zu zeigen, daß diese historischen Gegensätze die Sache entfernt nicht erschöpfen, daß diese Unterschiede nur besonders sichtbar auf einer Scala liegen, die noch ganz andere Stufen hat. Aber wie hier die Ästhetik von der Geschichte lernte und von der historischen Betrachtungsweise (die zugleich die philologische ist) zur Unparteilichkeit gezwungen worden ist, so soll sie durchweg und consequent von der Geschichte lernen und unparteilich verfahren, allen Erscheinungen der Dichtkunst und allen Völkern der Erde gerecht werden und ihnen im System ihre Stelle vorbehalten – und nicht vorschnell von Gut und Schlecht reden, sondern höchstens von größern oder geringern, oder noch lieber von den *verschiedenen* Wirkungen, welche durch verschiedene Arten der Poesie hervorgebracht werden. In der Analyse der Wirkungen werden zum Theil allerdings Werthurtheile gegeben. Eine Poesie, von der gesagt werden kann, daß sie auf die edelsten Menschen aller Zeiten gewirkt hat, ist gewiß werthvoller als eine andere. Aber weiter braucht die

Ästhetik nicht zu gehen; des Urtheils über Gut und Schlecht kann sie sich gänzlich enthalten.

Hiernach werden Sie einigermaßen vorbereitet sein, um die Berechtigung des Programms einzusehen, das ich für eine künftige Poetik in der ›Geschichte der deutschen Litteratur‹ S. 770 aufstellte: »Kann selbst die Theorie der Poesie mehr erstreben, als eine vollständige Beschreibung der vorhandenen (und vielleicht versuchsweise der möglichen) Formen dichterischer Production? Eine vollständige Beschreibung, d. h. eine solche, welche den Blick auch auf Ursachen und Wirkungen gerichtet hält.«

Im ersten Abschnitt hatten wir das Gebiet der Poetik umschrieben: »Poetik ist vorzugsweise die Lehre von der gebundenen Rede und von einigen Anwendungen der ungebundenen, welche mit den Anwendungen der gebundenen in naher Verwandtschaft stehen« (S. 28).

Jetzt haben wir auch ein Programm für das was zu lehren ist: die Hervorbringung auf dem genannten Gebiete d. h. der gebundenen Rede etc., kurz *die dichterische Hervorbringung, die wirkliche und die mögliche, ist vollständig zu beschreiben in ihrem Hergang, in ihren Ergebnissen, in ihren Wirkungen.*

Ehe ich weiter gehe, will ich erläutern, was mit dem »möglich« gemeint ist. Es giebt auf allen Gebieten, bei denen wir die Bedingungen der Production kennen, die Möglichkeit, diese Bedingungen zu combiniren. So sind auf dem Gebiete der Lautphysiologie Laute durch Combination der uns bekannten Mittel theoretisch erschlossen worden, die dann später auch wirklich gefunden wurden. So kennen wir auch in der Poesie die Mittel, und daher muß es für eine wissenschaftliche Poetik möglich sein, ein Schema von allen möglichen Gattungen zu entwerfen. So sprachen wir auch hier schon über die möglichen Formen des prosaischen Lehrgedichts, der prosaischen Lyrik; und so ist manches andere zu construiren, was nicht in Wirklichkeit zu existiren braucht. Oder ein anderes Beispiel (immer vom Wirklichen ausgehend): durch Anknüpfen an alte Motive wäre die Modernisirung des aristophanischen Lustspiels möglich. Platen hat nicht die Form modernisirt, sondern nur den Inhalt. Die Modernisirung der Form bestünde in der Auflösung des antiken Chors unter Beibehaltung der Masse, die aber in Individuen gegliedert werden müßte. Dieser Unterschied wird durch die Rücksicht auf unsere Bühnenformen gefordert. So sind die Schillerschen Räuber, die Verschworenen im ›Fiesco‹ ein aufgelöster Chor. Unsere Zeit wäre voll von Stoff für aristophanische Lustspiele; da könnten sich satirisch gezeichnete Typen z. B. politischer Art in einer Musterkarte vor uns entfalten.

Im Übrigen bedarf meine Bezeichnung des Zwecks der Poetik keiner Erläuterung. Diese philologische Poetik soll der früheren Betrachtungsweise gegenüberstehen wie die historische und vergleichende Grammatik seit J. Grimm der gesetzgebenden Grammatik vor J. Grimm gegenübersteht. Vorbereitet ist jene Bezeichnung durch die Kritik des Aristoteles. An ihn und die antike Doctrin wird überall angeknüpft.

Wir legen hier übrigens auf die mögliche Hervorbringung kein besonderes Gewicht, sondern haben Genüge an den wirklichen Producten.

Die Beschreibung derselben erstreckt sich, wie gesagt, auf Hergang, Ergebnisse, Wirkungen.

Die Untersuchung ist am leichtesten für die Ergebnisse, d. h. die vorhandene Poesie. Dieselben verrathen schon einiges von ihrer Entstehung, weil das thatsächlich Vorhandene in der Regel ein Gewolltes ist, also jede Beobachtung über das Gedicht zugleich eine Absicht des Dichters enthüllt.

Eine umfassende *Classification* ist nöthig. Einen Anfang macht die Lehre von den Dichtungsarten, aber diese ist höchst unvollständig; besonders bezüglich des Inhalts der Lyrik muß man viel genauer sein, als dies bisher der Fall war. Hier ist noch kaum ein Versuch gemacht die Klassen zu unterscheiden; höchstens hat man innerhalb des Liedes hier und da einen Begriff herausgegriffen, der zur Classification dienen könnte.

Die umfassende Classification setzt von selbst ein *vergleichendes Verfahren* voraus, wobei man keine Rücksicht nimmt auf Verschiedenheit dichterischer Producte in Zeit und Raum, sondern nur auf das Wesen der Sache sieht.

Das vergleichende Verfahren verbindet sich naturgemäß mit der *Methode der wechselseitigen Erhellung*, welche z. B. in der Sprachwissenschaft fruchtbringend angewandt worden ist. Das Deutliche, Vollständige, besser Bekannte dient zur Erläuterung des Undeutlichen, Unvollständigen, weniger Bekannten; namentlich die Gegenwart zur Erläuterung der Vergangenheit. Es dienen ferner, und dies ist ein wichtiges Element, die einfachen Erscheinungen, welche die Poesie der Naturvölker noch in der Gegenwart lebendig bewahrt, zur Erkenntniß und Erläuterung der älteren Stufen, über welche die

Poesie der Culturvölker zur Höhe gelangte. Diese Beobachtung, daß die Naturvölker repräsentiren was die Culturvölker ehemals waren und wovon sie nur noch unsichere Kunde besitzen, hat schon Thukydides gemacht.

Die Analysis des dichterischen Processes wird das Zusammengesetzte überall auf Einfacheres zurückführen müssen; in dieser Zurückführung des Complicirten auf Einfaches besteht eben die Analyse, die Auflösung derselben in die einfachsten Elemente; und wo irgend möglich muß sie Elemente aufzeigen, bei denen eine unmittelbare Erfahrung, ein Nacherleben möglich ist. Der dichterische Proceß muß also überhaupt in solche Elemente aufgelöst werden, an welche das Bewußtsein eines jeden von uns anknüpfen kann. Die Quelle dichterischer Kraft können wir freilich nicht nachempfinden; im höchsten Sinne kann Goethe nur von Goethe verstanden werden. Aber auch die höchsten Hervorbringungen haben gemeinverständliche Elemente; und zu diesen müssen wir vordringen. So tritt dann also die unmittelbare Erfahrung als erklärendes Moment ein.

Für die Erkenntniß der Wirkung stehen Zeugnisse zu Gebote, historische Erfahrungen, die um so wichtiger und werthvoller sind, je länger sie dauern, je weiter sie historisch zurückgehen. Diese Erfahrungen unterrichten uns über die Dauerbarkeit gewisser Erscheinungen und die Vergänglichkeit anderer, und wir können dann untersuchen, worauf es beruht, wenn in einem bestimmten Kunstwerk, z. B. in den homerischen Gedichten, die Macht läuternder Wirkung schlummert. Hier ist dann wieder zu allgemeiner psychologischer Erfahrung vorzudringen, die zum Theil unmittelbar nacherlebt werden kann.

In dieser Analyse der Wirkung liegt, wie schon erwähnt, ein Werthurtheil, so daß wir hier auf ähnliches kommen wie die frühere Poetik es anstrebte, denn selbstverständlich wird die läuternde Wirkung, die auf verschiedene Zeitalter gleichmäßig ausgeübt wird, höher gelten als die rasch vorübergehende.

Weiter ins Einzelne will ich das Verfahren nicht schildern. Das würde mich zwingen, in die Materie selbst tief einzugehen und den Gang der Darstellung vorwegzunehmen. So viel ergiebt sich schon aus dem vorigen, daß es sich ungefähr handeln muß: um Erkenntniß der allgemeinen Bedingungen dichterischer Hervorbringungen, Dichter und Publicum, Werth und Amt der Poesie; dann um den eigentlichen dichterischen Proceß: Stoff, Wahl und Bearbeitung desselben, Analyse in inventio, dispositio, elocutio, Metrum (innere und äußere Form); dann um die Ergebnisse, d. h. Lehre von den Dichtungsarten (zugleich noch unter »Form«; denn die Wahl der Dichtungsart gehört doch auch zum dichterischen Proceß), die verschiedenen möglichen Formen innerhalb jeder Dichtungsart und ihre Wirkung. Die Frage nach der Wirkung hat sich aber schon jedesmal vorher bei jedem einzelnen poetischen Mittel anzuheften.

Beim Drama ist z. B. zu fragen: ob episch oder streng dramatisch; ob scharfer Gegensatz der Personen oder nicht; Personenfülle oder nicht u. s. w. –

Alle folgenden Erörterungen können als eine *Methodik* der Forschung über poetische Erscheinungen angesehen werden. Ja, Methodik mehr als vollständige Ausführung. Nur Grundriß, Skizze wollen sie sein – Anleitung zu stilistischen Untersuchungen: das Verhältniß der Poetik zur Untersuchung des Stils eines einzelnen Dichters ist dies, daß die Poetik für solche stilistischen Untersuchungen eine Topik ist. Der Accent liegt für mich nicht auf der Lehre von den Gattungen, womit ich schließe – und da wird die Zeit schon sehr knapp sein –, sondern auf dem was vorhergeht: auf dem allgemeinen Theil, der Betrachtung des dichterischen Processes.

Überall ist zu sehen, wie weit auch für unsere neuen Zwecke die ältere Poetik und Ästhetik Förderndes beigebracht hat.

Auch ist es auf dem Boden, den ich schaffen will, nicht unmöglich in einem gewissen Sinne zu den früheren Zielen zurückzukehren, nicht etwa um die wahre Poesie zu suchen, aber wohl um das für eine bestimmte Zeit Zweckmäßige und Wünschenswerthe zu finden. Eine Betrachtung, welche die zu verschiedenen Zeiten erstrebten Zwecke der Poesie darlegt, wird auch für eine bestimmte Zeit solche Zwecke als wünschenswerth bezeichnen können. So verlangt z. B. die Gegenwart eine bestimmte Art von Drama: ein Drama, in dem keine Liebe vorkommt, hat bei dem heutigen Publicum keine Aussicht auf Erfolg.

Eine Betrachtungsweise, wie ich sie vorschlage, ist auch auf andern Gebieten möglich, z. B. auf dem sittlichen, und üblich, z. B. auf dem nationalökonomischen: die Scala aller möglichen Erscheinungen und ihrer Wirkungen wird erforscht. Hiernach dann Regelung für den einzelnen Fall: bestimmte Stufen und Formen der Wirthschaft sind zweckmäßig für bestimmte Epochen; nicht aber ist eine wahre Wirthschaft zu finden. In diesem Sinn ist die Geschichte Lehrerin. –

Hiermit können wir das erste Kapitel schließen. Die Methode, deren ich mich dabei bediente, war schon die eben geschilderte: Bemühung, eine Übersicht der gesammten Erscheinungen zu bekommen; so warfen wir z. B. einen Blick auf die möglichen Arten des Vortrags ohne directen Versuch, den wahren Vortrag zu finden. Der Mangel des ersten Kapitels besteht in der oberflächlichen Betrachtung der ästhetischen Doctrinen. Aber ich habe ja meine Gründe dafür angegeben. Und im Übrigen wird sich vielleicht manches nachholen lassen.

Zweites Kapitel: Dichter und Publicum

Wir müssen uns hier klar werden über die Erscheinung der Poesie im allgemeinen, über die allgemeinen Bedingungen unter denen sie steht, Bedingungen ihres Ursprungs und ihres Lebens; die Art, wie sie auftritt und sich fortpflanzt; ihre Abhängigkeit von der Beschaffenheit der Geister, aus denen sie fließt, und der Geister, in welche sie eingehen soll. Das Haupt- und Grundverhältniß, worauf es hier ankommt, ist durch die Überschrift des Kapitels ausgedrückt. Die gesammte hierher gehörige Erörterung wird sich in folgenden Abschnitten erschöpfen lassen:

Erstens der Ursprung der Poesie;
Zweitens der Werth der Poesie;
Drittens die Dichter;
Viertens das Publicum.

I. Über den Ursprung der Poesie

Wir erinnern uns an Aristoteles: er hat eine bestimmte Ansicht aufgestellt, indem er auf zwei in der Menschennatur liegende Gründe hinweist, welche die Dichtung überhaupt hervorgebracht haben, nämlich: erstens den Nachahmungstrieb, zweitens den angeborenen Sinn für Tact und Harmonie.

Der Nachahmungstrieb vermittelt dem Menschen das Lernen und Wissen, womit sich die Freude an den Erzeugnissen der Nachahmung verbindet; er äußert sich productiv im Nachahmen, receptiv in der Freude am Nachgeahmten; beides wurzelt in dem einen Triebe zu wissen und zu lernen, und man freut sich über die Richtigkeit der Nachahmung, selbst wenn der Gegenstand widerlich ist.

Wir erinnern uns, daß für Aristoteles Poesie überhaupt darstellende Nachahmung handelnder Menschen ist. Wir haben diesen Begriff zu eng gefunden; wir finden die Ansicht über den Ursprung ganz auf diesen Begriff berechnet. Wir sehen Rhythmus und Harmonie jetzt als wesentlich bezeichnet, während Aristoteles selbst, wo Nachahmung handelnder Menschen erscheint, auf Rhythmus verzichtet. Der zweite Punct ist also für Aristoteles selbst nicht maßgebend.

Und ferner: die Freude über die Richtigkeit der Nachahmung zu urtheilen, ist ein rein intellectuelles Vergnügen; soll dies wirklich das Hauptsächliche sein, was Poesie hervorruft, die wesentliche Wirkung der Poesie? Da hat doch Aristoteles, wo er über die Wirkung der Tragödie spricht, schon ganz anders geurtheilt und nicht auf das intellectuelle Urtheil über Richtigkeit der Nachahmung provocirt, sondern auf die Erregung von Furcht und Mitleid. Danach corrigirt sich, was er hier allgemein sagt.

Außerdem: das bloße Vergnügen an der Wahrheit der Darstellung ist etwas verhältnismäßig sehr Spätes. Ich brauche nur daran zu erinnern, wie wenige Leser noch heute unangenehme Schlüsse vertragen können; eine Liebesgeschichte, bei der sie sich kriegen, hat mehr Leser als eine solche, bei der sie sich nicht kriegen. Viel mehr Menschen sind bereit in ein Lustspiel zu gehen als in ein Trauerspiel, und doch ist in der Tragödie oft viel mehr Wahrheit. Auf die Wahrheit kommts aber dem Publicum nicht so sehr an, als auf die Annehmlichkeit der Vorstellungen, mit denen sie die Poesie beschäftigt. Doch müssen wir anerkennen, daß die Freude an der Richtigkeit der Nachahmung ein Moment für die Freude an der Poesie sein kann.

Ferner: Aristoteles setzt von vornherein voraus, daß eine nachahmende Darstellung von einem Publicum beurtheilt wird, und daß das Publicum sie mit dem Urbild vergleicht. Aber das ist doch nur eine Folge der Poesie. Wie kommt der Dichter dazu, seine Freude und seinen Schmerz in einem Lied auszudrücken? Thut er das fürs Publicum, damit dieses sich von der Wahrheit seiner Darstellung überzeuge? Gewiß ist doch eines der Grundverhältnisse der Poesie dies, daß eine innere Nöthigung für den Dichter vorliegt, gleichviel ob andere da sind seine Gefühle zu theilen oder nicht. Hier könnte die Ansicht des Aristoteles immer nur für einen kleinen Theil der Poesie gelten. Und wahrscheinlich hat er auch hier schon das Drama im Auge.

Was sonst noch über den Ursprung der Poesie vorgebracht worden ist, ist wahrhaft kümmerlich. Die Ästhetik hat sich fast gar nicht mehr darum gekümmert; Vischer z. B. wirft, wie erwähnt, eine so empirische Frage gar nicht erst auf.

Die Schwierigkeit der Frage oder wenigstens eine der Schwierigkeiten liegt darin, daß wir, wenn wir von Poesie sprechen, die Poesie nur anschauen dürfen als die Masse der überhaupt vorhandenen Poesie, und daß wir, ehe wir eine weitere Ansicht aufstellen, erst wissen müßten, in welcher Reihenfolge die einzelnen Gattungen entstanden sind. Dann wäre die älteste Gattung zu erforschen und zu untersuchen. Eine solche Untersuchung giebt es aber noch nicht; und wir können auch nur wenig über das relative Alter der einzelnen Gattungen wissen. Freilich gewisse complicirte Formen, z. B. die griechische Tragödie, die Epopöe, der Roman, das Pindarische Lied u. a. scheiden als jüngere Entwicklungen sogleich aus. Aber wenn man sie auch ausscheidet, bleibt doch noch eine ziemliche Masse übrig; nur wenn diese relativ chronologisch sich ordnen ließe, wäre eine gewisse Sicherheit vorhanden. Davon kann bis jetzt nicht die Rede sein. Auch wenn die Poesie der Naturvölker ganz genau bekannt wäre und wir eine Stufenfolge hätten: es wäre bei verschiedenen Völkern nur eine kleine Zahl poetischer Gattungen vorhanden, und immer dieselben, die also für ursprünglich gehalten werden müßten, und nun träten immer neue hinzu – so wäre noch immer Verkümmerung, Verlust bei jenen denkbar... Es ist also nur ein Annäherungsverfahren möglich.

Besinnen wir uns auf die heutige Erfahrung und scheuen wir die anscheinende Trivialität nicht. Nichts schlimmer, als die Angst vor Trivialität und das unnöthige Suchen nach Tiefsinn.

Warum greifen wir zu einem Roman? Warum gehen wir ins Theater? Um uns zu unterhalten. Dies Element darf nicht vernachlässigt werden. Warum greift man wohl bei längerem Zusammensein nach einem Band Gedichte und liest ein paar vor? Um der Conversation neuen Stoff zu geben oder, wo die eigene Kraft nicht ausreicht und etwa Langeweile entstehen würde, diese zu verscheuchen: wieder das Element der Unterhaltung. Wer eine Reise übers Meer, ans Meeresufer, auf eine Insel unternimmt, führt wohl die Odyssee mit sich – nicht als ein Object des Lernens, um die homerischen Darstellungen mit der Wirklichkeit zu vergleichen, sondern um eine leere Stunde damit auszufüllen, die Elemente des Vergnügens in seiner Reiseexistenz zu verstärken – freilich auch mit Rücksicht auf die Harmonie zwischen der Wirklichkeit, die ihn umgiebt, und der Dichtkunst; aber diese Freude an der Richtigkeit der Darstellung und Nachahmung ist nur Ein Motiv dabei. Ein anderes z. B. die Schärfung des Blicks für die Wirklichkeit: sein Laienauge bewaffnet sich gleichsam mit dem Mikroskop eines Künstlerauges; ein drittes die Belebung der Wirklichkeit mit Gestalten der Dichtung, die sich nun stärker und lebendiger anknüpfen – also Steigerung des Vergnügens an der Wirklichkeit. Die Poesie schmückt diese Wirklichkeit (vgl. z. B. wie Roßmann, Vom Gestade der Kyklopen und Sirenen, die betreffende Poesie mittheilt).

Oder sprechen wir vom modernen Gesang. Das Gesangbuch soll nicht Unterhaltung bieten, aber Erhebung; das fromme Gefühl der Erhebung wird als etwas Angenehmes empfunden. Die frommen Sänger feiern. Ihr Gesang ist Muße, nicht Arbeit, Muße und Erhebung über das Irdische, in eine höhere Region; es ist ein freies Aufathmen, ein Losgebundensein von täglichen Sorgen um das Leben. Wo man zu den Liederbüchern greift, zu den Psalmen, da tritt dies Moment in anderer Art auf. Denken wir uns aber vollends andere Formen der mit dem Cultus verbundenen Poesie: die katholische Messe mit ihren Reizen für Aug' und Ohr, ihrem breiten Ceremoniell, ihrer Pracht in Architektur, Decoration, Gewändern, ja ihrem Weihrauch und ihrem vielstimmigen von Orchester begleiteten Gesang, der oft, bei Haydn z. B., so jubelnd zum Himmel steigt, der in heutigen italienischen Kirchen geradezu aus Opern schöpft ... denken wir an das griechische Opfer mit Tanz, Gesang und Opferschmaus ... so stellt auch hier, in den ursprünglichen Formen, sich das Vergnügen noch viel stärker ein, mit dem Cultusgebrauch verbunden.

Dieses Moment wächst, wenn wir weiter zurückgehen. Und so ist uns hier wohl einmal eine Richtung gegeben, in der wir zu forschen haben.

Welches sind die Vergnügungen der Naturvölker? Schmäuse; Tänze; Schauspiele d. h. mimische Darstellungen; Glücksspiele; Kämpfe von Menschen und Thieren; Leibes- und Waffenübungen; Märchen und Erzählungen; Possen und Possenspiele; Monstra. Ich schöpfe absichtlich aus einem nicht gedankenreichen Autor (Meiners, Grundriß der Geschichte der Menschheit S. 134f.), weil er nicht in Verdacht kommen kann, hiermit eine Ansicht über den Ursprung der Poesie aufstellen zu wollen. Er hebt nicht einmal besonders hervor, daß die Tänze von Gesang begleitet sein konnten. Und doch steht hier bei ihm eine Anzahl von poetischen Bethätigungen: Märchen, Mimik, Possenreißerei in einer Reihe mit den andern Vergnügungen (Schmäusen, Scheinkämpfen u. s. w.). Wir finden sie in der Reihe der Spiele; und so meinte ja auch Schiller, die Poesie sei aus dem »Spieltrieb« hervorgegangen.

Wir haben gesehen, daß der Rhythmus aus dem Tanze stammt. Fassen wir die Verbindung von Tanz und Gesang zuerst ins Auge und analysiren wir sie. Ob wir darin *die älteste Form* der Poesie besitzen, will ich dahingestellt sein lassen. Aber jedenfalls eine der ältesten Formen; und es ist im Grunde gleichgiltig, wo wir beginnen: wenn wir nur von der concreten Erscheinung beginnen!

Wir sahen Tanz und Gesang verbunden, rhythmisch, Silbe und Schritt sich entsprechend: wir unterscheiden unschwer Elemente, die noch ursprünglicher, kunstloser gedacht werden können und welche erst durch Zucht und Regel zur Kunst gemacht wurden.

1. Das Tanzen ist ohne Zweifel aus dem *Springen* hervorgegangen; (mittelhochdeutsch heißt es noch vom Frühlingstanz: den reien springen). Der Gang ist regelndes Princip, vielleicht weiter regulirt durch den Herzschlag. Das Springen nun ist Ausdruck der Freude. Es kommen wohl zwei Momente zusammen: zunächst haben alle starken Gemüthsbewegungen oder Erregungen (äußerster Schmerz, Wuth, Schrecken, Freude, Liebesleidenschaft) die Neigung, die Muskeln erzittern zu machen (Darwin, Ausdruck der Gemüthsbewegungen bei den Menschen und den Thieren, deutsch von Carus, Stuttgart 1872 S. 222); und dann ist die Bewegung an sich Vergnügen, man wird sich der Kraft der Glieder bewußt indem man sie übt: Freude an weiten Märschen, an schwierigem Klettern, am Raufen, in civilisirten Zeiten am Turnen.

2. Das *Singen* des Menschen hat man oft als Nachahmung des Vogelgesanges hingestellt, und selbst Gervinus in seiner Schrift über Händel und Shakespeare bekennt sich dazu. Aber diese Erklärung ist sehr zweifelhaft, sie macht große Schwierigkeit; wohl aber kann man behaupten, daß beide aus derselben Quelle stammen. Beide sind freie Äußerung des Lebensgefühles, vielleicht wieder verbunden mit der Annehmlichkeit der Stimmbänder-Übung. Vogelgesang und Menschengesang sind gewiß vergleichbar allen Stimmäußerungen der Thiere, die offenbar ein Vergnügen ausdrücken, dem lustigen Bellen, dem kräftigen Wiehern etc. Ja Darwin (Ausdruck der Gemüthsbewegungen S. 84f.) sagt: »Die beiden Geschlechter vieler Thiere rufen während der Brunstzeit einander beständig, und in nicht wenigen Fällen sucht das Männchen durch die Stimme das Weibchen zu bezaubern oder zu reizen. Dies scheint der uranfängliche Gebrauch der Stimme überhaupt gewesen zu sein. Hiernach wird der Gebrauch der Stimmorgane mit der Vorausempfindung des größten Vergnügens, das die Thiere zu fühlen im Stande sind, associirt worden sein.« Die Urahnen der Menschen stießen wahrscheinlich musikalische Töne aus, ehe sie das Vermögen der articulirten Sprache erlangt hatten – und in Folge dessen strebte die

Stimme, wenn sie bei irgend einer heftigen Gefühlsbewegung gebraucht wurde, durch das Princip der Association einen musikalischen Charakter anzunehmen (S. 88). Lassen wir diese Hypothese dahingestellt. Halten wir uns an die Thatsache des jubilirenden Singens zum Ausdruck freudiger Stimmung: dies ist verwandt mit den freudigen Lauten der Thiere. Auch bei den Kindern unterscheiden wir neben Schmerz- und Bedürfnißlauten lang vor dem Gebrauch der Sprache Vergnügungslaute, mit denen sich nur die allgemeine Lebensfreude Luft macht.

Bedenken wir ferner, wie oft bei Thieren und Kindern und den natürlichen uncivilisirten Menschen die Freude sich durch beides gleichzeitig äußert: Springen und Jubeln.

So werden wir nicht anstehen, jene Verbindung von Gesang und Tanz, rhythmisch gebunden, auf einen noch älteren Ausdruck menschlichen Vergnügens, auf die ungebundene ungeregelte Vereinigung von Springen und Jubeln als eine Offenbarung der innern Lust zurückzuführen.

Aber dabei ist noch zu bemerken: der ursprüngliche unwillkürliche Ausdruck der Freude durch Muskelbewegung (»eine Empfindung ist ein Reiz zur Muskelthätigkeit« Herbert Spencer bei Darwin a.a.O.), durch Springen und Jubeln kann entweder ein einsamer sein, der jeden für sich erfaßt, oder in der Gesellschaft auftreten und in der Gesellschaft ohne Zweifel verstärkt: sociale Thiere, Thiere, die in Gesellschaft leben also, gebrauchen ihre Stimme viel häufiger als andere Thiere, weil sie an den Gebrauch der Stimme zur Mittheilung gewöhnt sind (Darwin S. 85).

Zu jenen beiden Momenten darf nun vermuthungsweise noch ein drittes gefügt werden:

3. Das *Lachen*. Walther von der Vogelweide 51, 23 in dem Liede *Muget ir schouwen waz dem meien wunders ist beschert?* Da fordert er zur Fröhlichkeit auf: *wir suln sîn gemeit, tanzen, lachen unde singen.*

Wir dürfen vermuthen, daß die Fröhlichkeit des ursprünglichen Menschen, welche sich in Springen und Jubeln äußert, auch durch Lachen zum Ausdruck kam. Ein Correspondent Darwins beschreibt die Australier als vor Freude umherspringend und mit ihren Händen schlagend und auch als häufig brüllend vor Lachen (Darwin S. 211).

Das Lachen ist noch keineswegs hinlänglich erklärt: Darwin S. 200f.; Hecker, Die Physiologie und Psychologie des Lachens und des Komischen (Berlin 1873); Dumont, Vergnügen und Schmerz S. 242f. (Internat. Bibliothek Bd. 22, Leipzig 1876), wo die betreffenden Ansichten zusammengestellt sind.

Eine allgemein giltige Lösung ist noch nicht gefunden. Hier nun kommt es auf die Entstehung des Lachens auch so viel nicht an. Aber das wird wohl nicht bezweifelt werden dürfen, daß Darwin Recht hat mit der Vermuthung, das Lachen sei ursprünglich der Ausdruck der Freude. Wenn man nun bedenkt, wie viel poetische Versuche darauf berechnet sind, Lachen zu erregen, so ist klar, daß wir auch hier noch an einer Quelle der Poesie stehen. Possenreißerei fanden wir oben unter den Vergnügungen der Naturvölker. »Die Australier« sagt Mr. Bulmer, ein Missionär, bei Darwin S. 211, »haben ein sehr scharfes Gefühl für das Lächerliche; sie sind ausgezeichnete Mimiker, und wenn einer von ihnen im Stande ist, die Eigenthümlichkeiten irgend eines abwesenden Gliedes des Stammes nachzuahmen, so ist es sehr häufig Alle im Feldlager convulsivisch lachen zu hören.«

Da gewinnen wir ein weiteres: der Einzelne für sich mag springen, jubeln und lachen; er thut's in Gesellschaft, im Chor; ein Einzelner erregt das Lachen der Gesellschaft, des Chores, und so haben wir zum ersten Mal Schauspieler und Dichter und Publicum.

Insofern Gesellschaft betheiligt ist, tritt die Poesie in dieser embryonischen Gestalt ein unter die *Vergnügungen* der natürlichen Menschen, die gleichsam öffentlichen Ergötzlichkeiten. In einer der betrachteten Formen ist auch schon die μίμησις, die Nachahmung, uns entgegengetreten. Da könnte man nun wieder ähnlich wie beim Gesang die Frage aufwerfen, ob etwa die menschliche Possenreißerei Nachahmung des Affen sei? Und wir werden wieder antworten: Nein, vielmehr fließt beides aus derselben Quelle. – Dazu nun die Äußerung einsamer Freude – und was wir gleich hinzufügen dürfen, etwa die werbenden Töne der Liebenden als Keime individueller Lyrik.

All dies möglicher Weise noch ohne die Sprache! Wenn nun die Sprache hinzutritt, so ist es gewohnheitsmäßig, weil sie zur Mittheilung, zum Verständniß im Verkehr verwendet worden und mit manchen Gemüthserregungen von da her associirt ist.

Das erste Hinzutreten der Sprache war ohne Zweifel directes Benennen des Freude erregenden Gegenstandes, bloßes Aussprechen der Freude.

Aber schon in jenem australischen Liedchen, auf welches wir oben verwiesen, ist mehr als dies Aussprechen der Freude vorhanden: Tanz und Gesang sind begleitet von einer symbolischen Handlung, und die Worte des Liedes erklären die Symbolik. Was ist genauer das Symbolische? Im vorliegenden Fall macht Vorempfindung eines Vergnügens sich Luft in einer Handlung, welche mit dem künftigen Vergnügen einige Ähnlichkeit hat; das hinzutretende Wort steigert die Ähnlichkeit und constatirt sie dadurch zugleich.

Da gewinnen wir die *Vergleichung* als ein Formelement der Poesie (auch ihre Art ist in dem australischen Liedchen zu beachten: Negation als Vergleichspartikel wie im Altindischen), und wir gewinnen eine *symbolische Handlung* als ein Ausdrucksmittel der Poesie, und dadurch das *Symbol* überhaupt als ein Ausdrucksmittel der Poesie: das theilweise Ähnliche als Hindeutung ist doch etwas Anderes als der Gegenstand selbst, der gemeint ist.

Der eigentliche Gegenstand aber ist an dieser Stelle die Vorstellung eines in naher Zeit eintretenden Vergnügens, ein Künftiges also.

Insofern diese Vorstellung Ausdruck gewinnt durch Tanz und Lied, setzt sie voraus, daß der Chorus angeleitet ist durch einen Vorsänger, durch einen Dichter, der zuerst das Liedchen und die symbolische Handlung vorschlug, der das ganze Fest erfand.

Also wir constatiren: Erfindung eines geselligen Vergnügens, welches darin seinen Gemüthsgehalt hat, daß man sich ein künftiges Vergnügen vorstellt und diese Vorstellung bekräftigt, darstellt durch eine symbolische von deutenden Worten begleitete Handlung. Die Vorstellung wird verstärkt durch die Handlung und Bewegung, insofern der ganze Mensch dadurch in den Dienst der Vorstellung gestellt wird und eine Thätigkeit ausübt; dies ist viel stärker als wenn nur die Worte vor dem Publicum gesungen, die Handlung durch einen andern vollzogen wird. Publicum und Darsteller fallen hier zusammen, und das ist die kräftigste Form, wie man poetisch ergriffen werden kann.

Wie steht es aber mit dem Vergnügen selbst, welches hier vorgestellt und als künftiges angesehen wird? Der betreffende australische Festact ist nichts anderes als eine Entwicklung des werbenden Lockrufes des Männchens nach dem Weibchen, wovon Darwin so viel Gebrauch gemacht hat. Es ist ein Act vorläufiger Stillung der Sehnsucht, ein Phantasiegenuß statt des wirklichen; wobei auch anzuschlagen die Anstrengung der Tanzenden, mit den Speeren Werfenden, Singenden, die eine körperliche Entladung giebt. Man mag sich vorstellen, daß die Erfindung in eine Zeit fällt, wo die Männer im Kriege von den Weibern getrennt waren.

Hier wäre also festzustellen: die Poesie gewährt Vergnügen durch die Vorstellung eines künftigen Vergnügens; sie ist begleitet von den altüberlieferten Äußerungen des wirklichen Vergnügens: Springen und Jubeln, Tanzen und Singen, aber auf höherer Stufe und vermehrt, verdeutlicht durch eine symbolische Handlung. Und vermuthlich ist auch die dritte Äußerung des Vergnügens, das Lachen, damit verbunden: vermuthlich lachen diese Menschen auch im Vorgefühl des Vergnügens.

Jedenfalls waren wohl, wie wir schon vermutheten, die phallischen Lieder der Griechen ähnlich, und in diesen sieht Aristoteles den Keim der Spottlieder und Komödien. In den Komödien, z. B. den aristophanischen, ist das phallische Element nicht gering und wir erkennen darin ein Urelement des Komischen. Ein solches Urelement ist natürlich auch vorhanden in dem geschickt Nachahmenden, auch wohl übertreibend Nachahmenden, d. h. Carikirenden, dem Possenreißer: Vergnügen, Lachen – das bleibt der Zweck. Erinnern wir uns an die deutsche Fastnacht, wie sie im 15. Jahrhundert in Nürnberg gefeiert wurde: daß die Sitte erlaubte sich zu dieser Zeit in aller Art Unanständigkeit zu ergehen, das war eine große Lust und galt als ästhetischer Genuß. Da haben wir das Alljährliche in der Wiederkehr der Festzeit, wo der natürliche uncivilisirte Mensch losgebunden war und die Fesseln der Scham abgestreift wurden. Das Gesetz hilft der Natur nach: man dämmt die Zügellosigkeit ein, indem man sie einmal des Jahres gestattet. Das ist alles ganz ähnlich wie bei dem australischen Fest, nur daß bei diesem sich alles ausschließlich um den Liebesgenuß dreht.

Halten wir aus diesem allem fest, daß, so weit wir bis jetzt durch Analyse gewisser ursprünglicher Formen die Poesie erkennen, folgende Puncte sich ergeben:

Die Poesie entspringt aus dem Ausdrucke des Vergnügens durch Springen, Jubeln, Lachen;

Der ursprüngliche Gegenstand ist vermuthlich erotischer Natur, doch sind vielerlei Gegenstände möglich;

Der poetische Erfinder schlägt ein Fest vor, wobei eine angenehme vergnügliche Vorstellung geweckt wird durch symbolische Handlungen, mit denen sie durch Worte ausdrücklich associirt wird, und wo eine weitere Verbindung mit den alten Ausdrücken des Vergnügens, mit Springen und Singen, stattfindet.

Springen und Singen sind von Alters her mit Vergnügen associirt und dadurch geeignet, Vorstellungen des Vergnügens hervorzurufen.

Mannigfaltig ist das Vergnügen, welches so gestiftet wird. Bei jenem australischen Fest wird den Theilnehmern geboten:

a) Das Vergnügen einer bestimmten körperlichen Thätigkeit, denn diese ist ja wirklich an sich Vergnügen;

b) Diese bestimmte körperliche Thätigkeit (des Tanzens und Singens) ist mit der Empfindung des Vergnügens im Allgemeinen schon von Alters her associirt;

c) Eine Association derselben findet statt mit einem bekannten und nahe bevorstehenden speciellen Vergnügen;

d) Die mit dem Vergnügen associirte symbolische Handlung ist aber nur eine symbolische, d. h. theilweis ähnliche Handlung und fordert die geistige Thätigkeit des Vergleichens und Ergänzens heraus, gewährt also das Vergnügen geistiger Thätigkeit;

e) Die hinzutretenden Worte gewähren auch ein Vergnügen: indem sie unter anschaulicher Heraushebung einer Unähnlichkeit eben hierdurch die vergleichende Geistesthätigkeit auf ein einzelnes Object concentriren und so gleichsam dem Fest einen deutlichen anschaulichen Mittelpunct geben, erleichtern sie jene geistige Thätigkeit.

Diese Analyse ist wahrscheinlich noch unvollständig; aber sie kann vorläufig genügen und bekräftigen, daß es sich immer um ein Vergnügen handelt, um die Weckung angenehmer Thätigkeiten und Vorstellungen auf eine angenehme Weise. Für die angenehme Weise tritt schon als charakteristisch hervor: das Vergnügen der Vergleichung zwischen einem dargestellten Gegenstand und dessen Darstellung.

Die Darstellung ist auswählend, andeutend, symbolisch; keine vollständige Nachbildung. –

Sehen wir nun, wie weit wir mit unsern Erkenntnissen durch die übrigen Dichtungsgattungen kommen, wie weit wir an ihnen einen Faden gefunden haben, der uns durch andere Erscheinungen hindurchleitet: wie weit finden sich alle oder einzelne dieser Vergnügungsmomente wieder?

Z. B. gleich das zuletzt hervorgehobene! Das Vergnügen der Vergleichung zwischen zwei Gegenständen ist ja ein bekanntes Moment alles poetischen Ausdrucks, aller Metapher, Parabel, Allegorie zu Grunde liegend. Wird es als Frage gefaßt mit Verhüllung eines oder einiger Momente, die ergänzt werden müssen, um zu errathen, so ergiebt sich das *Räthsel,* eine sehr ursprüngliche Dichtungsgattung, verbreitet unter vielen Naturvölkern (Tylor, Primitive culture 1, 81–85). Der Zusammenhang zwischen Räthsel und Metapher ist längst bekannt; das Räthsel aber ist das ältere. Eine starke Selbstthätigkeit des Genießenden gehört beim Rathen zum Genuß; der Genuß ist auf diese Weise größer als der ähnliche, wenn die Auflösung mitgetheilt wird, aber auch dies ist immer noch ein Genuß, dessen specifischer Charakter in der Anerkennung der Richtigkeit der Vergleichung besteht. Dasselbe Vergnügen der Vergleichung gewährt das *Sprichwort* (Tylor S. 79–81), indem ein einzelner Fall unter eine allgemeine Erfahrung oder unter Erinnerung an ähnliche frühere Fälle subsumirt wird.

Wir haben ferner schon gefunden: vollständige, vielleicht übertreibende Nachbildung in der *mimischen Posse,* zunächst als Verspottung eines Einzelnen gedacht. Das Vergnügen besteht im Vergleich zwischen dem bekannten Original und der nachahmenden Darstellung, in der Freude über eine gelungene Leistung, in der Vorstellung der Lächerlichkeiten des Originals, die noch einmal leiblich und eventuell gesteigert vor Augen stehen.

Erinnern wir uns ferner an den schon statuirten Fall: ein Einzelner, der sich freut, legt dies durch Gebärden, Springen und Jubeln an den Tag; er legt es auch durch Worte an den Tag, denn sein Kopf, der den Sprachschatz der betreffenden Nation birgt, bietet auch Worte dar, welche mit freudigen Vorstellungen, und zwar den bestimmten, welche den Anlaß der freudigen Bewegung geben, associirt sind, und bei der Unmittelbarkeit ursprünglicher Natur treten diese Worte auf seine Lippen und erhöhen seine Freude, indem sie laut werden. Eine complicirte, verwickelte Freudenvorstellung wird durch Aussprechen explicirt im eigentlichsten Sinn: gleichsam auseinander gewickelt; jede einzelne componirende Vorstellung wirkt durch isolirte Hervorhebung noch viel stärker u. s. w. Vollends wenn Reize des Klanges, des Rhythmus echt-sinnlich erfreuend hinzutreten! Da ist also Freude, Vergnügen, das zum Ausdruck strebt: dies ist der Keim von *lyrischen Gedichten.* Sehen Freunde zu, sind sie Augen- und Ohrenzeugen, so wird die Freude sich ihnen mittheilen, wenn sie anders nicht gänzlich innerlich abgewandt sind: wenn in ihrem Innern die Freude über die Schwelle kommen kann. In solcher Theilnahme haben wir den Keim der Theilnahme an lyrischen Dichtungen, der Wirkung lyrischer Dichtung auf das Publicum, wobei dann außer der Freude, die im Aussprechen des Gefühls besteht, sich noch die Freude zeigt, Andern Freude gemacht zu haben.

Ein anderes ist ein lyrisches Gedicht, Liebeswerben ausdrückend, Liebessehnsucht erweckend – sprachliche Ausbildung uralter Lockrufe, die Vorstellung des Liebesgenusses zum voraus erweckend, die Reize des Sprachklangs und Rhythmus hinzufügend, Auch dies ist eine Gattung, bei der wir uns ganz innerhalb des alten schon bekannten Kreises halten; aber sie vertritt ein neues Element lyrischer Poesie, gewiß eins der stärksten. Es gesellt sich hier zu dem lyrischen Bedürfniß des Aussprechens noch eine Zweckmäßigkeit: die Möglichkeit, daß durch dies Aussprechen der Zweck leichter erreicht wird, daß das Liebeswerben verstärkte Macht übt, wenn es ausgeübt wird durch Worte, welche die Vorstellung erwecken. Das werbende Liebeslied ist ein erfahrungsmäßig probat gefundenes Mittel zum Zweck: die Vorstellung, die den Liebenden erfreut, soll durch Ausdruck in der Geliebten wach werden; Ausdruck und Vorstellung sind associirt. Der Werbende macht von dieser Erfahrung Gebrauch zu seinem Zwecke, die Geliebte geneigt zu machen. Wenn hier die speciellen Reize von Sprachklang und Rhythmus herbeigezogen werden, so muß ich allerdings auf das spätere Kapitel »Äußere Form« verweisen, wo diese Dinge erst erschöpft werden können.

Wir bleiben auf dem erotischen Gebiet, gehen aber zu einer andern ganz neuen Gattung solcher Poesie über. Demodokos singt bei Phäaken (Od. 8, 266f.) von Ares und Aphrodite, die mitten im Liebesgenuß von Hephaistos überrascht und, durch ein Netz festgehalten, zum Schauspiel für die Götter werden. Da haben wir *Lachen erregende Erzählung*, vergnügliche Vorstellung erotischen Inhalts, die in Form einer Erzählung erweckt wird. Hier also treffen wir die Gattung der Erzählung, die bekanntlich zu den ältesten Arten gehört, wie wir sie bei den Naturvölkern fanden. Bei diesem Beispiel ist Erregung von Lachen ausgesprochener Zweck und zwar mittelst einer erotischen Vorstellung, eines Liebesabenteuers. Hier zeigt sich die große Kunst der homerischen Erzählung in folgenden Zügen. Es ist ein Kunstgriff des Erzählers, daß er in seine Erzählung ein Publicum hineinbringt: die Götter, versammelt, lachen und machen so dem Publicum das Vergnügen der komischen Erregung des Lachens gleichsam vor. Die Vorstellung wäre ja an sich schon komisch, aber sie wird noch weit komischer, wenn Hephaistos sich noch ein Publicum heranholt, indem so der Erzähler die Empfindung deutlich macht und dadurch verstärkt, die sein eigenes Publicum schon von selbst haben könnte. Die Götter oder wenigstens die männlichen Götter sind versammelt, die Göttinnen bleiben beschämt zu Hause; die Götter aber lachen nicht nur, sondern sie sprechen auch: Apollo sagt zu Hermes: »Möchtest du nicht an der Stelle des Ares sein?« Hermes bejaht. Damit wird wieder ein elementares Verhältniß berührt: das Angenehme, das von einem andern erzählt wird, beziehen wir unwillkürlich auf uns selbst und denken uns an seine Stelle, eigene Wünsche werden dadurch angeregt und in der Vorstellung erfüllt. Der Phantasiebesitz ist auch ein Besitz, ähnlich wie (z. B. bei jenem australischen Fest) der Phantasiegenuß auch ein Genuß ist. Hier wird zugleich die Quelle aufgezeigt, welche die Erzählung uns angenehm macht. Es braucht nicht ausdrücklich und bewußt eine Substitution stattzufinden, durch die wir uns an die Stelle des Glücklichen setzen. Meine Vorstellung von seinem Glück macht schon bis zu einem gewissen Grade sein Glück zu meinem Glücke, auch ohne daß ich mich eigentlich hineindenke. Je lebhafter die erregte Vorstellung, desto lebhafter mein Glück.

Was nun aber von jener Erzählung erotischen' Inhalts gilt, das gilt überhaupt von Erzählungen, in denen den Helden etwas Angenehmes begegnet. Dabei ist das Erotische uns überall als ein Urmoment der Poesie begegnet, und dies spricht jedenfalls zu Gunsten der Hypothese Darwins über die ursprüngliche Anwendung der Sprache. Ob diese im Ganzen richtig ist, weiß ich nicht; aber daß sie für diese ersten Fälle gilt, glaube ich wahrscheinlich gemacht zu haben.

Jene ästhetische Subsumption, die im Allgemeinen eintritt, wo die Erzählung dem Helden Angenehmes widerfahren läßt, hat sehr hübsch Goethe in der 1. Epistel dargestellt:

> Sollen wir freudig horchen und willig gehorchen, so mußt du
> Schmeicheln. Sprichst du zum Volke, zu Fürsten und Königen, allen
> Magst du Geschichten erzählen, worin als wirklich erscheinet,
> Was sie wünschen und was sie selber zu leben begehrten.

Folgt die famose Geschichte von dem zerlumpten Rhapsoden in Venedig. Er will nach Utopien verschlagen sein. Er wird ausgezeichnet bewirthet, verlangt die Zeche, wird vom Wirthe durchgeprügelt: das sei eine Verletzung des Gastrechts. Er wendet sich an den Richter; der bestätigt es: man beweist sich in Utopien nur tüchtig zum Bürger, wenn man Hans Ohnesorge ist, nicht arbeitet und nur genießt... Alle Hörer werden heiter und wünschen solche Wirthe zu finden, ja solche Schläge zu dulden. –

Das Resultat unsrer bisherigen Untersuchungen ist das folgende:
Poesie entspringt aus den primitiven Äußerungen der Freude, Springen, Singen, Lachen; sie fließt aus angenehmer Stimmung und will angenehme Stimmung erregen. Das stärkste angenehme Gefühl des primitiven Menschen ist das erotische. Vermuthlich waren es daher erotische Erregungen, welche zur ältesten Poesie führten: die stärksten und verbreitetsten Gefühle sind die ursprünglichsten.

Die Poesie trat ein unter die Unterhaltungen, Vergnügungen, Ergötzlichkeiten, unter die Spiele des primitiven Menschen. Sie wurde öfters Darstellung, nicht bloß durch Worte, sondern auch durch Handlungen – und nicht bloß durch vollständige Nachahmung, sondern auch durch theilweise, andeutende, symbolische Nachahmung.

Hiernach ist es wenigstens z. Th. zutreffend (obgleich doch nur eine unvollständige Erkenntniß), wenn Schiller die Kunst, also auch die Poesie, aus dem Spieltrieb ableitet (Briefe über ästhetische Erziehung 14. f. Werke 10, 320f.). Freilich gelangt er dazu auf einem sehr abstracten Wege und so, daß er gleich wieder Gesetze zu geben sucht, nur die ihn schön dünkende Schönheit als Gegenstand des Spieltriebes im Auge hat u. s. w.

Er stellt den tiefsinnigen Satz auf: »der Mensch ist nur da ganz Mensch, wo er spielt« (ebd. S. 327). Ich könnte diesem Satz eine Deutung geben, die sich mit unsern Betrachtungen vereinigte. Aber es würde auch nichts Erkleckliches damit gewonnen. Etwas weniger abstract S. 369ff. 377f. Schillers Gedanken sind hübsch erläutert und in eine minder abstracte Sprechweise übersetzt von J. E. Erdmann ›Das Spiel‹ (Ernste Spiele 3. Aufl. S. 155f.). Er redet von der im Spiel wirkenden Schöpferkraft der Phantasie und verweist z. B. auf das Kind, das einen beliebigen Stock für ein Pferd oder für eine Lanze oder für ein Schießgewehr erklärt und dadurch schafft, das heißt (sagen wir) symbolisch darstellt, die theilweise Ähnlichkeit für eine vollständige erklärt oder als solche auffaßt. Vgl. auch Lazarus, ›Über die Reize des Spiels‹ (Berlin 1883), wo ein besonderer Spieltrieb mit Recht abgelehnt wird.

Die angenehme Vorstellung, mit welcher die Poesie spielt und durch welche sie wirkt, ist nun wahrscheinlich zuerst die erotische, aber jedenfalls nicht immer und nicht allein die erotische, obgleich ja, wie wir wissen, auch heute das erotische Element der Poesie ein starkes ist in allen Gattungen, nur nicht gerade das sinnlich-erotische, wenigstens nicht nackt.

Die Analyse der angenehmen Vorstellung überhaupt gehört in das Kapitel vom Stoff, d. h. der Versuch, eine erschöpfende Aufzählung der angenehmen Gegenstände zu geben.

Hier will ich nur darauf hinweisen, daß zu den angenehmen Vorstellungen Macht, Reichthum, große Körperkraft, siegreiche Bethätigung, erfolgreiches Wirken, sei es durch List, sei es durch Stärke, unzweifelhaft gehören. Hier erkennen wir schon, wie das *Große* und *Erhabene* ästhetisch-erfreulich wirkt und weshalb es Vergnügen macht. Am deutlichsten ist es immer zu sagen: durch die Voraussetzung der Substitution. Wenn die Bibel Gott mit dem Wort schaffen läßt, so ist auch dies eine wünschenswerthe vergnügliche Vorstellung: wir wünschten solche Macht zu besitzen.

Aber noch ist eine schwere Frage zurück: *wie kommts, daß das Unangenehme in der Poesie angenehm wird, daß der dargestellte Schmerz Vergnügen macht?* Hier wird nicht die angenehme Vorstellung erweckt, sondern gerade die unangenehme. Und dennoch wirken die Dichter mit tragischen, schmerzlichen Sujets. Nirgends ist der eigenthümliche Widerspruch, den das Vergnügen des Schmerzes ausmacht, so ergreifend dargestellt wie in einer herrlichen Stelle des Augustinus (bei Bernays, Zwei Abhandlungen über die Aristotelische Theorie des Dramas, S. 15). Auch Schiller hat sich mit der Frage beschäftigt in der Abhandlung über den Grund unseres Vergnügens an tragischen Gegenständen (Werke 10, 1 f.). Aber seine Antwort setzt einen hochentwickelten sittlichen Zustand voraus, Sinn für das Edle, für Aufopferung, Befriedigung darüber, daß tragisches Leiden zu edlen Zwecken geschieht, daß der Held, der sich hingiebt, den Tod willig auf sich nimmt, dies für die Menschheit thut.

Dies Erhebende im Tragischen ist gewiß vorhanden, wird aber nur nebenbei empfunden, ist nur ein accessorisches Vergnügen, das sich erst auf einer höheren Civilisationsstufe einfindet. Jedenfalls erschöpft es die Sache gewiß nicht. Gleich dies wird dadurch nicht erklärt, wie auf niederer Culturstufe Freude am Tragischen möglich ist. Wahrscheinlich handelt es sich um sehr complicirte, auch noch in verschiedenen Fällen verschiedene Vorgänge; und die Frage wird kaum befriedigend zu lösen sein, wenn wir sie nicht anders als oben formuliren. Wir werden weiter kommen, wenn wir sie zunächst ganz allgemein so fassen: *wie kommt das Unangenehme dazu, Gegenstand der Poesie zu sein?*

Das Unangenehme – ich analysire es nicht näher. Ich erinnere nur: das Unangenehmste und Schmerzlichste nach der gemeinen Ansicht des Menschen ist der Tod. Er ist gleichsam der Gegenpol der Liebe. Tod und Liebesgenuß sind für den Menschen die interessantesten Gegenstände: der Liebesgenuß als Beglückendstes, Wünschenswerthestes, der Tod als Unerwünschtestes, Hassenswerthestes; jener ersehnt, dieser gefürchtet.

Ich fasse meine Reflexionen hierüber in folgenden Puncten zusammen:

1. Aussprechen, Mittheilen, poetischer Ausdruck der Freude fügt erfahrungsmäßig der freudigen Empfindung eine Freude hinzu. Aussprechen, Mittheilen der Trauer zieht von der Empfindung des Schmerzes ab: in dem Aussprechen des Traurigen und Schmerzlichen liegt erfahrungsmäßig ein Trost. Wenn wir uns vollends denken, daß dies Aussprechen mit poetischem Ausdruck stattfindet, so kommt noch mehr hinzu: der poetische Ausdruck ist erfahrungsmäßig mit angenehmen Empfindungen associirt, woraus ein noch größerer Trost erwächst. Besonders aber: das Dichten ist eine Thätigkeit die nach gewissen Regeln geschieht; das erfordert eine gewisse geistige Concentration, Sammlung; wenn ich die Kraft habe, im Schmerze mich zu dichterischem Ausdruck aufzuraffen, so ist dabei so viel Anderes mit erregtem Sinn zu erfassen und zu beachten, was nicht die Trauer selbst ist, daß darin ein Abgezogenwerden, eine Tröstung, Zerstreuung liegt – eine Befreiung von dem Affecte fast. Wir wissen, daß Goethe die Poesie als ein Mittel betrachtete, sich vom Druck, der auf ihm lastete, zu lösen. In dem Herbeiholen von andern Dingen liegt so viel Thätigkeit, daß schon hierdurch der Geist abgelenkt wird. Aber noch weiter: das Aussprechen giebt uns das Vergnügen, Theilnahme zu erwecken. Ein Kind fällt hin und thut sich weh, schreit aber nicht; man fragt, warum es geschwiegen, und es antwortet: »Es war ja niemand da!« Man will Theilnahme erwecken, man münzt den Schmerz aus, um etwas Anderes einzutauschen. Man kommt sich wichtig vor, weil Andere um uns beschäftigt sind. So wirkt auch die Theilnahme von außen: der banale Trost der allgemeinen Theilnahme, das »schöne Begräbniß«. So ist das Schreien im Schmerz ein Aufruf zum Antheil.

2. Eine gewiß alte Gattung der Poesie sind die Klagelieder um einen gefallenen Häuptling, Helden, geliebten Angehörigen. Solche Lieder fallen z. Th. unter 1. Aber außerdem ist der Fest- und Trauerpomp, ja der Trauerschmaus ein Vergnügungsmoment. Ferner fand schon Aristoteles (Rhet. 1, 11 C 370 b) in den Klagegesängen als ein Element des Vergnügens: die Erinnerung an den Todten

und die Vergegenwärtigung dessen, was er gethan und wie ers gethan; also alles Preisen des Todten erweckt eine angenehme Vorstellung. Analoges können wir noch heut erfahren. Müllenhoff schrieb mir: »Der Tod ist der treueste Freund des Menschen, weil er erst das vollkommene Bild der Persönlichkeit giebt.« Endlich sind die Trauergesänge vielfach verbunden mit dem Cultus der abgeschiedenen Seelen, mit Manen-Cultus: dieser beruht darauf, daß die Seele fortlebt, und das Lied soll den Todten geneigt machen, seine Kraft oder seinen Willen zu schaden einzuschränken; es dient also zur Besänftigung des Gespenstes.

3. Wie hier vielleicht auf den Willen eines Todten eingewirkt werden soll, so kann die Poesie überhaupt benutzt werden, um auf den Willen einzuwirken. Es kann die unangenehme Vorstellung in Poesie behandelt werden, um verstärkt zu werden und so auf den Willen oder die Gefühle des Publicums anregend einzuwirken. Auf den Willen, z. B. um zur Rache anzuspornen; so kann das Häßliche, Unangenehme, sittlich Bedenkliche dargestellt werden, um es als strafbar zu denunciren. Auf das Gefühl, um Abscheu vor dem Bösen zu erwecken, um den Sündigen, der das Böse gethan, zur Reue zu bringen; um vor Ähnlichem zu warnen. So hat wiederum der Tod im Mittelalter in diesen Dingen eine große Rolle gespielt: das Memento mori, zugleich noch verbunden mit der schrecklichen Vorstellung künftiger Strafen. Solche Vorstellung soll natürlich gar nicht angenehm sein; die Poesie wird hier nicht benutzt, um angenehme Vorstellungen zu erwecken, sondern um einen bestimmten sittlichen Zweck zu erreichen. Ebenso die Todtentänze, welche schildern, wie der Tod alles gleich macht. Poetisch aber drücken sich hier die Vortragenden deshalb aus, weil die Annehmlichkeit der Form des Vortrags die Macht des wirksamen Schrecklichen erhöht.

4. Das Unangenehme, Häßliche, Abscheu Erregende, das komisch wirken kann, fällt selbstverständlich unter die vorigen Betrachtungen über das Vergnügen des Lachens.

5. Das Vergnügen, das wir an der darstellenden Nachahmung des Häßlichen, des Schmerzlichen, des Todes empfinden, indem wir die Richtigkeit der Darstellung controliren, die Darstellung mit dem Original vergleichen – dieser aristotelische Gesichtspunct kommt natürlich auch hier als einer neben andern in Betracht, setzt aber schon ein intelligentes, lebenserfahrenes, bewußtes Publicum voraus; ein naives Publicum auch von heut ist nicht im Stande, dies Vergnügen zu würdigen.

6. Das Vergnügen, welches ich empfinde, wenn ich etwas Unbekanntes dargestellt sehe, das Vergnügen der befriedigten Wißbegierde, wenn ich z. B. nie einen Wahnsinnigen, wenn ich nie einen Todten gesehen habe und nun zum ersten Mal, etwa auf der Bühne oder in einer anschaulichen Erzählung, den Wahnsinn, das Sterben vor mir sehe, ist gewiß auch ein Element des Vergnügens, das hier mitspielen kann, aber gewiß so wenig als das unter 5. besprochene ein ursprüngliches und altes.

7. Das Unangenehme, das einem Andern begegnet, kann für mich ein Angenehmes sein: der Triumphgesang über erschlagene Feinde, der Opfergesang bei der Schlachtung gefangener Feinde, der Schmausgesang der Menschenfresser mag leicht zu den uralten Gattungen der Poesie gehören, obgleich ich nur die erstere Gattung nachweisen kann. Da ist ja auch die Vorstellung des Todes vorhanden, großes Sterben, ungeheure Verwüstung, massenhafte Vernichtung; diese Vorstellung wirkt aber nicht unangenehm, wenn wir selbst sicher sind: der menschliche Egoismus spricht mit und die Erwägung, daß die Feinde sonst uns getödtet hätten.

8. Durch das Verfahren der ästhetischen Substitution kann sich das Verhältniß von 7. auch auf Andere übertragen, auf die Helden epischer Erzählungen oder dramatischer Darstellungen. Wir treten für die sympathische Sache ein, auch wenn wir nicht mehr direct davon Vortheil haben; so haben wir, als bloß betrachtendes Publicum dem Verlauf gegenüberstehend, Vergnügen daran, wenn der Held siegreich ist. Wir begleiten den Sieger, identificiren uns mit ihm, schreiten mit ihm über die Leichen erschlagener Feinde, genießen mit ihm die Aufregung und Spannung des Kampfes und die Freude des Sieges. War der Kampf mühsam, glaubten wir den Helden in ernstlicher Gefahr zu unterliegen, so wirkt der Triumph um so göttlicher. Hier kommt zunächst wieder der Egoismus indirect in Betracht, insofern wir uns mit dem Helden identificiren. Außerdem wirken aber noch andere Momente:

a) Ein Princip des Contrastes, dessen Werth wir noch im vierten Abschnitt dieses Kapitels näher erwägen wollen: wir empfinden das Vergnügen, durch Nacht zum Licht gekommen zu sein, wenn wir den Helden durch Gefahren hindurch zum Siege gelangen sehen. Dasselbe Princip kann sich auf die Gestalten ausdehnen, die uns überhaupt vorgeführt werden: dem sympathischen Sieger könnten unsympathische Feinde gegenübergestellt werden; die Gegner, die er besiegt, werden um so sicherer keine Theilnahme erregen, je häßlicher sie dargestellt werden;

b) Die Freude am Kampf als solchem wirkt hierbei noch mit: den Kämpfen von Menschen und Thieren zuzusehen, gehört zu den Vergnügungen der Naturvölker, wie Sie sich erinnern werden; auch höher entwickelte Völker erfreuen sich an Gladiatorenspielen, an Stierkämpfen; die Griechen freilich nur an unblutigem Wettkampfe. Doch immer ist auch dies ein Kampf; die Spannung, die Angst, wie es werden wird, ist ein Vergnügen, welches aber nur dann rein ausklingt, wenn der sympathische Held siegt.

9. Das älteste Verhältniß dieser Art ist gewiß das bei 8. vorausgesetzte: der sympathische Sieger, der unsympathische oder mindestens gleichgiltige Besiegte. Dies ist das älteste und noch heut allgemeinste, beliebteste, welches das größte Publicum zählt. Schon Aristoteles Poetik Kap. 13 bezeugt, daß Fabeln von der Art der Odyssee die beliebtesten sind und den Wünschen der Zuschauer am meisten entgegenkommen.

Hier schlägt es ein, daß wenn eine Erzählung in Fortsetzungen erscheint, oft der Autor vor dem Ende angefleht wird, die Erzählung zu dem erwünschten Schluß gelangen zu lassen. Und solche anonymen Zuschriften aus dem Volke sind sehr häufig, wie mir Herr Rodenberg gesagt hat.

Auch ist darauf hinzuweisen, daß die primitiven Menschen Freude haben an Glücksspielen und Wetten aller Art, am Wagen und Gewinnen – aber am Wagen immer um des Gewinnes willen, in der Hoffnung, in der Berechnung der Möglichkeit, daß sie gewinnen. Der primitive Mensch versucht das Glück. Das definitive Verspielthaben ist schlechthin Unglück. So lange Hoffnung bleibt, ist das gewagteste Spiel reizvoll. So haben wir auch für den Helden die größten Befürchtungen, aber wir sind befriedigt, wenn er siegreich herauskommt.

Jünger ohne Zweifel und in der Wirkung nicht so allgemein ist das abweichende Verhältniß: daß der Besiegte Sympathie und in Folge dessen Mitleid einflößt oder daß der sympathische Held schließlich unterliegt, das Licht von der Nacht verschlungen wird. Dies Verhältniß, wie gesagt, ist offenbar jünger! Denn der primitive Mensch ist überhaupt nicht mitleidig, sondern eher grausam; er wird über den Besiegten eher lachen als weinen, und unzählige Mal gleichgiltig über ihn hinwegschreiten. Der unterliegende sympathische Held aber giebt nothwendig eine unangenehme Empfindung, die auf der ästhetischen Subsumtion beruht. Für Viele ist noch heute oder heute wieder mehr als zu anderen Zeiten, z. B. im 16. und 17. Jahrhundert, dieses Unangenehme schlechthin unüberwindlich und durch nichts gemildert oder compensirt; das sind die Leute, die in keine Tragödie gehen mögen, weil es sie zu sehr angreift, oder weil es des Traurigen im Leben genug gebe und man es daher nicht noch auf der Bühne suchen wolle.

Für diejenigen, welche in Tragödien gehen und also ein Vergnügen darin finden müssen, können nun sehr verschiedene Gründe maßgebend sein, z. B. die unter 5. und 6. angeführten; das Vergnügen an der Schauspielkunst, oder sonstige Compensationen. Von diesen wollen wir wieder eine Reihe anführen:

a) Setzen wir den Fall, daß der Held durch einen Fehler unterliegt; dies empfiehlt Aristoteles vorzugsweise für die Tragödie. Dann tritt doch eine Befriedigung ein: über die Gerechtigkeit des Weltlaufs, besonders wenn es Fehler sind, unter denen wir selbst zu leiden haben würden: wenn z. B. der Held ein blutiger Tyrann ist. Jedenfalls liegt in dem Fehler des Helden eine Milderung des Unangenehmen, der Tragik des Unterliegens; sei es daß der Held an Sympathie einbüßt, sei es daß eine gewisse Verstandesconsequenz in seinem Schicksal liegt: »geschieht ihm recht«, wenn er sich nicht mäßigen kann oder wenn er verblendet ist. Dies sind die wünschenswerthen Dinge für die Allgemeinheit, als deren Glied der Zuschauer sich fühlt, und ihre Zweckmäßigkeit bewährt sich, indem der Held unterliegt. Wir sagen uns: die Summe des Wohlseins wird durch solche Leute gestört. Aber setzen wir, davon absehend, das Verhältniß einer ungemilderten Sympathie:

b) Der Tod des Helden kann der Preis sein für ein auch dem Zuschauer wünschenswerthes Gut; er kann sich opfern für den Ruhm, wie Achill; er kann sich opfern zum Wohl der Menschheit, für eine Idee (wie es Schiller in der erwähnten Abhandlung im Auge hat)...

c) Der größere Schmerz hebt den geringeren auf. Das gilt körperlich: der stärkere Schmerz absorbirt den geringeren; und das läßt sich hierher übertragen: neben furchtbaren Schicksalen, die unsere ganze Theilnahme fesseln, neben Weltschicksalen verschwinden die kleinen Leiden des Lebens; wir haben einen Werthmaßstab zur Schätzung der Dinge; was uns drückt, erscheint klein den ungeheuren Schicksalen gegenüber. Droht uns ein großes Unglück, sind wir gefaßt darauf Alles zu verlieren, so läßt die Erinnerung daran uns lange Zeit Geringeres verschmerzen.

So wirkt die Tragödie als Aufhebung des geringeren Schmerzes: und das ist gewiß ein starkes Motiv des Vergnügens.

Aber das Unglück, mit dem die Tragödie uns bedroht, trifft uns doch schließlich nicht:

d) Das Leiden, das wir vor uns sehen, das unsere Phantasie gefangen nimmt, ist doch schließlich nicht unser Leiden. Wie wir uns bei glücklichen, erwünschten Ereignissen den Trägern substituiren, so unterscheiden wir uns von ihnen in unerwünschten Begebenheiten – bis zu einem gewissen Grade; wir sind uns bewußt, daß nicht wir es sind, die da leiden, und das ist ein großes Milderungsmotiv. Bricht das Unglück über uns selbst hinein, hört der Werthmaßstab für Freude und Schmerz auf, so hört auch die ästhetische Wirkung auf; die Tragik ist dann zu gräßlich.

e) Wie es im Leben so große körperliche und moralische Schmerzen giebt, daß der Leidende für sich und seine Theilnehmenden für ihn den Tod herbeiwünschen, so kann auch in der Poesie der Tod als ein Erlöser zu tröstlichem Abschluß erscheinen; der noch größere Schmerz des Lebens läßt den Tod als den geringeren erscheinen. Dann also erscheint der Tod nicht mehr als Unangenehmes, sondern als Erlösung. So für das moralische Leiden besonders: »Das Leben ist der Güter höchstes nicht, der Übel größtes aber ist die Schuld« – das behält eine ewige Wahrheit. Die Compensation von c) erfüllt sich im Stoff selbst.

f) Der Tod an sich ist für den Menschen etwas unendlich Interessantes, weil er ihm sicher bevorsteht, weil er dieses Künftige, wie alles Künftige, durchdringen möchte. Er ist unendlich interessant, selbst abgesehen von dem Interesse an einem künftigen Leben, welches seinerseits so manche poetische Production veranlaßt, so manches poetische Motiv geliefert hat. Bei dem Interesse an dem Tod an sich ist wieder das Interesse der Wißbegierde rege. Dies Interesse muß wohl das Motiv sein, weshalb sich die Menschen zu Hinrichtungen drängen. Man liest gern Erzählungen über die Art, wie bedeutende Menschen gestorben sind, oder über die bedeutende Art zu sterben, die vielleicht bei unbedeutenden Menschen gefunden worden. Die Heldenmüthigkeit, mit welcher jemand leidet, die Ruhe, mit der er dem Tod entgegensieht, seine Fassung, die bedeutenden Worte, die er in dieser Lage noch spricht – alles das ist uns ungeheuer interessant, und wiederum durch die ästhetische Substitution ein Gegenstand unserer Bewunderung und somit des ästhetischen Gefallens, des Vergnügens.

Aber auch wo blasse Todesfurcht sich zeigt, ist das Schauspiel uns interessant, weil es immer mit der Frage verbunden ist: wie wird es uns einmal ergehen?

g) Einer Hinrichtung beizuwohnen, ist gewiß nicht ungemischt angenehm. Es wird vielmehr wohl etwas Schmerzliches haben, etwas Grausiges, weil uns der Tod entsetzlich ist, weil er hier von einem Menschen einem andern zugefügt wird, mit Bedacht, nicht in der Leidenschaft, so daß man das Tödten allmälig und sicher herankommen sieht. Ja eine körperliche Sympathie mag hinzukommen, daß man den Todesstreich fast selber fühlt; bringts doch die Vorstellung körperlicher Schmerzen bis zu der Illusion ihres Vorhandenseins oder bis zur wirklichen Erregung der betreffenden Nerven, um wie viel mehr in sinnlicher Anschauung des wirklichen Vorganges... Also gewiß schauerlich. Aber das Schauerliche hat seinen Reiz, wie die Freude an Gespenstergeschichten zeigt, die gerade in niedrigen Regionen sehr stark vertreten ist, in niedrigen Regionen, die starke Erregung brauchen, um überhaupt gerührt zu werden. Es scheint also die starke Erregung, die Aufregung an sich ein Vergnügen zu sein. Das Schauerliche muß eine gewisse Befriedigung gewähren und zwar nicht bloß der Wißbegierde, sondern etwas Elementares muß mitspielen. Die Aufregung kann nun ein Vergnügen sein.

Geistig α) weil die Aufregung ein Außersichsein, Absorbirtsein ist, wodurch immer die unter c) beschriebene Wirkung erzielt wird: die täglichen kleinen prosaischen Leiden sind zurückgedrängt. Der Bauer, der sich eine Gespenstergeschichte erzählen läßt, denkt nicht an die Steuern, die er zahlen muß, nicht an die Prügel, die er vielleicht von seinem Weib bekommt, nicht an den Regen, der zu lang ausbleibt, nicht an die Wärme, die nicht kommen will, nicht an den Proceß, den er führt, nicht an die Diebe, die ihm sein Obst stehlen, nicht an die Kinder, die ihm Verdruß machen u. s. w. Dies Außersichsein, diese Concentration auf ein äußeres Object, bildet ferner eine Gegenwirkung gegen die Zerstreutheit, welche unangenehm ist.

β) Das Schauerliche ist doch immer nicht Erlebniß, es gewährt das Vergnügen der Spannung, und die Geschichte ist einmal aus. Das Peinliche endigt; durch den Contrast mit der täglichen Gewohnheit verursacht dann die Besinnung auf die schlichte leidlose Gegenwart eine behagliche Empfindung. Dies Aufathmen am Schluß ist eine Wohlthat, die man erfahrungsgemäß vorausahnt. – Da wirkt also das Bedürfniß nach Abwechslung, s. Abschnitt IV. Dieses Unangenehme ist nun einmal gründlich abgemacht; nun kommt etwas anderes an die Reihe: die Affecte erschöpfen sich (s. Bernays, Zwei Abhandlungen S. 131).

Körperlich: γ) Zu diesen geistigen Momenten kommt vieles Körperliche. Die Aufregung ist wahrscheinlich wohlthätig, jedenfalls angenehm: sie erleichtert die Circulation, das Blut rollt rascher durch die Adern, das giebt ein Gefühl von Kraft, Leichtigkeit und Freiheit; wahrscheinlich vermehrten Blutandrang gegen das Gehirn, der bis zu einem gewissen Grade angenehm sein mag. Hier schlagen Untersuchungen des Italieners Mosso ein, der zuerst Beobachtungen hierüber angestellt hat, doch ohne über allgemeine Erfahrungssätze sicher herauszukommen.

Hierher gehört es vielleicht oder zu h), wenn unter Umständen sogar körperliche Schmerzen ein Vergnügen zu bereiten scheinen: das Prügeln im russischen Lied, das Zwicken und Zwacken, von welchem Forster erzählt?

Endlich h) ist zu fragen, ob vielleicht der Ausdruck des Schmerzes, das Weinen, an sich ein Vergnügen sein könnte? Auszuscheiden ist zunächst das sehr complicirte Phänomen der Freudenthränen des 18. Jahrhunderts, die man über seine eigene moralische Vollkommenheit oder Gutherzigkeit vergießt. Man sieht das Mitleid als eine sittliche Pflicht an und freut sich daher über jede mitleidige Regung; man freut sich desto mehr, je stärker sie ist, je sichtlicher sie sich manifestirt, man freut sich über eine mitleidige Thräne als ein Unterpfand des eigenen guten Herzens. Aber wenn wir nun davon absehen: auch ohne solchen sittlichen oder pseudosittlichen Drang können Thränen ein Vergnügen sein: sie erleichtern ein belastetes Herz. Insofern kann eine gesteigerte tragische Erregung angenehm werden, wenn sie bis zu Thränen geht; aber soll sie an sich angenehm sein, so müßte das auf den vorhin berührten Verhältnissen des Contrastes und der Compensation beruhen.

Kann außerdem das Weinen an sich unter Umständen angenehm werden? Das Lachen kann ja bis zu Thränen gehen; und solche Thränen sind doch nicht unangenehm, obgleich es Personen giebt, die bei heftigem Lachen »o weh« zu sagen pflegen. In dieser Verwandtschaft des Lachens und Weinens, die auch sonst vorhanden (die Mienen des Lachens und Weinens sind auch nicht so sehr weit voneinander entfernt), könnte ein weiterer Aufschluß liegen. Aber man müßte wohl immer an besondere Dispositionen denken. Der Durchschnitt der Menschen scheut tragische Gegenstände und wünscht nicht zu weinen.

Hier haben die Psychophysiker einzusetzen: es wäre zu untersuchen, ob das Vergnügen an tragischen Gegenständen auf solcher besonderen Disposition beruht; Gegenstände ästhetischer Natur wären aufzusuchen, von denen man sich gern bis zu Thränen rühren läßt. Nach Herrn Dr. Ebbinghaus sind sie hier noch nicht weiter gekommen.

10. Mit der unter 9. behandelten Frage hat sich auch Aristoteles beschäftigt, und hier schlägt die berühmte Katharsis ein. Aristoteles spricht Kap. 14 von der aus Mitleid und Furcht entspringenden Lust, dem daraus entspringenden Vergnügen (ἡδονή): er weiß also zunächst, daß Mitleid und Furcht erregt werden durch tragische Gegenstände in Tragödie und Epopöe, nicht nur in der Tragödie, und er behauptet, dahinter liege ein Vergnügen; er spricht sich aber hier nicht näher darüber aus, wie das geschehe. Aber wenn er in der bekannten Definition der Tragödie im selben Kapitel behauptet: sie weckt Mitleid und Furcht und bewirkt die Katharsis dieser Affecte, so ist es wohl offenbar, daß eben diese Katharsis zugleich das Vergnügen ist, daß eben in ihr das Lustgefühl, die ἡδονή, besteht. Was ist nun aber diese Katharsis, welche Mitleid und Furcht in der Tragödie erfahren? J. Bernays hat unzweifelhaft nachgewiesen, daß Katharsis ein medicinischer Ausdruck sei; und zwar besteht die kathartische Heilung darin, daß Medicamente eingeführt werden, welche selbst zugleich mit dem Störenden, das durch sie beseitigt werden soll, aus dem Körper wieder heraustreten; also, übertragen, die Katharsis besteht in der Befreiung von gewissen Affecten mittelst der Anregung gewisser Affecte (Überweg, Übers. S. 58). Also das Vergnügen, das wir in der Anregung von Mitleid und Furcht finden sollen, besteht darin, daß wir durch die Anregung der Affecte Mitleid und Furcht befreit werden von eben diesen Affecten, daß wir diese krankhaften Affecte verlieren, indem sie angeregt werden. Und in dieser Befreiung eben besteht nach Aristoteles das von den tragischen Gegenständen erregte Lustgefühl.

Aristoteles sprach vermuthlich in den verlorenen Theilen der ›Poetik‹, wie Bernays aus späteren, wahrscheinlichen, Anspielungen der Neuplatoniker schloß, auch von κίνησις τῶν παθῶν (»Sollicitation der Affecte«, Bernays S. 47) und einer dadurch bewirkten ἀφοσίωσις τῶν παθῶν (»Abfindung der Affecte«); er sprach auch von ἀπέρασις, wieder mit einem medicinischen Ausdruck: »Abschöpfung einer überfließenden Feuchtigkeit«, also etwa »Ableitung« (ebd. S. 52).

So weit scheint mir alles sicher und unzweifelhaft. Die Zweifel beginnen bei der näheren Erklärung. Hierüber sind unzählige Vermuthungen aufgestellt worden, zum Theil allerdings rein subjectiv. Aber uns interessirt nicht so sehr die Meinung des Aristoteles, als was für die Sache daraus zu gewinnen. Und die verschiedenen Erklärungen des Aristoteles sind ebenso viele Ansichten über die Wirkung der Tragödie. Es fragt sich, ob dabei Momente auftauchen, die uns auf unserem bisherigen Wege noch nicht begegnet sind.

Mitleid und Furcht können im Einzelnen umstritten werden; im Ganzen ist klar, um was es sich handeln muß: Mitleid mit dem sympathischen Helden, welcher leidet; Furcht durch Substitution: Furcht vor ähnlichem Fehlen, Furcht vor ähnlichem Leiden, das uns treffen kann, weil auch wir Menschen sind. Diese Gefühle sind unangenehm. Wodurch werden sie angenehm?

Bernays S. 143f. sammelt die Spuren, nach denen die Griechen schon früh auf die gemischte Natur der Empfindungen aufmerksam geworden; er verweist auf den platonischen Philebus, wo die gemischte Natur aller für gewöhnlich in Lust und Unlust geschiedenen Empfindungen aufgewiesen wird: in aller Lust doch ein Stück Unlust, in aller Unlust ein Stück Lust; was übrigens neuerdings von Schopenhauer sehr breit auseinandergesetzt worden ist. Er verweist ferner auf Stellen der aristotelischen Rhetorik, wo z. B. das Vergnügen des Zorns hervorgehoben wird, ein Vergnügen, das man besonders lebhaft in der Jugend empfindet, weil es ein gesteigertes Daseinsgefühl mittheilt. Endlich verweist er auf Lessing in seinem Brief an Mendelssohn vom 2. Februar 1757. Dazu ist vorauszuschicken, daß dieser Brief Gedanken enthält, die später nicht ausgeführt wurden. In Lessings Terminologie begreift der Ausdruck »Leidenschaft« die Affecte mit in sich und zwar in erster Linie. Lessing schreibt also: bei jeder heftigen Begierde oder Verabscheuung (Leidenschaft, Affect) sind wir uns eines größeren Grades unserer Realität bewußt und dieses Bewußtsein ist angenehm. »Folglich sind alle Leidenschaften, auch die allerunangenehmsten, als Leidenschaften angenehm.« Dies ist was wir schon sagten: das Bewußtsein eines höheren Grades der Realität. Aber das »Bewußtsein unserer Realität« ist mir ein zu abstracter Begriff. Doch wenn ich dafür setze: Freude an uns selbst, so kann ich es verstehen. Nun, wenn ich mir darunter ein gewisses Bewußtsein, eine Selbstbespiegelung denke, so erkenne ich das 18. Jahrhundert darin und etwas Analoges wie die Befriedigung über die eigenen Thränen. Die Kraft der Erregung wird für die Kraft der

That genommen. Ziehe ich alles Bewußtsein ab, so ists die Freude der Übung, die wir schon kennen: wie es eine Freude am Laufen u. s. w. giebt, so auch eine Freude an der Übung der Affecte. Hierdurch komme ich wiederum auf den schon bekannten Punct, daß es sich immer um individuelle Dispositionen handelt: in jungen Jahren kann man leidenschaftliche Wallungen mit Vergnügen ertragen, aber diese selben Vergnügen würden uns im spätern Alter intensiven Kopfschmerz einbringen; deshalb meiden wir sie dann lieber. Wir haben also dieselben Unterschiede wie zwischen denen, die Tragödien gern besuchen, und denen, die sie vermeiden. Soweit daher nicht die Freude der Übung mitwirkt, müssen die unter 9. h) oder 9. g) behandelten Gesichtspuncte in Betracht kommen.

Geht Bernays hauptsächlich von dem Vergnügen der Ekstase aus, so wird wohl auch 9. g) mehr in Betracht kommen als die bloße Entladung. Menschen von starker Sentimentalität, welche unter der Disposition zu Mitleid und Furcht leiden, werden zeitweilig geheilt durch die Entladung dieser Affecte; das ist nichts Anderes als was wir von der Wirkung der Aufregung überhaupt sagten: Herausheben über die kleinen Leiden, Freimachen für Anderes. Aber die Sache geht, wie wir sehen, tiefer. Die bloße Entladung wirkt viel weniger als die Aufregung, die zur Erschöpfung führt.

Wenn übrigens von moralischen Wirkungen geredet wird, so sind diese unter 3. vorausgesehen; auch 9. c) kann dazu gerechnet werden.

Dies scheinen die Gründe, die in dem dargestellten Schmerz Angenehmes empfinden lassen.

Es bleibt also dabei: die Poesie entspringt aus der Heiterkeit und wirkt auf die Mehrzahl der Menschen als Vergnügen. Die weit überwiegende Masse sucht in der Poesie nur Vergnügen durch Darstellung von Vergnügen. Traurige Gegenstände, die wirklichen Schmerz erregen, werden ursprünglich von ihr wahrscheinlich gemieden, wo nicht das Leben sie aufdrängt und die Poesie als Trösterin zu den trauernden Menschen hinzutritt. Und für einen verhältnißmäßig kleinen Kreis von Menschen wird aus Gründen, die wir kennen lernten, auf höheren Culturstufen der dargestellte Schmerz zur Lust.

Aber wir haben auf unserem mühsamen Wege zugleich gefunden, daß die Poesie nicht bloß Ergötzlichkeit oder Trösterin, daß sie auch ein Mittel ist, um auf den Willen zu wirken, eine Erregerin, eine Zaubermacht, mit welcher der, der sie übt, die Menschen zum Guten und zum Bösen lenken und durch ihre Phantasie auf ihre Leidenschaften und Thaten wirken kann. S. oben 3.

Die Gründe für diese erregende Macht der Poesie sind wohl ziemlich klar. Die Poesie ist durch Ursprung und Tradition, durch jahrhundertelange Übung associirt mit angenehmen Vorstellungen, die sie ursprünglich auf eine angenehme Weise erweckt. Darauf beruht ihre Macht. Diese Macht kann angewandt werden zu andern Zwecken.

Wie die Poesie zu praktischen Zwecken benutzt, ja mißbraucht werden kann, so wird sie auch zu Lehrzwecken benutzt, wenn dem Wissenden daran gelegen ist, sein Wissen zu verbreiten. Die Poesie wird immer ein Mittel gewähren, eine neu gefundene Wahrheit leichter zu verbreiten. Dazu kommt das Folgende: wer in schriftloser Zeit eine Wahrheit in poetische, rhythmische, chorische Form faßte, übergab sie damit dem Gedächtniß in einer für die Aufbewahrung zweckmäßigeren Gestalt: man behält Verse leichter als Prosa. Schon die Zweckmäßigkeit, daß so eine Wahrheit treuer bewahrt werden kann, wird also den Forscher alter Zeit veranlassen, seine Sätze poetisch zu fassen. Aber außerdem wird die Macht, die ein Wissender mit seinem poetischen Wissen ausübt, größer durch die Association mit angenehmen Vorstellungen. Hier spielt in alter Zeit etwas, was wir noch heute beobachten können: wer eine Wahrheit in einer anmuthigen kunstmäßigen Form vorbringt oder sie in schwungvoller Sprache vorträgt, wirkt dadurch auf weitere Kreise, als wer es in abstruser Form thut. Wissen ist Macht in aller Zeit, und ein Wissender will seine Macht gebrauchen, indem er sein Wissen mittheilt; er hat ein Interesse hieran, und zum Theil beruht das Vergnügen, welches das Wissen dem Menschen macht, auf dieser Macht des Wissens. Ja das Wissen ist Macht schon deshalb, weil der Hörende Vergnügen hat an der Beantwortung von Fragen, Lösung von Räthseln – kurz also weil er die Freude der befriedigten Neugier hat, und weil nun der Wissende, der seine Kenntnisse offenbart, die Menge erfreut. Und das sind zum Theil die Gründe, welche dazu führten, in alter Zeit die Poesie als Form der Wissenschaft zu benutzen. Hier bleibt die Poesie also ihrem Amte der Ergötzlichkeit getreu.

Sie kann es um so eher, als sie ein Mittel der Forschung, der Erkenntniß in den Urzeiten und auch später ist. Die Phantasie ist ein großes Mittel der Erkenntniß in allen Geisteswissenschaften. Wo es gilt, alte Zeiten lebendig zu machen, da ist die Phantasie eine große Macht; für historische Wissenschaften pflegte Müllenhoff hervorzuheben, daß das reichste Mittel für die Erkenntniß der zerstreuten Notizen u. s. w. die Phantasie sei, nur natürlich eine geschulte Phantasie, welche aus der lebendigen Anschauung heraus zum lebendigen Zusammenhang vorzudringen weiß. Der kleinste Knochen, das kleinste Glied eines Fingers kann so beschaffen sein, daß ein vergleichender Anatom das ganze Knochengerüst des betreffenden Thieres aufzubauen vermag (Cuvier). Und ebenso können wir aus einer kleinen Notiz vermittelst der Phantasie das Ganze zu erkennen versuchen. Für die kleinsten Schlüsse ist noch heute Phantasie erforderlich; und noch viel stärker mußte sie in der Urzeit arbeiten, wo die Poesie also ein Mittel der Forschung war. Damals war freilich die Phantasie noch weniger als jetzt geregelt und oft voreilig. Das Causalitätsbedürfniß des Menschen wird leicht durch die Voraussetzung eines bekannten epischen Zusammenhangs befriedigt; dies ist der Ursprung des Mythus (vgl. Vignoli, Mythus und Wissenschaft. Internationale Bibliothek Bd. 38).

Der Ursprung des Mythus, wenigstens soweit er Naturmythus ist. Also z. B. in den poetischen Darstellungen der Menschen sind schon gewisse Anschauungen des Lärmens und des Kämpfens associirt. Nehmen wir etwa an, daß die Poesie der Urvölker schon geübt ist, den Kampf zu schildern: Triumphgeschrei der Sieger u. s. w. Nun wirft das Causalitätsbedürfniß der Menschen die Frage auf, wenn ein Donner ertönt: was ist das für ein Lärm dort oben? Die bekannte Verbindung von Lärm und Kampf wird benutzt, um diesen Lärm zu erklären; man schließt also: der Donner ist der Lärm eines Kampfes, unsichtbare Geister kämpfen, schlagen auf einander los, schreien Triumph u. s. w. So wird das Gewitter mythisch erklärt, durch eine äußerst vorschnelle Hypothese, aber man fühlt sich beruhigt. Da man nun das Bedürfniß hatte, diesen Kampf weiter zu dichten, so wird dies wieder geschehen nach Analogie der bekannten wirklichen Vorgänge: der Kampf wird ausgedeutet als Streit um geraubte Rinderheerden, um geraubte Frauen u. s. w.

Weiter ist ein bekanntes poetisches Mittel die Personification, schon in der Sprache mitspielend, wenn leblosen Gegenständen ein Geschlecht zuerkannt wird. Sie wird auf Naturkräfte und Naturgegenstände ausgedehnt, und so tritt eine Vermenschlichung der Natur durch Personification ein, welche die Entstehung von Mythen begünstigt; und die Personification wird erleichtert durch symbolische Darstellung. Theilweise Ähnlichkeit wird durch poetische Bekräftigung als vollständige Gleichheit aufgefaßt, gerade wie das

Kind einen Stock für ein Pferd erklärt, weil sich darauf reiten läßt, wie wir das schon besprachen. So wird der Mensch die wandelnde Sonne als wandelndes menschenähnliches Wesen auffassen. Nun kommt aber hinzu, daß dies Wesen in höheren Regionen zu wandeln und zu leuchten vermag, daß es also Dinge vollbringen kann, deren der Mensch nicht fähig ist, und damit ist die Vorstellung eines übermenschlichen, überkräftigen Wesens gegeben. Und wenn die Poesie im Stande ist, den Willen des Menschen zu bewegen, so wird man es wohl auch versuchen, mittelst der Poesie auf dies überirdische Wesen zu wirken, um die übermenschliche Kraft in den Dienst der Menschen zu stellen.

Diesen Naturpersonen gegenüber, welche so vieles können, was die Menschen nicht können: stürmen, blitzen, donnern, in den Himmelsregionen wandern – ihnen gegenüber also führt die Voraussetzung einer großen Macht zu nützen und zu schaden auf Zauberlieder und Gebete, Hymnen und alle Formen der Anrufung. –

Wir hätten demnach gefunden als aus der Erkenntniß der Macht der Poesie erwachsend: 1. Lehrgedicht; 2. Mythus; 3. Gebet, Hymne; 4. Zauberlieder.

II. Über den Werth der Poesie

Hier gehen wir rascher vorwärts.

Indem wir im Vorigen den Ursprung der Poesie zu ergründen suchten, wurden wir schon vielfach auf die Aufgaben, welche die Poesie zu erfüllen sucht, auf die Functionen, die Ämter, welche die Poesie übernimmt, geführt:

Die Poesie dient zum Vergnügen;

Die Poesie dient zur Belehrung (sie ergötzt und nützt, s. Horaz), und zwar:

zur Belehrung im Sinne der Befriedigung der Wißbegier,

zur Belehrung im Sinne der Einwirkung auf den Willen der Menschen und der Götter.

Die ersten Aufgaben, die Befriedigung der Wißbegier und die Function des Ergötzens, sind bloß angenehm; die letzte, die Einwirkung auf den Willen, kann auch unangenehm sein: sie kann uns zum Zorn, zur Rache, zur Reue, zur Furcht (vor den Göttern und Menschen) erregen.

In allem zeigt sich die Poesie als eine Macht.

Es ist ein würdiger Gegenstand des Strebens, an dieser Macht theilzuhaben um sie auszuüben, an ihren Segnungen theilzunehmen um sie zu genießen.

Wie viel ist den Menschen ihr Vergnügen werth! Wie viel thun sie, um sich Vergnügen zu verschaffen! Und wer ihnen Vergnügen verschafft, wie viel kann der bei ihnen erreichen!

Die Leute in priesterlichen oder ähnlichen Lebensstellungen mögen es gewesen sein, die am frühesten consequent nach Benutzung der Poesie strebten, um mittelst derselben Macht auszuüben auf die Gemüther, auf den Willen der Menschen.

Die ganze sacrale, hieratische Poesie, die Opfergesänge und Hymnen, die Gebete und Zaubersprüche, von Priestern gelehrt und gleichsam verwaltet, dienen zugleich zur Vermehrung der Macht ihrer Träger.

Von unschätzbarem Werth ist die Poesie für diejenigen, welche mittelst ihrer den Willen zu beherrschen wünschen. Die Poesie schärft die Tugenden ein, welche den Machthabern erwünscht sind – so die von Priestern begünstigte Poesie.

Nicht minder thut das die von Königen begünstigte Poesie. Was schärft das germanische Epos ein? Was die Volkskönige von ihren Unterthanen verlangen, erwarten: Tapferkeit und Treue. Es singt den Ruhm der sangliebenden Könige der Völkerwanderung; es preist den Mann, der sich in edler Aufopferung für seinen Herrn hingiebt, der einen ruhmvollen Tod höher achtet als ein schmachvolles Leben. So schärft diese Poesie die Tugend ein, die jenen Königen erwünscht war.

Gewisse Richtungen der Poesie werden von denjenigen begünstigt, die Vortheil davon haben. Die Priester wünschen die Gottesfurcht verstärkt, weil sie ihrem eigenen Ansehen, als der Vermittler zwischen Gott und Mensch, zu gute kommt. Die geistlichen Dichter des 11. und 12. Jahrhunderts stellen die christlichen Heiligen als Tugendmuster auf, die Entsagenden, Demüthigen, Glaubenstreuen, Bescheidenen; sie preisen den Segen der guten Werke; sie verdammen die weltlichen Tugenden als Sünde.

Die aristokratischen Dichter hinwiederum, die aus dem Kreise des Adels hervorgehen, preisen die aristokratischen Tugenden: Selbstgefühl, Tapferkeit, Stolz, aber auch Freigebigkeit...

Die fahrenden Sänger preisen die Milde vor allem, die Freigebigkeit, die ihnen selbst zu gute kommt – sie preisen sie für sich selbst;

für das Publicum, dem sie gefallen wollen, preisen sie die geistlichen Tugenden, wenns ein geistliches, die weltlichen, wenns ein weltliches ist.

Hier sehen wir schon, wie dem Sänger sein Vortheil aufgeht. Der Dichter, der von Tapferkeit und Treue sang, war am Hofe der Volkskönige der Völkerwanderung willkommen. Die Sänger schmeichelten. Sie gaben dem Könige nicht bloß gewaltigen Ruhm, sondern auch göttliche Ahnen. Sie verherrlichten die Thaten des Königs und logen gewiß, wo es sich besser machte. Vgl. meinen ›J. Grimm‹² S. 146.

In der Völkerwanderung wie im 12. und 13. Jahrhundert betheiligten sich adelige Herren als Dilettanten an der Poesie, wie es Achill bei Homer thut. Aber die Poesie ist auch Fach; und die Fachleute sind die eigentlichen Träger. Litterarischer Ruhm scheint erst spät angestrebt zu werden: die Sänger nennen sich nicht, die Volkssänger bis ins 13. Jahrhundert nicht – sie verweben nie ihre Namen in die Schlußstrophen oder Schlußzeilen, wie Otfried, wie die ritterlichen Dichter des 12. und 13. Jahrhunderts es wohl thun. Auch der Begriff des litterarischen Eigenthums kommt erst ungefähr im 13. Jahrhundert auf: nun erwartet der Dichter, daß die für seine Gedichte erfundenen Strophenformen als sein Eigenthum anerkannt werden, und wer sie sich aneignet, soll sie gestohlen haben.

Früher als litterarischen Ruhm aber erstrebt der Berufsdichter um seiner selbst willen, um des Werths willen, den er in sich trägt und dem Publicum mittheilt, gute Behandlung, freie Bewirthung, reichliche Anerkennung.

So hat die Poesie schon in alter Zeit einen Tauschwerth.

A. *Der Tauschwerth der Poesie und der litterarische Verkehr*

Ruhm ist immerhin eine der Belohnungen, welche der Sänger erstrebt. Noch früher aber strebt er nach materieller Begünstigung. Er war ein Fürstendichter, und er wollte, daß man ihn erhielt. Der Possenreißer, der umherzog, erwartete auch beschenkt zu werden.

Der Dichter, der zum Gefolge des Fürsten gehört, wie der, der von Hof zu Hof zieht, begehrt Lohn, will sich bereichern. Er begehrt vielleicht einen Armring, und diese Armringe geben einen Werth. Und so früh dies vorhanden, so früh hat die Poesie nicht bloß einen idealen, sondern auch einen nationalökonomischen Werth, Tauschwerth.

Die Poesie ist also schon in alter Zeit eine Art von Waare. Ihr Werth regelt sich nach Angebot und Nachfrage, nach dem Verhältniß von Production und Consumtion. Dies Verhältniß hat in neuer Zeit einen bestimmten Ausdruck erhalten, insofern es das litterarische Product als bloße Waare angeht. Seit dem 15. Jahrhundert mindestens gab es in Deutschland einen Buchhandel, der dann durch die Leichtigkeit der Production bald einen Aufschwung nahm; der Buchhandel hat die Anerkennung der Poesie als Waare durchgesetzt. Im 16. Jahrhundert waren die Buchhändlerhonorare noch nicht fest eingeführt; es war noch zweifelhaft, ob es ehrenvoll sei, ein Honorar anzunehmen. Nach und nach wurde es immer fester. Ganz fest ist es indessen noch heute nicht; wenn hochgestellte Männer, die nicht Schriftsteller von Beruf sind, einmal schreiben, so nehmen sie in der Regel kein Honorar oder widmen das Honorar öffentlichen gemeinnützigen Zwecken.

Die Poesie oder, besser gesagt, das poetische Product, ist heut eine Waare wie eine andere, und die nationalökonomischen Gesetze des Preises und Umsatzes haben auch auf das poetische Product, wie auf das Buch im Allgemeinen, ihre Anwendung. S. Zola, La question d'argent dans la littérature. Morley in seiner englischen Litteraturgeschichte fügt Angaben über die Honorare der Schriftsteller bei, was ich doch bei so beschränktem Raum nicht wagen würde zu thun. Doch wäre eine Geschichte der Preise sehr wünschenswerth, d. h. eine Geschichte der Honorare, und dabei das Verhältniß zum jeweiligen Werth des Geldes zu berücksichtigen.

In Beziehung auf den Verkehr der litterarischen Waare hat ein ungeheurer Umschwung der alten Zeit gegenüber sich vollzogen. Man braucht nur an den Contrast zu denken, der sich im Nachrichtenwesen zeigt: der fahrende Sänger, der Spielmann, welcher im Mittelalter die Rolle des Journalisten spielt – und die Zeitungen von heute. Es hat sich auch die Production dadurch vielfach verändert: denn die Factoren der Vermittlung zwischen Producent und Consument, d. h. zwischen Dichter und Publicum, sind außerordentlich complicirt geworden; und diese haben einen gewissen Einfluß auf die Production. Jetzt sind die Zeitungen solche Vermittler auch für die Poesie: sie theilen z. B. Romane im Feuilleton mit, Gedichte weniger. Sonst steht zwischen Dichter und Publicum der Verleger und der Sortimenter. Dazu kommen dann noch weitere Factoren, z. B. in Deutschland die Leihbibliothek. Alle diese Factoren wirken auf die poetische Production ein; sie tragen dazu bei den Preis zu bestimmen, sie stehen in Concurrenz und werben um das Publicum.

Durch alle diese Vermittlungen sind schon gewisse Formen geschaffen, und Formen ganz neuer Art. Z. B. wäre das Feuilleton ohne das heutige Journalwesen nicht möglich; und es ist gar nicht mehr, was es eigentlich heißt. Ebenso ist es mit der Recension, der litterarischen Notiz. Andererseits sind in der neuen Form die alten Keime oft noch kenntlich; so vertritt die Tagesneuigkeit das uralte Element der Anekdote oder Novelle, das Herumtragen merkwürdiger Fälle, welches Kern des Märchens ist. Deshalb konnte Achim von Arnim den Dichtern rathen, ihren Stoff in der Zeitung zu suchen. Denn dies Element des Unterhaltenden ist das eigentliche Element der Poesie, und so repräsentirt die unterhaltende Nachricht in der heutigen großen politischen Zeitung die Poesie. Freilich sieht man näher zu, so ist vieles complicirter. Dann ergiebt eine Analyse z. B. eben des Feuilletons, daß dies mannigfacher Art ist; es ist aus verschiedenen Theilen zusammengesetzt, die schließlich doch wieder auf die alten Gattungen zurückgehen. Es ist z. B. belehrender Natur wie das Lehrgedicht, z. B. Nekrolog wie das Klagegedicht. Man sollte einmal das Feuilleton irgend einer gut redigirten und viel gelesenen Zeitung daraufhin analysiren. Am glänzendsten ist das eigentliche Feuilleton im Pariser ›Figaro‹ vertreten, der im Grunde von Anfang bis zu Ende nur Feuilleton ist.

Neben diesen neuen Formen wirken aber die alten noch direct auch in der Zeitung fort. Die Tagesneuigkeiten z. B. sind nicht immer aus dem Leben geschöpft. Wenn kein Stoff da ist, werden sie gemacht, erfunden, wobei poetische Traditionen wirken.

In all diesen Formen vermittelt der Journalismus zwischen dem Producenten und dem Consumenten litterarischer Producte.

Aber auch der Buchhandel ist nicht ohne Einfluß auf das Publicum. Die Sortimenter haben ihre Erfahrungen von dem kaufenden Publicum; sie benachrichtigen den Verleger, und so wirken die Erfahrungen der Sortimenter auf den Verleger. Diese Erfahrungen lassen sich statistisch ausdrücken in den Zahlen der bestellten Exemplare. Und unter dem Druck dieser Erfahrungen, unter dem Druck dessen, was ihm sein Verleger, was ihm die Redaction der Zeitung, mit der er in Verbindung steht, mittheilen, steht die Production des Autors.

Aber damit nicht genug; es kommt noch ein Hauptfactor für den Erfolg: die Recensenten.

Noch schlimmer steht es für den Dramatiker. Er hat auch mit dem Urtheil des Directors über Bühnenfähigkeit, mit den Wünschen der Schauspieler zu rechnen. Der Einfluß der Schauspieler ist oft sehr groß gerade bei gesunden Verhältnissen; sie urtheilen nach ihren Rollen, und der Durchschnitt der Rollen ergiebt die Stimmung der Schauspieler dem Stück gegenüber. Denn wie natürlich wollen Alle dankbare Rollen haben. Dafür genügt die Vertheilung der Rollenfächer auf bestimmte Schauspieler nicht. Oft nimmt der Dichter schon auf ein bestimmtes Theater Rücksicht: vornehme Wiener Dichter nehmen Rücksicht auf das Burgtheater und schreiben gewissermaßen den Schauspielern die Rollen auf den Leib. Der Autor muß sich für die Schauspieler einrichten. Es ist nicht wahr, daß der Dichter sich damit wegwirft: denn wenn er diese Rücksicht auf die vorhandenen Schauspieler nimmt, hat er eine starke Garantie des nöthigen Erfolgs. Bei einem tüchtigen Theater wird der Dichter auch nicht leicht damit auf schlechte Wege gerathen.

Dann kommen wieder die Recensenten, welche oft den Erfolg ganz allein entscheiden – in gewissen Grenzen; wenn man in einem Lustspiel viel lachen kann, so mögen die Recensenten sagen was sie wollen: das Publicum geht hinein. Dagegen beim Trauerspiel steht es anders; wenn die Recensenten nicht sagen: du mußt hineingehen, das ist höchst ausgezeichnet oder höchst merkwürdig – so geht niemand hinein. Die Meisten suchen nach der nächsten betreffenden Recension, um eine Tragödie nicht sehen zu dürfen.

Die Lehre vom litterarischen Erfolg ist äußerst schwierig, und die Erfahrensten, welche dies Kapitel schon lange studiren, trauen sich selten eine Vorhersage zu. Ja es können plötzlich Zeitverhältnisse eintreten, die das Werk völlig ersticken.

Gewiß sind die fachmäßigen Recensenten ein maßgebender Factor. Nicht immer sind sie ihres verantwortungsvollen Amtes eingedenk. Die Recensenten von Fach haben in der Regel wenig Zeit und können die Bücher nicht alle lesen; und die Hauptsache ist, daß Recensent und Publicum es immer für sicherer halten zu tadeln. In Wahrheit ist richtig loben das Allerschwerste.

Über die Geschichte der Recensionen ließe sich viel sagen. Für die deutsche Litteratur ist es nicht zu bezweifeln, daß im 18. Jahrhundert die Kritik sich um das riesige Aufsteigen sehr verdient gemacht hat; ja man würde das Ansehen der Kritik in Deutschland gar nicht begreifen ohne die Verdienste Lessings; und schon vor Lessing wird die Principienfrage über Homer und Milton erörtert.

Lessings Stellung ist eine ganz unvergleichliche; wenn er nicht ein so starkes Regiment geführt hätte, würde unter der Masse des Unbedeutenden das Bedeutende nicht groß geworden sein. Lessing wirkt erziehend auf Wieland, beschränkend auf die kleinen Dichter. Aber freilich konnte Lessings Kritik allein nicht dauernd aufräumen; es war ein starkes Gewitter, aber von Zeit zu Zeit mußte immer ein neuer Hagelschlag kommen. So mußten wieder die Xenien aufräumen. Goethe selbst hatte für sich das Gefühl, daß er durch die Kritik nirgends wirklich gefördert worden sei. Etwas wahrhaft Bedeutendes wird niemals durch die Kritik zerstört oder vernichtet, wohl aber kann es aufgehalten werden. So mußten Goethe und Schiller durch das Strafgericht, welches sie ergehen ließen, für ihre bedeutenden Anschauungen erst Raum schaffen. Schiller hatte ja überhaupt eine populäre Ader; aber für Goethe war viele Jahre hindurch das Publicum ein engerer Freundeskreis. Und diesem Publicum konnte er denn freilich Großes zumuthen.

Von Zeit zu Zeit ist ein scharfes Vorgehen der Kritik durchaus nöthig; so mußte seiner Zeit der überschätzte Gellert zurückgedrängt werden, während die Litteraturgeschichte jetzt ihm wieder gerecht werden muß. Innerhalb der kleinen Gattung, die er pflegte, hatte er jedenfalls große Verdienste; er wurde in allen Ländern anerkannt, ihm haben wir es mitzudanken, daß später die Poesie so große Kreise gewann.

Ob im 19. Jahrhundert die Kritik auch auf der Höhe gestanden hat, ist sehr fraglich. So war es wohl gewiß keine segensreiche That, wenn man sich an Goethe glaubte vergreifen zu dürfen, wie Wolfgang Menzel und das »junge Deutschland« ihn heruntersetzen wollten. J. Rodenberg hat mir erzählt, wie Gutzkow, als sie am Weimarer Denkmal vorbeikamen, wüthend die Hand aufhob, voll Neid und Zorn, daß diese Großen ihm im Wege standen; aber es blieb ihm ein Trost; er sagte: »neunbändige Romane haben sie doch nicht schreiben können!« Allein eine Kritik ist jedenfalls falsch, die Goethe und Schiller beseitigen will, um einem Gutzkow Platz zu machen.

Die Kritik war auch oft zu streng. Bei einer im Verfall begriffenen Gattung, wie es z. B. jetzt das deutsche Drama ist, müßte die Kritik die ernste Gesinnung unterstützen. Statt dessen können jetzt wahre Talente wie E. v. Wildenbruch todt gemacht werden, z. B. weil sie Fehler in der Motivirung begehen, wie es Schiller auch thut. Dem Drama gegenüber hat der Recensent eine ganz besondere Verantwortlichkeit, weil das Publicum hingehen und Arbeit thun muß.

Dazu kommt dann noch die Gefahr, daß die Schauspieler dem Stück schaden.

Viel leichter ist der Erfolg, wenn man den Stoff in Buchform hat. Hier liegt ein unmittelbarer Contact vor. Ferner kann man das Buch ja zu jeder Stunde lesen, wo man gerade aufgelegt ist. Nach der Ansicht der Meisten thut hier mündliche Empfehlung das Beste; gegen diese kann schließlich selbst die Kritik nicht aufkommen. Denn zuweilen ermannt sich das Publicum zu eigener Meinung und wirft seine Vormünder ab: die mündliche Empfehlung überwindet alle Verkehrtheit und allen bösen Willen der Kritik. Das mannhafte Eintreten des Einzelnen kann oft viel in einem bestimmten Kreise und selbst in weiten Kreisen wirken.

Lehrreich wäre eine Analyse der Kritik. Die kleinen Kritiker achten auf den oder die großen Kritiker, auf das was er sagt oder was er vermuthlich sagen wird. Das Publicum horcht auf die Kritik. Dazu die Premieren: ein starker Erfolg macht häufig die Kritiker zu Schanden.

Das Grundverhältniß ist doch dies, daß diese Beherrscher des Publicums nur die Diener des Publicums sind. Der entschiedene Ausspruch des Publicums zähmt die Recensenten. Und so darf man sagen: bei der heutigen Organisation des litterarischen Verkehrs haben im Allgemeinen die Culturvölker die Poesie, die sie verdienen. So kann die ganze Nation für den Stand ihrer Litteratur verantwortlich gemacht werden. Doch aber mit Einschränkung? Die hinreißenden Genies, die alles mit sich fortziehen – ob die kommen oder nicht kommen, dafür ist das Publicum doch wohl nur in geringem Maße verantwortlich, darauf hat es nur geringen Einfluß.

Es herrscht heut auf dem litterarischen Gebiet eine entschieden demokratische Verfassung mit allgemeinem gleichem Wahlrecht. Wie anders früher die monarchische oder aristokratische Verfassung! Wie anders die Zeiten, in denen die Dichter keine anderen Rücksichten kannten als auf den einen Mäcen, oder auf einen Freundeskreis! Der frühere Dichter mußte nur Einem schmeicheln, um zu gefallen, der heutige Dichter muß dem ganzen Publicum schmeicheln. Wenn nun jener Mäcen ein freisinniger, ein groß denkender Mann war, wie etwa Carl August – ein Mann, der nur die Freude haben wollte, um sich Poesie blühen und gedeihen zu sehn, dann konnte sich der Dichter nichts Günstigeres wünschen. So war Goethe gestellt. Und doch war dieser Umstand in gewissem Sinn für ihn vielleicht verhängnisvoll, weil er gleichsam nur sich selbst zum Publicum hatte:

daher kommt es denn, daß, wo er sich am eigenthümlichsten gab, seine Producte unvorbereiteten Boden trafen und nur ganz allmälig durchdrangen. Noch heute wird z. B. die ›Achilleis‹ oder die ›Natürliche Tochter‹ nicht genügend gewürdigt.

Das Vorstehende sind einige Bruchstücke aus einem wichtigen Theile der Poetik, aus der Lehre vom Erfolg.

Sie zeigen zugleich andeutungsweise, wie der Erfolg zum Theil abhängig ist von den Factoren, welche an der Verbreitung der Poesie betheiligt sind. Diese haben wir noch nicht vollständig besprochen. Hierher gehören z. B. noch die Leihbibliotheken: es ist wichtig für den Erfolg mancher Bücher, ob die Leihbibliotheken sie anschaffen oder nicht und die Anschaffung richtet sich u. a. nach der Dicke der Bände. Noch ein anderes Institut mag erwähnt werden: die Buchhandlung von Volckmar, welche gebundene Bücher herstellt, falls ein Sortimenter Absatz nachgewiesen. Hier handelt es sich besonders um die Präsumtion, ob ein Buch ein Weihnachtsbuch ist oder nicht.

Sobald das Buch einmal ins Publicum gedrungen ist, steht im Allgemeinen nichts mehr zwischen dem Dichter des Buchs und dem Publicum. Dann redet der Autor unmittelbar. Beim Drama steht es nicht ganz so. Das Drama ist nur vollständig in der Aufführung; denn das Lesedrama bleibt doch ein Ding, das nicht leben und nicht sterben kann. Hier kann also der Dichter nicht unmittelbar zum Publicum reden; der Schauspieler ist ihm unentbehrlich. Damit hat das Schauspiel einen Zustand gewahrt, der früher allgemeiner auch auf andern Gebieten herrschte. Heute spielt der *Vorleser* eine geringe Rolle. Vorleser, die in Declamationen Gedichte, Novellen vortragen, wie z. B. Lewinsky in Wien, sind jetzt Ausnahmen. Meistens liegt die Sache heute so, daß die Declamatoren von einem schon vorhandenen Ruhm, z. B. Reuters, zehren, daß sie also nicht erst Ruhm schaffen. In früherer Zeit war das anders, der Vorleser hatte eine wichtige Aufgabe. Man denke auch an den Märchenerzähler. So bei Naturvölkern, und so in älteren Epochen bei Culturvölkern.

Gehen wir zurück ins 15. und 16. Jahrhundert, so ist die Kunst des Lesens noch wenig verbreitet, und deshalb erscheinen viele Bücher mit Holzschnitten. Freilich haben wir auch heut eine Zunahme der Illustration, ein wahres Illustrationsfieber: der heutige Leser ist zu faul um zu lesen und soll deshalb aufgelegte Bücher müßig durchblättern. Aber jene Holzschnitte des 15. und 16. Jahrhunderts sollen dem Vorleser das Werk erleichtern, und dem, der nicht lesen kann, mit dem Bild einen Anhaltspunct geben. So haben Sebastian Brant und Thomas Murner Gemäldelieder verfaßt: das Bild ist die eigentliche Hauptsache, und die Verse sind nur Commentar zum Text.

Noch weiter zurück kommen wir in Zeiten, wo noch weniger gelesen wird, wo daher Vorsänger und Vorleser eine noch bedeutendere Rolle spielen, etwa ins 12. und 13. Jahrhundert, wo die Fahrenden aus dem Vortragen, dem Sagen von epischer und Singen von lyrischer Poesie ein Gewerbe machen. Die Handschrift ist hier ein Hilfsmittel für den Vorleser; durch die Vortragenden wird die Poesie Wolframs, Walthers u. s. w. verbreitet. In diese Zeit ragt auch noch ein älterer Zustand hinein: daß die Dichter selbst nicht schreiben können, wie Wolfram von Eschenbach und Ulrich von Lichtenstein. Sie dictiren dann ihren Schreibern. Aber es ist doch in dieser Zeit die Regel, daß der Dichter schreiben und lesen kann.

Noch weiter zurück wird überhaupt nicht geschrieben: die Poesie pflanzt sich nur mündlich und gedächtnißmäßig fort.

Vgl. meinen ›J. Grimm‹ Kap. 5 (S. 117–153), wo ich andeutungsweise ausführte, daß der Unterschied von Natur- und Kunstpoesie, ja annähernd auch der Unterschied von Volkspoesie und Kunstpoesie – soweit er überhaupt richtig – zurückgeht auf den zwischen *ungeschriebener* und *geschriebener* Poesie. Diese Frage gehört also in die Lehre vom litterarischen Verkehr, soweit die Behauptung jenes tiefgreifenden Unterschiedes überhaupt wahr ist; denn in Wirklichkeit ist es ein sehr relativer Unterschied.

Herder hat wohl zuerst jenen scharfen Unterschied machen zu müssen geglaubt; dann besonders die Romantiker. So ist auch in den früheren Schriften der Brüder Grimm viel davon die Rede. Dieser Unterschied ist ja auch für das Mittelalter grundlegend: in der deutschen wie in der französischen Dichtung müssen Volksepen und Kunstepen geschieden werden; in Deutschland sind sogar auf dem Gebiete der Heldensage beide Arten vertreten. Aber es geht doch zu weit, wenn Carriere (Die Poesie S. 173 ff.) den Unterschied von Volks- und Kunstpoesie für so wichtig hält, daß er ihm ein eigenes Kapitel widmet. So berechtigt es ist, z. B. um 1200 von Volkspoesie einerseits, von höfischer Poesie andererseits zu reden: es ist doch für die Poetik kein fundamentaler Unterschied; es ist ein Stilgesetz, aber nicht anders zu beurtheilen als andere Stilgesetze.

Die alte Anschauung führte mit der Überspannung dieses Gegensatzes zu gefährlichen Consequenzen. Ging doch J. Grimm so weit zu meinen: »Volkslieder dichten sich nur selbst« – eine unklare Vorstellung, die schon Lachmann widerlegte, als er die Nibelungennoth in Lieder von verschiedenen Verfassern auflöste. Sie ist ferner gefährlich, weil man damit die Vorstellung von radicalen Unterschieden in der dichterischen Production verbindet, während das dichterische Geschäft überall dasselbe ist.

Es ist von vornherein zuzugeben, daß der Unterschied zwischen volksthümlicher und höfischer Dichtung für das Mittelalter völlig richtig ist. Aber dieser Unterschied besteht darin, daß dem kunstmäßigen Stil hier, dem volksmäßigen dort verschiedene Traditionen zu Grunde liegen. Die volksthümliche Poesie ist die ältere, die einheimische Kunst, die höfische eine halb importirte, durch fremde Muster zum Theil bedingt, unter dem Einfluß fremder Muster aus jener einheimischen Manier herausgebildet. Die Moden sind noch local gesondert: in gewissen Theilen Deutschlands haben wir die einheimischen, in andern neue, fremde Moden. Das Land, welches auf die Kunstpoesie den meisten Einfluß hatte, war Frankreich; daher zunächst am Rhein die Einwirkung, die sich später weiter verbreitet und ins innere Land eindringt. Wir haben also einfach den allbekannten Gegensatz von *Antiqui* und *Moderni*, der sich so oft in Poesie und Wissenschaft wiederholt; niemals ist ja eine Litteratur ganz einheitlich. Sehr wichtig ist ein weiteres Moment: der verschiedene *Stand* der Dichter, welcher zugleich verschiedene Bildung voraussetzt. Träger der Volkspoesie sind die fahrenden Sänger, Vertreter der kunstmäßigen Dichtung die Adeligen. Aber auch dieser Unterschied, die verschiedene Einwirkung von Stand und Bildung auf die Production, ist einer, der sich zu allen Zeiten geltend gemacht hat, nicht bloß im Mittelalter.

Es wäre nun möglich alle solche Momente, die wir für den Gegensatz in der deutschen Poesie des 12. und 13. Jahrhunderts in Anschlag gebracht haben, näher zu untersuchen und zu prüfen, ob sie maßgebend oder unwesentlich sind. Einzelne Momente liegen in der Natur des Dichtens überhaupt und sind daher unvermeidlich; dafür wäre der Nachweis zu führen. Andere aber sind nicht wegzuschaffen und schließlich bleiben nur die Momente, die auf den Unterschied von geschriebener und ungeschriebener Dichtung zurückgehen. Es sind das zwei Momente:

1. Die höfischen Dichter schöpfen aus dem Buch, die volksthümlichen aus gedächtnißmäßiger Überlieferung. Dort kann der Stoff ausschließlich von Buch zu Buch gegangen sein; hier dagegen waltet die lebendige Sage. Für die Entstehung der Sage und für das eigenthümliche Leben der Sage ist der Mangel an schriftlicher Überliefe-

rung geradezu entscheidend in der Lehre vom Epos. Hier giebt der Unterschied von Sage und Epos einerseits, Geschichte andererseits, d. h. genauer und ungenauer Überlieferung den Ausschlag. Das Epos ist in älterer Zeit Ersatz der Geschichte. Was man nicht genau weiß, wird durch ungenaue Versionen ersetzt. Die Sage ist die unwillkürliche und nothwendige Entstellung historischer Berichte, beruhend auf dem unvollständigen Wissen und der mangelhaften Fortpflanzung derselben; eine Entstellung, wie sie ohne schriftliche Controle, d. h. ohne die Controle von schriftlichen Zeugnissen der Zeitgenossen und Augenzeugen, sich einstellen muß. Dazu kommt nun noch, daß man eine lückenlose Erzählung zu geben und deshalb die Lücken auszufüllen sucht, und dies geschieht dann nach gewissen Schablonen und wahrscheinlich oft vorkommenden und deshalb dem Erzähler nahe liegenden Mustern. Das gilt sowohl für Stellen, in denen der ursprüngliche Bericht nicht genau, nicht ausführlich genug scheint, als für solche, die der Erzähler vergessen hat, und so bilden sich in der Sage gewisse typische Formen. Schon das vergrößernde Gerücht, das die Kunde von einer Thatsache weiter trägt und bis in ferne Gegenden bringt, wird diese Umformung der Verhältnisse vornehmen und zwar im Sinne der Durchschnittsverhältnisse.

2. Eine weitere Folge der schriftlosen Verbreitung ist das Zurücktreten des individuellen Stils in der Naturpoesie. Nicht der Dichter selbst ist in der Lage sein Werk zu verbreiten: er kann nicht überall hingehen, und wenn erst Gedichte ihren Verfasser überleben, laufen sie durch vieler Leute Mund. Das Gedächtniß pflegt nicht so unbedingt treu zu sein; und wo das Gedächtniß im Stich läßt, tritt das Gewöhnlichere für das Seltenere ein, weil die Verbreiter in der Regel weniger bedeutend sind als die Autoren. Wo Autoren sich stark ins Ungewohnte erheben, da verwischen das die beschränkteren Verbreiter, theils aus Unfähigkeit (das Gewöhnliche findet sich in ihrem Gedächtniß leichter ein), theils aus Mangel an ästhetischer Bildung (des Gewöhnliche gefällt ihnen besser). Man kann Studien über die Verbreiter machen bis auf die Gegenwart: Volkssänger, Sammler, sogar Abschreiber, ja noch Setzer, so auch Reporter. Das schnellere Schreibtempo im 15. Jahrhundert – eine Folge der größeren Nachfrage – zieht leichtsinnigere Überlieferung nach sich: der Schreiber liest den ganzen Satz nur einmal und gestaltet ihn sich nun um; so ist es noch heute mit den Setzern. Der Reporter, der eine Rede wiederzugeben hat, macht sie ordinärer: z. B. wo der Redner nur eine Strophe anführt, da verlängert der Reporter das Citat,

und wo jener einen Gedanken als trivial verschweigt, da findet man ihn sicher im Bericht ausgesprochen. So macht ein Gedicht, das von Mund zu Mund durch viele Leute geht, alle Moden mit und gewinnt auf diese Weise etwas Typisches und Formelhaftes. Das eben ist das Typische und Formelhafte der »Volkspoesie«, und dies beruht auf der mangelhaften Überlieferung: das Individuelle hat eine geringere Macht in der mündlich verbreiteten ungeschriebenen Poesie.

Etwas Anderes, aber verwandt, ist der Gegensatz der großen natürlichen Talente und derer, die es nicht sind; jene sind von Natur Dichter, diese bloß durch Reflexion und Bildung. Mit dieser Frage hat der Streit des 18. Jahrhunderts, ob es auf Natur und Genie oder Kunst und Regel ankomme, den Gegensatz von Naturdichtung und Kunstdichtung vermischt. Das giebt allerlei Kreuzungen. Faßt man aber den letzterwähnten Unterschied allein ins Auge, so ergeben sich drei Klassen, die Lessing in seiner Vorrede zu Jerusalems ›Philosophischen Aufsätzen‹ unterscheidet: die Regel, meint er, ist immer von Nutzen; denn dem Genie kann sie nicht schaden, wenn es sie auch nicht braucht; eine geringerer Dichter kann mit Kenntniß der Regel noch immer etwas leisten; aber ein geringer Dichter ohne Fleiß ist nichtig.

So viel über Tauschwerth der Poesie und litterarischen Verkehr. –

B. *Idealer Werth der Poesie*

Wir sagen »idealer Werth«, um nicht zu viel mit nationalökonomischen Begriffen zu wirthschaften. Die Nationalökonomie unterscheidet »Gebrauchswerth« und »Tauschwerth«. Der Tauschwerth ruht auf dem idealen Werth. Ein Buch hat Tauschwerth. Der Vortrag eines Liedes hat Tauschwerth oder kann ihn haben, wenn der Sänger nur gegen Belohnung singt. Gebrauchswerth haben die Sonne, das Meer, die Luft und andere Dinge, die nicht verkauft werden können; höchstens kann etwa im dunklen Gefängniß der Wärter den Anblick der Sonne verkaufen u. s. w. Also wir verstehen unter dem Gebrauchswerth einen größten Werth, ein allgemeines Gut ohne Tauschwerth. Wie weit ist denn nun die Poesie ein solches allgemeines Gut der Menschheit?

Sie ist es nicht ganz. Sie ist schon in den ältesten Zeiten Eigenthum nur der Wenigen, die sie verstehen und Anderen mittheilen können, sei es um Macht zu gewinnen wie die Priester, sei es zu andern Zwecken. Sie ist immer an die Talente, an die mittheilenden

Besitzer gebunden. Der ideale Werth der Poesie richtet sich nach ihren Zwecken: man wünscht sie zur Ergötzlichkeit, zur Belehrung, zur Erbauung.

Es erhebt sich die weitere Frage: läßt sich ein festes Verhältniß angeben, in welchem die Poesie zu ihren Wirkungen steht?

Das Hauptbeispiel hierfür bietet das Verhältniß der Poesie zur *Sittlichkeit*. Läßt sich ein festes Verhältniß der Poesie zur Sittlichkeit angeben? Ist es möglich, feste Gesetze aufzustellen, wie die Poesie sich zur Sittlichkeit verhalten soll?

Ich halte diese Frage für unlösbar. Historisch ist unzweifelhaft, daß die Poesie eine große sittliche Bildnerin der Völker, daß sie ein Haupterziehungsmittel der Nationen ist. Die Poesie hat in unzähligen Fällen seit Jahrtausenden das zu empfehlen gesucht und in glänzenden Farben dargestellt, was die Aufopferung in den Menschen verstärken und den Egoismus zurückdrängen konnte. Sie hat unendlich viele Vorbilder des Großen, Guten, Edlen aufgestellt.

Vom Standpunct der Poetik aber ist es wieder eine unlösbare Frage: *soll* die Poesie sittlich wirken? *soll* sie eine sittliche Bildnerin der Völker sein?

Sie ist es thatsächlich gewesen, und oft.

Aber sehr große Dichter, wie Goethe, haben sich gegen diese sittliche Function der Poesie erhoben als eine Profanation der Poesie, und neuere Theoretiker erklären den Zweck der Poesie für einen Zopf. Man darf wohl annehmen, daß Goethe und die anderen Dichter, die diese Ansicht aufstellten, bewußt oder unbewußt unter dem Einfluß der aristotelischen Theorie standen, welche die nachahmende Darstellung für den einzigen Zweck erklärt. Wenn das allein der Zweck, dann ist die sittliche Wirkung gleichgiltig. Es wird dann eine Scala nur in der Darstellung selbst, nicht etwa in den behandelten Gegenständen nach ihrer sittlichen Bedeutung den Werth ausmachen. In der That hat Goethe bei seinen vielen Untersuchungen über die Wirkung des Stoffes immer nur die Fruchtbarkeit im Auge gehabt. Es wird aber trotzdem Jeder zugeben, daß Goethe selbst ein großer sittlicher Bildner war, der Tiefen des sittlichen Lebens aufschloß, und daß er immer das Wesen der Sittlichkeit, die Aufopferung, als »Wurzel aller Tugenden« in seinen Werken empfahl.

Wie haben die Dichter überhaupt sich zu dieser Frage verhalten? Man kann vielleicht folgende Standpuncte unterscheiden, welche zu verschiedenen Zeiten verschiedene Dichter eingenommen haben:

1. einige wollten direct sittlich veredelnd wirken;

2. einige indirect;
3. einige gar nicht.

Nun ist es möglich, daß die Natur der Dinge stärker ist als der Wille: der Dichter kann z. B. den Grundsatz aufstellen, nicht sittlich veredelnd wirken zu wollen, und kann dennoch so wirken. Das scheint mir z. B. der Fall zu sein bei Goethe. Deshalb ist die praktische Frage viel wichtiger als der theoretische Standpunct, und da haben wir dieselben Klassen:

1. der Dichter wirkt sittlich veredelnd: direct.
2. der Dichter wirkt sittlich veredelnd: indirect.
3. der Dichter wirkt nicht sittlich veredelnd.

1. Unter directer sittlicher Veredelung können noch viele Abstufungen begriffen sein: Belohnung des Guten, Bestrafung des Bösen; Lob der Tugend, Tadel des Lasters. Oder der Accent wird ausschließlich auf die Darstellung tugendhafter Handlungen gelegt, das Lasterhafte möglichst zurückgedrängt, so daß nur Vorbilder gegeben werden. Der Dichter kann weiter gemischte Charaktere darstellen; diese können erst recht dasselbe leisten: die tugendhaften Handlungen führen zum zeitlichen Wohl, die lasterhaften zum zeitlichen Übel. Die kindlichste Form ist die, daß die Tugend schon hier ordentlich belohnt, das Laster schon hier gründlich bestraft wird. So z. B. in naivster Weise in Gellerts Fabeln, oder in Kindergeschichten, wo der tugendhafte arme Mann einen Beutel mit Dukaten findet. Überhaupt hat diese Art vorzugsweise in Erzählung und Drama statt; im Lehrgedicht und in der Lyrik wird sie modificirt zur ernsten und lachenden Satire.

2. Indirecte sittliche Wirkung wird erzielt, indem der Autor sich in die Laster vertieft und sie darstellt, um sie recht abschreckend zu malen. Hierher würde z. B. Zola gehören. Aber solche Schilderung des Lasters setzt eine gewisse Liebe zur Sache voraus, und die Wirkung ist sehr zweifelhaft: denn natürlich kann es auch verführerisch wirken; das hat der Autor dann nicht so in der Hand. Eine ganz andere Form ist die, daß der Autor sich sagt: ich will nur wahr sein, will die Wahrheit des Lebens darstellen, wie es durchschnittlich ist. Eine solche Schilderung der Wahrheit des Lebens nach seinen Licht- und Schattenseiten sucht im Ausschnitt doch eine gewisse Totalität zu geben: die sittliche Haltung erwirbt allgemeine Achtung, die unsittliche führt zu Schwierigkeiten aller Art; wer den Leidenschaften unterliegt, zerrüttet sein Leben, ihm ist kein dauerndes Glück gestattet. Die idealen Gestalten wirken von selbst als Kritik für die un-

idealen, und so bilden die Contraste eine Art Kritik. Diesen Standpunct hat praktisch Goethe immer eingenommen, auch im ›Wilhelm Meister‹. Er zeigt allerdings eine furchtbare Nachsicht in Bezug auf geschlechtliche Vergehungen, ein allgemeines Verzeihen ohne jeden sittlichen Maßstab, z. B. für Philine; dem Menschen ist von vornherein nichts verwehrt. Und dennoch wird eine sittliche Wirkung erreicht in der ungeheuren, vollen Lebenswahrheit. Es wird nichts vertuscht, nichts weiß gemacht, was schwarz ist. Wir leben in einer Gesellschaft, in der besondere sittliche Ansichten herrschen, wie sie im vorigen Jahrhundert im Schwung waren. Aber über diese Figuren kann der Leser urtheilen wie über Mitlebende. Eben dies erzielt eine abschreckende Wirkung. Die jungen Mädchen haben dem Wilhelm gegenüber sofort das Gefühl: das ist ein Mensch, den du nicht heirathen möchtest! Vor allem aber sind hier die Contraste meisterhaft durchgeführt. Neben solchen Charakteren stehen ganz reine, ideale Gestalten, wie der reuevolle Harfenspieler, der zeigt, wie ein Mensch unter der Sünde seufzt, die Gestalt der Mignon, Lydia – dies die Kranken; und von den Gesunden Natalie, Therese, Fräulein von Klettenberg. Mithin eine vollkommen sittliche Haltung, trotzdem eine directe sittliche Wirkung nicht erstrebt ist.

3. Der Dichter wirkt gar nicht sittlich. Diesen Standpunct hat z. B. Goethe theoretisch eingenommen; und viele reden ihm nach, sprechen von dem moralischen Zöpfchen des 18. Jahrhunderts. Aber in Wahrheit hat Goethe immer auf dem zweiten Standpunct gestanden. Mehr als irgend ein anderer Dichter hat er sittlich geweckt, erbaut; und so widerlegt seine Wirkung praktisch seine Theorie. – Es fragt sich, ob dieser dritte Standpunct überhaupt praktisch vertreten ist. Dies ist der Fall in solchen Büchern, die nur amüsant sein sollen, welche die Wahrheit verläugnen und der Unterhaltung wegen die Welt anders darstellen, als sie ist: Lustspieldichter, die bloß lachen machen wollen u. s. w. Dennoch kann auch daran, soweit das Lachen gesund ist, soweit es die Stirn heiter macht, entladet und rein fegt, eine indirecte sittliche Wirkung hängen. Jemand, der bloß unterhalten will und dazu den Stoff nimmt, wo er ihn findet, kann so noch immer auf den Willen wirken.

Aus dieser Theorie, nicht sittlich veredelnd wirken zu wollen, hat sich nun aber eine eigenthümliche Consequenz ergeben. Es giebt Dichter, welche dafür halten, der idealste Stoff der Poesie sei der Conflict zwischen Willen und Moral. Ein bestimmter Dichter bekämpft diese allgemeine Moral mit der »höheren Sittlichkeit«. Hier also ist ein weiteres Feld: »Moral« nennt er die Grenzen, mit welchen die Gesammtheit den Einzelnen beschränkend umgiebt; und dem gegenüber macht er Propaganda für das »Sichausleben der Natur«, d. h. für die Gelüste. Seine Dichtung nimmt Partei für die Gelüste gegen die Schranken der Gesellschaft. Er kämpft also im Grunde doch für ein sittliches Ideal – freilich im Gegensatz zu den bestehenden Verhältnissen. Dieser Standpunct ist gefährlich: er schmeichelt den Leidenschaften; er sucht direct unsittlich zu wirken. Aber der Dichter verletzt auch die Wahrheit des Lebens: er zeigt nicht, wie die Gesellschaft sich rächt. Nur durch eine gewisse Unwahrheit, durch eine Täuschung, als wenn die Welt anders wäre als sie ist, gelingt seine Darstellung. Diese Poesie ist also nicht bloß vom sittlichen Standpunct aus gefährlich, sondern durch die Unwahrheit der Darstellung ist auch der aristotelische Grundsatz der Nachahmung verletzt. Der Dichter verkennt, daß in Wahrheit kein Unterschied ist zwischen Sittlichkeit und Moral; daß dies die Forderungen sind, die die Menschheit an den Einzelnen stellt.

Gefährlich ist dieser Standpunct eben, weil er den Leidenschaften und den Wünschen der Menschen schmeichelt. Immer ist es etwas Angenehmes, was zunächst für die sich Auslebenden herauskommt, oft eine bloße willenlose Schwäche gegenüber einem Gelüst, einem sinnlichen Begehren. Zuweilen gehen sie nach Befriedigung der Gelüste direct in den Tod, aber mit Anklagen gegen die Menschen; sie betonen die Rechte der Wahlverwandtschaft. Andere gehen durch und versammeln dazu eine Anzahl Freunde; zwei anderweitig verheirathete Menschen verbinden sich auf ungesetzliche Weise miteinander u. s. w. All das ist möglich; aber dann haben sie in Wahrheit zu kämpfen, es wird ihnen schwer gemacht und kaum werden sie schweren Leiden entgehen. Ernst gebildete Männer werden oft davon auf das äußerste abgestoßen, weil sie nicht wollen, daß die Poesie Illusionen über das gegenwärtige Leben verbreitet. –

Verschiedene Stände, Altersstufen, Bildungsklassen u. s. w. stellen verschiedene besondere Forderungen an die Poesie. Die Massen werden am meisten befriedigt werden durch solche Dichtungen, die direct sittliche Zwecke verfolgen. Der anständige mittlere Mensch, der sich seiner Ehrlichkeit und mancher Entsagung bewußt ist, wünscht in der Poesie eine bessere Welt zu finden, wo die Ehrlichkeit belohnt und das Gegentheil bestraft wird. Die Menschen stehen hierin auf einem etwas kindlichen Standpunct; was sie gar nicht ertragen können, ist, daß ein Schurke ohne Strafe ausgeht; sie vertragen es eher, daß es einem Guten schlecht als daß es einem Schlechten gut geht. Eine Novelle, in der zufolge einer durchgeführten Intrigue es einem Schlechten gelingt, einen Bessern zu verderben, ohne daß er selbst bestraft wird, schreckt die Meisten auf lange Zeit vom Lesen ab. Diese Forderung, in der Poesie eine bessere Welt zu sehen, ist die einzige Ursache, welche man anführen kann für die sittliche Forderung, die man ans Drama gestellt hat: die der tragischen Schuld und Sühne. Das Drama muß in der That mit dem sittlichen Instinct der Masse rechnen.

So wenig es richtig ist, in der Poesie den Stoff von der Form zu sondern, so wenig ist es richtig, die Poesie ausschließlich nach dem Grade des Vergnügens, welches sie gewährt, oder nach der sittlichen Wirkung, die sie erzielt, zu beurtheilen. Der Dichter wird also Rücksicht nehmen müssen auf die sittlichen Instincte der Menge, und eben deshalb darauf gefaßt sein müssen, daß er von der Seite, wo er diese verletzt hat, keinen Beifall erntet. Unter Sittlichkeit kann ich aber nichts anderes verstehen als die Summe der Forderungen, welche die Gesammtheit an den Einzelnen stellt, die Schranken, mit denen die Gesellschaft ihr Mitglied umgiebt; und da doch jeder Einzelne sich als ein Mitglied der Gesellschaft fühlt, so wird der Dichter also gut thun, auf diese Gesellschaft Rücksicht zu nehmen. Stellen wir uns auf den Standpunct des öffentlichen Wohles, so werden wir unbedingt sittliche Wirkung von der Poesie verlangen, und zwar verschieden je nach den Kreisen: die directe sittliche Wirkung für die Masse, die indirecte für die feiner Gebildeten. Ein Buch, welches seiner ganzen Haltung nach hohe geistige Interessen voraussetzt, wie ›Wilhelm Meister‹, ist nicht für das große Publicum: es wird Leser aus dem Volk abstoßen, während es für gebildete Kreise sittlich genug ist. Für jene Kreise braucht man mehr directe sittliche Wirkung, wie sie etwa Gellert bietet.

Wir wissen, daß man dem Theater gegenüber die Censur nicht entbehren zu können meint; und man thut recht daran. Man controlirt so die Wirkung auf die Massen. An sich könnte die Censur überhaupt ein edelgedachtes Institut sein; was aber dagegen entscheidet, ist, daß die Censoren leider zu dumm sind und daher den Staat blamiren. Die kleinen Übel des Fehlens der Censur sind besser als die großen Dummheiten der Censoren, welche erfahrungsmäßig schwache Menschen sind. So kann vom Standpunct des öffentlichen Wohles aus ein sittlicher Maßstab an die Poesie gelegt werden. Eine aristophanische Komödie mit Persönlichkeiten dürfte nicht aufgeführt werden, weil sie die Leidenschaften der Menge entfesselt; und so kann das herrlichste Kunstwerk als zu aufregend mit Recht verboten werden.

Stellen wir uns auf den Standpunct der Kirche, so treten noch andere Rücksichten ein. Man denke an das Urtheil der Stolbergs über ›Wilhelm Meister‹. In manchen Ländern hat die Kirche die Poesie tief geschädigt. Wir sind heute weniger gewöhnt damit zu rechnen, weil ihrem Verbot jetzt keine solche Macht mehr zur Seite steht wie einst. Aber daß überhaupt die Kirche Stellung nimmt gegenüber poetischen Producten, das ist etwas in der Menschennatur tief Begründetes. Es liegt darin nur die Anerkennung des hohen idealen Werths der Poesie als einer Macht, mit der dann die Macht der Kirche streitet. –

Vom Standpunct des Vergnügens aus kann man nur sagen, daß aus allen drei Auffassungen heraus großes Vergnügen möglich ist – nur nach verschiedenen Gesichtspuncten verschieden.

Es giebt hier keine allgemeinen Gesetze. Es ist unmöglich, das Verhältniß von Poesie und Moral endgiltig theoretisch zu bestimmen.

Natürlich aber giebts für die Menschen eine Beurtheilung des Verhältnisses zwischen dem Gegenstand und seinem Stoff, seinem Stil. Eine Nana als Hauptperson, das ist etwas Anderes als eine Philine als Nebenperson! –

Wir blicken noch einmal zurück auf unsere Betrachtungen über den Werth der Poesie.

Weil die Poesie mit Vorstellungen des Vergnügens associirt ist und weil diese Erinnerungen in der Ferne, wenn auch der Inhalt verblaßt, sympathisch bleiben, ist sie ein Hebel um andere Dinge den Menschen nahe zu bringen, um durch das Lustgefühl auf den Verstand, auf den Willen zu wirken. Die Poesie entspringt aus der Stimmung des Dichters, aus seiner Freude, seinem Vergnügen, das sich äußert. Er fängt dann aber an mit dem Publicum zu rechnen, um dasselbe zu erfreuen, und die Poesie wird dadurch verwerthet. Sie wird eine Quelle der Freude, des Wohlbehagens für den Dichter und eine Macht, die er ausübt dadurch, daß sie so stark zu wirken im Stande ist. Sie wird ein Lebensberuf. Es ist mit der Poesie wohl ähnlich wie mit der Wissenschaft: diese entspringt aus der Wißbegier, aus dem eigenen Erkenntnißtrieb; dann aber wird sie verwerthet, um den fremden Erkenntnißtrieb zu befriedigen, und wird dadurch ein Beruf, ein Amt.

III. Die Dichter

Hier handelt es sich wieder um Erschöpfung der möglichen Fälle und um die Vorstellung der dichterischen Production sowie der persönlichen Bedingungen, unter denen dieselbe sich zu vollziehen pflegt. Die verschiedenen Fragen habe ich wieder nach Nummern geschieden.

1. *Factoren der Production*

Die Nationalökonomen unterscheiden drei Factoren der Production: Natur, Kapital, Arbeit. Nicht genau dieselben, aber ähnliche Factoren sind für die dichterische Production thätig. Zunächst ist auch hier ein ewiger Factor die Natur: die Natur ist der unerschöpfliche Stoff des Dichters und dadurch Factor der Production – die Natur, die sich ewig gleich bleibt und sich ewig erneut; alle Erscheinungen dieser Welt, sowohl die, welche wirklich sind, als die Folgerungen, welche daran hängen. Hierüber ist näher zu handeln im Kapitel vom Stoff (äußere und innere Welt, und die dritte Welt, welche eigentlich schon in das »Kapital« gehört). Aber diese Erfassung der Natur, des Stoffes setzt die persönliche Arbeit des Dichters voraus. Der Dichter darf die Welt nicht ansehen wie jedermann – er muß sie mit Dichteraugen ansehen.

Doch auch dem Kapital entspricht ein Factor: es sind schon angesammelte Producte vorhanden, Tradition, traditionelle Stoffe, traditionelle Behandlungsart der Form, die der Dichter vorfindet: das ist das Kapital, das frühere Generationen für ihn sammeln. Was die übrigen Dichter vorgearbeitet haben in Stoff und Form, das kann sein Auge schärfen, seine Technik bereichern.

Endlich Arbeit: die Art, wie er diese Tradition sich aneignet, das Kapital fortpflanzt und vermehrt und von neuem aus der poetischen Stoffwelt schöpft. Unter diesen Gesichtspunct gehört die Frage, ob er Erlebtes oder Erlerntes darbietet.

Wie nun auf wissenschaftlichem Gebiet ein großer Werth auf die Arbeitstheilung gelegt wird, so kann auch auf dem dichterischen Gebiet Arbeitstheilung stattfinden. Aber wenn es auf wirthschaftlichem Gebiet eine sehr hohe Stufe bezeichnet, daß die Arbeitstheilung möglichst weit getrieben wird, so kann man dies nicht auf die Poesie übertragen: die höchste Stufe der Poesie ist gerade die Vereinheitlichung der Arbeit. Wenn Einer in sich Alles vereinigt, was Andere nur getrennt besaßen, dann kommen neue große Wirkungen zum Vorschein.

Wie weit ist es möglich, daß mehrere Dichter sich an demselben Werk betheiligen? Andere Dinge kommen weniger in Betracht. Es giebt eine Theilung der Arbeit in der Art, daß ein und derselbe Dichter nur Romane verfaßt, oder gar innerhalb der Romane sich auf ein bestimmtes Gebiet specialisirt, z. B. historischer Roman, und etwa wieder nur ägyptischer oder assyrischer Roman. So schon früher: ein Dichter bildet eine bestimmte Gattung aus, z. B. die Spruchdichter, Didaktiker des Mittelalters gegenüber den Lyrikern; dann folgt wieder Arbeitsvereinigung wie bei Walther von der Vogelweide. Auch in der Poesie hat beides seine Vortheile: wer z. B. sich auf den historischen Roman wirft, wird zur Entdeckung immer neuer Stoffe geführt werden, weil er ein specielles Gebiet bebaut; so Walter Scott. Aber andererseits kann man die Beobachtung machen, daß die ersten Producte solcher Specialisirung frisch sind, die späteren aber aufgewärmt, matt; denn solches Specialisiren führt leicht zu handwerksmäßigem Vielschreiben und dient weniger der Verbesserung und Vertiefung, wie auf wissenschaftlichem Gebiet, als mercantilen Zwecken.

In früherer Zeit herrscht die Specialisirung: die Homer-Sänger sind so viel wir sehen nur Epiker; Archilochus nur Jambendichter; die athenischen Dramatiker nur Dramatiker. Shakespeare, Lope de Vega sind ganz vorzugsweise Dramatiker. Aber das Höchste in modernen Zeiten beruht auf Arbeitsvereinigung, auf Vielseitigkeit in Poesie: Goethe.

Hierauf also gehen wir nicht näher ein, sondern handeln nur von poetischer Arbeitstheilung in dem Sinne, daß mehrere Dichter an einem Werk arbeiten. Sie ahnen schon, wohin das führt: zu der Frage der höheren Kritik in einheitlich überlieferten Werken. Können z. B. die homerischen Epen oder das Nibelungenlied von mehreren Dichtern verfaßt sein oder nicht?

2. Betheiligung mehrerer Dichter an demselben Werke

Dies ist eine Art der Arbeitstheilung, welche speciell dem Gebiet der Poetik angehört. So macht sich hier z. B. die frühere Methode bloß mündlicher Verbreitung geltend.

A. Die Dichter, die gemeinschaftlich arbeiten, wissen von einander:

a) Indem sie sich zu gemeinsamer Arbeit, zu gleichzeitiger oder rasch abwechselnder Production vereinigen und sich an demselben Kunstwerk verschiedene Arbeitsgebiete zutheilen. So machen es die französischen Dramatiker oft, neuerdings auch deutsche Dramatiker. Von der näheren Art der Production habe ich keine Vorstellung, ob sie etwa in Rollen sprechend den Dialog skizziren, ob der eine das Scenarium macht, der andere den Dialog. Große Kunstwerke sind auf diesem Wege wohl nicht entstanden, doch gute Repertoirestücke. Dieses Verfahren wissen wir für ältere Zeiten nicht nachzuweisen. Mein Freund Diemer stellte zwar für Ezzos Gesang von den Wundern Christi (aus dem elften Jahrhundert) eine derartige Vermuthung auf, aber sie scheint mir recht unwahrscheinlich.

b) Indem sie einander fortsetzen: B. findet ein Werk von A. und würdigt es einer Fortsetzung, sei es, daß das Werk noch nicht fertig ist, sei es, daß es in sich fertig ist, aber sich weiter führen läßt: es enthält etwa das Schicksal eines Helden, der noch weiter gelebt haben muß, aber hier nicht mehr vorkommt. So wurde im Mittelalter Gottfrieds ›Tristan‹ fortgesetzt, ebenso Wolframs ›Willehalm‹; hier waren die Dichter wohl gestorben. Wenn aber Wolframs ›Willehalm‹ nach vorn fortgesetzt wird, eine Vorgeschichte erhält, so beruht dies darauf, daß man die früheren Schicksale des Helden wissen wollte. So ist Schillers ›Dreißigjähriger Krieg‹ nach vorn fortgesetzt worden; ferner ist sein ›Demetrius‹ zu Ende gebracht worden. So werden die weiteren Schicksale poetischer Gestalten geschildert: ›Don Juans Ende‹ von Paul Heyse; Goethe hat die ›Zauberflöte‹ fortgesetzt; sein ›Bürgergeneral‹ folgt älteren Stükken. Hier liegen also sichere Fälle, auch aus früherer Zeit, vor. Nach diesen Erfahrungen hat dann z. B. Müllenhoff für den ›Wolfdietrich‹, wo ein solches Zusammenarbeiten nicht direct bezeugt ist, dasselbe aus stilistischen Gründen angenommen.

c) Ein Zusammenarbeiten bewußter Art, indem ein Dichter Einschaltungen in ein vorhandenes Werk macht: Interpolationen. Solche Fälle finden sich sicher überliefert, wenn ein Dichter noch erhaltene Gedichte überarbeitet hat, z. B. Shakespeare; die Veränderungen, die im Einzelnen angebracht werden, gehören hier hinzu.

d) Indem eine Veränderung im Einzelnen eindringt, andere Partien aber nicht antastet (partielle Überarbeitung). Dies ist ein äußerst fruchtbares Gebiet, besonders für die Volkspoesie; hierher gehören auch die unwillkürlichen Entstellungen der Überlieferung.

e) Indem einer überhaupt das ganze Werk durcharbeitend umformt (totale Überarbeitung). So wenn man im 15. Jahrhundert ältere Gedichte aus Versen in Prosa umgearbeitet hat. Auch gewisse Übersetzungen, die Goethe »travestirende« nennt, gehören hierher, z. B. die höfischen Epen.

Zu d) und e) gehören die unwillkürlichen Entstellungen des improvisirenden Vortrags ebenso, wie das einheitliche Zusammenarbeiten von nach b) c) entstandenen Werken. Ein Werk, das nach c) entstanden ist und dann einheitlich überarbeitet wurde, ist z. B. nach Lachmann die Nibelungenhandschrift C: eine einheitliche Umarbeitung eines interpolirten Werks. Am wichtigsten aber sind jene unwillkürlichen Entstellungen des Vortrags: fassen wir die Volkslieder des 16. Jahrhunderts ins Auge, so finden wir an sehr vielen Stellen ältere Gedichte, die noch im 14. Jahrhundert entstanden sein mögen; die meisten verrathen verschiedene Hände. Dann ist der ursprüngliche Zusammenhang durch den Gesang verdunkelt, und man hat das Ursprüngliche fallen lassen, Strophen umgestaltet u.s.w. Von der eigentlichen Blüthe des Volksliedes besitzen wir wenig.

In all diesen Fällen arbeiten also die Dichter zusammen, indem sie von einander wissen. Aber auch das Andere kommt vor:

B. Die Dichter wissen nicht von einander.

Wie ist das möglich? Können zwei oder mehrere Dichter genau an einander arbeiten, ohne von einander zu wissen?

Dies fände statt z. B. in folgendem Fall, den ich gleich in ein concretes Beispiel kleide, wie es für Entwicklungen der Sage oft vorkommen mag. Ein Dichter verfaßt ein Lied von Kriemhilds Untreue gegen ihre Brüder (wir wissen, daß im Anfang des 12. Jahrhunderts ein solches existirte). Weiter nehmen wir an, ein anderer Dichter, der es kennt, überarbeitet es total (nach A. e), indem er es ausführlicher macht; er sucht das alte Gedicht auf eine andere Stufe des Geschmacks zu bringen, indem er dem sich bildenden Geschmack des Publicums folgt, welches epische Vorgänge nicht mehr balladenartig vorwärts stürmend, sondern an gewissen Stellen behaglich verweilend dargestellt zu finden wünscht. Wenn wir dort nach W. Grimms Ausdruck nur leuchtende Berggipfel sehen, und die Thäler verschwinden, so läßt uns der neue Autor auch durch die Thäler gehen. Diese Annahme ist durchaus möglich. Das nun ausführlichere Gedicht wird aber zu lang, um hinter einander auf einem Sitz angehört zu werden. Der Sänger vertheilt es nun auf zwei oder drei Vorträge, z. B. 1. Werbung Attilas um Kriemhild; 2. Einladung und Zug der Burgunden nach Hunnenland; 3. Empfang der Burgunden, Conflict,

Angriff, Kampf, Gemetzel. Diese Abschnitte sind natürlich auf den Vortrag eingerichtet mit eigener Einleitung und Schluß. Jeder dieser Abschnitte kann nunmehr ein selbständiges Leben gewinnen und seine Geschichte für sich haben, indem er sich fortpflanzt und verändert wird nach A. c) d) e). Die Varianten können neben einander bestehen und die Vortragenden können bald dem einen, bald dem andern folgen: der Dichter, der den zweiten Vortrag ausbildet, kann auch über die Vorgänge, die ins Gebiet des ersten fallen, sich neue Vorstellungen bilden, welche von Nr. 1, oder vollends von einer neuen Überarbeitung von Nr. 1 weit abweichen. Denke man sich nun, daß ein anderer, ein Sammler von Gedichten, eine ihm bekannte Gestalt von Nr. 1 mit einer ihm bekannten Form von Nr. 2 und desgleichen mit einer Überarbeitung von Nr. 3 zu Einem Gedicht verbände mit Bezug auf einen einzelnen Helden – oder daß er gar zwei verschiedene Varianten etwa von Nr. 2 in einander schöbe und durch einander flöchte – so entsteht eine neue Einheit oft der sonderbarsten Art; so hat man die Erscheinungen, wie sie durch Lachmanns Kritik in der Ilias und im Nibelungenlied aufgedeckt sind. Ein solches »Auseinandersingen« läßt drei verschiedene Dichter zusammen arbeiten, ohne daß wirklich einer vom andern weiß. Diese Überarbeiter können neue Tendenzen in den Stoff hineinlegen, und die Sache beruht allein darauf, daß eine Einheit aus einander ging in drei Abtheilungen, daß jedes dieser drei Lieder für sich bearbeitet wurde und dann alle von neuem zu einem Ganzen vereinigt wurden.

Wenn wir diesen ganzen Vorgang ein »Auseinandersingen« nennen können, so ist ebenso gut ein »Zusammensingen« möglich. Die verbindenden Dritten können selbst wieder Sänger sein. Es kann ein Sänger zwei bestehende Sagen in dichterischer Behandlung vereinigen. Im 5. Jahrhundert gab es eine Überlieferung von Hildico, der Mörderin Attilas, und es gab davon ganz unabhängig eine Überlieferung von Kriemhild und ihren Brüdern, von einem Siegfried, dem Gatten dieser Kriemhild, den sie früh verloren. Nun kam ein Sänger, welcher diese Überlieferung von Hildico mit der von Kriemhild verband. Er trug nur die Geschichte von Attilas Tod vor, indem er eine Motivirung hinzufügte: er behauptete, Hildico habe Attila aus Rache getödtet, weil er ihre Brüder getötet habe. So wird die »Rache« für den Tod der Burgunden in die andere Überlieferung hineingebracht, wozu wenige Sätze ausreichen, in der balladenartigen Poesie ein einziger Satz. Hierdurch aber kann dann ein Lied vom Untergang der Burgunden und ein Lied vom Tode Attilas verbunden, »zusammengesungen« sein und Nachfolgenden nun als eine Einheit erscheinen oder sie zur Herstellung einer Einheit reizen: so sind nachträglich die Verfasser der beiden älteren Lieder zu Mitarbeitern an demselben jüngeren Werk geworden, ohne es zu wissen.

Es ist beiläufig zu bemerken, daß von unseren beiden Beispielen aus der Geschichte des Nibelungenliedes das erste eine jüngere Sagengestaltung voraussetzt. Das »Zusammensingen« von Kriemhild und Hildico ist älter; dann kommt eine Lücke, und erst im 12. Jahrhundert das »Auseinandersingen«.

Durch das Zusammensingen entsteht das Anwachsen von Sagen, es entstehen Cyklen und was solchen ähnlich; dies ist also ein wichtiger Proceß. Aber auch das Auseinandersingen, wo durch den innern Zusammenhang der Episoden wieder die Sänger unwissentliche Mitarbeiter sind, kann durch die bloße äußerliche Zusammenfassung schon eine Art Einheit geben. So kann also das Auseinandersingen zur Bildung größerer volksthümlicher Epopöen führen, wo die ordnende vereinigende Hand nicht fehlt. Es wird also nur bei regem litterarischem Interesse eintreten. Wir haben in Niederdeutschland und Oberdeutschland im 12. Jahrhundert ähnliche Fälle mit ganz verschiedener Wirkung. Auch in Niederdeutschland gab es eine Reihe solcher Nibelungenlieder. Aber sie wurden nicht zusammengefaßt und gingen deshalb bis auf kümmerliche Reste ganz verloren; wir wissen von ihnen nur dadurch, daß ein fremder Sänger sie in Norwegen zur Thidreksaga vereinigt hat.

Bei solchen Vorgängen der Mitarbeit ergeben sich Verschiedenheiten des Stils von selbst: entweder schon auf Grund der verschiedenartigen Überlieferungen, die zu Grunde liegen, oder durch die verschiedenen Auffassungen der Mitarbeiter, Anspielungen, die sich Bearbeiter von Episoden erlauben, Widersprüche, welche sie hereinbringen u. s. w. Solche Verschiedenheiten und Widersprüche gewähren uns die Möglichkeit, diese Vorgänge zu erkennen und die ursprünglichen Arbeiten zu scheiden.

Aber ganz ähnliche Erscheinungen zeigt

3. *Unterbrochenes Arbeiten.*

Auch wenn ein und derselbe Dichter nicht bei der Arbeit bleibt, sondern seine Arbeit fallen läßt und wieder aufnimmt, vielleicht nach Jahren, werden sich Widersprüche einschleichen, wo er sich nicht genau überwachen konnte, und es werden sich wirklich Stilverschiedenheiten einfinden, wenn sich der Dichter nicht ganz hineinzuversetzen weiß. Denn der Dichter ändert in der Regel ja fortwährend seinen Stil; ein ganz constanter Stil ist bis jetzt wenigstens mit Sicherheit noch nirgends beobachtet worden. Hierüber vgl. Müllenhoff, Zeitschrift für deutsches Alterthum 23, 114f.; Aufsätze über Goethe S. 294f.

Ein solches Werk gelangt mithin in der Regel nicht zu einer völligen durchgearbeiteten und tadellosen Einheit; es trägt die Spuren der allmäligen Entstehung deutlich an der Stirn. Das lehrreichste Beispiel hierfür ist Goethes ›Faust‹; aber auch andere zeigen die Spuren allmäliger Entstehung. So der ›Wilhelm Meister‹: als Charlotte Schiller das Manuscript des Romans in die Hand bekam, da merkte sie dies daran, daß in verschiedenen Theilen dieselben Personen verschiedene Namen führten; so heißt Lothario mit dem für einen typisch-deutschen Edelmann sonderbaren italienischen Namen im ersten Druck das erste Mal nach Lothar.. Die ›Wanderjahre‹ vollends weichen im Stil total ab, so daß man, wenn man nicht das Gegentheil wüßte, ganz gewiß auf verschiedene Autoren schließen würde. Ja selbst in einem Werk wie Schillers ›Wallenstein‹ finden sich über das Verwandtschaftsverhältniß zwischen Wallenstein und der Gräfin Terzky verschiedene Voraussetzungen. So begegnen öfters Widersprüche bei Shakespeare: vielleicht hat er nach einer Aufführung Zusätze gemacht. Der Autor hat die Arbeit aufgenommen und sich der Voraussetzungen nicht mehr genau erinnert; oder er hat hineingearbeitet, und das Neue paßt nicht zum Alten. Sehr unwahrscheinlich, aber doch möglich ist, daß ein Dichter absichtlicher Effecte willen Widersprüche stehen läßt oder hereinbringt; z. B. eine Botschaft wird überbracht, die zu den Annahmen nicht vollständig stimmt, weil sich der Autor sagt, daß ein betheiligter Zuschauer von der tragisch erregten Phantasie zu Übertreibungen hingerissen wird.

Eine eindringende Analyse muß auf diese Widersprüche achten, nicht nur damit dadurch ein Einblick in die Entstehung des Werkes eröffnet werden kann, sondern auch aus ästhetischen Gründen. Denn die Forderung der Einheit und Widerspruchslosigkeit ist zu erheben und festzuhalten – wenn sie nicht erfüllt wird, ist daraus ein wohlberechtigter Tadel abzuleiten. Wo Widersprüche und Abweichungen des Stils hinzukommen, ist dieser Tadel nicht einheitlichen Stils auch gegen Goethes ›Faust‹ zu erheben.

4. Anhaltendes Arbeiten

Das Wünschenswertheste, um die Einheit des Werks zu erzielen, ist anhaltendes Arbeiten, die völlige Concentration, welche dem Werke bleibt von der ersten Conception bis zur Vollendung. Freilich auch kurze Unterbrechung kann ihren Vortheil haben: Schwierigkeiten werden leicht, Dunkelheiten klar, wie man Manches aus der Ferne besser sieht als aus allzu großer Nähe. Kleine Pausen der Sammlung lassen der Phantasie Spielraum im Gegensatz zu dem einseitigen Willen; durch consequentes Zwingen kann man öfters auf einen Holzweg kommen. Aber groß ist der Vortheil für die Production, wenn Eins Hauptsache ist und alles Andere im Hintergrunde steht. Mir sind keine Schilderungen dieses Zustandes von Seiten der Dichter als Selbstbekenntnisse bekannt, obgleich es dergleichen geben mag. Nachfühlen kann mans auch vom Standpunct wissenschaftlicher Production. Eins hat Wissenschaft und wissenschaftliche Darstellung auch heute mit dichterischer gemein: beide haben die Aufgabe, Personen, Charaktere, innere Zustände zu errathen, soweit sie verborgen sind, und darzustellen. Das Klarwerden, das Deutlichwerden der Personen und Vorgänge ist für beide dasselbe: die Menschen bewegen sich vor mir, reden, handeln – innen – und doch nicht innen – eher außer mir.

Das Glück dieser concentrirten, am meisten productiven Stimmung hat Goethe oft geschildert, so in ›Hans Sachsens poetischer Sendung‹ und unter »Kunst« in den Gedichten von 1784, auch in ›Künstlers Erdenwallen‹.

5. Die schaffenden Seelenkräfte

Ob nun unterbrochenes oder concentrirtes Arbeiten – schon aus den Betrachtungen über den Ursprung der Poesie ist es wahrscheinlich, daß das poetische Schaffen eine starke innere Erregung voraussetzt. Mindestens wird dies normal sein; freilich giebt es Zeiten, wie den Übergang vom 17. zum 18. Jahrhundert, wo Poesie nur als Nebenbeschäftigung müßiger Stunden angesehen wird; daher die Titel ›Poetische Nebenstunden‹ u. dgl. bei den Canitz, Besser u. A. Und so läßt sich denn eine handwerksmäßig prosaische Dichtweise denken, in welcher von besonderer innerer Erregung nicht gesprochen werden kann – aber das werden nicht die Zeiten großer Schöpferkraft sein, sondern die Zeiten, in denen man höchstens erlernte Mittel kunstgerecht anwendet. So wurden damals nur mit erlernter Technik platte Gedanken versificirt.

Aber für Zeiten wahrer Schöpferkraft und für starke Ingenien hat man diese Erregung sicher vorauszusetzen, und ebenso für die Conception der Urzeit.

Jene Erregung aber was ist sie? Erregung, Thätigkeit, Spiel der *Phantasie*.

Und was ist Phantasie?

Michaut, De l'imagination (Paris 1876); Cohen, Die dichterische Phantasie und der Mechanismus des Bewußtseins, Zeitschrift für Völkerpsychologie 6, 171–263; Steinthal ebd. 6, 301; J. B. Meyer, Das Wesen der Einbildungskraft, ebd. 10, 26–41. Vischer hat der Lehre von der Phantasie einen ganzen Band seiner ›Ästhetik‹, Theil 2, Abth. 2 gewidmet. Aber er hat Dichtung durchweg mit Speculation vermischt und geht nicht so empirisch-psychologisch vor, wie wir es brauchten, obgleich voll von hergehörigen und fördernden Bemerkungen.

Der ganze Proceß, der zur Schaffung poetischer Kunstwerke führt, von dem ersten Aufleuchten des poetischen Motivs bis zur letzten vollständigen Behandlung in Sprache und Rhythmus kann als ein Proceß der Phantasie bezeichnet werden. Aber darauf kommts uns hier nicht an, sondern wir wollen jetzt vor allem die elementare Fähigkeit unserer Seele erkennen, welche dabei in Thätigkeit ist – diejenige Fähigkeit, welche wir als die Kraft der Phantasie zu bezeichnen pflegen.

Es ist nun ganz klar, daß die Phantasie als solche Grundkraft mindestens in starker Verwandtschaft mit dem Gedächtniß steht; ja die Frage ist nothwendig, ob sie nicht überhaupt mit dem Gedächtniß zusammenfällt. Ich bin geneigt anzunehmen, Gedächtniß und Phantasie seien allerdings dasselbe: die Fähigkeit zur Reproduction alter Vorstellungen. Es fragt sich, ob jemals eine Vorstellung genau so reproducirt wird, wie sie ursprünglich in den Geist eintrat. Es giebt Psychologen, welche das läugnen und annehmen, daß jedesmal mit der Reproduction eine Veränderung verbunden sei. Wir brauchen die Frage hier nicht zu entscheiden; genug, die Reproduction ist mehr oder weniger genau: es giebt Grade der Genauigkeit und Ungenauigkeit im Gedächtniß. Sofern die Vorstellung ungenau ist, hat eine Umwandlung stattgefunden; diese Umwandlung alter Vorstellungen ist die Arbeit der Phantasie. Die Phantasie ist also die verwandelnde Reproduction. Für die Einen wäre demnach Phantasie und Gedächtniß gleich, für die Andern nicht ganz.

Ganz ähnlich steht es mit dem Zusammenhang, in welchem Vorstellungen reproducirt werden. So oft jene Umwandlung stattgefunden hat, tritt eine andere Einordnung ein; durch diese Einordnung werden neue Vorstellungen erweckt. Der Abbruch kann verschieden sein nach den möglichen Associationen, und durch die Associationen können verschiedene Combinationen in die Reproduction eintreten. Das ist die Arbeit der Phantasie.

»Sie ruft nicht ihre gaukelnden Bilder aus dem Nichts hervor, sie weckt nur die schlummernden aus dem Dunkel der Erinnerung: sei es, daß Erlebnisse vorschweben oder die Phantasiegebilde früherer Dichter. Die Production der Phantasie ist im Wesentlichen eine Reproduction« (Aufsätze über Goethe S. 128).

Die Phantasie ohne die Herrschaft des Willens, ohne die Richtung auf ein Ziel, das ihr der Wille verleiht, aber vielleicht unter dem Einfluß von körperlichen Stimmungen und von unbewußten Reizen, treibt ihr Wesen im *Traum*. Diese Wichtigkeit der Lehre vom Traum für die Erkenntniß der Phantasie betonte schon Jean Paul und dann besonders F.Th.Vischer. Schubert, Die Symbolik des Traumes (1814), unklar geschrieben, aber voll feiner Bemerkungen. K. A. Scherner, Das Leben des Traumes (Berlin 1861); Strümpell, Die Natur und Entstehung der Träume (Leipzig 1874); Volkelt, Die Traum-Phantasie (Stuttgart 1875), recensirt von Vischer, Altes und Neues 1, 187; J. Sully, Die Illusionen (Leipzig 1884). S. auch Jean Paul, Vorschule der Ästhetik und Vischer, Ästhetik 2, 2 § 390 (S. 330); Just. Kerner, Bilderbuch S. 242.

Vischer a.a.O. hat unterscheiden wollen zwischen productiven und reproductiven Träumen. Und letzteren versteht er bloße Erinnerungsbilder, die im Traum erscheinen; unter ersteren die unmittelbaren Einwirkungen von Sinnenreizen, die oft unter symbolischer Gestalt aufgenommen und in den Zusammenhang einer bestimmten Geschichte oder Situation gebracht werden. Solche erst im Schlafe sich herstellenden, durch die Lage bestimmten Sinnreizungen werden also von der Traumphantasie sofort aufgenommen und verarbeitet, oft in symbolischer Gestalt. Es scheint mir leicht nachzuweisen, daß die Sinnreizträume eigentlich auch nicht productiv sind; sie bringen nichts Neues, sondern der wirkende Reiz verbindet sich mit theilweise ähnlichen Vorstellungen aus der vorhandenen Vorstellungsmasse der Seele und geht von da aus weitere Verbindungen ein,

z. B. Störungen des Herzschlags und Blutumlaufs spiegeln sich in den Angst- und Verlegenheitsträumen. »Die Vorstellung des Fliegens ist ein Lungenreiz-Traum; das Ein und Aus des Athmens, die beiden Flügel der Lunge spiegeln sich sinnbildlich als Auf- und Niederschweben in der Luft mit den gedoppelten Bewegungsorganen« (Vischer). Doch bleibt es sehr fraglich, ob das die richtige Erklärung ist; hier ist schon eine Deutung des Forschers im Spiel. Nach Scherner soll der Körper als Haus erscheinen, wie er das in mythologischer Vorstellung auch thut (vgl. Wackernagel, Zs. f. d. Alt. 6, 297: Haus Kleid Leib). Aber noch fehlen sichere Beweise für die Symbolik des Traums. Und so ist überhaupt auf diesem Gebiet vieles zweifelhaft. Zwar die Einwirkung körperlicher Beängstigung ist recht erklärlich – mit denselben körperlichen Zuständen sind Vorstellungen der Verlegenheit und Angst associirt, und diese werden nun angeregt. Im Leben ruft wahrscheinlich umgekehrt die Angst die Beklemmung hervor, im Traum die Störung des Herzschlags die Angst: beides ist eben im Kapital unserer Vorstellungen associirt und diese Association wird reproducirt.

Aber wie hierbei der Schein der Productivität erzeugt wird, so auch im Vorstellungsleben des Wachens: wenn ein Eindruck an uns herantritt und sofort ganze Vorstellungsreihen ablaufen macht; wenn uns eine Gestalt begegnet und uns sofort nöthigt, uns zu ihr eine ganze Geschichte zu dichten; wenn andererseits eine Geschichte, die wir im Umriß erfahren, uns nöthigt, die Personen uns anschaulich vorzustellen, die darin spielen.

Das ungehinderte freie Spiel der Phantasie im Traum wird nun im wachen Dichten zusammengehalten und auf feste Ziele gelenkt. Der Vorgang des Schaffens kann sich aber blitzartig vollziehen, und so, daß wir nichts dazu zu thun scheinen. Ebenso kann aber auch durch zielbewußtes Wollen, also mühsamer, die Phantasie angeregt und herangezogen werden: wenn zwar ein bestimmter Verlauf im Ganzen vorschwebt, es aber darauf ankommt, ihn im Einzelnen als einen wirklichen anschaulich zu machen.

Zu dem, was die Phantasie gleichsam freiwillig thut, kommen die bestimmten Leistungen, die ihr ein zielbewußter Wille abverlangt.

So treten im Bewußtsein der dichterischen Production sehr häufig zwei Factoren auf. Man weiß, daß die Phantasie arbeiten muß, andererseits aber auch, daß mindestens eine Auswahl stattfinden muß. Schon im 17. Jahrhundert standen sich entgegen imagination und raison, und bei Boileau wurde der letztere Factor ausschließlich begünstigt, während die üppigen gehäuften Figuren und Tropen der imagination und ihren Excessen zugeschrieben wurden. Der Streit setzte sich bis Gottsched fort.

Die Wahrheit ist wohl, daß in der Regel bei Kunstwerken beides nöthig ist: die unbewußte Überfülle poetisch anmuthender Einfälle, und die bewußte Arbeit, der Geschmack, die vernünftige Herrschaft darüber, die sie zu Rath zu halten weiß.

Das erste Erfassen des Stoffs und das verschwenderisch reiche Aufquellen desselben, das ihn als einen fruchtbaren zeigt, ist zunächst das Werk der Phantasie. Wenn es dann gilt, auszuwählen, für die Darstellung zuzubereiten, dann tritt der ordnende Verstand in seine Rechte. Dieser Verstand ohne Phantasie führt zur Trockenheit und Nüchternheit, die Phantasie ohne den Verstand zur Unordnung und Überhäufung. Dort werden wir nicht angeregt, hier wird der Anregung zu viel und wir ermüden. Für den Beobachter aber bleibt immer die Frage: was ist thatsächlich, und was folgt aus den thatsächlichen Verhältnissen?

Die eigentliche Quelle also, aus der die Dichtkunst fließen muß und immer floß, ist die Phantasie.

Ihre Production, sahen wir, ist Reproduction; aber gerade bei großer Fähigkeit und lebhafter Wirkung der Phantasie eine nicht getreue, sondern möglichst variirende und variable Reproduction, so daß die einzelnen Vorstellungen gleichsam Durchschnittspuncte vieler sich kreuzender Fäden sind, deren jeder wieder Tausende von aneinander hängenden Vorstellungen aufregt.

Die Lebhaftigkeit der Phantasie besteht zunächst in der Leichtigkeit vielfacher Ideenassociation. Dem phantasievollen Menschen fallen bei jedem starken Eindruck und bei jeder Concentration auf eine einzelne Vorstellung unzählige andere Vorstellungen ein, die damit zusammenhängen. Ein Samen fällt: und es entsprießt sofort ein ganzes Blumenbeet, aus dem er die Wahl hat, zu pflücken was ihm beliebt. Das Blumenbeet liefert die Phantasie; bei der Auswahl des Pflückens muß der Verstand helfen.

Der Phantasie stehen nun aber für die Umwandlung der in der Erinnerung bewahrten Thatsachen verschiedene Methoden zu Gebote. Immer sind es Combinationen verschiedener Vorstellungen. Eine große Rolle spielen dabei die Größenvorstellungen. Vieles, worin man eine besondere Fruchtbarkeit der Phantasie zu erblicken pflegt, beruht nur auf Steigerung: große Zahlen, große Zeiträume, große Raumdimensionen, die man zu einer gegebenen Vorstellung hinzubringt, so daß die kleinen Verhältnisse multiplicirt werden. So z. B. Schillers Beschreibung der Charybdis im ›Taucher‹ nach dem Muster – eines Mühlbachs, dessen Sprudeln er einfach ins Große projicirt und mit homerischer Überlieferung combinirt.

Ein anderes Verfahren ist die Einführung von Negationen: z. B. das Unendliche, das Wüste, Meer, Ebene, moralische Leerheit, dumpfes Brüten, kurz was sich über weite Ausdehnung erstreckt, wird dargestellt durch Negationen; man citirt, was nicht vorhanden ist, aber vorhanden sein könnte.

Aber nicht bloß Reichthum und Mannigfaltigkeit sind charakteristisch für die große, lebhafte Phantasie, sondern auch die Deutlichkeit der einzelnen Vorstellungen und die rasche Bestimmtheit, in der sich das Bild verdeutlicht, sowie man darauf verweilt.

Nach beiden Seiten hin ist folgende Betrachtung wichtig:

Die Production der Phantasie ist Reproduction, sagten wir schon. Das Material sind die empfangenen Vorstellungen, welche direct oder indirect der Niederschlag der Natur, d. h. hier der Außenwelt, in den menschlichen Geist, in die Phantasie sind – und neben diesen empfangenen Vorstellungen die Fäden, die zwischen ihnen hin und her laufen und die Combinationen vermitteln.

Hier tritt also das Verhältniß zwischen Außenwelt und individueller Seele als bestimmend ein. Aber die Außenwelt hat ihren Zugang zum unendlichen Geiste durch die *Sinne*.

Und wie sich die Eindrücke der Sinne in der Seele treffen, so können sie sich auch unter einander verketten und einander gegenseitig reproduciren und zusammenhelfen, wo es gilt, einen Eindruck, an dem sie alle Theil haben, zu reproduciren.

Soll ich mir einen zornigen Mann vorstellen, so muß mir das innere Auge ihn bis ins Einzelne in Umriß, Gestalt, Farbe zeigen, und das innere Ohr muß mir seine Stimme vergegenwärtigen; und je deutlicher ich glaube seine Stimme zu vernehmen, desto besser für die Lebhaftigkeit der Vorstellungen, desto stärker meine Phantasie.

Aber wie sich hier die Sinne zusammenfinden, um ein bestimmtes Bild auszugestalten, so können auch allgemeine Analogien obwalten zwischen Tönen, Farben, Formen, Stimmungen – und diese aus dem Unbestimmten zu bestimmten Gebilden fortschreiten. Die Wirkung der Phantasie zeigt sich dann eben darin, daß die zuerst ganz allgemeinen Anregungen sich allmälig ins Einzelne verdichten.

Über diesen Punct besitzen wir merkwürdige Selbstbekenntnisse eines Dichters: von Otto Ludwig (Werke 1, S. XI), begleitet von

Betrachtungen G. Freytags, welche auch Erfahrungen beibringen, die er an sich gemacht hat, aber die Sache wohl nicht erschöpfen.

»Mein Verfahren ist dies: es geht eine Stimmung voraus, eine musikalische, die wird mir zur Farbe; dann sehe ich Gestalten, eine oder mehrere, in irgend einer Stellung und Gliederung für sich oder gegen einander, und dies wie ein Kupferstich auf Papier von jener Farbe, oder genauer ausgedrückt wie eine Marmorstatue oder plastische Gruppe, auf welche die Sonne durch einen Vorhang fällt, der jene Farbe hat. Diese Farbenerscheinung habe ich auch, wenn ich ein Dichtungswerk gelesen, das mich ergriffen hat; versetze ich mich in eine Stimmung, wie sie Goethes Gedichte geben, so habe ich ein gesättigt Goldgelb, ins Goldbraune spielend; wie Schillers, so habe ich ein strahlendes Carmoisin; bei Shakespeare ist jede Scene eine Nuance der besonderen Farbe, die das ganze Stück mir hat.«

Das ganze Bekenntniß ist sehr merkwürdig, auch wo etwa unwillkürlich die Absicht und Berechnung eintritt und wieder verwischt werden muß. Der zweite Theil seiner Bekenntnisse scheint mir weniger wichtig.

Ob nun diese Bekenntnisse allgemein giltig sind, weiß ich nicht zu sagen; Freytag z. B. scheint Ähnliches nicht empfunden zu haben.

Hätten wir doch mehr solche Selbstbekenntnisse von Dichtern!

Das, was etwa vorhanden, wäre sorgfältig zu sammeln.

Einiges hierher Gehörige findet sich bei Alfieri. Er wird durch Musik zum Dichten gestimmt (2, 5): »Mein Geist, mein Herz und mein Verstand werden durch nichts so heftig und unermeßlich angeregt als durch Töne überhaupt und insbesondere durch die Stimme der Altisten und Sängerinnen.« »Nichts weckt in mir mehr die mannigfaltigen und schrecklichen Leidenschaften (affetti), und fast alle meine Trauerspiele sind unter dem Anhören von Musik oder wenige Stunden nachher von mir concipirt« (ideate) 3, 3: Melancholische Anfälle kommen periodisch, meist im Frühling, vom April bis Ende Mai. Sein Geist hat gleichsam nach dem Barometer mehr oder weniger Productionskraft, je nachdem die Luft mehr oder minder schwer ist; bei den großen Winden, zur Zeit der Sonnenwende und Nachtgleiche vorzüglich, Unfähigkeit; des Abends unendlich weniger Scharfsinn als des Morgens; im kältesten Winter und heißesten Sommer weit mehr Phantasie, Enthusiasmus und Erfindungsgabe, als in den dazwischen liegenden Jahreszeiten. Er glaubt, daß diese metroide Beschaffenheit mehr oder weniger allen Menschen von zarten Nerven gemein sei.

6. Genie und Wahnsinn

Die künstlerische Anlage wird oft Genie, Genius genannt. Man unterscheidet auch Talent und Genie, was pervers, da es sich nur um verschiedene Grade handelt. Vgl. J. B. Meyer, Genie und Talent, Zeitschrift für Völkerpsychologie 11, 269–302. Das Wort »Genie« wurde im vorigen Jahrhundert durch die Franzosen aufgebracht; damals hatte es noch nicht genau die jetzige Bedeutung: es wurde als »specifische Anlage« genommen. Die Deutschen haben zwischen den Synonymen oft gewaltsam scharfe Grenzen gezogen, so auch hier.

Dieselbe Unterscheidung begegnet uns bei Schopenhauer. Über das Genie finden sich geistreiche und tiefsinnige Betrachtungen in seinem Werk ›Die Welt als Wille und Vorstellung‹ 1, 217f. 2, 429f. Aber im Wesentlichen ist es doch verfehlt. Schopenhauer, kann man sagen, setzt das Bild des Genies aus sich und Goethe zusammen, aus Goethe aber nur, so weit er zu Schopenhauer stimmt. Schopenhauer versteht unter Genie den höchsten Grad des Intellects, die anschauliche Betrachtung der Welt im Gegensatz zum Willen, die interesselose Betrachtung des Wesens der Dinge ganz ohne Antrieb des Egoismus. Dies ist allerdings Goethes höchste in Italien erreichte Stufe, auf der er ein Weiser nach Spinoza geworden war. Aber auch Goethe war zu anderen Zeiten ganz anders, und zu allen Zeiten ist bei ihm der Antrieb des Willens mächtig, der ihm Stoff zur Dichtung geben soll, und von einer Betrachtung, die im Gegensatz zum Willen, zum Eigenwillen des Herzens steht, ist bei ihm nie die Rede. Der Wille befruchtet bei ihm den Intellect. Schopenhauer geht insofern ganz in die Irre, als er nur Eine Erscheinungsform des Genies, allerdings die höchste, ins Auge faßt; aber auch hier ist er bei der Analyse noch nicht erschöpfend, sondern unvollständig und ungenau. Wie die Philosophen pflegen, nimmt er ein particulares Phänomen für das Ding an sich. Überhaupt ist er ganz zu widerlegen, wenn man sich mit meinen Betrachtungen über den Ursprung der Poesie durchdrungen hat. –

Wir haben uns vom Dichter und seinem inneren Leben ein anschauliches Bild zu machen gesucht, indem wir die schaffenden Kräfte ins Auge zu fassen suchten. Wir wollen nun fragen, ob wir etwas wissen können von den *körperlichen* Bedingungen künstlerischer Anlagen. Mit welchen körperlichen Beschaffenheiten pflegt jene Phantasie-Kraft verbunden zu sein, die wir als wesentlich und charakteristisch erkannten?

Eben diese Frage und der Versuch, sie zu beantworten, wird uns auf den im Titel angedeuteten Zusammenhang führen.

Schon viele Vorgänger haben sich damit beschäftigt und Zusammenhang des dichterischen Talents mit bestimmter körperlicher Beschaffenheit angenommen.

Die ersten Angaben sind sehr kindlich. Plato verlegt den Sitz des dichterischen Vermögens in die Leber; Aristoteles leitet das Genie aus einer besonderen Wärme der schwarzen Galle ab und behauptet, alle genialen Männer seien Melancholiker (Vischer 2, 2, S. 333).

Vischer selbst sagt: »So viel ist gewiß, daß die phantasievollen Naturen launisch, reizbar, Kinder der Stimmung sind, und man wird den nächsten physiologischen Grund immerhin in einer erregbaren Disposition der Organe suchen müssen, die auch die Verdauung besorgen; sie reizen zur Hypochondrie, sind schreckhaft und Alterationen pflegen ihrerseits schnell den Magen zu afficiren.« Vischer fügt gleich sehr richtig hinzu: »Schreckhaft sind sie allerdings, weil ihnen die Einbildungskraft rasch das Drohende verdoppelt ... die schnelle ganz unmittelbare Entzündbarkeit der Einbildung muß aber durch die besondere Stimmbarkeit des Nervenlebens vermittelt sein.«

Daß das Genie melancholisch sei, führt Schopenhauer näher aus und sucht es mit jenen seinen Grundgedanken zu vermitteln. Mit großem Recht zieht er stets Goethes ›Tasso‹ herbei – in der That die vollendetste, eingehendste, reichste Schilderung des Dichters, sofern er zur Melancholie, Hypochondrie neigt und eine hochgradige Reizbarkeit kundgiebt. Aber Schopenhauer, der fortwährend auf Goethe hindeutet, sollte sich doch auch klar gemacht haben, daß Goethe zwar zu gewissen Zeiten seinem Tasso geglichen haben mag, aber nur sehr annähernd, und daß Goethe selbst einen ganz anderen Typus des Dichters repräsentirt, durchaus nicht einen melancholischen und kranken, sondern einen gesunden, kräftigen, resoluten, der klar und mannhaft, keineswegs trüb und finster, in die Welt sieht und der zwar ergreifendes Unglück zu besingen und also auch wohl zu erleben wußte, aber noch mehr und noch schöner das Glück! Alle bisherigen Betrachtungen gehen nicht davon aus, was das Erste sein müßte, eine Scala sämmtlicher Dichtertypen zu entwerfen und dann erst eine Verallgemeinerung zu versuchen! Und dabei werden wir sofort auch cholerische, sanguinische und phlegmatische Temperamente aufweisen können. Vielleicht ist es möglich darzulegen, daß gewisse dichterische Wirkungen mit Melancholie verbunden sind: allerdings wird der Tragiker oft zur Melancholie geneigt sein, denn er heftete seinen Blick auf das Tragische nicht mit Vorliebe, wenn er nicht zum Düstern neigte. Ähnlich der lyrische Dichter des Liebesschmerzes – aber der Dichter der ›Römischen Elegien‹? Er ist doch kein Melancholiker; er zeichnet sich gerade dadurch aus, daß auch die Freude befruchtend in seine Seele fällt und die Phantasie anregt.

Dies ist also wohl eine einseitige Lehre: die körperlichen Voraussetzungen der Melancholie sind für das Genie nicht nöthig. Und vollends Schopenhauers eingehende körperliche Schilderung des Genies 2, 448f. ist ganz erträumt und aus den Fingern gesogen, soweit sie nicht allbekannte Dinge enthält, z. B. daß große intellectuelle oder künstlerische Begabung mit großem Umfang des Gehirns verbunden zu sein pflegt.

Eine andere Betrachtung aber verspricht mehr Aussicht und ist auch schon lang dem Aperçu nach gemacht (Maudsley, Die Zurechnungsfähigkeit der Geisteskranken, Internat. Bibl., Leipzig 1875, S. 46). Schon Horaz nennt die dichterische Begeisterung amabilis insania (»holder Wahnsinn« Wieland im ›Oberon‹). Aristoteles soll nach Seneca gesagt haben: nullum magnum ingenium sine mixtura dementiae fuit (kein Genie ohne Beimischung von Wahnsinn), vgl. Schopenhauer 1, 224f., J. Kerner, Bilderbuch S. 40f. Aber dies Aperçu, die Verwandtschaft von Genie und Wahnsinn, ist nicht exact ausgebeutet, wie Schopenhauer zeigt. Bastian, Der Mensch in der Geschichte 2, 529f. Moreau, La psychologie morbide (Paris 1859) übertreibt: »Genie ist eine Nervenkrankheit«; Maudsley dagegen sagt sehr gut, was sich ungefähr sagen läßt. H. Joly, Psychologie des grands hommes; Sully Prudhomme, L'Expression; Gabriel Séailles, Essai sur le génie dans l'art (Paris 1884).

Es scheint eine Verwandtschaft zu bestehen zwischen den körperlichen Dispositionen des Wahnsinns und seiner Verwandten (Epilepsie u. dgl.) und den körperlichen Dispositionen außerordentlicher Anlagen, der Genialität. Reiche Beispielsammlung bei Moreau, auch bei Maudsley. Hiernach darf man hoffen, daß die Untersuchung über den Irrsinn weiter führen werde. Aber auch hier muß man auf die Ausnahmefälle achten. Unzweifelhaft ist eine gesteigerte Reizbarkeit des Nervensystems und eine sehr lebhafte Phantasie vorhanden; bedeutende Naturen entladen selbst gelegentlich in extraordinären Geisteszuständen (Dichter wohl namentlich in Hallucinationen; bei Goethe ist wenigstens *ein* Fall sicher) oder dergleichen, oder es kommt etwa Epilepsie in ihrer Familie vor.

Maudsley sagt: »Originelle Anregungen, entschiedene Äußerungen des Talents oder gar des Genies gingen vielfach von Individuen aus, die aus Familien entstammten, worin eine gewisse Prädisposition zum Irrsinn vorkam.«

Hiernach darf man hoffen, daß die fortschreitende Erkenntniß der körperlichen Dispositionen, auf denen Irrsinn beruht, auch zu fortschreitender Erkenntniß der körperlichen Dispositionen, auf denen künstlerische Genialität beruht, führen werde.

Gesteigerte Erregbarkeit des Nervensystems wird ja unzweifelhaft dabei zu constatiren sein – und man kann so leicht verstehen, daß eine sehr lebhafte Phantasie, die eine einzelne Erscheinung lebhaft zu erfassen weiß, eine Vorstufe für die Hallucination ist.

Maudsley handelt über epileptische, ja wahnsinnige Zustände der Propheten; Mahommeds Entzückung sei ein epileptischer Zufall gewesen.

Wenn so wenigstens der Blick eröffnet ist auf eine Untersuchung nach der körperlichen Seite hin, durch welche Licht auf die körperliche Beschaffenheit des Dichters fallen kann, so möchte ich noch einen andern Zug herausheben, der die Urzeit und einfache Zustände charakterisirt und zugleich den Dichter nach der körperlichen Seite.

Unter den modernen Dichtern, welche tief eingewirkt haben, war Einer *blind*: Milton. Lessing wollte in der Fortsetzung des ›Laokoon‹ untersuchen, wie weit sich dies in seinen Bildern etwa spiegle. Unter unseren Vorfahren sangen Blinde vom hörnernen Siegfried. Die serbische Dichtung findet sich bis heute hauptsächlich im Gedächtniß blinder Greise aufbewahrt. Homer, Ossian werden für blind gehalten, offenbar auf Grund ähnlicher Thatsachen, daß blinde Greise bei Griechen, bei Celten die poetische Überlieferung bewahrten. J. Grimm, Über das Alter (Kl. Schr. 1, 200) sagt: »Da die Kraft des Gedächtnisses durch innere Sammlung, unter Abgang des zerstreuenden Augenlichts unglaublich steigt, so waren aufgeweckte Blinde vorzugsweise für den Gesang und das Hersagen der Volkslieder geeignet.« Dies ist gewiß ein Theil der richtigen Erklärung. Außerdem aber waren sie zu keiner Arbeit geeignet und lebten so doch nützlich, weil zur Freude ihrer Mitmenschen. Aber ob damit die Erklärung erschöpft ist? Ob nicht die Concentration und Sammlung an sich durch die Trennung von der Außenwelt gesteigert ist und dadurch die poetische Fähigkeit? S. oben 4. über das gesammelte Arbeiten. Treten keine neuen Gesichtseindrücke von außen ein, so fällt die Arbeit des *Verarbeitens* dieser zutretenden hinweg, und das innere Leben wirft sich auf ein immer vollständigeres Bearbeiten der schon vorhandenen aus der Zeit des Sehens, so daß sichere Herrschaft hierüber, verbunden insbesondere mit sicherer Herrschaft über den poetischen Ausdruck, erreicht wird. – Die Organisation der Vorstellungsmasse als poetischer Stoff und geformter Stoff kann immer weiter getrieben und zu großer Vollkommenheit gebracht werden, so daß productiven Dichtern die Fortpflanzung der Überlieferung mit gelegentlicher Improvisation, wo das Gedächtniß im Stich läßt, sehr erleichtert ist.

Von blind Gebornen kann natürlich nicht die Rede sein. Es handelt sich also um solche, welche die schöne Welt gesehen haben. Nun sehen sie sie nicht mehr, und das muß die Eindrücke, die sie einmal haben, immer mehr verstärken. Die Arbeit muß eine höchst interessante sein. Der Stoff wird immer wieder von neuem von allen Seiten betrachtet. Das wird mitwirken, die poetische Fähigkeit zu erhöhen. Die Reproduction aus der Erinnerung wirkt steigernd. Die blinden serbischen Dichter variiren auf diese Weise im Einzelnen bei fester Bewahrung des Ganzen. Der Sänger trägt vor, indem er gleichsam den Stoff noch einmal selbst producirt.

7. Verschiedenheiten der Dichter

Wenn wir zunächst in das allgemeine Wesen der Dichter einzudringen suchten, so müssen wir jetzt die principia individuationis zu ermitteln suchen. Doch ist das eine Erörterung, die nicht zu Ende zu bringen ist.

Einige sind schon von selbst im Vorigen gegeben, z. B. ob Dichter von starker Originalität aus sich oder aus der Natur, oder aber in minderer Originalität fast nur aus der Tradition schöpfen; ob Dichter mehr mit Phantasie oder mehr mit Urtheil und Geschmack oder mit starker Betheiligung beider Kräfte schaffen; ob sie ihr Werk fürs Gedächtniß oder auf Schrift einrichten. Im letzteren Fall kommt es darauf an, ob der Dichter dictirt oder nicht, und wieder ob er das thut, weil er selbst des Schreibens unkundig ist oder nicht. So hat das Dictiren auf Goethes Prosa gewirkt.

Weiterhin ergiebt sich der Unterschied, ob der Dichter Fachmann oder Dilettant ist; z. B. bei den Minnesängern eine wichtige Verschiedenheit. Dann das Verhältniß zur Sittlichkeit.

Fernerhin Verschiedenheiten körperlicher Beschaffenheit (blind oder sehend) oder des Temperaments (melancholisch oder sanguinisch oder cholerisch oder phlegmatisch).

Die Verschiedenheiten der Menschen überhaupt können den Dichter individualisiren und in dem eigenthümlichen Stil seiner Producte, d. h. in der Eigenthümlichkeit seiner Schriften, zur Erscheinung kommen. Hier treffen wir das Wort *Stil* in seiner ersten Bedeutung: der persönliche Stil eines Schriftstellers ist eben die Art, wie die Individualität in seinen Schriften zum Ausdruck kommt, überall, sogar in der Orthographie, z. B. beim jungen Goethe; ferner im Versmaß, im Satzbau, ja in der Lautform und dem Wortgebrauch, sofern ein bestimmtes Mischungsverhältniß zwischen Dialekt und Schriftsprache sich geltend macht − kurz die ganze individuelle Grammatik und Metrik kann hierher gezogen werden. Vollends die feineren, verborgenen Processe des Schaffens, das ganze dichterische Geschäft und dessen Verlauf vermögen dazu zu dienen. Schon auf dem Gebiet des Stils ist die Eintheilung unendlich. Es wäre aber dennoch ganz nützlich, allgemeine Schemata der Charakteristik zu entwerfen.

Ich nenne ein oberflächliches Buch, weil es für alle diese Fragen das einzige mir bekannte seiner Art ist: Deschanel, Physiologie des écrivains et des artistes (Paris 1864).

Sein Versuch eines Schemas ist in den Gesichtspuncten enthalten, die er als Kapitelüberschriften benutzt: le siècle; le climat; le sol; la race (le génie des nations! dichterisch begabe Völker! man könnte aber doch fragen: was ist an Goethe deutsch?); le sexe; l'âge; le tempérament; le caractère, la profession; l'hérédité physique et morale (Goethes Verschen über seine Familie: »was ist denn an dem ganzen Wicht Original zu nennen?«); la santé (Einfluß dauernder Krankheit oder auch Freiheit von diesen Einflüssen); le régime; les habitudes (Erregungsmittel der Dichter, z. B. Kaffee, Thee, Wein − schon von Hegelianern beobachtet −, Arbeitszeit der Dichter: Nacht, Morgenfrische u. s. w. Solche Mittheilungen sind meines Wissens zu einer Verallgemeinerung noch nicht geeignet, wenn es auch wohl möglich ist, daß man damit etwas anzufangen lernt).

Auf den Stand des Dichters pflegen wir seit lange namentlich in der deutschen Litteraturgeschichte zu achten; es ist ein sehr fruchtbarer Gesichtspunct, über den wir schon im 1. Kapitel eine Bemerkung gemacht haben: Geistliche, Ritter, Spielleute, Gelehrte u. s. w.

Wichtiger ist die Frage nach dem Bildungsgrade des Dichters: die

Vortheile und die Nachtheile, welche daraus fließen können. Brandes sagt von Goethe, er habe die gesammte Bildung und die Wissenschaft der Zeit beherrscht. Es giebt eine Gefahr zu hoher Bildung: der Dichter schreibt dann nur für Wenige, er kann leicht von dem allgemeinen Gedankeninhalt des Publicums abgeschnitten werden. Aber macht er von seinem Wissen richtigen Gebrauch, so kann es nicht zu viel Bildung geben. Wenn er die tiefsten Gedanken nur errathen läßt, so wirkt das gerade anziehend.

Es wird auch auf die Achtung gesehen werden müssen, in welcher die Dichter standen, was z. B. Koberstein in seinen sehr gründlichen, lehrreichen und wirklich aus philosophischem Geist entsprungenen Einleitungsabschnitten regelmäßig erörtert. In alten Zeiten stehen die epischen Sänger am Hofe des Königs als gleichberechtigt neben dem Gefolge; es wurde ihnen ein großer Platz eingeräumt, denn sie waren mit dem König und dem Volk intim. Daneben aber steht der verachtete Possenreißer. Dieser wird zum Spielmann, bleibt aber in der Verachtung, bis er im Laufe des 12. Jahrhunderts ein Gefühl bekommt, daß es doch elend sei ohne Heimath, und gleichzeitig mit seiner zunehmenden Neigung zur Seßhaftigkeit größere Neigung des Publicums und Gönner findet, die ihm ein festes Heim bereiten, so daß er gegen Ende des 13. Jahrhunderts fast wiederum eine ähnliche Stellung wie früher der Sänger in den Zeiten der Völkerwanderung einnimmt. Natürlich wirkt die verschiedene Achtung auf seine Haltung und Production. Auch im 18. Jahrhundert bemerkt man ein Aufsteigen der persönlichen Achtung des Dichters; die Sängerwürde ist durch Klopstock, der ein starkes Selbstgefühl als gottgeweihter Sänger besaß, ungemein gehoben worden. Dadurch wurde es möglich, daß ein Fürst einen jungen Mann, bloß weil er ein Dichter war, in seinen Dienst zog und so Carl August die große Zeit Weimars heraufführte.

Wünschenswerth wären typische Dichterbiographien, welche den biographischen Stoff generalisirten und dadurch vereinfachten: verwandte Lebensverhältnisse wären zusamenzustellen u. s. w.

Alles das sind fast selbstverständliche Dinge – und die Menschen sind überhaupt anders, wenn sie jung, als wenn sie alt sind; das ist also nichts Specifisches für den Dichter. Ferner ist es selbstverständlich, daß ein Dichter seinem Zeitalter den Tribut zahlen muß, daß sein Stil Antheil hat an dem Stile der Zeit und dadurch bestimmt wird. Und wie es sonst doch vorkommt, daß Menschen außerhalb der Zeit stehen, d. h. unter der Nachwirkung der abgelaufenen stehen oder als die ersten Menschen einer künftigen auftreten – so kommt es auch unter den Dichtern vor, daß sie nachhinken oder voraneilen, und es hängen daran oft tragische Lebensschicksale, wie bei Heinrich von Kleist.

Eine Eintheilung der Dichter, wenn sie überhaupt gelingen soll, müßte sich auf das specifische *dichterische Geschäft* gründen.

Eine solche versuchte Schiller mit jener Eintheilung in naive und sentimentalische Dichter, die sehr folgenreich war: sie wirkte weiter auf die Scheidung der Schlegels in antike und moderne, Vischers in classische und romantische Dichtung.

Aber Schillers Eintheilung ist noch niemals scharf kritisirt und doch der Kritik sehr ausgesetzt. Er schiebt dabei vieles zusammen, z. B. die Unterscheidung von Antik und Modern. Die antike Dichtung soll naiv sein; aber darf man die griechische Poesie als ein Ganzes ansehen? ist es erlaubt, sie bloß naiv zu nennen? Naiv ist die Dichtung der Naturvölker; aber das Athen des 5. Jahrhunderts vor Chr. lebt nicht im Naturzustand. Homer und Euripides gehören nicht in Eine Kategorie der Dichter. Und von Homer ist noch ein weiter Weg zu den Naturvölkern mit der wahrhaft naiven Poesie. Schiller geht immer noch aus von den Rousseauschen Urzuständen. Er glaubt noch an dieses Paradies der Natur, in welches die Segnungen, aber auch die Laster der Cultur noch gar nicht Eingang gefunden haben. Wir wissen heute ganz genau, daß die ersten Zustände der Menschen mehr den thierischen Zuständen nahe stehen. Schiller begeht, wie die meisten älteren ästhetischen Betrachtungen, den Fehler, die Scala der Abstufungen den von vornherein ins Auge gefaßten scharfen Contrasten gegenüber zu vernachlässigen. Er sucht den Gegensatz von Cultur und Natur scharf hervorzubringen und macht deshalb nicht genug Abtheilungen nach Zeitaltern und deren Geschmack, Bildungsgraden in ihren Abstufungen zwischen Natur und Cultur. Wenn diese Charakteristik Schillers ausläuft in die Contrastirung von Realismus und Idealismus, so fällt das nicht mit der Scheidung von Naiv und Sentimentalisch zusammen, sondern es ist ein sittlicher und ein Stilgegensatz zu gleicher Zeit. Den sittlichen Gegensatz haben wir schon berührt; insofern Schiller einen Stilgegensatz meint, werden wir darauf beim Kapitel »Innere Form« zurückkommen.

Schiller giebt ferner Beiträge zur Lehre von den Dichtungsarten: Elegie, Idylle, Satire. Endlich macht er aufmerksam auf den Unterschied von Objectivität und Subjectivität. Der objective Dichter verschwindet selbst hinter dem Stoff – Homer und Shakespeare werden darin verglichen; während andere Dichter uns ihre Persönlichkeit aufdrängen und dem Stoff eine bestimmte Färbung geben. Dieser Unterschied ist ja gewiß wichtig; es ist aber ein technischer Gesichtspunct für sich, der schon im Kapitel vom Stoff und den Stoffmischungen vorkommt. Die Eintheilung Schillers ist also, wie sie vorliegt, nicht direct brauchbar, sie müßte von vorn bis hinten nachgeprüft werden. Mit der Gesammtunterscheidung von Naiv und Sentimental können wir wenig anfangen, weil dabei Dinge vermischt werden, die nicht zusammengehören.

Eine andere Eintheilung gab Dilthey, Über die Einbildungskraft der Dichter, Zeitschrift für Völkerpsychologie, 10, 42ff. Wieder zwei Gruppen: 1. Dichter, die wie Goethe im allgemeinen in den eigenen Zuständen und Ideen leben und daraus den Stoff nehmen, also hauptsächlich aus der inneren Welt; 2. solche, die ihren Stoff vorzugsweise von außen empfangen, wie Shakespeare, Dickens. Sehr hübsch und fein ist dabei die Methode der gegenseitigen Beleuchtung benutzt; was wir von Dichtern genau wissen, sucht Dilthey auf Shakespeare anzuwenden. Sonst aber reducirt sich der Unterschied, den er hier ausführt, ebenfalls auf Unterschiede im »Stoff«. –

Als Resultat ergiebt sich also: es sind sehr mannigfaltige Eintheilungen der Dichter möglich – die Abstufungen sind einerseits so mannigfaltig wie die Charaktere der Individuen überhaupt, andererseits giebt die ganze Poetik in allen ihren Theilen Motive und Gesichtspuncte an die Hand für Verschiedenheiten, weil da ganz verschiedene Methoden möglich sind. Die Charakteristik eines Dichters zu entwerfen ist daher außerordentlich schwer. Aus all solchen Eigenthümlichkeiten, sofern sie in den Werken der Dichter sich ausprägen, setzt sich der persönliche Stil zusammen.

Eins aber gehört hierher, in den Zusammenhang dieses Kapitels, ein Unterschied in der Productionsweise der Dichter: ob ohne Rücksicht auf Publicum oder mit Rücksicht auf Publicum. Schon früher haben wir immer, beim Ursprung der Poesie, auf die innere Freude des Dichters und ihren Ausdruck hingewiesen, und andererseits auf das herbeigerufene, zur Theilnahme aufgeforderte Publicum.

Es ist aber die Frage, ob die erstere Art für uns überhaupt praktisch zur Perception kommt. Wenn ein Dichter sich einsam ausklagt, dann sind die Freuden und Schmerzen, in denen er schwelgt, sofern er sie bei sich behält, oder höchstens ohne den Gedanken an ein Publicum seinem Tagebuch anvertraut, überhaupt kaum Gegenstand der Untersuchung. Sie liegen nicht vor, treten nicht ans Licht; auch solche Tagebücher wohl nur in beschränktestem Maßstab. Wo sie aber vorhanden sind, werden sie leicht eintönig, unerschöpflich dasselbe wiederholend und zu demselben zurückkehrend, weil eben die Rücksicht auf das Publicum fehlt.

Denkt man sich eine herrliche, breite, Millionen von Versen füllende einsame Poesie, in der alles Einzelne schön, das Ganze ungenießbar erschiene, weil der Dichter immer in denselben Empfindungen, denselben Anschauungen schwelgt, so wäre doch diese Kritik nicht berechtigt, indem ein unerlaubter Maßstab angelegt und der Factor des Publicums, der bei der Entstehung gänzlich fehlte, hinterher hineingetragen würde.

Poesie, wie wir sie kennen und unserer Betrachtung unterwerfen, ist in der Regel Poesie fürs Publicum; oder sie wird dazu, sobald sie gedruckt wird, sollte auch der Verfasser nicht die Verantwortung dafür tragen.

Wiederum giebt es mancherlei Übergänge: Dichter, die ganz ausschließlich oder immer ans Publicum denken; die ein bestimmtes Publicum im Auge haben; die nur wenig oder gar nicht ans Publicum denken; die dem Leser schmeicheln u. s. w.

Nach alle dem ist auch die Lehre vom Publicum eine wichtige Lehre der Poetik.

IV. Das Publicum

Der Ausdruck »Publicum« ist erst im vorigen Jahrhundert von Berlin her eingeführt, vermuthlich nach dem französischen le public. Früher sagte man »die deutsche Welt« oder »Leserwelt« statt »das deutsche Publicum«.

Jetzt können wir den Ausdruck gar nicht mehr entbehren, als den einzigen, der Leser, Zuschauer, Zuhörer umfaßt – mithin eben den Kreis, für welchen der Dichter seine Producte berechnet.

1. Die Verschiedenheiten des Publicums

Die Verschiedenheiten des Publicums müssen nothwendig auf die Production einwirken. Die Verschiedenheiten sind wieder unzählig wie bei den Dichtern, aber nicht so individuell; der Autor hat in der Regel mit Massen zu rechnen. Darauf kommts eben an: die Art der Gliederung ist sehr wichtig. Sind alle Stände, alle Bildungsgrade vertreten, so muß ein Durchschnitt genommen werden. Weiß dies der Dichter nicht oder nimmt er nicht darauf Rücksicht, so wird eben ein Theil befriedigt werden, ein anderer nicht. Er muß sich mit gewissen Theilen des Publicums durch gewisse Abschlagszahlungen abfinden: er wirft der letzten Galerie ein Schaustück zu, damit sie einen Monolog vertrage, den sie nur halb versteht. So Richard Wagner, der dem Publicum die stärksten Zumuthungen macht. Eine Ausnahme bildet ein Liebhabertheater. Auch Stücke wie ›Iphigenie‹, ›Tasso‹ können die Künste ganz entbehren, die ein Dramatiker braucht, der für eine bestimmte Bühne wirken will. In anderer Art setzen z. B. auch die ›Römischen Elegien‹ einen engen Kreis voraus. Ein solches bestimmtes engeres Publicum, das der Dichter ausdrücklich im Auge hat, kommt ganz außerordentlich in Betracht. Ja es werden in einer großen Stadt die verschiedenen Theater mit ihrem conventionellen Geschmack berücksichtigt werden müssen; so in Wien und Paris. Ein Stück kann durchfallen, bloß weil es auf einem falschen Theater aufgeführt wird und also vor einem ungeeigneten Besucherkreise. Aber bei einem Lesepublicum liegt die Sache etwas anders als bei einem Schaupublicum.

Es ergiebt sich also die Nothwendigkeit, darauf zu achten, welche Nuancen des Publicums in der Litteraturgeschichte auftreten. Das Publicum arbeitet sehr stark mit. Es fragt sich, was es sich bieten läßt. Das Publicum von Athen, Florenz, Paris ist Bedingung für die betreffende Litteratur und verdient deshalb große Beachtung. Ohne die specifische weimarische Gesellschaft hätte Goethe nicht werden können, was er geworden ist. Blieb er in Frankfurt, dann mußte sich das ganze Niveau auf einer bestimmten Stufe halten, und die Höhe von ›Tasso‹ und ›Iphigenie‹ wäre nicht zu erreichen gewesen.

Bei den folgenden Erörterungen sehen wir von diesen Verschiedenheiten möglichst ab und setzen ein Durchschnittspublicum voraus.

2. Altes und Neues

Wie oft kann man dasselbe Gedicht hören? Jedenfalls mehrmals, ja wir haben sogar das Bedürfniß, was uns gefallen hat, wiederholt zu hören. Das plastische und malerische und architektonische Kunstwerk bleibt stehen, und so können wir lange davor verweilen, wenn es uns gefällt; aber das Gedicht geht vorüber, und wie in der Musik ist dauernder Genuß hier nur durch Wiederholung möglich: wir haben kein anderes Mittel den Genuß zu verlängern als das da capo.

Der moderne Tanz ist immer derselbe, fortwährende Wiederholung derselben Bewegung; anders nur bei den Franzosen. Man tanzt hier nicht fürs Publicum, sondern zum eigenen Vergnügen. Dagegen beim Ballet, wo für das Publicum getanzt wird, ertrüge man das nicht. Da haben wir eine schlagende Parallele für einsames Dichten und öffentliches Dichten.

Das Publicum verlangt eine Arie da capo aus Freude am Vortrag, es will dann dasselbe noch einmal hören; verlangt es dagegen ein Couplet noch einmal, so will es Variationen hören, neue Strophen, nicht die alten. Der Unterschied ist wohl der, daß beim Couplet ein wesentlich stoffliches Interesse, bei der Arie ein überwiegend formales herrscht. Bei der Arie will man sich die Theile nochmals vergegenwärtigen. Einen Witz verlangt man nicht zum zweiten Mal.

Aber man sieht dasselbe Stück doch wiederholt; man liest dasselbe Buch doch wiederholt.

Die Wiederholung ist ein Genuß anderer Art, außer wenn man vergessen hat. Aber, gutes Gedächtniß vorausgesetzt, tritt bei der zweiten Lectüre das stoffliche Interesse zurück gegenüber dem formalen: also nicht vorübereilende Spannung, sondern verwirklichter Genuß. Man will im Einzelnen sehen, wie es der Autor gemacht hat. Jedenfalls ist die Absicht, schon Bekanntes noch genauer, noch im Einzelnen, also überhaupt wieder zu genießen.

Wenn uns dagegen ein alter Stoff ohne neue Seiten, bloß unter neuem Titel vorkommt, so ist das eine Enttäuschung: getäuschte Erwartung!

Wenn vollends derselbe Gegenstand von einem neuen Autor behandelt wird, so erwartet man, daß er dem Gegenstand neue Seiten abgewinnt.

Es ist also sehr wichtig, daß Dinge richtig angekündigt werden. Ein Buch drängt sich uns nicht auf; wir müssen angelockt werden. Bei stofflichem Interesse gefällt nur das Neue; wird daher ein Buch als neu angekündigt, so liegt darin eine Verführung. So gehen die Ankündigungen im 16. Jahrhundert auf Actualität und dadurch auf Sensation: »Neues Lied«, »Neue Zeitung«.

Die Ankündigung ist in der Regel der Titel. Seine Wahl ist wichtig: das Publicum muß auf den richtigen Standpunct gestellt werden, damit keine Enttäuschung eintritt; z. B. ob es ein Lustspiel oder ein Trauerspiel zu erwarten hat. So fiel Grillparzers »Weh dem der lügt« durch, weil es als »Lustspiel« angekündigt war.

3. Die genießenden Seelenkräfte

Es ist hier ganz Analoges zu sagen wie über die schaffenden Seelenkräfte der Dichter.

Eine Erregung wird auch dem Publicum mitgetheilt. In Bewegung gesetzt wird einerseits die Phantasie, andererseits der Geschmack, d. h. das Urtheil, welches bestimmte Maßstäbe anlegt und daher immer ein tüchtiges Verstandeselement voraussetzt – oft nicht unmittelbar wirkend, aber hinterher.

Mit beiden Elementen muß beim Publicum gerechnet werden.

Ferner gelten Otto Ludwigs Bekenntnisse auch für ein fortgeschrittenes Publicum. So ist auch Mitleidenschaft der übrigen Sinne möglich bei Reception, wie das Ludwig ja von sich selbst aussagt: Farbeneindrücke, die er von Gedichten Anderer empfing. Dann handelt es sich dabei eben nur um einen geringeren Grad, als bei der Production. Genossen kann nur werden, was man allenfalls auch hätte produciren können: »Jede Lehre geht nur deswegen ein ins Gemüth, weil sie auch darin häte entstehen können« sagt ein Romantiker.

Aber diese Dinge sind im Grunde secundär. Es handelt sich noch um elementarere Erscheinungen, um die Arten des Gefallens und Fesselns. Der Dichter muß die Aufmerksamkeit zu gewinnen wissen, die Phantasie zu locken, dem Geschmack zu genügen verstehen. Hier sollten die elementarsten und allgemeinsten Functionen besprochen werden...

Sind auch die genießenden Seelenkräfte wohl im Ganzen dieselben wie die schaffenden, so macht es doch für die Wirkung aufs Publicum einen großen Unterschied, ob stark gerechnet wird auf Einbildungs- und Vorstellungskraft des Publicums, wie in der Erzählung, oder ob alles handgreiflich sichtbar vorgestellt wird, wie im Drama. Im Epos bekommt der Zuhörer nur Worte und muß die Handlung wirklich mit der Phantasie nachschaffen; im Drama braucht er keine selbständige Phantasie. Im Drama ist also der Genuß leichter, wenn nur die Handlung fesselt; es wird weniger Selbstthätigkeit verlangt. Daher hier stärkere Wirkung, aber eben deshalb größere Ansprüche des Publicums an ein unaufhaltsames Vorwärts, an fortwährende Abwechslung: es hat mehr Zeit, alles zu beachten. Arbeitet es andererseits am Epos mit, so ist dafür auch sein Antheil an der Erzählung um so stärker.

11. Aufmerksamkeit und Spannung

Spannung, kann man sagen, ist der höchste Grad der Aufmerksamkeit, sie besteht in der Ungeduld, welche fragt: wie gehts weiter? Gewiß ist dann keine Gefahr, daß der Leser das Buch wegwirft, der Zuhörer davonläuft. Freilich der fein gebildete Sinn kann durch eine rohe Art zu spannen abgeschreckt werden, weil er, gewohnt auf die Mittel zu achten, eine abgebrauchte Technik sieht und darauf nicht hereinfällt, sondern sich ärgert, daß man ihm zutraut, er werde hereinfallen. Aber für die Masse ist Spannung leicht zu bewirken: ein Wunsch wird im Leser erregt und es wird zweifelhaft, ob sich der Wunsch erfüllt. Es muß für eine Person Antheil erweckt werden; nun kommt ein Held in Lebensgefahr; der Leser wird den Wunsch haben, daß der famose Kerl sich auch famos durchschlage. Da wird nun durch Hindernisse Spannung erregt: der Spielmann im ›Salomon und Morold‹ macht an solchen Stellen eine Pause. Oder der Autor hat das Interesse für ein Liebespaar erweckt; dem stellen sich Hindernisse in den Weg; es ist zweifelhaft, ob sie sie überwinden werden.

Aber diese Spannung, dieser höhere Grad der Aufmerksamkeit ist leichter zu erzielen als die edlere stille Aufmerksamkeit, das Gefesseltsein, welches doch nicht durch drastische Mittel bewirkt ist.

Es wäre wünschenswerth, die Erfahrungen, welche hierüber vorliegen, aus der Natur der menschlichen Aufmerksamkeit, wie sie die Psychologie darlegen müßte, abzuleiten. Aber vielleicht wird umgekehrt die Psychologie aus unseren Erfahrungen Nutzen ziehen:

A. Die Dauer des poetischen Products und die Aufmerksamkeit des Publicums stehen in umgekehrtem Verhältniß.

Freilich spielen gleich die Verschiedenheiten des Publicums mit herein, und die Eigenthümlichkeiten des Dichters. Es giebt Autoren, die dem Publicum viel zumuthen, z. B. Richard Wagner: er läßt ungewöhnlich lange Reden halten, aber er rechnet auch gleich mit Abschlagszahlungen. Das Publicum ist in verschiedenen Zeiten auch hierin verschieden. Das Publicum des 17. Jahrhunderts fühlte sich durch die romans de longue haleine, durch die langathmigen Romane der Buchholz, Lohenstein, Anton Ulrich von Braunschweig gefesselt. Auch Gutzkow setzte es noch durch, daß seine neunbändigen Romane gelesen wurden. Jetzt geht man über das Mittelmaß von drei Bänden nicht leicht hinaus. So überall zu verschiedenen Zeiten verschiedene Erfahrungen: das Mittelmaß des epischen Gedichts variirt augenscheinlich. Es fragt sich, wie lang eine Predigt, ein Vortrag sein darf? der Abschnitt, den das Publicum in einer Sitzung verträgt? Ein Vortrag darf in der Regel nicht über eine Stunde dauern. Ist das Publicum geduldig oder ungeduldig? Natürlich ist auch hier ein Unterschied zwischen Lesen und Hören: zur Lectüre kann man zurückkehren, das Hören muß auf Einem Sitz geschehen. – Die Länge des Dramas – man kann keine Dauer angeben, die eingehalten werden muß. Auch die Actschlüsse, die Pausen also haben ihre feste Tradition. Auch hier bestehen zeitliche und nationale Verschiedenheiten, verschiedene Länge des Dramas in Deutschland und in Frankreich; die Franzosen sind geduldiger, ihr Theaterabend ist länger als ein deutscher.

Ein poetisches Product wird um so sicherer wirken, je kürzer es ist. Das allerkürzeste, ein schlagendes Wort, »geflügeltes Wort«, thut verhältnißmäßig die allergrößte Wirkung. So das Sprichwort – es wird fast so allgemein wie die Sprache, d. h. es hat in den weitesten Kreisen und für die fernsten Zeiten die Aufmerksamkeit gefesselt.

In den verhältnißmäßig engen Schranken der lyrischen Poesie, besonders der ältesten, einstrophigen, ist Verschiedenes möglich, was bei weiterer Ausdehnung sofort unmöglich wird; das zeigen z. B. die Leiche des 12. Jahrhunderts. Wie vielerlei Stoff müssen die langen Minneleiche fortschleppen, während die Lieder in ihrer Kürze eine gewisse Eintönigkeit vertragen!

Also für längere Producte ist ganz wesentlich
B. Die Abwechslung.

Hier kommt das Motiv von 2. in Betracht: das Neue. Das Neue reizt zunächst die Aufmerksamkeit; am Alten erlahmt sie, wenn es nicht ganz besondere Form als Vorzüge einsetzt. Wir verstehen unter Abwechslung die Eigenschaft, durch welche wir am Einzelnen nicht zu lange festgehalten werden, sondern rasch zu Neuem übergehen. Wir können sie auch Reichthum nennen. Der Reichthum eines poetischen Products setzt ein Vielerlei in Stoff und Form voraus. Gegensatz ist die Armuth: die Eintönigkeit. Der Stoff muß sich reich entfalten, um zu fesseln. Freilich ist auch hier wieder zu fragen: wie weit verträgt man die Eintönigkeit? Das wird von formalen Vorzügen abhängen, denn formelle Gewandtheit kann über die Eintönigkeit täuschen.

Ein recht eclatantes Beispiel bietet eine Sammlung von Liebesgedichten! Jedes einzelne kann sehr schön sein; alle hinter einander verträgt man sie nicht. Eine Sammlung von Gedichten ist wider die

Wahrheit, das einzelne Gedicht ist für sich geschaffen. Eine solche Sammlung ist nur ein Nothbehelf, damit nichts verloren geht, an sich aber etwas Unnatürliches; jedes Gedicht schadet seinem Nachbar, so daß die Eindrücke sich gegenseitig stören und verdunkeln. Man müßte denn nach jedem Gedicht eine Pause machen, welche genügt, um das Gedicht vor dieser Schädigung zu schützen.

Wenn aber Eintönigkeit gefährlich ist, weil die Aufmerksamkeit erlahmt, so zerstreut allzu große Buntheit. Ein bloßes Vielerlei ermüdet so gut wie ein bloßes Einerlei, und die Abwechslung allein thut es nicht, sie muß mit Einheit und Folge verbunden sein.

C. Einheit und Folge.

Als »Folge« ist die innere nothwendige Verkettung des Abwechselnden gemeint, oder die Annäherung an eine solche Verkettung. Man denke an die Noth, die es Goethe machte, seine zerstreuten Gedichte zu sammeln. Wie der Gedanke einer Sammlung, das bloße Zusammensein verschiedener Producte ihn ärgerte, ihm mit Recht als etwas Widriges erschien. Er hat Abtheilungen nach Form und Stimmung gemacht; er hat durch gewisse Gruppen einen epischen Faden durchgeleitet, besonders für die Liebesgedichte, als ob der Dichter wie Wilhelm Meister durch verschiedene Liebesverhältnisse hindurchginge; er hat Analoges zusammengeordnet, damit sich Gruppen und Massen bildeten – kurz er hat »Einheit und Folge« hineingebracht. Wie nothwendig vollends ist die Folge für Werke, die sich als etwas Einheitliches ankündigen! Da würde zu der Ermüdung des bloßen Vielerlei noch die getäuschte Erwartung kommen. Man denke an Ottiliens Tagebuch in den ›Wahlverwandtschaften‹! Es ist die Meinung des Dichters, daß man für die Individualität genügend interessirt sei, um uns hier zumuthen zu dürfen, was wir aus persönlichem Antheil gern thun: geliebten Personen ins Innerste zu schauen und in allen ihren Äußerungen den Stempel der Individualität zu erblicken. Trotzdem ermüdet man leicht!

Wir haben hier in B. und C. nur auf unsere Weise ein altes Princip adoptirt: die Einheit in der Mannigfaltigkeit oder, wie Fechner (Vorschule 1, 53 f.) sagt, die einheitliche Verknüpfung des Mannigfaltigen. Diese entspringt für mich also aus dem Publicum, während sie bei Andern anders hergeleitet wird.

Fechner stellt noch mehrere Principien von ähnlicher Allgemeingiltigkeit auf (nur daß wir unsererseits immer ihre Relativität und die Grade betonen müssen), die sich alle aus der Natur des Publicums erklären, z. Th. sich auf die Natur der Aufmerksamkeit beziehen, z. Th. auf die Bedingungen des Vergnügens, von denen schon beim Ursprung der Poesie die Rede war. Doch legt er diese verwandten Principien besser und klarer als ein Andrer dar.

Zunächst das »Princip der Widerspruchslosigkeit« (Fechner S. 80) folgt schon aus Einheit und Zusammenstimmung. »Wahrheit« ist von Fechner (S. 84) oberflächlich behandelt: Engel sollen uns gefallen, weil Flügel symbolisch Boten Gottes andeuten. Nein! das ist mythologisch. Wahrheit, nicht bloß in sich, sondern bei Vergleichung des nachgebildeten Gegenstandes, ist allerdings zuweilen, d. h. in gewissen Zeiten und vor einem gewissen Publicum, Bedingung des Gefallens. »Daz ist wâr« sagt der Erzähler des Mittelalters bei den unglaublichsten Dingen; er rechnet also auf ein wundergläubiges Publicum. (Vgl. unter 5.)

Dann das »Princip der Klarheit« (S. 84). Ich würde sagen: Klarheit und Verständlichkeit, welchem Princip ich einen großen Platz einräume. Unklarheit, Unverständlichkeit verdirbt den Zusammenhang, ist eine Trübung für Einheit und Folge, die Aufmerksamkeit sinkt. Höchstens kann als ein Übergang etwas schwerer Verständliches gestattet sein, wenn die Trübung nachher beseitigt wird.

Auf die Aufmerksamkeit bezieht sich auch Alles, was die Leichtigkeit der Auffassung befördert, entschiedene Eindrücke, starke Eindrücke giebt. Dies »Princip der Leichtigkeit« ist mit dem der Klarheit und Verständlichkeit nahe verwandt. Hierüber sind Erfahrungen vorhanden, so an der Sprache: erfahrungsmäßig werden Bewegungen in der Sprache leichter aufgefaßt als Ruhe; ein Nacheinander leichter als ein Nebeneinander; Verba besser als Substantiva; Situationen, die sich dramatisch concentriren lassen, besser als aufgelöstere Zustände u.s.w. Hierüber handelt auch Lessing im ›Laokoon‹; vgl. Kap. 5 »Äußere Form«.

Endlich verstärkt Alles die Aufmerksamkeit, was das Vergnügen befördert – aber nicht umgekehrt: eine ungeschickte Häufung des Gefallenden kann zur Ermüdung führen.

Wir nehmen also heraus als Bedingung des Gefallens, des Interesses des Publicums (nicht bloß seiner Aufmerksamkeit – es kann mit Aufmerksamkeit hören und dann sich doch ärgern, weil herauskommt, daß man ihm was aufgebunden hat): die Wahrheit.

5. Die Bedingungen des Gefallens

A. Die Wahrheit und Wahrscheinlichkeit

Wir fanden die Ansicht des Aristoteles über den Ursprung der Poesie in allerdings beschränkter Giltigkeit, d. h. bei der Freude an der Poesie wirkt die Freude an der gelungenen Nachahmung mit; deshalb ist kein Widerspruch zwischen dem Dargestellten und der Erfahrung des Publicums erlaubt. Ferner stammt die Poesie aus denselben Wurzeln wie die Wissenschaft, und deshalb muß sie natürlich wahr sein.

Also: vergleicht man die Poesie mit bekannten Dingen, so verlangt man Wahrscheinlichkeit, das Vorgestellte soll sich in den Rahmen der bekannten Dinge einreihen lassen. Soweit man sie dagegen als Verkündigung ansieht, will man Wahrheit, d. h. sachgemäße Belehrung.

Über das nähere Verhältniß zwischen Original und Nachbildung s. Kap. 4 »Innere Form«.

Vgl. auch für das Verhältniß von Poesie und Wissenschaft Kap. 3 (S. 139). Die Poesie kann bei der Erscheinung stehen bleiben und die geheimnißvollen Gründe der Dinge im Dunkel lassen, während die Wissenschaft verpflichtet ist, diese Gründe soweit sie es kann zu enthüllen.

B. Die ästhetische Schwelle

Der Begriff stammt von Fechner, Vorschule 1, 49f. Es handelt sich um den Grad der Empfänglichkeit des Publicums. Wer vom tiefsten Schmerz bewegt ist, wird nicht im Stande sein über eine lustige Geschichte zu lachen. Wer in erregter Heiterkeit ist, wird sich nicht für Tragisches interessiren. Das Interesse für den poetischen Gegenstand muß erst über die ästhetische Schwelle kommen, vorbereitete Stimmung treffen. Deshalb ist die Ankündigung des Gegenstandes nothwendig, besonders für das Theater: man will ein Lustspiel nur besuchen, wenn man sich im allgemeinen zum Lachen aufgelegt fühlt. Aber darum ist auch das Theater günstig: es setzt eine gewisse Bereitwilligkeit voraus, und es bereitet die Stimmung selbst von vornherein vor; das Local isolirt die Aufmerksamkeit u. s. w.

Daß durch einen poetischen Gegenstand die Schwelle überschritten werde, die Schwelle der Aufmerksamkeit und des Gefallens, ist besonders für den Anfang wichtig. Daraus ergeben sich Folgerungen für die Disposition: der Anfang ist besonders wichtig. Die Exposition ist eigentlich außerhalb der Bühne noch wichtiger als im Theater, wo eben die Stimmung schon vorbereitet ist. Dagegen ein lyrisches Gedicht muß gleich mitten in die Sache führen; ähnlich ists bei Reden. Wenn es zu lange mit der Exposition dauert, so wird das Publicum müde. Als Einleitung ist höchstens ein Aufrütteln des Publicums gestattet. Abraham a Sta. Clara verstand sich voll darauf, wenn er begann: »Allerlei Nasen! allerlei Nasen!«

Dramatische, epische Eingänge müssen erfahrungsmäßig stark wirkende Elemente bringen, z. B. Sprichwörter, geflügelte Worte. Für das Epos ist es eine gute Exposition, wenn die ersten Worte jemand in den Mund gelegt werden. So macht es ein gewandter Autor, der sein Publicum wohl kannte, der Verfasser der ›Asiatischen Banise‹, indem er mit einem fürchterlichen Fluch eröffnet.

Vgl. Kap. 5, III »Composition«.

C. Die ästhetischen Hilfen

Fechner 1, 50f. Inhalt und Form z. B. wirken in der Poesie als Hilfen, d. h. sie unterstützen sich gegenseitig, und die Summe beider wird bei ihrem Zusammenwirken weit übertroffen. Fechner exemplificirt folgendermaßen: Hören wir ein Gedicht in fremder Sprache, die wir nicht verstehen, so kann es durch Klang und Rhythmus wohlgefällig wirken; aber wie viel mehr, wenn man den Inhalt versteht! Ein Gedicht in Prosa dagegen, ohne Versmaß, Rhythmus, Reim, wie wenig wirkt es! Man braucht nur einmal Goethes ›Füllest wieder Busch und Thal‹ im Originaltext mit Düntzers Prosaauflösung zu vergleichen.

Das Zusammenwirken solcher sich unterstützender Elemente des Gefallens erleichtert das Übersteigen der ästhetischen Schwelle; jedes für sich allein wäre vielleicht zu schwach, doch im Zusammenwirken werden sie stark, und die Steigerung, die so entsteht, ist sogar unverhältnißmäßig groß. Denn Rhythmus und Reim für sich ist ein mäßiges Vergnügen; Prosainhalt eines Gedichts gleichfalls (hierüber Manches in meinen ›Anfängen des Minnesangs‹, Deutsche Studien II. 1874).

D. Die Associationen

Fechner 1, 86f. gründet auf den Unterschied zwischen directen und associirten Eindrücken das »ästhetische Associationsprincip«. Seine Erörterungen umfassen die einfachste und sicherste Sache von der Welt, und dennoch wurde dies anfangs als paradox bestaunt und angezweifelt. Es hängt so zu sagen die halbe Ästhetik daran, sagt Fechner. In der That ist unzweifelhaft: wenn wir uns an der lebendigen Orange freuen, so geschieht das nicht bloß an dem, was wir sehen und fühlen und riechen, sondern es geschieht auch, weil wir an das denken, was wir sonst davon wissen: Geschmack, Baum, Landschaft, Italien.»Wenn ich Pfefferkuchen esse, so esse ich Weihnachten«, sagte Bogumil Goltz.

Fechners Erläuterungen des Princips beziehen sich alle auf bildende Kunst, Landschaft, kurz auf Sichtbares, wie denn die Ästhetiker meist von diesem oder von Natureingängen ausgehen. Von der Poesie redet er fast gar nicht; aber auch für sie ist das Princip selbstverständlich, schon aus der Natur der *Sprache*.

Da ist zunächst das Wort. Wohl besteht die Gewalt desselben in den Vorstellungen, die mit ihm associirt sind. Aber immerhin hat das Princip auch hier seine weitere Geltung: es sind auch hier directe und associirte Vorstellungen zu scheiden. Das Wort hat zunächst eine Fläche, mit der es auf uns wirkt; es hat aber auch eine Tiefe. Zuerst wirkt der nackte Begriff, jene Vorstellungen also, die mit dem Wort selbst associirt sind; dann aber auch Vorstellungen, welche sofort und weiterhin daran hängen: Etymologie, Gelegenheit und Zusammenhang früher vernommenen Gebrauchs und solche Vorstellungen, welche in weiterem Abstand mitklingen. Der Klang des Worts hat gleichsam seine Obertöne.

Die Kunst des Dichters besteht daher häufig darin, ein Wort so in uns erklingen zu lassen, daß eine ganze Welt in dem schlichten Wort lebendig wird: so versteht Klopstock das Wort wirken zu lassen. Hiervon aber muß im Kapitel der äußern Form die Rede sein.

Indessen es handelt sich hier nicht bloß um das Wort. Gerade hier ist die Lehre vom *Publicum* zu beachten: die besondere Resonanz, welche bestimmte Vorstellungen (durch das Wort geweckt) in der Seele des Menschen haben können durch besondere Zusammensetzung des Publicums, durch den Ort, den Moment – mit einem Wort die begleitenden Umstände. Es tritt eben eine Anwendung des Princips der ästhetischen Hilfen ein.

Ein Kirchenlied klingt anders als Chorgesang in der Kirche, denn im Concertsaal oder vollends bei einsamer Lectüre. Überhaupt gilt hier das Hilfsprincip: auch das Zusammenwirken von Text und Musik macht einen ganz anderen Eindruck als der bloße Text. Ein Kriegslied, welches Todbereitschaft der fürs Vaterland verbundenen

Herzen ausdrückt, ergreift diejenigen anders, die es in der Schlacht singen, als die, welche es bei der Heimkehr singen. Die ›Wacht am Rhein‹ blieb unbeachtet bis 1870 – und seitdem, wenn das Lied gesungen wird, wirkt es gar nicht durch directe Schönheit, sondern durch Erinnerung an jene große Zeit.

So kommt also zum directen Eindruck ein associirter.

Gustav Freytags ›Soll und Haben‹ hat unter Kaufleuten noch mehr gewirkt als unter anderem Publicum; die ›Verlorene Handschrift‹ unter Gelehrten noch mehr, weil eine besondere Resonanz hinzukam.

Meine Erfahrung mit Reisebeschreibungen bestätigt dies. Ich lese italienische Reiseschilderungen gern, seit ich dort gewesen; ein erlebter Eindruck tritt als Association hinzu.

Studentenlieder, von Studenten gesungen, haben in den Gemüthern der Singenden eine stärkere Resonanz, als wenn Andere sie vortragen.

Darauf beruht es, daß so oft Dinge, die in bestimmten Kreisen gefallen, nicht in andere verpflanzbar sind. Man meint z. B., daß die österreichischen, d. h. der österreichischen Geschichte entlehnten Dramen Grillparzers im übrigen Deutschland keine hinreichende Resonanz finden würden. Ja der begründete Ruf des Dichters, der Eindruck der persönlichen Verehrung ist ein associirtes Element: ›Weh dem der lügt‹ ward erst nach Grillparzers Tod gut aufgenommen, weil man eine alte Schuld abtragen wollte.

Richard Wagners Sache wurde als deutsche Sache propagirt und ernsthaft anerkannt von Kritikern, die Gegner seiner Poesie und seiner Musik waren.

So ist »national« jetzt überhaupt ein Element, auf dessen Resonanz viel gerechnet wird. »Deutsch« im Titel der Bücher seit 1870 ist zahlreicher. Und sogar ganz verwerfliche Bestrebungen, Ausflüsse vielleicht des gemeinen Neides und niedriger Demagogie, suchen sich ein patriotisches Mäntelchen umzuhängen, um durch dessen Glanz neue Anhänger zu verführen. Man sucht, in Gemäßheit des Princips der ästhetischen Hilfe, eine hohe Vorstellung als associirten Reiz oder associirte Lustquelle zu gewinnen.

Eine günstige Resonanz bildet auch das Gefühl: das ist unser Landsmann! besonders in noch wenig entwickelten, zurückgebliebenen Litteraturen. –

Wir hätten damit Kap. 2 beendet. Von nun an ist Abkürzung nöthig.

Über die folgenden Kapitel werfen wir zunächst einen *Vorblick*.
Kap. 3. Die Stoffe.
Kap. 4. Innere Form.
Kap. 5. Äußere Form.
Zum 5. Kapitel will ich die Lehre von den Dichtungsarten ziehen.

Im Ganzen entspricht diese Eintheilung den alten rhetorischen Lehren, diese aber erweisen sich als unvollständig, als auf einer nicht genug eindringenden Analyse beruhend. *Inventio* bedeutet hauptsächlich Topik, Fundstellen, Fundörter – davon ist nach eingeführter Weise im 3. Kap. zu handeln. *Dispositio,* Anordnung, kann als Theil der inneren Form angesehen werden, wenn nicht schon als Theil der äußeren – insofern der Plan möglichst fertig sein muß oder fertig sein sollte, wenn die *elocutio* beginnt. *Elocutio,* »äußere Form«, umfaßt dann bei der Poetik sowohl Sprache als Metrik.

Aber es wird sich vielleicht empfehlen, die Anordnung zur äußeren Form zu rechnen, weil sie doch direct zur Perception kommen muß, während innere Form nur ein unsichtbarer Quell ist, aus dem die äußere Form fließt.

Mithin fehlt die innere Form ganz in der Theorie der Alten, also unser Kap. 4. Was ist innere Form? Die specifische Auffassung des Gegenstandes durch den Dichter. Andeutungen finden sich indessen bei den Alten: Aristoteles theilt ja die Dichtung in φαῦλον und σπουδαῖον. Zum Theil kann allerdings derselbe Gegenstand ernst und komisch behandelt werden, und insofern gehört dies zur inneren Form; aber im Ganzen zur Stoffwahl.

Drittes Kapitel: Die Stoffe

Ich weiß nicht, ob es mir gelungen, dieses Kapitel so zu vereinfachen, wie es möglich, d. h. ob durch den Gang der Darstellung hinlänglich dafür gesorgt ist, daß nichts öfter als durchaus nothwendig zur Sprache kommt. Aber Hauptsache ist, daß nichts vergessen werde. Und zu diesem Behuf, mit dieser Rücksicht ist das folgende Schema eingerichtet:

I. Die drei Welten.
II. Allgemeine Motivenlehre.
III. Die Figuren der Verwicklung.
IV. Die Klassen der Wirkungen.

I. Die drei Welten

Ich schließe mich hier der Terminologie Schillers und Goethes an in dem Aufsatz über epische und dramatische Dichtung, worin Goethe die Resultate ihres Gedankenaustausches zusammenfaßt (Kunst und Alterthum 6, 1, 1–7; Briefwechsel zwischen Schiller und Goethe, 1, 408; Hempel 29, 223) – höchst aufschlußreich und anregend.

Diese drei Welten sind die Stoffgebiete. Ich nenne sie einfach: die äußere Welt; die innere Welt; die dritte Welt. Goethes Terminologie ist etwas anders:

1. Die äußere; Goethe sagt: »die physische, und zwar erstlich die nächste, wozu die dargestellten Personen gehören und die sie umgiebt; ... zweitens die entferntere Welt, wozu ich die ganze Natur rechne«;

2. Die innere; Goethe sagt: »die sittliche«;

3. Die dritte Welt; Goethe sagt: »die Welt der Phantasien, Ahnungen, Erscheinungen, Zufälle und Schicksale.« Das ganze Gebiet religiöser Anschauungen ist hierher gehörig. Es versteht sich, daß diese Welt an die sinnliche, d. h. äußere herangebracht werden muß, »wobei denn für die Modernen eine besondere Schwierigkeit entsteht, weil wir für die Wundergeschöpfe, Götter, Wahrsager und Orakel der Alten, so sehr es zu wünschen wäre, nicht leicht Ersatz finden«.

Goethe deutet aber schon selbst auf Ersatz hin: Ahnungen, Erscheinungen, Zufälle, Schicksale – das Gebiet des Aberglaubens. Der Dichter braucht sich nicht ganz auf den Boden des Aberglaubens zu stellen; aber wie es in der Natur selbst vorkommt, daß scheinbare Bestätigungen eintreten, so darf er es auch halten: Träume, die zufällig eintreffen u. s. w. Die Welt des Wahns mit ihrem Schwanken zwischen scheinbarer Berechtigung und rationeller Unberechtigung ist ganz in diesem Zwielicht darzustellen: Wallensteins astrologischer Wahn; so auch prophetische Träume – heute besser mit Betonung der Zweideutigkeit; und ebenso Geistererscheinungen, weil als subjective Phänomene gedacht (vgl. Lessing in der ›Hamb. Dramaturgie‹). Aber auch namentlich die oft furchtbare, oft lächerliche Wirkung der Zufälle. Freilich ist es eine große Frage, ob nicht doch Zufall die Völker bestimmt, oder ob die Zufälle sich gegenseitig corrigiren. Jedenfalls sind die Zufälle ein keineswegs aus der Dichtung auszuscheidendes Element. Ein »zu früh«, ein »zu spät«, wie schrecklich kann es wirken! Ein entscheidender Entschluß ist gefaßt auf bekannte Factoren hin; kaum ist er gefaßt, tritt ein neues Element, ein neuer Factor ein; wäre der wenige Minuten früher eingetreten, so wäre der Entschluß nicht gefaßt und wären alle seine Consequenzen nicht eingetreten.

Über die Natur der Mythologie und ihre Brauchbarkeit für poetische Zwecke pflegt in allen Poetiken gehandelt zu werden. Die alte Mythologie in der neueren Dichtung ergiebt einen Mittelzustand: man glaubt nicht mehr an diese Götter, macht sie aber zu allegorischen Fictionen: Phoebus – Sonne, Poseidon – Meer. So hat man einfache Personificationen, die aber auch etwas platt sind. Dagegen herrscht innere Vertiefung z. B. in Goethes ›Römischen Elegien‹ und ›Achilleis‹. Der Hauptvortheil dabei ist, daß dies uns bekannte Charaktere sind, an die sich feste Vorstellungen anknüpfen. Deshalb war z. B. Klopstocks Mythologie unbrauchbar, denn er hatte die eddischen Götter eingesetzt, und weil diese unbekannt waren, thaten sie keine Wirkung.

Über Entstehung der Mythologie s. o. Kap. 2 (Seite 81) in dem Abschnitt über Ursprung der Poesie.

Über poetischen Gebrauch der Mythologie handelt z. B. Schlegel, Vorlesungen 1, 329f.

Natürlich rechne ich Alles hierher, was zu den übersinnlichen Vorstellungen der Religionen gehört, alle Begriffe von göttlichen Dingen, die Wunder Christi und der Heiligen. –

Die äußere Welt kennen wir durch unsere Sinne; die innere Welt durch eigenes inneres Erleben, durch Selbstbeobachtung (das ganze Seelenleben ist darin eingeschlossen); die dritte durch Glauben und Vermuthen – Fiction.

Das Stoffgebiet der Poesie ist also im Ganzen dasselbe wie das Stoffgebiet der Wissenschaft.

Durch diese Bemerkung wird die Angabe der Fundstellen für poetischen Stoff sehr erleichtert und die Einsicht in das dichterische Geschäft befördert. Nun muß man eine Abgrenzung zwischen ihnen versuchen. Das Wesentlichste liegt im Unterschied der Behandlung: wie hat die Wissenschaft und wie die Poesie die Welt aufzufassen? 1. In der Poesie dürfen die Lücken der Forschung ohne Weiteres ausgefüllt werden, ein Recht, das z. B. Goethe in seiner Biographie ausgeübt hat: »Dichtung und Wahrheit«. Dasselbe zeigt schon die Existenz der Mythologie. Die Poesie braucht nicht wahr zu sein. Sie behält um der poetischen Brauchbarkeit willen überwundene Ansichten bei, z. B. Geisterglauben; sie fingirt an die griechischen Götter zu glauben u. s. w. 2. Die Poesie ist niemals, wie die Wissenschaft, zur vollständigen Erschöpfung des Stoffs verpflichtet, sie darf, ja soll errathen lassen, mit der Selbstthätigkeit der Einbildungskraft rechnen und dieselbe anregen. Eine einzelne Andeutung schafft oft ein deutlicheres Bild als pedantische Ausführung.

Betrachtungen über das Verhältniß von Poesie und Wissenschaft könnten zu viel größerer Genauigkeit getrieben werden. Wir nahmen dasselbe oben historisch vor; die thatsächliche Verwandtschaft besteht in der Entwicklung der Wissenschaft aus der Poesie.

So fallen ins Bereich der Poesie, da sie die äußere Welt behandelt, alle sichtbaren Naturgegenstände; auch hörbare, fühlbare, faßbare, so weit sie mit ihren Mitteln dieselben darstellen kann. Und zwar entweder als Hauptmotive, wie in beschreibender Dichtung, z. B. bei Brockes; oder als Nebenmotive, wie namentlich bei Goethe:

Mineral: »Granit«.

Botanik: Mignons »Kennst du das Land«.

Landschaft (meteorologische und mineralogische Physiognomie der Gegend): ›Werther‹. Landschaftlicher Wechsel der Jahreszeit ist ein uraltes Motiv der Lyrik.

Astronomie: Mond, Sonne.

Sowie nun aber die sehr leicht eintretende Personification gebraucht wird, kommt zur äußern Welt Inneres hinzu und die äußere Welt erhält den Schein, als ob sie auf innern Motiven beruhe. Wie im Menschenleben die äußere sichtbare Handlung, der hörbare Schrei psychologische Motive hat, also äußere und innere Welt meist Hand in Hand gehen, so kann dies auch in die umgebende physische Welt projicirt werden. Dies ist eine Hauptquelle der Mythologie, wie wir schon sahen. Daher werden auch mythologische Wesen menschenähnlich gebildet; bei etwaigen Combinationen der äußeren Gestalt, menschlicher und thierischer, muß doch das innere Leben dieser Gestalten menschenähnlich gedacht werden, wie wir uns das innere Leben der Thiere nicht anders denken können als nach Analogie unseres eigenen Innern.

Und muß die Wissenschaft in der Ausdehnung ihrer Analogien behutsam sein, so hat die Poesie keine Vorsicht nöthig, sofern sie nur die bekannte Wahrscheinlichkeit nicht zu sehr verletzt. Wenn also z. B. Thieren und Dingen von Schopenhauer Wille zugesprochen wird, so ist das für die Wissenschaft gefährlich, für die Poesie sehr schön.

Hieraus ergiebt sich, daß der überwiegenden Mehrzahl nach die poetischen Motive *humaner* Natur sind, und zwar mit Verkettung der innern und äußern Welt meist als innere Ursachen und äußere Folgen.

So sind denn Darstellungen aus der Menschenwelt Mittelpunct der Poesie; daneben noch Dinge der äußeren Welt, landschaftlicher Natur. Man kann damit historische Malerei nebst Genre, andererseits Landschaftsmalerei nebst Stilleben vergleichen. Beides ist auch in der Poesie möglich; aber bloße poetische Landschaftsmalerei interessirt nicht mehr genügend. Deshalb tritt sie heute nur noch nebenbei auf.

Soweit die Poesie nun menschliche Dinge behandelt, wird Alles, was darzustellen ist, entweder mehrere Menschenleben oder ein ganzes Menschenleben oder Stücke aus solchem Menschenleben sein. Insofern hat die Poesie ein Verhältniß zur Biographie und Geschichte (wie in der bloßen äußern Welt zur Mineralogie, Botanik und Astronomie); allerdings auch als Krankengeschichte u. dgl. zur Medicin, Pathologie. Überwiegend ist der Stoff aber psychologischer Natur. Seelisches bildet immer den Kern: seien es psychologische Regungen (Stücke, Momente aus dem Menschenleben), sei es die Entwicklung eines ganzen Charakters, wie sie die Biographie geben muß. Die wissenschaftliche Biographie muß ihren Stoff zu erschöpfen suchen, das Werden und Wachsen; so vollständig als möglich muß sie das Verhältniß zu den verschiedenen Seiten des Menschenlebens darzustellen streben. Die poetische Erzählung hat es einfacher. Die Biographie ist aber fast nie ein rein wissenschaftliches Werk; sie nähert sich sehr oft darin der poetischen Erzählung, dem biographischen Roman, daß sie nur allgemein Wissenswürdiges auswählt. Das Publicum fordert nicht bloß Gemeinverständlichkeit, sondern wünscht besonders auch das allgemein Menschliche betont zu sehen. Nehmen wir z. B. eine Gelehrtenbiographie, so wird ein wissenschaftlicher Verfasser die specifisch wissenschaftliche Thätigkeit schildern, ein Romancier wird andeutungsweise davon reden – warum? Es liegt nicht in der Natur des Gegenstandes, sondern in der Natur des Publicums. Der Dichter will nicht für Gelehrte schreiben, die ein Fachinteresse haben, sondern für ein gemischtes Publicum. Selbst Dichterbiographien – strenggenommen müßten sie von Metrik, Sprachgebrauch u. s. w. reden; trotzdem hat Goethe in ›Dichtung und Wahrheit‹ nur in kurzen Andeutungen Derartiges berührt. Fachmäßiges findet keine Resonanz außer bei den Fachleuten. So auch in der Biographie eines Staatsmannes: ist er Gegenstand eines Romans, eines Dramas, so wird man nicht seine Finanzverwaltung im einzelnen schildern – das wäre nur für Finanzleute interessant. Eher sind Mittheilungen aus den Finanzoperationen eines Privatmanns möglich – derlei findet Resonanz in weiteren Kreisen, wenn Schicksalswendungen daran hängen.

II. Allgemeine Motivenlehre

Was ist ein Motiv? Ein elementarer, in sich einheitlicher Theil eines poetischen Stoffs. Es kann ganz kurze Gedichte geben, die nur Ein Motiv haben. Das gewöhnliche Verhältniß aber wird eine Verbindung eines Hauptmotivs mit Nebenmotiven, eines herrschenden Motivs mit untergeordneten Motiven sein. Die letzteren können bloß Entfaltungen, Theile des ersteren, können aber auch ganz andere Motive sein.

Das Hauptmotiv wird zuweilen »Idee« genannt. Mit diesem Wort ist ein furchtbarer Unfug getrieben worden. Ich möchte vorschlagen, den Ausdruck fallen zu lassen; wir sagen dafür Stoff, Thema, Vorwurf, Hauptmotiv. Wir behalten den Ausdruck höchstens bei für eine bestimmte Gruppe von Werken: für die äußerliche Einheit eines Gedichts, die durch ein Fabula docet entsteht, wie Goethe von der »Idee des Faust« spricht. Da indessen deutsche Dichter des 19. Jahrhunderts unter dem Einfluß einer Ästhetik standen, welche überall von Ideen sprach und darunter gern allgemeine Sätze verstand, die sich in den dargestellten Fällen verwirklichten, so muß man für die Beurtheilung solcher Werke auch mit der Ästhetik ihrer Autoren, d. h. mit den ästhetischen Ansichten dieser Schriftsteller und ihrer ästhetischen Terminologie rechnen. Wenn ich freilich einen vollständigen Roman um solch einer »Idee« willen lesen soll, dann sage ich mir: tant de bruit pour une omelette! Die Schilderung des Lebens wird da zu einer Fabel degradirt. Wo man aber an die großen Weltdichter herantritt: Homer, Shakespeare, Goethe, da handelt es sich um mehr als eine solche Idee. Stoffe, Motive bietet das Verhältniß des Achilleus zu Agamemnon, aber nicht einen einzelnen Moralsatz.

Goethe spricht zuweilen vom »Motiviren« eines Stoffes in dem Sinn, daß er die Entfaltung des Hauptmotivs nach den Nebenmotiven hin, wie sie im Entwurf stattfindet, meint.

Welche Motive stehen dem Dichter zu Gebote?

Abgesehen von den Fällen, wo es sich um Unbeseeltes und unbeseelt Gedachtes handelt, hat die allgemeine Motivenlehre eine Übersicht menschlichen Wesens, Fühlens, Denkens, Thuns zu geben.

Mit einem Wort: die allgemeine Motivenlehre ist die *Ethik* – die Ethik nicht wie sie ist, sondern wie sie sein sollte nach der Schleiermacherschen Absicht, die aber auch von ihm nicht breit genug entfaltet ist: eine volle Schilderung menschlichen Denkens und Thuns. Noch könnte eine solche Ethik mehr aus der Poesie schöpfen als umgekehrt: ausgeführt ist sie noch nicht. Ethische Documente können – neben der Poesie – viel helfen: was von der Kirche über Tugend und Laster geschrieben worden, wie Pönitentialbücher und Beichten des Mittelalters; dazu die Strafgesetzbücher alter und neuer Zeit.

Freilich vor allem ist wichtig: das Verhältniß des Menschen zu Gott, zu andern Menschen, zu sich selbst.

Hier wären auf jedem Gebiet die Themata zu bezeichnen, welche die Poesie thatsächlich behandelt hat, und die möglichen, die sie behandeln könnte.

Und all diese werden individualisirt, d. h. an bestimmte Individuen geknüpft, deren Charaktere dargestellt werden. Ein gesetzmäßiges Verhalten findet statt zwischen bestimmten Charakteren und bestimmten Handlungen. Die Poesie wird der Forderung der Wahrheit und Wahrscheinlichkeit bei dem Verhältniß zwischen Handlung und Charakter gerecht zu werden suchen. Andererseits wird öfters auch ein scharfer Contrast zwischen Charakter und Handlung gesucht; z. B. in Bulwers ›Eugen Aram‹: ein Mörder, der sich später bekehrt hat und eine Art Heiliger geworden ist. Aber der Wille des Menschen ist unfrei, gebunden durch angeborene Charaktereigenschaften. Deshalb eben muß die Poesie die nothwendige Entsprechung von Charakter und Handlung respectiren.

Ich will nicht alle Gebiete herzählen, das können Sie selber. Z. B. das große Gebiet der Liebe – heut als Nebenmotiv mindestens unerschöpflich. Es fällt in das Gebiet vom *Verhältniß der Menschen unter einander:*

Unnatürliche Liebe: z. B. ›La réligieuse‹ von Diderot (vgl. Pönitentialbücher).

Natürliche Liebe, erhörte oder unerhörte:
    zu einem Mädchen;
    zu einer Frau;
    zur Frau eines Andern – die verschiedenen möglichen Formen des vollzogenen, gewünschten, gehinderten Ehebruchs.

Ehestand: Egoismus des Mannes, der Frau;
    Aufopferung des Mannes, der Frau;
    Frau, die sich ihrem Mann weigert, (Aristophanes ›Lysistrate‹);
    Scheinehe;
    Ungerecht angeklagte Frau (Genovefa) u. s. w.

Verhältnisse zwischen Eltern und Kindern:
    König Lear;
    Der Muttermörder Orest;
    Der Vater, der sein Kind opfert (Abraham und Isaak), richtet (Brutus);
    Die Mutter, die ihr Kind tödtet (»Kindesmörderin«, Gretchen);
    Brudermord: (Kain und Abel).

Unklare Mischungen: Mutterehe (Ödipus);
    Blutschande, ehebrecherische Liebe (Phädra);
    Geschwister, die sich lieben und nicht kennen (Goethes ›Geschwister‹).

Freundschaft: Freunde, die sich für einander opfern (Damon);
    die in guter Absicht zum Bösen treiben (Carlos im ›Clavigo‹).

Herr und Diener: die Sclaven des römischen Lustspiels;
    die Schmeichler;
    Don Quixote und Sancho Pansa.

Gegenseitige Aufopferung: Dienstmann für den Herrn, Wolfdietrich für die Mannen.

Verhältniß des Individuums nicht zu einem andern Individuum, sondern zu *sich selbst oder zu einer Masse,* zur Gemeinsamkeit, zu Lebenskreisen und ihren großen Interessen: der Held im Verhältniß zum Staat, zum Volk (Codrus, Armin).

Verhältniß von Volk zu Volk: Ilias;
Verhältniß zum Besitz: der Geizige;
Verhältniß zu geistigen Gütern: zur Wissenschaft (unbefriedigter Forscher: Faust), zum Recht (Kohlhaas).

Diese letzteren Motive gehören zum Gebiet des Verhältnisses des Menschen zu sich selbst.

Verhältniß zu Gott: Religionshelden; Christus als poetischer Stoff; Muhammed.

III. Die Figuren der Verwicklung

Ein einzelnes Motiv, mehrere Motive nach derselben Richtung können nicht lange festgehalten werden, wenn man nicht die Aufmerksamkeit des Publicums auf eine zu harte Probe stellen will.

Für längere Composition empfiehlt sich daher statt derselben Richtung Abweichung resp. Störung, Verwicklung eintreten zu lassen, dann freilich auch die Auflösung; nicht geradlinig, sondern abwechselnd; Umwege, Hindernisse durch entgegengesetzte Motive oder Abwechslung durch verschiedene Motive.

D. h. es empfiehlt sich Verwicklung und Lösung, mit Einem Wort *Conflict* und Beendigung desselben.

Auch der bloße Conflict an sich ist möglich, es kann für kurze Gedichte auch der Conflict ohne Lösung dargestellt werden; aber vom Publicum wird das wohl nur geduldet, wenn rasch vorübergehend. Und zwar ist für den bloßen Moment, für lyrische Gedichte also Conflict ohne Lösung möglich: sie sind dann von vornherein fragmentarisch, bloß Zustandsschilderung; z. B. sind Goethes Lililieder bloß ein momentaner Ausschnitt aus dem menschlichen Leben. Sonst aber kommt hier eine wirkliche Unterbrechung zu Stande, wie in Crugantinos »Es war ein Buhle frech genung« in der ›Claudine von Villa Bella‹, einer absichtlich fragmentarischen Ballade. Aber das ist eben eine Ausnahme; sonst will man z. B. bei einem Kampf den Ausgang wissen, das Publicum kommt sonst nicht auf die Kosten seiner Spannung.

Alle Versuche nun, welche die Verwicklung herbeiführen, nenne ich Figuren der Verwicklung (vgl. ›Die Anfänge des deutschen Prosaromans‹, 1887, Quellen und Forschungen 21, 49).

Z. B. Verwicklung durch gehemmtes Streben,
Anziehung und Abstoßung,
örtliche Trennung,
Täuschung.

Figuren der örtlichen Trennung kann sich Jeder leicht entwickeln; reich ausgebildet z. B. in der Odyssee. Motive: Räuber und Seestürme, wie in den griechischen Romanen; während der Abwesenheit dann allerlei Spuk und Schabernack; das geraubte Kind; die neue Geliebte (Circe). Forderung ist dabei, daß die Verwicklung allemal durch Wiedervereinigung, Zurückkommen u. s. w. gelöst werde: unerwartete Rückkehr des Helden u. s. w.

Sehr fruchtbar ist ferner die Figur der Täuschung oder des Nichtwissens. Die Täuschung kann bewußt oder unbewußt, allgemein oder getheilt sein. Ein Mensch lügt über sich (Odysseus u. a.; Verkleidung, Maske, Schwindler u. s. w.) oder über Andere (Intrigant, Verleumder). Ein Mensch ist in wirklicher Unkenntniß über sich oder Andere, weiß das entweder oder weiß es nicht; ein Mensch weiß etwas von Andern Gewußtes und Andere Beschäftigendes nicht. Es entsteht die Figur der tragischen Ironie: daß nämlich ein Mensch etwas nicht weiß, was das Publicum weiß – wenn z. B. zwei Personen sich über das künftige Glück einer todten Person unterhalten. Irrthümer über die Verhältnisse machen sich plötzlich geltend, unbekannte Hindernisse treten mit einem Male vor. Blindheit, körperlich und moralisch, Taubheit, Verblendung im Handeln, Unerfahrenheit, Naivetät: überall ist das Nichtwissen das eigentlich Bewegende, das Folgenreiche und die Spannung Erregende. Dahin gehören ferner Mißverständnisse; Menschen, die miteinander verwechselt werden (Doppelgänger, Menächmen), Menschen, die sich in einander täuschen u. s. w.

Forderung: die Täuschung muß zu einer Entdeckung führen. –

IV. Die Klassen der Wirkungen

Wir unterscheiden zunächst Motive der Handlungen und Motive der Charaktere und fragen, welche Wirkungen an bestimmten Handlungen und bestimmten Charakteren hängen.

Die *Charaktere* sind am besten vom moralischen Standpunct aus zu sondern: böse, gute, gemischte. An diesen drei Klassen von Charakteren hängen drei Klassen von Wirkungen: sie erregen Abscheu, Bewunderung, Antheil. Schon Aristoteles hat richtig die günstigen Wirkungen, die poetischen Vortheile der gemischten Charaktere hervorgehoben. Sie erwecken die reinste und stärkste Sympathie. Der mittlere fehlbare Mensch, der aber ein anständiger Mensch ist und das Gute will, so weit es ihm nicht zu schwer ist, wird den bösen wie den fleckenlosen Charakteren etwas fremd gegenüber stehen – aber den gemischten kann er gut nachfühlen. Der mittlere fehlbare Mensch aber ist der Kern des Publicums, und diese Wirkung ist also die günstigste für die Darstellung. Im vorigen Jahrhundert ist in England Shaftesbury auf diese Theorie zurückgekommen und hat damit gewirkt. Noch Richardson glaubte mit großen Tugenden und großen Lastern wirken zu müssen. Gegen ihn reagirte Fielding: Tom Jones ist gar kein Tugendheld, aber ein braver Kerl, dem man seine Fehler gern verzeiht. Danach gingen in Deutschland Wieland, Lessing u. s. w. vor.

Doch ist die Sache damit lange nicht erschöpft!

Für die *Handlungen* verwies ich auf die Ethik: Strafgesetzbuch u. s. w. Hier fragt es sich nun bloß nach den Wirkungen. Wir müssen für unsere unparteiische Poetik einen Gegensatz herausgreifen. Die Handlungen zerfallen in solche, welche niedrige Gefühle in uns erregen, und in solche, welche hohe Gefühle in uns erregen.

Ich sage nicht: die Poesie *soll* hohe Gefühle anregen, sondern ich sage dem Dichter: willst du die Anerkennung der Edlen, so zeige dich edel. Genügt es dir z. B. die niedere thierische Sinnlichkeit des Menschen anzuregen, gut! thue es. Aber sei darauf gefaßt, daß die Menschen dich betrachten als ein Werkzeug niedriger Lüste und dich nicht höher achten als eine käufliche Schöne.

Dies Gesetz beruht auf unserm Antheil: wir dehnen die Wirkung des Stoffs auf den Autor aus. Wir denken uns in die Situation selbst hinein; führt uns der Dichter durch Cloaken, so stinkt's eben und wir fühlen uns beschmutzt, wenn wir auch für die Technik Bewunderung haben. Er sagt: »Ich will nur wahr sein.« Nun denn, das ist ein ehernes Gesetz: wenn etwas angeregt wird, was wir selbst verachten, dann dehnt sich dies Gefühl aus auf den, von dem jene Anregung ausgeht. Da hilft all sein Reden nicht, wenn er uns Häßliches vorführt. Der Dichter hat danach die Wahl. Der weise Dichter wird mindestens die Gegenstände in Contrast bringen und so unsern Blick auf die Totalität lenken.

Ich darf bei dieser Gelegenheit darauf aufmerksam machen, wie viel wirksamer gerade eine derartige empirische Poetik, eine einfache Feststellung der Thatsachen einer legislativen Poetik gegenübersteht, weil sie deutlicher ist und die Folgen klarer macht.

Betrachtungen, wie sie uns bei der Frage nach dem Ursprung der Poesie beschäftigten, müssen hier fortgesponnen und ins Reine gebracht werden. Alles, was in diesem Kapitel unter I. II. III. vorkam, Stoffe, Motive, Verwicklungen, wäre zusammen zu nehmen in einer Gesammtübersicht der möglichen Fälle, und sie wären sämmtlich zu durchmustern in Bezug auf ihre Wirkungen: directe und associirte. Ferner wäre zu fragen, ob solche Wirkungen weitere oder engere Kreise erfassen. Liebesaffairen z. B. interessiren die weitesten Kreise. So wird die Liebesepisode im ›Faust‹ weiter nachgefühlt als der Anfangsmonolog. Dieser kann nur ein beschränktes Publicum haben: nur die wirklich großen Gelehrten fühlen etwas von dem Schauer bei der Erkenntniß, daß man nicht weiter kann; die mittelmäßigen fühlen sich sehr zufrieden mit ihrer Untersuchung.

Die poetischen Stoffe zerfallen ihrer Wirkung nach ganz allgemein in:

1. Angenehme: Ernste: hohe (erhabene),
    mittlere,
    niedrige;
   Komische: hohe,
    niedrige.
2. Unangenehme.

Die angenehmen sind für die Wirkung am günstigsten; die unangenehmen machen nur unter gewissen Bedingungen einem beschränkten Publicum bei der Darstellung Vergnügen, wovon ausführlich die Rede war.

Aber auch die angenehmen Wirkungen bedürfen sehr oft einer Beimischung des Unangenehmen, damit die nöthige Abwechslung und Spannung herauskomme.

Eine besondere Bemerkung will ich hier nur noch den *komischen* Motiven widmen. Sie haben die Wirkung, daß man lacht. Über die Entstehung des Lachens wurde früher geredet, aber die Frage nach dem Wesen des Komischen wurde offen gelassen, d. h. die Frage, ob es eine Eigenschaft giebt, welche an allen Lachen erregenden Dingen gleichmäßig wiederkehrt, so daß sie als das entscheidende Merkmal des Komischen angesehen werden kann?

Ich zweifle, ob es ein durchgängiges Merkmal giebt, besonders, wenn wir von Darwins Theorie ausgehen, daß das Lachen Ausdruck der Freude ist. Es erregen wohl verschiedene Motive unter verschiedenen Bedingungen Lachen. Auf sehr viele Fälle paßt Eines: jede auffallende Verfehlung, die nicht Mitleid, Abscheu, Ekel, Ärger, Überdruß erregt, ist komisch. Diese Einschränkung ist höchst nothwendig, um die Relativität des Komischen zu zeigen. Lachen, sahen wir, ist nach Darwin Ausdruck der Freude: entweder der Schadenfreude oder der Freude über die eigene Vollkommenheit (aber auch Freude an eigenem oder fremdem Scharfsinn). Die relativ machende Einschränkung »die nicht Mitleid oder Ekel erregt« ist nothwendig, denn die Freude kann unter solchen Umständen sich in Mitleid verwandeln und umgekehrt. Wenn ein Gefährte gleitet und fällt, so fragt es sich, ob er sich arg zerschlagen hat oder nur wenig; thut er einen Fehltritt und verschwindet in einem Graben, so lachen wir, wenn wir wissen, daß es nur ein Graben ist – aber unser Mitleid ist erregt, ja mehr als Mitleid: Schrecken, wenn Zweifel möglich, ob der Graben nicht vielmehr ein Abgrund ist. So kann sich unter Umständen Lachen in Mitleid, Mitleid in Lachen verwandeln. Mitleid aber ist verschieden nach den Charakteren: grausame können noch lachen, wo normale heutige Menschen Mitleid fühlen. So ist manches heute tragisch, was sonst komisch schien.

Ein großes Thema älterer Komik waren Unanständigkeiten und Entblößungen, welche vielfach heute nur Ekel erregen würden. Auch Prügel gelten nicht mehr für komisch. Das Komische besteht darin, daß die Betheiligten durchweg die Sitte vergessen, indem sie sich erst schimpfen und dann in die Haare greifen u. s. w. Nun ist aber doch in beiden Fällen die Verfehlung gegen die Sitte und Lebensart heute noch größer als früher – eben deshalb, sie ist zu groß! sie ruft Ärger hervor.

Mißverständnisse, Dummheiten, Äußerungen, die wie die Faust aufs Auge passen, sind Verfehlungen. Naivetäten des Kindes und Erwachsenen desgleichen. Schiller hebt richtig das Lächerliche als Element des Naiven hervor. Colossale Lügen und Aufschneidereien, wobei komisch ist, daß dem Lügner geglaubt wird oder geglaubt werden soll. Geprelltwerden: ein gefährliches Grenzgebiet! z. B. der geprellte Ehemann bei Boccaccio u. A. Das kann sehr ernst genommen werden. – Enttäuschungen sind unter Umständen komisch: wenn auffallend und unerwartet auftretend. – Die auffallende Verfehlung im Nachahmen, die aber beabsichtigt sein kann: Caricatur;

Parodie – wo aber vielmehr das Nachgeahmte, Parodirte als ein auffallend Verfehltes dargestellt wird.

Du sublime au ridicule il n'y a qu'un pas – nämlich das auffallende Verfehlen dessen, der sich erhaben machen will, der sich bläht: so oft bei Victor Hugo.

Die komische Kraft witziger Bemerkungen besteht oft darin, daß der Zuhörer zu einer bestimmten Erwartung fürs Folgende verführt, dann aber plötzlich und auffallend enttäuscht wird – über das auffallende Verfehlen, das in seiner eigenen Erwartung lag, lacht er, wenn er sich nicht ärgert; oder es lacht der Dritte, der Zeuge war.

Aber es gehören doch nicht alle Motive unter diesen Gesichtspunct, das auffallende Verfehlen eines Ziels – ein Merkmal, das ich sonst noch nicht gefunden habe.

Anders ist z. B. das Lachen über einen guten Witz, über eine geistreiche Bemerkung, wo zwei an sich disparate Dinge zusammengebracht werden: es scheint mir hier Freude an dem fremden Scharfsinn und an dem eigenen Verständniß des fremden Gedankens vorzuliegen.

Eine reiche Beispielsammlung komischer Dinge in Carrieres Ästhetik 1³, 198f. Aber wie die meisten Ästhetiker geht er über die Empirie hinweg und bringt nur, was er selbst komisch findet. Ein Aufsatz wie der von Weinhold ›Über das Komische im altdeutschen Schauspiel‹ (Gosches Jahrbuch für Litteraturgeschichte 1, 1f.) schlägt durch die Sammlung des Materials ganze Ästhetiken auf einmal in die Flucht.

Es ließen sich nun verschiedene Mischungen des Ernsten und Komischen denken, und für solche Mischung, ja die Mischung des Rührenden und Lächerlichen ist der etwas fatale Ausdruck »Humor« noch am ersten zulässig. Es sind verschiedene Mischungsverhältnisse möglich, man würde am besten thun sie zu classificiren, statt durch geistreiche Definitionen sie alle unter einen Hut bringen zu wollen. Im Leben wird der Ausdruck verschiedenartig gebraucht. Classiker des Humors sind Sterne und Jean Paul. Ingredienzien des Humors sind z. B. die Mischung des Hohen und Niedrigen, so namentlich bei Sterne, wo kleine Unanständigkeiten neben dem Rührendsten stehn, Parodie der Gelehrsamkeit oft langathmig und Geduld fordernd, neben kleinlichen Witzen und wohlfeilen Späßen. Ich würde es deshalb für nützlich halten, Sternes Motive zu classificiren; das würde äußerst lehrreich sein.

Viertes Kapitel: Innere Form

Der Begriff ist zuerst von W. v. Humboldt für die *Sprache* geprägt. Man kann die Dinge nicht benennen, wenn man ihr Wesen zu erschöpfen versucht; man muß sich also entscheiden, welch eine charakteristische Eigenschaft man an dem zu benennenden Gegenstand auswählen will. Verschiedene Auffassungen sind möglich, aus ihnen muß Eine ziemlich willkürlich herausgegriffen werden: der Wolf ist für die Arier der Zerreißer; er könnte aber auch nach der Farbe benannt sein oder nach dem Glanz der Augen – was nun am meisten auffällt. Diese bestimmte Auffassung ist die innere Form. Natürlich braucht nicht bloß Eine Eigenschaft gewählt zu werden; möglich sind auch Combinationen, ja zu genauerer Charakteristik sind zwei Worte in Composition bequemer: so heißt der Mantel bei Philipp von Zesen »Windfang«.

Ich übertrage diesen Begriff der inneren Form auf die *Dichtkunst,* indem ich auch hier die »innere Form« als charakteristische Auffassung verstehe. Man kann nicht darstellen ohne auszuwählen, wenigstens nicht poetisch darstellen. Die Poesie muß also auswählen; die specifische Auffassung durch den Dichter ist wieder ziemlich willkürlich. Die Wissenschaft muß im Princip auf Erschöpfung ausgehen, die Poesie braucht es nicht. Aber die Wissenschaft generalisirt: sie bleibt nicht beim Individuum stehen, sondern steigt auf zu Arten, Klassen, Gattungen. Die Wissenschaft muß also genau beobachten, sie müßte etwa einen Käfer im Einzelnen nach Gestalt, Sinneswerkzeugen u. s. w. beschreiben; aber wo sie viel Ähnlichkeiten findet, bringt sie das eine Individuum mit andern in Zusammenhang. Nun kann die Poesie, die es in der Regel mit Individuen zu thun hat, annäherungsweise dasselbe thun, gleichsam von einem wissenschaftlichen Gesichtspunct herauswählen, indem sie an Individuen nur solche Züge hervorhebt, welche das einzelne Individuum mit vielen theilt. Vater, Sohn sind die meisten, bezw. alle Menschen. Die Auffassung eines Individuums als »Vater« ist also zugleich eine Einordnung in eine Gattung, eine Typisirung, ein Act der Generalisirung, also ein Verfahren, das auch in der Wissenschaft begegnet. Das Aufsteigen kann noch weiter gehen. Es kann das Individuum ganz allgemein als Mensch genommen werden, oder mit Anknüpfung an etwas Allgemeineres, z. B. als tugendhaft oder lasterhaft.

Darstellen ist eng verwandt mit Forschen: ein Factor ist der Gegenstand, ein anderer Factor der Darsteller oder Forscher. Man kann dabei der Natur der Dinge treu zu bleiben suchen, ohne Specielles mit aufzunehmen. Aber damit Darstellung zu Stande kommt, müssen die Gegenstände den Durchgang durch das Individuum nehmen: da fragt sich, wie viel von dem Individuum an dem Gegenstande haften bleibt. Irgend etwas wird in der Regel vom Anschauer an dem Angeschauten haften. Aber der Möglichkeit nach kann man den Fall statuiren, daß gar nichts hafte: dann wäre die Darstellung vollkommen objectiv. Je mehr von dem auffassenden Individuum daran haftet, desto mehr wird sie subjectiv. *Objectiv* und *subjectiv* sind also die beiden Hauptarten der inneren Form.

Im Ganzen liegt den folgenden Betrachtungen Goethes Aufsatz: ›Einfache Nachahmung der Natur, Manier, Stil‹ zu Grunde (Hempel 24, 525f.), vgl. ›Aufsätze über Goethe‹ S. 298f.; aber ich habe jetzt Modificationen eintreten lassen, um schärfer zu sondern. Früher vermischte ich noch dort und in der ›Litteraturgeschichte‹ für Goethe charakteristische Stoffwahl und Auffassung, also Kap. 3 und 4 unseres Collegs.

Dies ist noch zu betonen: Naturalismus, Realismus u. s. w. werden lässig als Termini für die Stoffwahl verwandt, weil diese für die Weltanschauung allerdings bezeichnend ist. Solche Unterschiede sind aber hier nicht gemeint. Fragen wir nach der poetischen Auffassung der Welt, die einem Dichter als charakteristisch zuzuschreiben sei, so würde diese in der Auswahl der Stoffe, die er ausschließlich behandelt oder die er begünstigt, bestehen. Ist ein Dichter sehr wählerisch, pflegt er nur zarte und hohe Gefühle und Handlungen, edle Gesinnungen im siegreichen Kampfe mit den unedlen zu begünstigen, so nennt man ihn idealistisch. Greift er ohne Wahl zu, kommt es ihm auf Maß und Auswahl nicht an, stört ihn das Unangenehme und Crasse, die stärksten Ausbrüche der Thierheit am Menschen nicht, schwelgt er gar in Lastern und ekelerregenden Dingen, so pflegt man ihn einen Naturalisten zu nennen.

Von diesen Unterschieden sehe ich hier ab; nicht den Dichter im Verhältniß zur gesammten Stoffwelt fasse ich hier ins Auge – das gehört in das dritte Kapitel, so gut wie der Unterschied ernster und komischer Stoffe: wählt jemand ausschließlich komische Stoffe, so ist seine poetische Weltanschauung, wie sie sich in seiner generalisirenden Stoffwahl kund giebt, eine andere, als wenn ein Dichter ausschließlich ernste Stoffe wählt.

Auch das ist noch zuzugeben, daß mit einer gewissen Stoffwahl eine gewisse Behandlungsart verbunden zu sein pflegt. Der Idealist pflegt nicht so ins Detail zu gehen wie der Naturalist u. s. w. Aber in der Poetik müssen wir diese Dinge sondern. Es kommt hier darauf an, die verschiedenen möglichen Auffassungen eines und desselben Gegenstandes zu ermessen.

Jenes ist nur Wahl des Gegenstandes, hier handelt es sich um die Behandlung des schon Gewählten. Und diese, wie gesagt, ist entweder

I. objectiv – oder
II. subjectiv.

Hierbei ist jedoch zu bemerken, daß die vollendete Objectivität nur eine Richtung, ein Ziel sein kann, aber schwerlich je vollständig erreicht wird. Alles was über objective Auffassung gesagt wird, ist daher unter der Einschränkung gesagt: »so weit die gänzliche Absonderung einer persönlichen Beimischung gelingt«. –

I. Objective Auffassung

Vergl. in meiner ›Litteraturgeschichte‹ den Abschnitt über Goethe, wo die drei Formen nachgewiesen sind.

1. Naturalismus, portraitartige Darstellung eines bestimmten Modells, einer bestimmten Handlung u. s. w.; Versuch, das Individuum wie es ist, mit allen zufälligen Eigenheiten wiederzugeben und eine Handlung mit allen zufälligen Nebenumständen oder wenigstens mit reichlicher Auswahl charakteristischer Nebenumstände. So ›Götz‹, ›Faust‹ in den Anfängen; Wagners ›Kindermörderin‹ und manche andere Producte des Sturms und Drangs: bürgerliche Väter mit all ihren Schimpfwörtern, ihrer Polterei, ihrem Zorn und Unmuth, oder gemeine Gesellen mit allen schlechten, niedrigen Motiven. Doch gerade in der Sturm- und Drangperiode fehlt es daneben nicht an colossalischer Übertreibung, welche statt objectiver Darstellung eine subjective Verzerrung der Wirklichkeit giebt. Echt naturalistisch ist z. B. das Interieur von Götzens Burg, von Gretchens Zimmer; der Vater der Heldin in Wagners ›Kindermörderin‹.

2. Typischer Realismus, vgl. die Einleitung zu diesem Kapitel. Goethe nennt diese Art »Stil« mit unberechtigter Einschränkung dieses Begriffs. Er machte sich diese Behandlungsweise seit der italienischen Reise zur Pflicht: ›Hermann und Dorothea‹; ›Natürliche

Tochter‹; ›Wahlverwandtschaften‹; Helena im ›Faust‹. Am *Individuum* werden die Züge hervorgehoben, welche der Einzelne gemein hat mit solchen Leuten, die zu demselben Typus gehören, d. h., namentlich bei Goethe, die in denselben bürgerlichen sittlichen Familien-Verhältnissen stehn. Die bleibenden Verhältnisse der Menschheit, das typische Gepräge in den sittlichen Dingen – das wird in der Charakteristik herausgearbeitet. Die Menschen werden also dargestellt nicht bloß nach ihren sittlichen Eigenschaften, sondern auch nach ihrer Stellung in der Welt u. s. w. So der Herzog in der ›Natürlichen Tochter‹: betont ist seine Eigenschaft als Vater. ›Hermann und Dorothea‹ zeigt die Charaktergegensätze des Entwurzelten und Beharrenden, des Festhaltens an der Scholle und des nomadischen Zustandes; Verhältnisse der Gegenwart klingen an die Wanderung der Israeliten durch die Wüste an, religiöse und politische Verfolgung u. s. w. Die Beleuchtung hebt nun diesen bleibenden Gegensatz voll hervor. Goethe nimmt also Gestalten aus der Gegenwart heraus und nimmt doch Verhältnisse, welche schon in den Uranfängen der Menschheit walteten. Außerdem aber stehen volle Individuen vor uns, und es könnten auch Portraits sein; aber das Individuum repräsentirt zugleich einen Typus der Menschheit. – Oder in den ›Wahlverwandtschaften‹: die Begehrlichen und die Entsagenden. Das Entsagen ist verkörpert an der höchst eigenartigen Figur der Ottilie, die als geistig Blinde (Motiv der körperlich blinden heiligen Ottilie im Elsaß) begehrend auftritt, sehend entsagt; Eduard nur begehrend, Charlotte und der Hauptmann entsagend. – So ist der Helenaact im ›Faust‹ auf den Gegensatz der höchsten Schönheit Helenas und der Häßlichkeit der Phorkyas gebaut. –

An einer *Handlung* werden ebenso die Züge hervorgehoben, welche in ihr der Regel nach treibend sein werden: die regulären Motive der Individuen zeigen sich uns hier von der Seite der Handlung gesehen.

Goethe hält die typische Kunst für die wahre Kunst, und seine Ansicht kehrt bei Schopenhauer wieder, der sie aber so ausdrückt: Gegenstände der Kunst sind die Ideen, d. h. die platonischen Ideen. Was Goethe typische oder bedeutende bleibende Verhältnisse der Welt nennt, die am Individuum zur Erscheinung kommen, eben das nennt Schopenhauer in seinem Hauptwerk »Ideen«.

Goethe nennt diese Art auch »symbolisch« und definirt dies (an Schiller 17. August 1797, 1, 338): »es sind eminente Fälle, die in einer charakteristischen Mannigfaltigkeit als Repräsentanten von vielen andern dastehn, eine gewisse Totalität in sich schließen, eine gewisse Reihe fordern«.

Eben solche Typen, wie er sie darzustellen sucht, glaubt er mit Recht in der griechischen Kunst dargestellt zu finden, wo individuelle Beziehung fast nie über das herausgeht, was Typen repräsentirt. Goethe legte Werth darauf, daß seine Poesie dasselbe suche wie die Wissenschaft und die griechische Kunst.

3. Idealismus: z. B. Goethes ›Iphigenie‹ geht nur aus auf das allgemein Menschliche, oft auch auf die gesteigerte Menschheit, auf menschliche Herrlichkheit, wie sie nicht ganz vorhanden ist. Der Begriff des allgemein Menschlichen ist ein mehr oder weniger willkürlicher, eine Vollkommenheit, wie sie sich der Dichter gerne denkt und ausmalt und die er auf alle seine Figuren gleichmäßig vertheilt. Dadurch herrscht hier am meisten die Gefahr subjectiver Beimischung statt klar objectiver Auffassung des Gegebenen. – Doch ich breche ab und verweise auf meine Aufsätze.

II. Subjective Auffassung

Das entspricht ungefähr dem, was man »Manier« nennt. Die subjective Auffassung kann so vielartig sein, als die Subjecte; aber Gattungen der subjektiven Auffassung sind:
 Humoristisch;
 Satirisch;
 Elegisch;
 Idyllisch.
Die drei letzteren hat Schiller in der Abhandlung über naive und sentimentalische Dichtung dargelegt und geschieden. Das Idyllische kann sehr wohl objectiv sein, wenn die natürliche Einfachheit des Lebens naturwahr ist, wenn Verhältnisse, die der wirklichen Natur nahe und daher einfach sind, wahrheitsgetreu dargestellt werden. Aber subjectiv ist es, wenn die Idylle eine künstliche Form ist, ein Suchen nach der natürlichen Einfachheit bei Menschen aus complicirten Zeiten; immer zugleich halb elegisch, so wenn Werther homerische, patriarchalische Einfachheit sich herzustellen sucht.

Die subjective Auffassung kann geschehen nach allen drei Arten der objectiven Auffassung. Subjectiv idealistisch ist etwas Anderes als objectiv idealistisch. Es tritt ein, wenn Menschen sehr complicirter verkünstelter Zeiten nach natürlicher Einfachheit suchen: dies Ideal entspricht einer elegischen Sehnsucht nach einer entschwundenen Reinheit und sucht ein Höheres.

Das Merkmal der subjectiven Auffassung sind vielfach Reflexionen: der Dichter tritt gradezu persönlich hervor. –

Fünftes Kapitel: Äußere Form

Folgendes ist der Plan des fünften Kapitels:
  I. Die Grundformen der Darstellung.
  II. Die Dichtungsarten.
  III. Die Composition.
  IV. Sprache.
  V. Metrik.

Hierbei ist aber nicht Absicht, die Lehre von den Dichtungsarten zu erschöpfen, sondern wesentlich nur zu zeigen, in welchem Verhältniß diese zu den Grundformen der Darstellung stehen.

I. Die Grundformen der Darstellung

Ich weiß nicht, ob es mir gelungen ist, Alles was hierher gehört zu erschöpfen.

A. *Directe und indirecte Darstellung*

Vielleicht ist es allgemeiner, wenn ich sage: die Technik des Errathenlassens. Nämlich wo ich stark auf Selbstthätigkeit des Publicums rechne, kann ich das Interesse durch die indirecte oder symptomatische Darstellung erhöhen, indem ich die Ursache verschweige und sie aus Symptomen errathen lasse. Wo man nichts errathen läßt, ist die Darstellung direct. Ein Mittel indirecter Darstellung ist aber auch die Ironie.

1. Darstellung eines Charakters: sie erfolgt entweder durch directe Charakteristik, d. h. ich zähle die Eigenschaften auf, die jemand besitzt. Das geschieht gewöhnlich in der Historiographie, wo ein bedeutender Mann zu schildern ist. Wir arbeiten dann direct mit psychologischen Kategorien. Dies ist wissenschaftliche Charakteristik. Solche Charakteristik wird vielfältig auch in Romanen angewandt. Aber diese Form gilt jetzt nicht mehr für eine kunstvolle Darstellung. Man zieht die indirecte vor, bei welcher man aus Worten, Gesinnungen, Thaten gewisse Eigenschaften und so den ganzen Charakter errathen läßt. Der Autor bezeichnet also gar nicht direct,

und der Leser muß schließen – gerade wie wir im Leben verfahren, indem ein Jeder das Bild eines Menschen aus seinen Thaten, Worten, Neigungen sich entwirft. So also verfährt die heutige Poesie mit Vorliebe. Dabei kann noch der Unterschied sein, ob man den Charakter sich episch entwickeln läßt oder ob man dennoch eine zusammenfassende Charakteristik giebt, die nicht mit Eigenschaftswörtern operirt, sondern an Stelle einer directen Charakteristik eine Reihe von Thaten des Helden zur Übersicht stellt.

Man kann Beides vereinigen, indem man ein Bild des Charakters so entwirft, daß man die Eigenschaften nennt und Belege dafür angiebt; und das directe Aufzählen braucht nicht durch den Autor zu geschehen: der dargestellte Charakter kann über sich selbst Auskunft geben, oder andere Personen, die neben ihm auftreten, können diese Auskunft geben. Es wird etwa einem König ein Brief vorgelesen, in welchem seine Gesandten ein Bild entwerfen, während seine Botschaft andeutet, was für Thaten er erwarten läßt; in der Berathung lassen sich entgegengesetzte Meinungen vernehmen, bei denen ein Jeder offenbart, was er im Auge hat – durch That oder Wort. Diese Darstellung durch rein epische Mittel wird oft nur fragmentarisch gegeben, aber bei geschicktem Verfahren wird kein wesentlicher Zug fehlen.

2. Gefühle werden ebenfalls entweder direct ausgesprochen, oder man läßt sie errathen, z. B. aus Gebärden, aus Worten, welche nicht direct sagen, was das Innere birgt. Selbst ein Dichter, der von sich selbst spricht, kann in Form, Ton u. s. w. so andeuten, daß er nicht direct sein Inneres enthüllt; er kann sich durch seine Thätigkeit charakterisiren, wo er handelnd auftritt.

3. Auch Handlungen können direct oder indirect dargestellt werden. Man kann sie vielfach errathen lassen durch Beziehung auf verschwiegene Dinge, z. B. was im Drama als hinter der Scene geschehend gedacht ist, wovon bloß gesprochen wird. Meisterhaft verstehen es die Volkslieder, aus Reden Ereignisse errathen zu lassen. Ganze Menschenschicksale enthüllen sich aus dem Dialog. Die erste Strophe bringt ein Wort des Liebesgesanges, die zweite deutet den Abschied an, und in der dritten findet sich ein Wort, aus dem Untreue hervorgeht, in der vierten steht die treu Liebende auf der Warte... So kann aus einzelnen Worten indirect eine ganze Reihe von Handlungen herausgelesen werden.

B. *Fictionen*

Die Poesie bedient sich zuweilen conventioneller Annahmen, daß etwas möglich sei (das in Poesie Vorgeführte als wirklich vorausgesetzt), was in Wirklichkeit überhaupt nicht oder doch nicht in dieser Form möglich ist.

Es giebt einige Menschen, welche die Gewohnheit haben, laut mit sich selbst zu reden; die Poesie setzt im Drama voraus, daß alle Menschen diese Gewohnheit haben. Wenige Menschen haben die Gabe, sich selbst oder Andern gegenüber einen klaren Bericht über die Vorgänge in ihrer eigenen Brust zu geben; nur wenige wissen sich zusammenhängend über innere Zustände auszudrücken: die Poeten fingiren Beides.

Unter den Menschen, die die Gewohnheit haben, mit sich selbst zu sprechen, wird wohl niemand im Selbstgespräch sich Dinge vorsagen, die er längst weiß, oder vollends sich sagen, wer er selbst sei. Aber eine dramatische Technik, allerdings früherer Zeit, gestattet Eingangsmonologe, in denen das geschieht, wo die Personen sich selbst vorstellen. Auch Tieck hat sich das noch erlaubt. Es ist kindlich, wenn Einer gar erzählt: »Ich bin der wackre Bonifacius«, obwohl es ja vorkommt, daß jemand sich sagt: Ich bin ein famoser Kerl. Die Personen reden also eigentlich zum Publicum, das aber doch nicht mitspielt. Alles Reden zum Publicum ist ein Stören der Illusion, wie schon in alter Zeit Aristoteles bestätigt. Voraussetzung des Dramas ist, daß die Leute, die da spielen, unter sich sind, und daß nur ein guter Gott den Vorhang weggezogen hat, damit das Publicum zusehen kann.

Nur wenige Menschen pflegen sich im Leben eines bilderreichen gehobenen Ausdrucks zu bedienen. Niemand pflegt in Versen zu reden. Die Poesie fingirt vielfach Beides. Andere Richtungen, welche die strenge Wahrheit und Wahrscheinlichkeit anstreben, haben auch schon hierin sich zur Pflicht gemacht, bei einer getreuen Naturnachahmung zu bleiben. Daher griff man im 18. Jahrhundert zu den prosaischen Tragödien. Man kam davon zurück, als die Poesie wieder statt stricter Naturwahrheit eine idealische Welt zu schaffen suchte: der typische Realismus, ja der Naturalismus sogar findet hier für die Naturwahrheit gewisse Grenzen gezogen; nur darf kein Mißverhältniß hervorgerufen werden bei Vergleichung von Darstellung und Wirklichkeit. Der Grundsatz: jede Person nur reden zu lassen, was sie vermöge ihres Standes und Bildungsgrades wirklich sagen kann, ist wohl selten streng durchgeführt worden; am meisten noch im Lustspiel. Wie oft aber hören wir die Sprache des *Dichters,* gleichmäßig schön gehoben, im Mund aller Personen! Ein Dichter müßte sonst darauf verzichten, dichterisch zu reden, wo er nicht zufällig einen Dichter einführt. Man thut nur gut, jene Vergleichung von Darstellung und Wirklichkeit nicht zu stark herauszufordern, weil sonst die Illusion gestört wird.

Und für die Erzählung gilt dasselbe wie für das Drama. Die Erzählung sucht darin genau zu sein und nichts zu fingiren. Dennoch steht im ›Wilhelm Meister‹ manche bedeutende Rede, wie sie nur Goethe auszusprechen vermochte. Ist es aber nicht schön, auch auf Kosten der Natürlichkeit den Dichter sprechen zu hören? Ebenso herrscht eine gleichmäßig gehobene Sprache bei Shakespeare. So ist gerade in Deutschland eine Reaction eingetreten gegen allzu große Natürlichkeit; es ist ein Vortheil, wenn eine Poesie sich auf eine etwas höhere Stufe des Lebens erhebt.

C. *Aus der Lehre von den Zeichen*

Es ist dies eine Lehre, die Lessing in der Fortsetzung seines ›Laokoon‹ angedeutet hat. Er wollte die Bezeichnungsmittel der verschiedenen Künste näher prüfen und eine Scheidung zwischen willkürlichen und natürlichen Zeichen (Darstellungsmitteln) durchführen.

Was sind natürliche Zeichen? Dies sind nach Lessing Mittel der unmittelbaren Nachbildung; wo Wirklichkeit in nachahmende Kunst direct übertragen wird, da liegen natürliche Bezeichnungsmittel vor. Die Plastik arbeitet mit natürlichen Zeichen nach Form der Dinge, nicht nach Farbe. Ebenso die Malerei nach Farbe der Dinge, nicht nach Form. Bemalte Plastik, bemalte Holzschnitzerei bildet Form und Farbe nach; beide aber unbeweglich. Und die Plastik ahmt die Farbe, die Malerei die Form nur indirect mit willkürlichen Zeichen nach.

Poesie, sofern sie mit Sprache operirt, hat nur willkürliche, nur künstliche Zeichen, denn die Verbindung zwischen dem Wort und der dargestellten Sache ist für uns willkürlich; ob für den Ursprung der Bezeichnungsweise, ist hier gleichgiltig. Das Wort wird Darstellung gewiß nur für Diejenigen, die mit der Bedeutung der willkürlichen Zeichen vertraut sind. Die Sprache ist nicht entstanden durch Willkür, sondern durch Nothwendigkeit; aber nur in den seltenen Fällen der Onomatopöie glauben wir noch einen Zusammenhang zwischen Wort und Gegenstand zu erkennen. Trotzdem sind in der Sprache Möglichkeiten natürlicher Beziehung, unmittelbarer Nachbildung. Z. B. das Nacheinander der Handlung wird durch Nacheinander der Darstellung wiedergegeben. Näheres im vierten Abschnitt.

Größentheils also arbeitet die Poesie doch mit willkürlichen Zeichen, soweit sie sich der Sprache allein bedient. Aber wenn die Poesie zum *Drama* wird, da ist Alles natürliches Zeichen: Rolle; da wird die Poesie die directeste, vollständigste nachahmende Darstellung, die es überhaupt giebt. Auch die Bewegung wird ganz direct wiedergegeben. Und die Worte sind Darstellung der Reden, wie sie von Menschen in Wirklichkeit geführt werden. Das Drama ist also in allen seinen Theilen Darstellung mit natürlichen Zeichen. Deshalb steht das Drama im Mittelpunct der Poesie.

Die Schauspielkunst, ihr Stil, ihre Fictionen, wie weit Illusion erstrebt wird, und welche Möglichkeit vorhanden ist, sie zu erreichen, das müßte Alles in der Lehre vom Drama näher zur Sprache kommen.

Auch die Declamation wirkt nachahmend durch Tempo, Stärke, begleitende Mimik.

D. *Die Arten der Rede*

Die Poesie ist lebendig zu denken, wie schon im 1. Kap. verlangt, also als lebendige Rede. Wir fragen, wie die Rede sich darstellt:

Erster Eintheilungsgrund. Die Rede – im wirklichen Leben oder in poetischer Fiction – ist entweder einsame Rede, in der Poesie zuweilen fictive Vertretung einsamen Denkens; oder Rede zu Andern oder zu einem Andern: sofern der oder die Andern bloß Zuhörer sind und selbst schweigen, ist es Vortrag; sofern Antwort erfolgt, ist es Gespräch, Dialog. Danach:
1. Monolog;
2. Vortrag;
3. Dialog.

Die Poesie darf auch mehrere Personen zugleich sprechen lassen, fingiren, daß mehrere Personen gleichzeitig dasselbe sagen: Chorrede.

Monolog und Vortrag sind natürlich nahe verwandt, sofern nur Einer redet. Aber ob der Eine für sich oder für Andere redet, ist doch ein tiefer Unterschied. Ich wies oft darauf hin: der Andere genirt; er fordert Rücksichten, Überlegung, wie man es am besten macht, um zu überreden, zu überzeugen, zu unterhalten. Mit dem Andern ist ein Publicum vorhanden, und hier treten alle Forderungen des Publicums ein.

Für den Dialog ist die Anzahl der Zuhörer gleichgiltig: complicirtere Formen sind eben zurückzuführen auf den Dialog zu Zweien.

Die Grenzen zwischen Vortrag und Dialog können ebenfalls fließend sein: der Redner kann eine Frage in das Publicum werfen, worauf Antwort erfolgt; der Redner kann seinen Zuhörern den Eindruck ablesen, in Mienen und Gebärden, Beistimmung und Widerspruch – was beides für ihn bestimmendes Moment der Fortführung werden kann. Es mögen auch Zurufe, Beifall, Murren, directe Unterbrechungen, Einwendungen erfolgen. Alles wird Moment der Fortführung – aber auch Übergang im Dialog.

Dialog also in der Urform ist Unterredung von Zweien. Schemata: die Beiden sind einverstanden oder sie sind es nicht.

Einverstanden: der Eine behauptet, der Andere stimmt bei; der Andere nimmt dem Ersten das Wort aus dem Munde und setzt seine Gedanken fort; Jeder bringt von seiner Seite etwas bei, um dieselbe Meinung zu bekräftigen.

Nicht einverstanden: Erörterung, Streit, Discussion; dies ist eine günstigere Form für poetische Wirkung, weil Conflict und damit spannende, erregende Momente gegeben sind.

In diese Schemata ist beinahe Alles zu fassen. Ein Bote, welcher kommt und berichtet: das ist eigentlich nicht Dialog, sondern Vortrag. Frage und Auskunft; die Antwort kann auch zum Vortrag werden; es redet eigentlich nur Einer, der Andere hat nur Eindrücke, entweder freudige (einverstanden) oder schmerzliche (nicht einverstanden).

Freilich giebt es unzählige Übergangsformen, die man durch Classification des Vorhandenen erforschen müßte. Die Technik des Dialogs bei Plato, Lucian, Erasmus, Hutten, Shakespeare u. s. w. wäre zu untersuchen.

Zweiter Eintheilungsgrund. Der Redner kann in eigenem Namen sprechen oder in einem fremden, und zwar entweder in einer Maske oder Verkleidung, hinter der er er selbst bleibt, sich nur versteckt, aber erkannt werden will – oder in einer Rolle, in fremdem Namen, sich selbst ganz verläugnend. Z. B. Goethe unter der Maske des Hatem will erkannt sein; Goethe in der Rolle der Suleika will nicht erkannt sein: indem er ein Suleika-Lied verfaßt, läßt er die Geliebte reden, und in der That sind mehrere Suleika-Lieder von Frau v. Willemer gedichtet. Zahllose Poeten des 17. Jahrhunderts nehmen Hirtencostüm an: das ist Maske, sie wollen als Opitz, Rist u. s. w. erkannt sein. Dagegen der Dramatiker verschwindet vollständig hinter der Rolle, die er schafft, und wenn er selbst mitwirkte als Schauspieler, würde er sich doch verläugnen.

Also: der Dichter redet a) im eigenen Namen;
b) in einer Maske;
c) in einer Rolle.

In der Lyrik ist es manchmal nicht leicht, ja oft ganz unmöglich, zwischen Maske und Rolle zu unterscheiden. Und selbst ob im eigenen Namen, ist nicht immer zu sagen.

Dritter Eintheilungsgrund. Der Redner kann:

α) allgemeine Betrachtungen anstellen, die völlig zeitlos sind;
β) von Vergangenem reden;
γ) von Gegenwärtigem;
δ) von Zukünftigem prophezeihen;
ε) wünschen;
ζ) auffordern.

Die Kategorien stimmen, wie man sieht, mit bekannten grammatischen Kategorien aus Tempus- und Moduslehre überein. Aber sie sind doch nicht identisch: präterital ohne Scheidung der vollendeten und eintretenden Handlung, des Perfectums und des Aorists; die vollendete eher präsentisch, weil die vollendete Handlung unter Umständen als gegenwärtig dargestellt wird; futurisch; optativisch; imperativisch. Die bloße Möglichkeit, der Potentialis, kann man unter α) rechnen; sie spielt in der Poesie eine geringe Rolle. Auch ε) könnte man unter die zeitlosen zu α) setzen.

Vierter Eintheilungsgrund. Ob der Dichter von sich oder von Anderen redet, oder fingirt, daß ein Anderer von sich redet.

II. Die Dichtungsarten

Es kommt hier darauf an, das Verhältniß der Dichtungsarten zu den Arten der Rede zu erforschen und festzustellen. Schwierigkeit macht dabei hauptsächlich die Lyrik, für die es nichts Einheitliches giebt, als daß sie früher stets für den Gesang bestimmt und im ganzen auch heute noch immer sangbar gehalten wird. Es treten aber manche große Unterschiede in den Arten der Rede ein, durch welche

Vieles von der Lyrik abgezogen und näher an andere Dichtungsarten herangerückt wird.

Zunächst sprechen wir von den bestimmten, ihrem Charakter nach unzweifelhaften Dichtungsarten.

Die *epischen* Dichtungsarten sind dadurch absolut festbegrenzt, daß sie der Art der Rede nach als Vorträge aufgefaßt werden müssen, als Vorträge, die von Vergangenem handeln und in denen der Dichter in der Regel im eigenen Namen redet, nicht in Maske, nicht in Rolle – obgleich an sich möglich wäre eine Figur einzuführen, welche dann die Erzählung vortrüge; aber selbst diese würde im eigenen Namen reden. Er kann aber dann entweder von sich oder von Andern erzählen.

Hier ist natürlich wieder dies das ursprüngliche Verhältniß: lebendige Rede; die Zuhörer im Kreise; der Redner spricht zu ihnen. Dies Natur- und Grundverhältniß tritt auch vielfach litterarisch hervor: durch die Anrede »Ihr«; durch die Betheuerung der Wahrheit (mittelhochdeutsch): daz ich iu sage daz ist wâr; auch als Berufung auf Zeugen (althochdeutsch): ik weiz, ik gihôrta; oder die Trinkforderung im ›Salomo und Morold‹: der leser, der ein trinken haben will. – Aus diesem alten natürlichen Grundverhältniß ergiebt sich nun, daß die Forderung, der Redner, der Dichter der epischen Erzählung, solle vollständig verschwinden, ungerechtfertigt, weil gegen die Wahrheit der Dinge ist. Er redet ja, er weiß davon, es steht bei ihm, was er uns mittheilen will. Die neuerdings beliebten Einkleidungen ändern nichts an der Sache. Es hängt freilich von dem Erzähler ab, wie weit er sich einmischen will; er thut es aber überall. Wo ein Urtheil ausgesprochen wird, da erscheint er: zu dem Wissen tritt die Meinung. Wo er irgend ein Epitheton beifügt: der edle, herrliche u. s. w., tritt der Dichter hervor, und so auch Homer selbst. In jedem epitheton ornans erscheint der Dichter; und es ist also ganz falsch, wenn man sich hierfür auf Homer beruft. – Wirklich verschwinden muß der Dichter im Drama, wo er ja auch gar nicht erscheinen kann; hier könnte ja höchstens eine auftretende Person von einer kommenden Figur dergleichen sagen. – So ist es an sich auch durchaus erlaubt, daß der epische Dichter selbst Reflexionen einmischt, und didaktische Elemente einfügt; das ist eben nichts Anderes, als wenn die Personen, die er auftreten läßt, didaktische Äußerungen thun. Auch die subjective Auffassung (s. »Innere Form«) hat dadurch besonders viel Raum, daß eben die Einmischung der Person des Dichters erlaubt ist; und darauf ruht ganz Ursprung und

Möglichkeit des humoristischen Romans bei Sterne und Jean Paul. Aber gewiß ist dies ein Kennzeichen verschiedenen Stils und deshalb darauf zu achten, wie weit und in welcher Form der Dichter sich einmischt, wie stark er sich durch Epitheta, durch Reflexionen u. s. w. geltend macht. Das ist wohl wichtig für die Art der Erzählung; aber ein bestimmtes Gesetz hierüber existirt nicht. Er giebt hier kein Soll, keine allein seligmachende Form des Epos. –

Es müssen noch andere Unterscheidungen erwähnt werden. Wir scheiden:

Kleine und große,

Poetische und prosaische Erzählungen.

Zu den kleinen poetischen Erzählungen gehören die epischen Lieder des 9. und 10., die Volkslieder des 15. und 16. Jahrhunderts; zu den kleinen prosaischen die prosaischen Novellen und Schwänke.

Zu den großen: das große Epos. Aus kleineren epischen Liedern entwickelt sich fast regelmäßig die volksthümliche Epopöe; dabei wird wohl immer nur Ein Vortrag auf einmal recitirt, weil das Publicum nicht den des Ganzen auf einmal auszudauern vermag. – Neben dem volksthümlichen Epos stehen die Kunstepopöen. – Die Epopöe in Prosa ergiebt den Roman.

Es kommen zur kleinen Erzählung hinzu: das Märchen, denn dies ist nichts anderes als Novelle; die Idylle; die Allegorie als erzählende Dichtungsart; die Fabel und Parabel – beides Erzählungen mit starker Beimischung von Didaktik. Die Parabel braucht nicht unbedingt episch zu sein; aber sie ist es in der Regel.

Zu den kleinen Erzählungen gehören aber auch: Balladen und Romanzen, was man wohl als episch-lyrisch bezeichnet – durchaus nichts anderes als kleine Erzählung, nur sangbar, in gebundener Rede, oft in Strophen.

Und nun ist es für diese Dichtungsart ganz gleichgiltig, ob der Dichter von Andern oder von sich erzählt. Erzählt er von sich, von einer Begebenheit, die er selbst erlebte, so ist es ganz gleich, ob von einer Begegnung mit der Geliebten, Besuch und Abschied, oder sonst einer Liebesepisode, oder vielleicht von einer Reise: es bleibt immer eine kleine Erzählung und ist ins epische Fach einzureihen. Nur daß das Persönliche dabei leicht einen größeren Raum gewinnt, daß sich eine Reflexion, eine Schilderung des Zustandes aus der Gegenwart anschließt, oder daß etwa davon ausgegangen wird. Das ist aber bei der Epopöe auch möglich, so im Eingang von Goethes ›Ewigem Juden‹, der auch höchst persönlich anfängt. Unzählige Liebeslieder sind demzufolge nichts Anderes als kleine Erzählungen und durchaus nur so anzusehen, sind aus der Lyrik in das Epos zu übernehmen. Es geht also ein großes Stück Lyrik da ab und tritt zur Epik hinzu. Dies ist eine nothwendige Vorbedingung zur Erkenntniß der Lyrik. Alles Epische ist auszuscheiden und wenn sich auch Gegenwärtiges einmischt: das kann auch bei Erzählung der Fall sein. Das Epische mag allerdings mit »lyrischen« Elementen versetzt werden. Denn die ganze neuere Theorie, wie sie namentlich Spielhagen aufgestellt hat, bekämpfe ich: daß eben der Epiker ganz verschwinden müsse hinter seinem Gedicht. Jedes Liebeslied mit Bezug auf die Vergangenheit ist als Vortrag über Geschehenes episch.

Indessen unser Sprachgebrauch ist bei kleinen Erzählungen in Strophen geneigt, wenn der Dichter von sich redet, es ein Lied zu nennen, wenn er von Andern redet, eine Ballade.

Die Stufen, die Maße der Länge sind dabei recht wesentlich – ich meine bei der gesammten epischen Dichtart; schon der ganze Unterschied zwischen großer und kleiner Erzählung; Namentlich das Verhältniß von Länge zu Inhalt, von Länge des Gedichts zur Länge der Zeit, welche durchlaufen wird im Gedichte. Ein kurzes Gedicht, das über viele Jahrhunderte weggeht, wird schon springen müssen. Ein langes, das an einem Tag beginnt und endigt, kann sich ausbreiten. Die starke Ausbreitung im kleinsten Zeitraum, wie in ›Hermann und Dorothea‹, erfordert die höchste Kunst. Das sind die Extreme: dazwischen liegt Vieles.

Auch in der Erzählung kann natürlich die Form des Dialogs auftreten; und in der Art, wie die redenden Personen eingeführt werden, herrscht eine große Verschiedenheit. Heinrich von Kleist z. B. findet es richtig, bloß indirecte oder fast bloß indirecte Rede in seine Novellen einfließen zu lassen. Ferner ist es ein alter Unterschied, ob die Redner ausdrücklich eingeführt werden, oder ob man sie errathen muß.

Über die Technik der Erzählung handelt Spielhagen an verschiedenen Orten; er hat hauptsächlich den Roman im Auge. Dergleichen ist sehr lehrreich. Ferner Heinzel, Beschreibung der isländischen Saga (Wiener Sitzungsberichte 97, 107).

Romane in Briefen sind eine besondere Form für sich und fallen eigentlich in die Abtheilung der Briefe. –

Ebenso bestimmt ist andererseits das *Drama* charakterisirt. Der Dichter redet nur in Rollen, und zwar in einzelnen Personen durch Rollen; er verschwindet vollkommen und Alles ist immer nachahmende Darstellung des Gegenwärtigen; auch wenn Vergangenes erzählt wird, ist es als gegenwärtig dargestellt. Das Drama verwendet alle Formen der Rede: Monolog, Dialog, Vortrag.

Daran schließen sich nun aber weiter an als eine halbdramatische Gattung, sofern der Dichter in Rollen spricht, eine Rolle durchführt: die Rollenlieder der Lyrik. Ferner die Dialoge der Lyrik, überhaupt alle Dialoge, höchstens modificirt dadurch, daß der Autor sich selbst einführt als einen der Unterredner, sich selbst ausdrücklich nennt: »ich«, oder in einer andern Maske auftritt.

Im Drama verschwindet der Autor völlig. Selbst wenn Goethe im Vorspiel zum ›Faust‹ den Dichter einführt, so kann nicht bestimmt behauptet werden, daß das er selbst sei, eher, wenn in der ›Zueignung‹ wirklich gesprochen wird. –

Was bleibt nun von *kleinen Gattungen*?

Das Sprichwort – entweder zeitlos
    oder erzählend: ein einzelner Fall.
So besonders das apologische Sprichwort: »sagte dieser«, »sagte jener.« Höfer, Wie das Volk spricht (Stuttgart 1885).

Die Gnome: ebenfalls zeitlos oder erzählend.

Das Lehrgedicht: Vortrag.

Das Räthsel: halb dialogisch, weil es Einen, der es aufgibt und Einen, der es löst, voraussetzt.

Das Epigramm kann die verschiedenartigsten Formen tragen. Es kann erzählend sein, kann gegenwärtig sein, d. h. etwas Gegenwärtiges erläutern u. s. w. Über das Epigramm ist wenig gehandelt. Hier müßte einmal gründliche Durchmusterung einiger großer Epigrammensammlungen eintreten. Bei Lessing ist Vieles mit behandelt, was gar nicht Epigramm ist.

Epigramm als Invective ist im 17. Jahrhundert verkürzte Satire genannt worden. Aber die Invective ist älter als die Satire: uralt ist das Spottlied.

Das Spottlied kann wieder episch sein, ja wird es meist sein in der alten Zeit: Erzählung komischer Thatsachen, die einem Menschen begegnet sind. Später auch präsentisch, gegen Zustände polemisirend.

Das Loblied kann ebenso entweder historisch oder auch präsentisch sein.

Trauerlieder desgleichen; episch.

Lieder der Aufforderung und des Wunsches: Hymnen, Gebete; flehende, wünschende Liebeslieder. Ferner Mahnungslieder, die gleichsam Reden an die Masse sind, predigtartig, zum Guten, zu

Thaten ermunternd, zu Gesinnungen führend, tröstend, zur Freude auffordernd.

Zustandslieder: einen gegebenen Zustand abspiegelnd, sei es eine einzelne Situation, sei es Übersicht des Zustandes, und dann durch mehrere Situationen hindurchführend.

Das ist eine specifisch lyrische Sphäre, wo in Monolog oder Chorlied (oder Cantate) und im eigenen Namen Gegenwärtiges ausgesagt oder Künftiges gewünscht wird: wenn bei der Aussage von Gegenwärtigem und bei Wünschen der von Zukünftigem Redende von sich selbst spricht, von sich und seinen Zuständen aussagt oder seine Wünsche formulirt. Dies ist das Hauptgebiet der Lyrik: das Lied in der Welt der Wünsche, in Gegenwart und Zukunft.

Wogegen Gebet, Aufforderung etwas Dramatisches, Dialogisches haben; ebenso der Brief (Epistel, Heroide), der natürlich in sich sehr episch werden kann.

Und wogegen eine Prophezeihung etwas Episches hat: Künftiges, das sich hinter einander vollzieht, wird vorhergesagt; das ist im Grunde dasselbe, wie wenn von Vergangenem gesprochen wird.

So ist streng zu scheiden. Das eigenste Gebiet der Lyrik ist wesentlich die Abspiegelung eines Zustandes, wie er vorliegt, oder wie er mit Wünschen sich für die Zukunft vorbereitet.

III. Die Composition

Es ist schwer, hier allgemeine Grundsätze aufzustellen. Nur dieser eine Grundsatz steht fest aus dem Princip der Klarheit und Verständlichkeit, daß nichts gesagt werden darf, wozu dem Publicum die Voraussetzungen fehlen. Doch auch dies erleidet Einschränkung: Verschweigen zum Behuf der Spannung ist erlaubt; eine Einzelheit, an sich verständlich, aber noch nicht dem Zusammenhang nach, wirkt als spannendes Moment. Dann darf also eine kleine Weile verschwiegen werden; aber man muß damit sehr vorsichtig sein und schon ahnen lassen, wie dies sich abwickelt. Denn die Beziehung eines jeden Factums zu dem Hauptmotiv ist zu eng, als daß man darin leichtsinnig vorgehen dürfte.

Die Frage: wo anzufangen? muß der Dichter nach Zweckmäßigkeit beantworten. Nicht immer: vom Anfang an. Sondern sehr oft in der Mitte: dann muß zurückgegriffen werden. Häufig ist dies ein Mittel um größere Einheit, z. B. der Zeit, herzustellen. Ja für das

Drama ist das ganz unumgänglich; es sollte schwer werden, den Helden als Baby dramatisch einzuführen, mit dessen Tod das Stück schließt. Wiederum ist dies zugleich ein Mittel der Spannung, in der Mitte anzufangen: indem manches erst nachträglich aus der Vergangenheit zu Tage kommt, das in seinen Wirkungen schon zu merken war.

Ein wichtiger Theil der Composition ist die Exposition, und sie spielt keineswegs bloß für das Drama, sondern fast in aller Poesie eine Rolle. Es müßte wenigstens besonders untersucht werden, in welchen Fällen Exposition nicht nöthig. Im Gelegenheitsgedicht ist sie überflüssig: diese Gelegenheit ist jedermann gegenwärtig. In vielen Epigrammen kann die Exposition entbehrt werden, wenn sie wirklich auf dem Gegenstand stehen, dem sie gelten; aber wenn sie im Buch erscheinen, muß dies durch Überschrift hinzugefügt werden. Und so vertreten häufig die Überschriften, zuweilen schon die Büchertitel die Exposition.

Eine allgemeine Regel ist, daß Steigerung günstig wirkt. Diese Empfehlung der Steigerung ergiebt sich aus der Lehre vom Publicum, speciell von der Aufmerksamkeit. Das Theaterpublicum ist im Anfang williger Thatsachen hinzunehmen, gegen Ende hin schwieriger zu fesseln: und gegen Ende hin herrscht auch mehr Ungeduld, fertig zu werden; deßhalb muß die Handlung rascher verlaufen.

In der Lyrik ist es ein wesentlicher Unterschied, ob der Eingang ausgebildet wird, wie im deutschen Volkslied des 14. und 15. Jahrhunderts; oder ob eine Schlußpointe gesucht wird, wie in der galanten Lyrik des 17. Jahrhunderts. Dort ist die Meinung: vor allem gewinnen! hier ist Steigerung erwünscht, Spannung auf den Schluß; dort auf Melodie gerechnet, hier im allgemeinen eine Lesepoesie gemeint.

Hier schlägt die Betrachtung von Goethe zur Lehre von der Composition im Aufsatz über epische und dramatische Dichtung (Hempel 29, 224) ein:

»Der Motive kenne ich fünferlei Arten:

1. Vorwärtsschreitende, welche die Handlung fördern; deren bedient sich vorzüglich das Drama.

2. Rückwärtsschreitende, welche die Handlung von ihrem Ziel entfernen; deren bedient sich das epische Gedicht fast ausschließlich.

3. Retardierende, welche den Gang aufhalten oder den Weg verlängern; dieser bedienen sich beide Dichtarten mit dem größten Vortheile.

4. Zurückgreifende, durch die dasjenige, was vor der Epoche des Gedichts geschehen ist, herausgehoben wird.

5. Vorgreifende, die dasjenige, was nach der Epoche des Gedichtes geschehen wird, anticipiren; beide Arten braucht der epische, sowie der dramatische Dichter, um sein Gedicht vollständig zu machen.«

Als selbstverständlich ist dabei übergangen: der Unterschied zwischen Hauptmotiven und Nebenmotiven, was aber doch gerade sehr wichtig. –

Zur Lehre von der Composition gehört auch die Frage: durch welche Mittel wird die nöthige Abwechselung erzielt?

Am schwierigsten ist hierin das Drama, weil hier die Forderung am gebieterischsten, weil hier die selbstthätige Arbeit der Phantasie am wenigsten angeregt wird. Zum Theil hängt das wieder vom Schauspieler ab: sie sollen nicht zu viel unbeweglich dastehen, und sie müssen sich deshalb die Methode der Abwechslung oft allein ausdenken oder der Regisseur giebt sie an: Wechsel des Standortes, Wechsel zwischen Stehen, Sitzen, Gehen. Zum Theil ordnet auch schon der Dichter dergleichen an, indem er sie immer beschäftigt zeigt. Der Dichter schreibt z. B. Essen vor: für das Lustspiel außerordentlich dankbar. Oder was mit den Händen geschieht: da kann man auf dem Théâtre français die wunderbarsten Sachen sehen. Der Eine ist mit dem Spazierstock gekommen, und dieser Spazierstock wandert mechanisch hin und her zwischen Beiden ...

Doch von der Darstellung abgesehen! Im Drama selbst haben wir:

1. Abwechselung im Stoff, die keiner weiteren Erläuterung bedarf. Bei der ersten Ausbildung des Stoffs muß auf Motive gedacht werden, die Abwechselung hineinbringen.

2. Abwechselung in der Form, d. h. zunächst in den Personen und ihrem Auftreten, in der Art der Rede: schicklicher Wechsel zwischen Monolog und Dialog; keine Häufung von Monologen. In der Oper wird das besonders deutlich: Wechsel zwischen Ensembles, Duetten, Terzetten, Quartetten, Solostücken. – Dagegen wird im Drama die äußere Form weniger gewechselt; Wechsel z. B. im Metrum wirkt nicht günstig. Doch ist das oft versucht worden: Wechsel zwischen Prosa und fünffüßigen Jamben; vielfältig andere Metra. Bei Schiller noch selten: in der ›Jungfrau‹ Trimeter; ›Braut von Messina‹; auch bei Goethe in der ›Iphigenie‹ an Stellen lyrischer Stimmung. Bei den Romantikern stark, besonders bei Zacharias Werner. Es

scheint, als ob das mehr eintönige Gewand der fünffüßigen Jamben festzuhalten sich empfehle.

Ebenso ist nun aber die Abwechselung auch im Roman günstig. Nicht zu viel Situationen, wo der Held allein sein Schicksal überschlägt; eine schickliche Abwechselung zwischen Handlung und Reden; nicht zu viel von Einer Art; und namentlich nicht zu viel Reden. Der Handlung kann fast nicht zu viel werden; es müßte denn ein Übermaß von Buntheit eintreten und das Aufregende gar zu sehr gehäuft sein, zu viel athemloses Fortstürmen ohne Momente des Ausruhens, so daß man ermüdet und die Effecte sich gegenseitig todtschlagen.

So viel über die Frage der Abwechselung. Ferner muß die Frage der Einheit und Folge hier wieder behandelt werden, weil es sich jetzt um die Mittel handelt, dieselbe herzustellen. Hauptsächlich wichtig ist ein schickliches Verhältniß zwischen Haupt- und Nebenmotiven. Aber wie immer giebt es auch hier keine allein seligmachende Form. Auch hier verschiedene Möglichkeiten: straffere Einheit, losere Einheit. Jene in Tragödien von französischem Bau, diese bei Shakespeare: Doppelhandlung wie im ›König Lear‹.

Losere Einheit also z. B., wo Episoden sich verhältnißmäßig stark ausbreiten, wo Nebenfiguren große Bedeutung gewinnen; so Gawan in Wolframs ›Parzival‹ absichtlich, dagegen Rudolf in Grillparzers ›Ottokar‹ vielleicht nicht absichtlich: verfehlt, daß der Gegenspieler eine gute Sache zu vertreten scheint. Die Schwierigkeit der Einheit ist eben dann recht groß, wenn die Hauptfigur einen bedeutenden Gegenspieler hat, wie in ›Maria Stuart‹: Schiller mußte Elisabeth so drücken, daß sie Nebenperson bleibt.

Losere Einheit ist auch dann vorhanden, wenn mehrere Handlungen, die nach einander folgen, nur durch die Einheit des Trägers zusammengehalten werden: eine Art biographischer Composition. Auch im Roman vertreten solche Compositionen eine lockere Einheit. –

IV. Sprache

Wir haben von der Sprache schon gehandelt in der Lehre vom Publicum: unter 4. »Aufmerksamkeit und Spannung« und besonders d) »Leichtigkeit der Auffassung«; ferner Kap. 5, I. c) »Aus der Lehre von den Zeichen«.

Verhältnißmäßig geringere Wichtigkeit hat die Sprache im Drama, der Handlung gegenüber; so ist z. B. Grillparzer ein sehr guter Dramatiker trotz seiner Schwäche in der Sprache. Aber die Sprache gehört immer zu den ästhetischen Hilfen.

Vgl. Lessing im ›Laokoon‹ Abschnitt 16 und 17 (Hempel 6, 38f.) und die Entwürfe (S. 307f.); dazu Marty, Die Frage nach der geschichtlichen Entwicklung des Farbensinns (Wien 1879) S. 130f.

Lessing hat auch die beschreibende Poesie bekämpft. Es wurde schon oben bemerkt, daß beschreibende Poesie allerdings möglich sei, d. h. man kann die im Raum coexistirenden Züge nacheinander anführen, wie das Auge allmälig darüber schweift – aber wenn das Gesammtbild entstehen soll, so setzt dies voraus, daß ich als Publicum gleichsam innerlich male, die Züge auf eine Fläche eintrage – was ein starkes und dafür geschultes Gedächtniß erfordert und eine geordnete, darauf gerichtete Thätigkeit, kurz Anstrengung des Lesers, nicht Genuß. Diese Arbeit leisten wir ungern. Wie ungern lesen wir die langsamen, gründlichen Eingänge und Personalbeschreibungen des Walter Scott! Ich selbst bin immer ungeduldig, wenn ich Dramen lese und erst eine Beschreibung des Schauplatzes studiren soll – ich denke wohl auch ohne das folgen zu können.

Der Dichter wetteifert in solchen Beschreibungen mit dem Maler und kann ihn nicht erreichen, während er, wenn er nicht Körperliches, sondern Seelisches ausdrückt, ein eigenstes Gebiet hat, wo er dem Maler weit voraus ist. Und nicht bloß das Seelische, sondern ebenso die Bewegung, und beides oft verbunden: eine körperliche Bewegung und ihr seelisches Motiv.

Lessing hat nur Ein malerisches Beiwort zulassen wollen und sich auf Homers Praxis berufen. Nicht ganz mit Recht (vgl. Marty S. 145); z. B. ›Ilias‹ 12, 294f.: »den Schild von gerundeter Wölbung, schön gehämmert aus Erz, den prangenden, welchen der Wehrschmied hämmerte, wohl inwendig gefügt aus häufiger Stierhaut, Stäbe von lauterem Gold, langreichende, rings um den Rand hin.« ... Aber man muß das Einzelne erwägen: die Form des Schildes ist dem Publicum bekannt, also durchs Wort eine körperliche Vorstellung sofort gegeben; ungefähr auch die Zusammensetzung der Arbeit aus Erz, Stierhaut und Goldstäben – der Dichter explicirt nur eine bekannte Vorstellung, indem er Züge wie »schön prangend«, »häufig«, »langreichend« beibringt, nicht ohne Vorstellungen der Thätigkeit (»hämmern«, »fügen«). Hier ist die Mühe des Eintragens auf eine Fläche die denkbar geringste. Unserem Gedächtniß wird nichts zugemuthet.

So auch bei Beschreibung eines Gesichts; die allgemeine Configuration ist bekannt: große Nase, großer Mund, buschige Augenbrauen. Auffallende Eigenschaften stellen wir uns ohne Mühe vor, z. B. eine hohe oder auffallend niedrige Stirn – es muß nur nicht zu viel werden. Jedoch wenn man sich an die Haupttheile hält, so ist das nicht schwer aufzufassen.

Aber es kommt hinzu: einen großen Mund vorzustellen macht mir keine Mühe; welcher Unterschied aber, wenn es heißt: »er verzog seinen großen Mund zu einem unschönen Lachen« – durch diese Verbindung mit der Handlung prägt es sich ganz anders ein!

Oder: »rother Mund« – das ist ohne Schwierigkeit vorzustellen. Aber »ihr rother Mund, der so minniglich lachet« bei Walther von der Vogelweide – um wie viel lebhafter wirkt dies! Hier schwebt jedem gleich der Kuß vor. Bewegung ist Zeichen des Lebens; hinter dem, was sich bewegt, setzt man Seele voraus. Was sich bewegt, erweckt etwa eine Art Sympathie. Es ist eine Erfahrung, daß in einem Landschaftsbild am meisten ein Vogel, der fliegt, ein Reiter, der reitet, auffällt. Der rothe Mund lächelnd, als Ausdruck der Liebenswürdigkeit, ist eine *reichere Vorstellung,* als der bloße rothe Mund: hier wirkt das Princip der ästhetischen Hilfen. Die bloße Versicherung der Liebenswürdigkeit würde eben auch nicht stark wirken ohne das sinnliche Bild. Beides zusammen unterstützt sich, das Körperliche und Psychologische, beide zusammen wirken mehr, als jedes für sich. Auf das erstere, Unterstützung des Körperlichen durchs Ethische, reducirt sich Martys Satz (S. 148): die Vorstellung vom Psychischen habe unter sonst gleichen Umständen mehr Werth, als die vom Physischen. Mit Psychischem ist eben immer stärkere Sympathie, reichere Anregung der Phantasie verbunden.

Halten wir fest: Lebhaftigkeit ist das Günstigste, und Handlung ist immer lebhafter, als ruhende Eigenschaft.

Verweilen wir noch einen Augenblick: so wie es möglich ist, leichtfaßliche körperliche Eigenschaften an einander zu reihen, so lassen sich auch Landschaftsbilder entwerfen; namentlich von einer Person der Erzählung aus, mit deren Augen wir gleichsam schauen, mit der wir uns orientiren, so daß uns nach und nach das Bild klar wird; wieder aber darf es nicht überladen sein.

Das *Nacheinander* ist das Orientirende! Hierin steckt schon ein natürliches Zeichen! Directe Nachahmung des wandernden, nach und nach um sich greifenden Blicks; ihm folgt die Schilderung. Das Nacheinander der Sprache ist eine directe Nachahmung des Nacheinanders der Handlung; eine Nachahmung der Wirklichkeit: wie man sich orientirt.

Es kommt noch hinzu: wenn wir in einem Busch ein nacktes schlafendes Weib entdecken, so können wir eher eine Beschreibung ihrer Reize ertragen, als wenn uns zugemuthet wird, im Augenblick, wo zwei Menschen sich erblicken und auf einander losstürzen, wo nun nothwendig etwas geschehen muß, uns noch für ihre Kleider und ihre Physiognomien zu interessiren. Nur wenn man nun fragte: was läßt sich aus ihren Zügen schließen – das würden wir mitmachen.

Wo im epischen Verlauf Betrachtung eintritt, da machen wir sie ebenfalls mit. So z. B. Verbindung von Körperlichem und Ethischem durch Physiognomik. Wieder ein Schlafender! oder Einem wird ein Frauenbild in die Hand gegeben: er ist gerührt, betrachtet es, sieht das Einzelne und sucht es physiognomisch zu deuten – das kann eine gute Einleitung, Exposition, Vorbereitung für diese Frau sein, ehe sie auftritt.

Hiernach sind wir wieder auf dem Gebiet der natürlichen und willkürlichen Zeichen.

Es wurde schon constatirt: das Nacheinander ist directe Nachbildung, natürliches Zeichen.

Auch der *Rhythmus* kann natürlich bezeichnende Kraft haben: galoppirender Rhythmus für Galopp, rasche Tempi der Betrachtung u. s. w. Vollends lebendige vorgetragene Poesie kann dazu dienen.

Auch die *Declamation*: Betonung. Lautes laut, Leises leise. Tempo...

Außerdem rechnet Lessing noch dazu Onomatopoiie und Interjectionen.

Lessing fügt aber gleich etwas ganz Anderes hinzu (Hempel 6, 308, ausgeführt von Marty S. 140f.): »Die Poesie hat ein Mittel, ihre willkürlichen Zeichen zu dem Werthe der natürlichen zu erheben, nämlich die *Metapher*. Da die Kraft der natürlichen Zeichen in ihrer Ähnlichkeit mit den Dingen besteht, so führt sie statt dieser Ähnlichkeit, welche sie nicht hat, eine andere Ähnlichkeit ein, welche das bezeichnete Ding mit einem andern hat, dessen Begriff leichter und lebhafter erneuert werden kann.«

Dazu gehören auch die *Gleichnisse*. Denn das Gleichniß ist im Grunde genommen nichts als eine ausgemalte Metapher, oder die Metapher nichts als ein zusammengezogenes Gleichniß.

Marty nimmt auch noch die metonymischen Beziehungen hinzu, motivirt aber etwas anders als Lessing. –

Wir lassen den Faden hier fallen, der sich an Lessings Erörterungen im ›Laokoon‹ anknüpft, halten nur fest, was wir über Lebhaftigkeit u. s. w. gelernt haben, und betreten nun unsern eigenen Weg.

Wir durchmustern die *Sprache* nach ihren *Bestandtheilen* und untersuchen diese Bestandtheile nach ihrem Werth für die Poesie. Vgl. Herder, Über den Ursprung der Sprache; Geist der ebräischen Poesie.

Die poetischsten Redetheile sind die Verba: mit ihnen ist immer die Vorstellung eines Trägers verbunden, eines Subjects, an welchem sich Handlung oder Zustand vollzieht, an welchem diese haften. Selbst bei Verbis der Gemüthsbewegung oder solchen, welche Beharren ausdrücken, haben wir den Eindruck der Thätigkeit, der Handlung.

Am wirksamsten nach dem Obigen sind Verba, welche eine sinnliche Bewegung ausdrücken, an der eine psychische Vorstellung haftet: zittern, beben, »es schlägt mein Herz«.

Es kommt hier der Reiz der indirecten Darstellung hinzu, welche nur die Wirkung direct ausdrückt, die Ursache errathen läßt. Ferner ist die sinnliche Vorstellung lebhafter, als die bloß psychische; es wird dadurch die Phantasie stärker angeregt, das innere Schauen, Hören. Die bloß psychologische Kategorie hat etwas Prosaisches.

Wenn die Poesie das Sinnliche bevorzugt, so steht sie mehr im Einklang mit der ursprünglichen Beschaffenheit der Sprache, in welcher Geistiges durch Sinnliches ausgedrückt, Geistiges überhaupt nur gewonnen wird durch Übertragung vom Sinnlichen: »sich schämen« heißt sich bedecken – die sinnliche Gebärde steht für den psychischen Zustand.

Die Person, von der eine sinnliche Wirkung ausgeht – das ist der Mittelpunct der Poesie. Von da aus bestimmt sich das Übrige in der Sprache.

Das Verbum activum ist poetischer als das passivum, das reflexivum ebenso.

Innerhalb der Nominalbildungen des Verbums sind Participia activi bei weitem am poetischsten, Participia passivi haben etwas Todtes. Infinitive haben etwas Abstract-unbestimmtes wie die Impersonalia, wobei die Person wegfällt; aber da die Wirkung fortbesteht, bleibt oft gerade etwas geheimnißvoll Unauflösliches, das der Poesie sehr gemäß ist. Im ganzen aber ist poetischer: »Zeus regnet«, als »es regnet«.

Individualisirung des Infinitivs: »ein Weben«, »ein Wehen«, »ein

Brausen« – darin liegt eine Annäherung an Personification; wovon sogleich mehr.

Gehen wir den Participien nach, so führen sie ins Gebiet der Adjectiva. Wo diese nicht mehr participielle Verbalkraft aufweisen, da besitzen sie doch vielfach sinnliche Kraft, geben Farbenbezeichnungen, Schallbezeichnungen u. s. w. durch alle Sinne durch und immer einzelne Eigenschaften der Dinge.

Auf Adjectiven beruhen weitaus die meisten Substantiva; aber Nomina agentis entsprechen den Participiis präsentis: es sind die poetischsten Substantiva. – Sonst haben wir Benennung des Dinges durch Hervorhebung einer Eigenschaft; aber das Adjectiv geht vielleicht verloren, das Substantiv bleibt – es war anfangs nur sinnlich, später wird es abstract. – Wort und Gegenstand decken sich unbedingt; das Wort ist ein »willkürliches Zeichen« des Gegenstandes: das Wort hat daher so viel poetische Kraft als der dadurch bezeichnete Gegenstand. Wie viel aber dieser hat, das müßte in dem Kapitel »Stoffe« auseinandergesetzt werden in einer Scala der poetischen Gegenstände. Wir wissen schon: die wirkende Person, die äußere und innere Welt vereinigt, ist der Mittelpunct der Poesie.

Nun aber stehen der Sprache manche Mittel zu Gebote, um dem prosaisch gewordenen Substantiv neue Lebenskraft einzuhauchen, die Vorstellung lebendiger zu machen und sie der Vorstellung der wirkenden Person anzunähern, sie mit sinnlichen Elementen zu verknüpfen, ihr neue Frische zu geben und sie zu der ursprünglichen Sprachkraft zurückzuführen.

1. Personification, wovon als einem Hauptmittel ursprünglicher, dichterischer Anschauung schon die Rede war. Eine Annäherung an Personification liegt schon in jeder Verbindung mit dem Verbum, wodurch das Ding als Person, persönlicher Träger der Handlung gedacht wird – aber desto mehr, je mehr die Handlung wirkt. Beseelte Personification setzt etwas Menschenähnliches voraus. So hat Hebel nach Goethes Ausdruck die Natur »verbauert«, Wolfram von Eschenbach »verrittert« sie (s. Bock, Wolframs Bilder und Wörter für Freude und Leid, 1879, Quellen und Forschungen 33, 8).

Abstracta als Personen gedacht ergiebt allegorische Figuren; vgl. 4. über Periphrasis.

2. Die einzelne sinnliche Anschauung ist poetischer als das sachbezeichnende Substantiv. Dies kann aber aufgefrischt werden durch ein Epitheton ornans, welches eine Eigenschaft hervorhebt und dadurch analytisch oder synthetisch individualisirt. Ebenso wirkt die

Apposition. Ähnliches bieten Composita, besonders wenn sie neu sind; die altgermanische Poesie hat vielfach solche Composita, welche ganz wie Epitheta ornantia wirken. Ähnlichen Eindruck machen auch Relativsätze, aber sie sind verhältnißmäßig weniger poetisch, schon wegen des Relativums.

3. In 2. bleibt das Substantiv; es kann aber ersetzt werden durch ein synonymes umschreibendes Compositum oder durch einen umschreibenden Relativsatz mit Substantiv.

4. Wie in 2. eine Einzelheit hervorgehoben wird, so kann auch Folgendes geschehen: eine Eigenschaft kann als Substantiv (Abstractum) hingestellt und personificirt werden, der Träger dieser Eigenschaft im Genitiv dabei: »des Alkinoos heilige Kraft«, »Ew. Majestät« u. s. w. – Periphrasis.

5. Dasselbe ist es, wenn auf das Substantiv zurückgegriffen wird in folgendem Satz: »ihre Tugend ließ einen solchen Schritt nicht zu«. Die Eigenschaft ist wie ein selbständiges Wesen behandelt. So oft in mittelhochdeutscher Poesie; freilich zum Theil so gewöhnlich und dadurch abgeschwächt, daß nur noch geringe poetische Wirkung damit verbunden ist. Immerhin wird dadurch ein starker Verbrauch von Abstractis veranlaßt, der nicht wünschenswerth ist.

6. Hierher gehören alle Erscheinungen der Metonymie und Synekdoche, so weit sie poetisch wirken; denn unsere landläufigen Lehren, Brosamen vom Tische der Alten, sind darin oft wunderlich, und für die Poetik mindestens nicht zu gebrauchen. Eine eingehende Kritik der verbreiteten Lehren würde mich aber hier viel zu weit führen.

7. Ferner gehören hierher auch die Metaphern, die entweder Abstractes sinnlich machen oder eine einzelne Eigenschaft hervorheben, oder wieder auf Personification beruhen und in der Regel eben dadurch entstehn, nicht durch einen Umweg über das Bild.

Achill heißt ἕρκος Ἀχαιῶν »Umzäunung, Schutz, Vormauer der Achäer« – allerdings liegt darin ein Vergleich, aber es ist eben nur eine Eigenschaft hervorgehoben mit Personification wie unter 4. und 5.

»Der Donner grollt in der Ferne« – Personification.

»Die Flügel des Gedankens« – der Gedanke ist als Vogel gedacht, personificiert.

Vielfältigen Stoff bietet und wäre daher von unseren Gesichtspuncten aus näher zu analysiren: Fr. Brinkmann, Die Metaphern (Bd. I. Die Thierbilder der Sprache, Bonn 1878). – Die altnordischen

Kenningar u. dgl. Vgl. Goethes Abhandlung zum Westöstlichen Divan.

8. Bilder und Vergleiche – das tertium comparationis ist es, was dadurch lebhafter hervorgehoben wird. Oft bietet sich ein Bild leichter als eine directe Bezeichnung. Die charakteristische Erinnerung stellt sich früher ein, ehe man sich klar macht, was geschieht. Also eine Art der Reproduction: beobachtete Züge wirken auf die im Geist aufgehobenen ähnlichen, und es werden dadurch die mit diesen zusammenhängenden Vorstellungsreihen reproducirt.

Allegorie: fortgeführter Vergleich.

In unserer Durchmusterung der Redetheile sind wir bis zu Substantiven gelangt.

Adverbia verhalten sich zu Verben (und Adjectiven) wie Adjectiva zu Substantiven; sie können also ebenso zur Auffrischung benutzt werden. Aber wenn sie schon sehr abgeschwächt sind, natürlich nicht.

Solche abgeschwächte Adverbia sind schon die maßangebenden, steigernden; z. B. ist »sehr« keineswegs »sehr« poetisch.

Vollends aber die Partikeln. Die Präpositionen sind äußerst unpoetisch. Ein »be«, wie z. B. in »beeinflussen«, ist das Prosaischste, was es nur geben kann. So weit Präpositionen sinnlich ein äußeres Verhältniß angeben, sind sie nicht zu entbehren und nicht unpoetisch, obgleich zuweilen ein stärkerer, mehr sinnlicher Ausdruck möglich und oft vorzuziehen ist. »Angesichts eines Dinges« ist poetischer als »vor einem Ding«.

Die Conjunctionen sind größtentheils recht unpoetisch, die Folgerungen, die Begründungen müssen in Poesie gefühlt werden, nicht ausgedrückt. Aber Verbindung und Entgegensetzung sind kaum zu entbehren.

Der Artikel ist nicht sehr poetisch: Substantiv ohne Artikel poetischer als mit Artikel.

Auch das ganze Gebiet der Pronomina ist verhältnißmäßig unpoetisch: daher schon (s. o.) ein Reflexivum weniger poetisch als ein Activum, weil es sich eines Pronomens bedienen muß.

Ebenso unpoetisch wie die Pronomina sind die Hilfsverba: sprachliche Nothbrücken, für die Maschine gleichsam als Räder eintretend.

Auffrischung der Pronomina ist ungefähr das, was die antike Rhetorik Antonomasie nennt: statt des Pronomens oder Eigennamens wird gesetzt ein substantivisches Adjectivum, welches Epitheton ornans sein könnte (sin kunde in niht bescheiden baz der guoten Nib. Noth 14, 2), oder Apposition und Umschreibung; z. B. das mittelhochdeutsche Volksepos, auch Wolfram gebrauchen der helt, der degen u. dgl. statt des Pronomens. –

Anwendung aller der Mittel, welche die Rede lebhaft machen können, ergiebt eine sehr *gehobene* Sprache, welche dann wohl noch mehr gesteigert werden kann durch Anwendung der Übertreibung (Hyperbel), d. h. einer Übertreibung, von welcher vorausgesetzt wird, daß sie der Hörer sich gefallen läßt, daß er sie so zu sagen mitmacht. Eine andere Übertreibung ist so unpoetisch, daß sie nur in der Komödie angewandt wird und Lachen erregen soll.

Der gehobenen Sprache kann zu viel werden, der Schmuck allzu sehr gehäuft, die Umschreibungen zu künstlich, bis zum Dunklen und Unverständlichen: Schwulst.

Durch Überladung des Einzelnen kann das Wesentliche leiden, das Vorwärtsgehen, die Darstellung der Handlung. Nackte Handlung ist besser als mit Schmuck überladener Stillstand.

Nach Zeiten des Schwulstes kommt in der Regel eine Zeit der natürlichen und ganz einfachen Sprache. Die höfische Dichtung des 12. und 13. Jahrhunderts, die Poesie des 17. und 18. Jahrhunderts in Frankreich thun vielen Schmuck ab, um eine rasche Bewegung zu erzielen, und setzen wohl auch Beweglichkeit des Verstandes an die Stelle eines phantasieerregenden Ausdrucks. So bricht die höfische Epik mit der Antonomasie des volksthümlichen Epos; sie bricht mit manchen drastischen Bildern und Ausdrücken, welche seine Kraft vermehrten; sie bricht mit eindrucksvollen Hyperbeln, um vielmehr Emphasis, Litotes, Ironie anzuwenden: er was ein lützel sanfte gemuot – bescheidener Ausdruck ($\lambda\iota\tau\acute{o}\tau\eta\varsigma$ = Schlichtheit), oder Antiphasis, das verneinte Gegentheil.

Das giebt ein absichtlich gedämpftes Licht, den Eindruck bescheidener Stille und Zierlichkeit, wie discrete Conversation. Es sind das stilistische Eigenschaften, aber nicht eigentlich poetische, wenn man Poesie im Gegensatz zur Prosa meint: es sind viel eher Eigenschaften einer zierlichen Prosa. Auch dies gilt für die französische Poesie des 17. und 18. Jahrhunderts.

Die Prosa ist das nur Angemessene, dem Bedürfniß Genügende, ohne Spiel, ohne Schmuck.

Die Prosa ist das Gewöhnliche, Alltägliche; die Poesie ist das Neue, Überraschende.
Metaphern, die alltäglich werden, wirken nicht mehr als solche. Das Metaphorische in der Poesie muß immer erneuert werden, da es ins tägliche Brot der Sprache übergeht.
Poesie ist gleichsam Sonntagsstaat gegenüber der Alltagskleidung.
Das Neue, Überraschende, sagten wir, kennzeichnet die Poesie; dazu liefert der sprachliche Ausdruck noch mancherlei Stoff:
Die von der prosaischen abweichende Wortstellung;
Antithesis, Wortspiel, Paradoxon, Oxymoron.

Wir sind hiermit auf das Gebiet der sogenannten *Figuren* gekommen.
Manche derselben können unter dem Gesichtspunct der natürlichen Zeichen angesehen werden und das ist auch offenbar ihre Entstehung.
Asyndeton: unverbundene Thatsachen, die sich rasch hinter einander abspielen; man spart gleichsam die Verbindung, um damit nicht Zeit zu verlieren. Übrigens erst in späteren Zeiten charakteristisch und in älterer deutscher Poesie noch vielfach als geläufige syntaktische Wendung.
Polysyndeton malt harmonisch-enge Verbindung: das Allmälige gegenüber dem Plötzlichen.
Aposiopesis: der vom Zorn Überwältigte stammelt nur; zu drohender Gebärde braucht man wenig Worte. Oder im Übermaß des Gefühls will man etwas sagen – ein gegentheiliges Gefühl regt sich, man läßt den begonnenen Satz fallen und motivirt etwa: »allein ich will so schmerzliche Vorstellungen hier nicht wachrufen« ...
Ausruf.
Zweifel.
Apostrophe: »Drauf antwortetest du, ehrwürdiger Pfarrer von Grünau.« Stärkere phantasievolle Erregung, die einen Abwesenden anwesend denkt.
Selbstberichtigung: auch zuerst natürliche Form; dem Leidenschaftlichen begegnet es zu viel zu sagen, sich hinreißen zu lassen – er fühlt das, wenn es geschehen ist, er nimmt zurück. Später mag es eine mit Bewußtsein angewandte Figur der Rede sein.

An die natürlichen Zeichen schließt sich, ähnlich wie die Betonung, die Wiederholung eines Worts mit der Absicht der Hervorhebung an. Sofortige Wiederholung oder Wiederaufnahme, sei es im Anfang des Satzes, in der Mitte oder am Ende: Anaphora, Epanalepsis, Epiphora.

Ist das am Anfang des Satzes Wiederholte aber z. B. ein Pronomen, wodurch nur etwa das Subject wieder aufgenommen wird, so macht das für ein unbefangenes Gefühl gar nicht den Eindruck besonderer Accentuation, sondern es erscheint nur als ein bequemes Festhalten, des Subjectes, welches Gedankensubject ist, auch als Satzsubject.

Ebenso kommt es vor, daß Sätze analog gebaut sind und zum Theil gleiche Worte haben, wobei der Accent nicht auf dem Gleichen, sondern auf dem Abweichenden ruht, so daß dieses dadurch ins Licht gesetzt wird.

Auch für die Sprache gilt das Princip der Abwechselung.

Schon in der *Wortwahl*. Landläufige Regel ist es, daß man nicht zu oft dasselbe Wort gebrauchen soll. Zu den ersten Requisiten einer gewandten Herrschaft über die Sprache gehört, daß man die sämmtlichen Synonyma kenne und dieselbe mit einander wechseln lasse. Wären es auch nur zwei, die in regelmäßigem Wechsel aufeinander folgen, so ist das angenehmer, als wenn immer dasselbe wiederkehrt. Es giebt aber Fälle, wo die Wiederholung nicht zu vermeiden ist: wo es kein genaues Synonym giebt, oder wo die Schärfe des Gedankens leiden würde. Diese geht immer vor. Dann empfiehlt es sich, das wiederholte Wort an dieselbe Satzstelle zu bringen, wo dann vielleicht Pronomina eintreten können. Manchmal auch fordert der Gedanke, daß man resolut dasselbe Wort gebraucht, und da soll man sich nicht allzu viel zieren.

Abwechselung ist aber auch im *Satzbau* nöthig. Immer dieselbe Form wird leicht eintönig. Und andererseits ist doch wieder zu beachten: Reihen von Sätzen mit demselben Subject erleichtern die Übersicht, verbinden sich zu compacten Massen. –

Dies alles aber gilt mehr für künstlerisch durchgefeilte Prosa, als für Poesie.

Auch Antithesen können dazu beitragen, analog geordnete Prosamassen herzustellen. –

Abwechselung aber endlich auch im bloßen *Sprachklang*, in der Verwendung der Laute. Das Klangvollere ist das Wünschenswerthere. Vocale klingen schöner als Consonanten. Consonanten werden durch zwischengeschobene Vocale getrennt; zusammenstoßende Vocale durch Elision verschmolzen. Und man verwende nicht zu oft hinter einander dieselben Vocalklänge oder dieselben Consonantenlaute, wenn diese nicht ein Bindemittel des Verses sein sollen.

Vgl. C. Marthe, La précision dans l'art. Revue des deux mondes 1884, 62, 388; ibid. 935.

V. Metrik

Metrik d. h. wesentlich Rhythmik, denn auf den Tact kommt es an; weniger auf die Regeln, nach denen der Tact sich richtet, auf den Gesichtspunct, nach dem sich die Hebungen und Senkungen vertheilen.

Auf Hebungen und Senkungen, guten und schlechten Tacttheilen beruht der Rhythmus.

Der Rhythmus ist entsprungen aus dem Tanz. Das Wohlgefallen am Rhythmus beruht auf der Erinnerung an das Vergnügen des Tanzes; durch Vererbung wird diese Erinnerung, dies Wohlgefallen so gesteigert, daß es späteren Generationen vielleicht geradezu angeboren ist. Aber es wird auch wohl bei allen Menschen durch den Tanz selbst oder durchs Gehen erneuert. Wirkung des Rhythmus ist es, daß wir den Tact mit dem Fuß treten. – Das arische Urverhältniß ist dies: die lange Silbe ist die betonte, folglich fallen Wortbetonung und Versbetonung zusammen bei quantitirender Metrik; aber nachher gehen sie auseinander. Silbenzählung ist vielleicht durchweg Entartung, wenn reine Zählung; sonst bedeutet es das allmälige Festwerden des Rhythmus durch die Reihe des Verses hin.

Die allgemeinen Grundsätze der Poetik finden auch hier Anwendung. Die metrische Reihe darf nicht zu lang sein, und nicht zu kurz. Abwechselung des Rhythmus ist erwünscht, aber nicht zu viel, weil sonst das Analoge sich nicht einprägt. Bei oftmaliger Wiederholung derselben rhythmischen Folge, wie beim Hexameter, sind die Möglichkeiten der Variation günstig. Eine sehr glückliche Abwechselung gewähren auch Distichen.

Eine auf anderen Principien beruhende, aber im Grunde analoge Abwechselung gewährt der ursprüngliche deutsche Vers in der wechselnden Zahl der Silben. Eigentlich ist es dasselbe. Denken wir uns die Schemata. Die Regel des Hexameters ist so:

$$\_\cup\cup\ \_\cup\cup\ \_\cup\cup\ \_\cup\cup\ \_\cup\cup\ \_\cup$$

(oder gar $\_\cup\cup$)

Tritt nun hierfür ein:

$$\_\_\ \_\_\ \_\_\ \_\_\ \_\underset{\cup\cup}{}\ \_\_$$

so ist das doch etwas ganz Analoges, wie wenn deutsch

$$\cup\_\ \cup\_\ \cup\_\ \cup\_$$

in $\_\ \_\ \_\ \_$ übergehen kann. –

Es wären nun alle Metra aller Nationen durchzugehen, um zu erforschen, welche Gesichtspuncte bei der Bildung obwalten konnten, welche Regeln des Gefallens befolgt, welcherlei Lust erzeugt werden sollte. Zugleich wäre zu untersuchen, ob sichtlich ist, daß für gewisse Stoffe und Dichtungsarten gewisse Metra üblich waren und weshalb. Ob strophisch oder unstrophisch. Vgl., was Strophen anlangt, oben »Publicum«: »Altes und Neues«. Für das Musikalische wünscht man Wiederholung, für den Text Abwechslung, Neues. Eine Ausnahme macht nur der Refrain: der Chor fällt ein.

Ferner ist die Frage, wie das Metrum auf die Sprache wirkt, welche Forderungen an die Sprache von daher gestellt werden und wie weit umgekehrt die Art des Rhythmus unter dem Einfluß der Sprache steht. Z. B. Spondeen sind im Deutschen schwer herzustellen; unser originaldeutscher Rhythmus fragt gar nicht danach. Wollen wir aber antike Rhythmen nachahmen, so wird durch die Forderung des Spondeus die Wortwahl beeinflußt.

So auch Trochäen: sie führen im Deutschen zu allerlei sprachlichen Abweichungen, als Weglassung des Artikels, des Pronomens u. s. w. bei Goethe. Zu untersuchen wäre, wie die spanischen Trochäen den spanischen Volkscharakter malen. Ist vielleicht ein bestimmtes sittliches Bild mit diesem Rhythmus verbunden? Oder beruht dies auf der thatsächlichen Association?

Hexameter im Lateinischen haben auf die Sprache gewirkt: formelhafte Schlüsse.

Poetische Formeln sind überhaupt durch das Metrum stark bedingt, sowohl in allitterirender wie in gereimter Poesie. An gewissen Allitterationen, an gewissen Reimen hängen gewisse Gedanken.

Von bequemen Reimen ist viel gesprochen, und wählerische Dichter vermeiden sie, indem sie sich vor dem Princip der Neuheit beugen.
Es erfolgen so gewisse Erschöpfungen der poetischen Technik von Zeit zu Zeit. Die Reimtechnik schien erschöpft zu Klopstocks Zeit, und dieser verschmähte daher den Reim. Heute hat es wieder den Anschein, als wenn mit dem Reim der Ausdruck der Trivialität fast unlöslich verbunden wäre. Wenn »Goethe« als Reimwort kommt, dann folgt sicher »Morgenröthe«. So sind längst verspottet »Liebe«: »Triebe«, »Herzen«: »Schmerzen«. Es giebt aber ganze Reihen ähnlicher Reimpoesie. Und der Versuch, sich zu emancipiren und neue Reimwörter zu finden, hat auch nur zum Gesuchten, Überladenen, äußerlich Prächtigen geführt, was für die intimeren Wirkungen der Lyrik nicht günstig ist. –

Anhang [1: Zur Ausgabe von 1888 (R. M. Meyer)]

Ich gebe im Folgenden Bericht über die von Scherer dem Heft der ›Poetik‹ beigelegten Papiere. Da eine bestimmte Ordnung in denselben nicht ersichtlich war, ordne ich sie denjenigen Theilen des Textes bei, zu welchen sie in der nächsten Beziehung stehen. Im Übrigen habe ich über mein Verfahren bei der Verwerthung dieser Blätter in meiner Vorbemerkung Rechenschaft abgelegt.

Inhalt

Den gesammten Inhalt des Collegs umfassen vier ältere Entwürfe Scherers:

Erster Entwurf. Datirt 1875. 11 numerirte Octavblätter sammt 6 unnumerirten Blättern, die einzelne Notizen enthalten:

Der Dichter.
I. a) Natur der dichterischen Phantasie.
   b) Nöthigung zum Produciren, Motive. Gunst der Stunde.
II. Stand.
   a) Wodurch bedingt;
   b) Wie wirkend:
      1. wirkend auf Ansehen des Dichters, auf Werth des Berufs.
      2. wirkend auf Art und Beschaffenheit der Poesie. Rückschlüsse auf unbekannte Zeiten und Orte.
III. Lebensführung und Charakter.
   a) Auswahl der Typen: welche Typen nicht vorkommen;
   b) Wie wirkend.
   Psychologische Verfassung des Dichters ist zu behandeln: hier überhaupt inductiv zu verfahren, und darauf erst die Gattungen zu bilden.

Das Publicum.
Vgl. allgemeine Productionslehre. Überall Unterschied der Zeiten und Orte mit Rückschlüssen auf unbekannte. Überall fragen: wodurch bedingt? wie wirkend?

Gegenstände und Gehalt der Poesie.
Figuren und Gattungen der Poesie.
Mittel der Poesie: Sprache;
  Verskunst;
  Tropen und Figuren (z. B. Gehalt der Allegorie; vgl. Goethe, ›Maximen und Reflexionen‹, Werke 1, 758).

Verhältniß zu den übrigen Lebensgebieten:
Durchweg a) inneres Verhältniß;
  b) Causalverhältniß
    zu den andern Künsten,
    zur Wissenschaft,
    zur Gesellschaftsgliederung,
    zur Politik (Poesie dienend),
    zum Recht,
    zur Verwaltung,
    zur Religion,
    zur Volkswirthschaft,
    zur Sittlichkeit.

Am Schluß des Ganzen ist derselbe Stoff noch einmal nach Orten und Zeiten als Hauptfaden zu ordnen. Also mündend in eine *Geschichte der Poesie*; oder besser: *Ursprung und Geschichte*. Hierbei Blüthe und Verfall.

Bei dem Verhältniß zu den übrigen Künsten und zur Wissenschaft ist nicht bloß Causalität zu berücksichtigen, sondern auch Gemeinsamkeit und Abgrenzung der Gebiete.

Das Gedankenmäßige ist allen gemein. Insbesondere bei dem Kapitel »Gegenstände der Poesie« ist dies zu behandeln.

Poesie ist ein Thun. Mithin ein Wollen, das auf einen Zweck gerichtet. Werth desselben; nationalökonomische Begriffe, die darauf anwendbar (aus der allgemeinen Productionslehre); z. B. die Honorare zu behandeln. Da ist nun sehr viel was mit dem litterarischen Product überhaupt getheilt wird, aber grade zu fragen: wie ist das Verhältniß? Z. B. für Lyrik wird jetzt in der Regel gar nichts mehr bezahlt.

Aus der allgemeinen Kunstlehre herbeizuziehen: *Einheit und Mannigfaltigkeit* (Abwechselung): *varietá e parilitá delle cose L. B. Alberti*, Burckhardt S. 42. Wie diese erreicht werden. Wobei ich nicht gewiß bin, wo das abzuhandeln ist.

Regeln für Production ergeben sich aus Generalisation der besten Erzeugnisse aller Blütheepochen; daraus zugleich die nationale Bedingtheit.
Die *Macht* der Kunstwerke, Burckhardt S. 89.

Ut pictura poesis: Zeichnung, Farbe, Hintergrund. –

Analyse und Synthese eines einzelnen Werks, z. B. ›Wilhelm Meister‹:
1. Äußere Entstehungsgeschichte;
2. Stoff;
3. Form;
4. Innere Entstehungsgeschichte; Causalität: warum das Werk so werden mußte, wie es wurde;
5. Wirkung desselben a) auf die Genießenden,
            b) auf die Hervorbringenden.

2. Stoff des näheren (Interessen des Dichters, die er bekundet).

I. Natur; Motive.

II. Menschen.
  A. 1. Die menschlichen Gemeinsamkeiten (allgemeine Interessen: Staat, Politik, Volkswirthschaft, sociale Verhältnisse, Religion, Erziehung, Poesie, Litteratur, Wissenschaft);
  2. Individuen (Gestalten, Charaktere) geordnet
     a) nach Stand,
     b) nach Alter,
     c) nach Charakteren: gut, böse, gemischt,
     d) nach Schicksal: glücklich, unglücklich, Philister, und Lebensanschauung: optimistisch, pessimistisch,
     e) ?
  B. Motive – s. u.
  C. wie Motive und der unbewegliche Stoff sich zusammenfinden.

3. *Form.*

Eintheilung und Reichthum (worin die Mannigfaltigkeit, die Abwechselung mit eingeschlossen).

Anordnung: Hauptmotive und Nebenmotive.

Ausführung: Dichtungsgattung; Stilform; Stimmung, welche das Ganze durchdringt und in den Theilen sich nuancirt.

Ob deductive oder inductive Methode, idealistisch oder realistisch.

Zum Theil ergiebt sich das schon aus dem Stoff ...

Natürlich fort dann bis ins Kleinste: Satzbau, Sprachschatz, Rhythmus, Hiatus u. s. w.

4. Erlebtes und Erlerntes. Nöthigung zur Production wodurch? Wodurch Wahl der Dichtungsgattung bestimmt?

Allgemeine Motivenlehre.

Ausführlicher als im Colleg, sonst aber damit im Wesentlichen übereinstimmend. Als letzter Abschnitt:

IX. *Das Wunderbare:* übernatürliche Mächte – wie sie herumspielen – hauptsächlich historisch, wie weit man ihnen Raum läßt. Die Ursachen, warum so weit und nicht weiter.

Beistehen der Götter, Entgegenwirken der Götter.

Formen der Liebe und des Hasses, vgl. Goethes ›Achilleis‹, da sind sie beinahe erschöpft.

Göttliche Frauen, welche irdische Männer in ihre Macht ziehen, welche ins Irdische streben (Melusine, Stauffenberg).

Walküren.

Andererseits Juppiter u. A. Ovids ›Metamorphosen‹.

Motiv der Metamorphose.

Motiv plötzlichen Erscheinens und Verschwindens, des Unerkanntseinwollens u. s. w.

Die Figuren der Verwicklung.

Auch diese Ausführungen stimmen mit dem Colleg im Wesentlichen überein. Zu den Figuren der Täuschung, der örtlichen Trennung kommen noch Figuren der *gereizten* (d. h. unbefriedigt gereizten) *Thatkraft.*

Arten des Reizes, ob von innen heraus, ob von außen, z. B. Verführung.

Ziel der Thatkraft verschiedenster Natur...

Es heisst dann aber am Schluss:

Das Ganze befriedigt mich aber nicht. Dies ist doch was ganz Anderes als die beiden vorhergehenden Figuren? Jenes sind gegebene Situationen....

Auch eine Figur der widerstreitenden Interessen liess Scherer fallen.

Weiter heisst es:

Motive, welche komisch wirken, sind so kaum zusammen zu halten...

Die angeführten Motive der *epischen* Dichtung und der *Dramatik* gemein.

Ganz anders verhält sich *Lyrik, Didaktik.*

Jene Motive ergeben Geschichten, welche episch oder dramatisch erzählt werden können, es ist nur ein Unterschied der Form, im 16. Jahrhundert z. B. noch gar nicht technisch der Unterschied herausgearbeitet.

Lyrik und Didaktik, Empfindung oder Betrachtung kann sich an jedem einzelnen Punct jeder jedesmaligen Motivreihe ergeben. Aber sie steht immer auf dem einen Punct; immer die Natur des alten Gelegenheitsgedichts.

Dichtarten. Ein ausführlicher Versuch dieselben zu disponiren.

Es folgen noch einzelne Notizen. Zum Schluss:

Man muß alles, was an bildender Kunst *poetisch* ist – d. h. alles, was die Natur nachahmt, in geistiger Hinsicht mithineinnehmen.

Menschliches sofern psychologisch muß genommen werden; Landschaft sofern Stimmung und Staffage psychologische Wirkung hineinbringen und aus psychologischen Reizen entstanden.

Auch Musik sofern sie Geistiges wiedergiebt.

Also: die *Poesie* (in Dichtung Kunst Musik) in *Wort, Bild* und *Ton.*

Z. B. Oper muß ja vorkommen, Musik überhaupt als Begleiterin der Poesie, da in ältester Zeit unauflöslicher Verband zwischen den meisten Dichtungsgattungen und der Musik.

Zweiter Entwurf. Datirt 30. Januar 1885.

Gang etwa so:

I. Abgrenzung, Ziel und Methode;

II. Production und Consumtion;

III. Stoff;
IV. Mittel der Formung: Sprache und Metrik vgl. Zur Gesch. d. deutschen Sprache 2. Aufl. 627f.
V. Methode (mögliche Methoden) in der Anwendung der Mittel;
VI. Die kleinen Gattungen;
VII. Die großen Gattungen (Epos und Drama, Lehrgedicht),
Das Gemeinsame,
Das Besondere.

Dritter Entwurf. Undatirt.
Entwurf einer Poetik.
Eine Einleitung, die der im Colleg gegebenen sich nähert.
I. Die Aufgabe;
II. Gebundene und ungebundene Rede;
III. Dichtkunst und Wissenschaft;
IV. Allgemeine Motivenlehre;
V. Dichter und Publicum;
VI. Die Poesie in der Sprache;
VII. Die Formen der Rede;
VIII. Der gegenwärtige Monolog und Vortrag?
IX. Der Dialog;
X. Epik;
XI. Dramatik;
XII. Lyrik.

Vierter Entwurf. Mai 1885?
Erstes Buch: Die Gattungen der Rede.
 Kap. I. Singen und Sagen.
 Kap. II. Einer, zwei und mehrere (besserer Titel!). Monolog, Dialog, Chor, Vortrag. Brief. Gewisse Gattungen.
 Kap. III. Zeitformen (Tempora). Erzählend, zeitlos, befehlend prophezeihend ...
 Kap. IV. Verkleidung? Rolle, Maske und eigene Person.
Zweites Buch: Poesie und Prosa.
Drittes Buch: Dichter und Publicum.
Viertes Buch: Natur (d. h. als Gegenstand der Poesie).

Diesen Gesammtentwürfen schliesst sich eine Reihe von Versuchen, die einzelnen Kapitel zu gliedern und auszufüllen an, zum Theil schon in der neuen Anordnung: Kap. III. Stoffe. Kap. IV. Innere Form. Kap. V. Äußere Form.

Ausserdem liegt zwischen dem ältesten Entwurf und den späteren Ausarbeitungen für das Colleg noch die Recension der zweiten Ausgabe von Minnesangs Frühling (Anzeiger für deutsches Alterthum 1, 199f.) 1876, und die Recension von Bobertags Geschichte des Romans (Quellen und Forschungen 21, S. 48f.) 1877. Die letztere wird im Colleg selbst angezogen (S. 145); auf die erste verweist die Scherers Papieren beigelegte »Zeitschrift für vergleichende Litteratur«, Klausenburg 31. Jan. 1877. Eine directe Ankündigung des Collegs enthält die Recension von Wilmanns' zweiter Waltherausgabe (Anz. f. d. Alterth. 10, 305f.) 1884; ähnlich von Carrieres Ästhetik (Deutsche Litteraturzeitung 1885 Nr. 36). Das Collegheft selbst trägt im Anfang das Datum 1. Mai 1885, und die Vorlesung begann am 4. Mai 1885. –

Endlich schliesst sich den Vorarbeiten noch ein Blatt an, welches wichtige Puncte im Voraus fixirt, von denen Scherer später einige fallen liess:

Beiträge zur Poetik.
1. Unterricht und Wissenschaft.
2. Lehre von den Dichtungsgattungen.
3. Zur Theorie der Lyrik (Anknüpfung an das kürzlich erschienene Buch).
4. Epische Technik – Spielhagen, Heinzel.
    a) Was und wie beschreibt der Dichter?
    b) Hält er die chronologische Continuität fest?
    c) Epitheton und persönliches Urtheil.
    d) Gleichniß und persönlicher Antheil.
    e) Wie charakterisirt er?
    f) Wie weit berücksichtigt er den Ort – Ortswechsel u. dgl.
    g) Wie weit und auf welche Art läßt er uns ins Innere blicken?
5. Goethesche lyrische Gedichte, in denen Ortsveränderung vorausgesetzt wird.
6. Handlung und Bewegung in der Lyrik überhaupt.
7. Wie weit gelten noch Schillers Eintheilungen in der Abhandlung über naive und sentimentalische Dichtung?
8. Allgemeine Motivenlehre.
9. Physiologie des poètes. Das biographische Element (vgl. Koberstein?).
10. Vernachlässigte Lehren der Metrik.
    a) Hiatus. Heine! Klopstock.
    b) Kürze der Senkung in Jamben und Trochäen (vgl. z. B. für Härte Immermanns ›Tulifäntchen‹).
    c) Kürzungen: Unterschiede bei neueren deutschen Dichtern. Härten bei Eichendorff. Einwirkung des Volksliedes.
11. Metrik und Stil, z. B. »Asan Aga«.
12. Metrik: Geschichte der deutschen Metrik – mein alter Entwurf.
13. Entwurf einer Technik der humoristischen Poesie (ohne Rücksicht auf Composition).
14. Lessings Laokoon-Fortsetzung (2. und 3. Band).

Kapitel I. S. 9

Das Ziel

Ein älterer Entwurf führt unter den ursprünglichen Gattungen der Poesie neben Chorlied, Sprichwort, Märchen auch das später zurückgeschobene Liebeslied auf. Ein anderer skizzirt unter 1. Welches sind die traditionellen Ziele der Kritik Geschichte und Kritik der bisherigen Ästhetik (Kritik der Einweihung in die Ästhetik: Vortheil – Nachtheil); unter 2. Weg – Methode betont er die Nothwendigkeit universaler Sammlung und vergleichender Methode.

Älteste Gattungen S. 14f. Ein älterer Entwurf vorhanden.

Chorlied S. 14. Chorische Poesie. Das Ballwerfen wie im Mittelalter und bei den Griechen (Od. 6, 100f. 8, 372) ein mit Gesang und Tanz verbundenes Spiel: daher in den romanischen Sprachen *ballare* (*ballieren MSH*, 1, 141 b) so viel wie tanzen, *ballata* Tanz und Tanzlied. Wackernagel, Altfranzösische Lieder und Leiche S. 236.

Zu *ballata* vgl. die färöischen Heldenlieder als zum Tanz gesungen.

Gemischte Form. S. 17. Die angeführte Abhandlung Oldenbergs ist im Original beigelegt.

Komisches Epos S. 25. Homer, Frosch- und Mäusekrieg Stolberg, Werke Bd. 16).

A. W. Schlegels Vorlesungen S. 30. Aus Scherers höchst interessanten Anmerkungen hebe ich die folgenden hervor:

Bd. 1

32. Schlegel läßt eine historische Untersuchung vermissen, woher »Geschmack« kommt im Sinn des Kunstgeschmacks.

34. Wie wenig tief geht die Analyse der Begriffe Mode und Herkommen. Wie wenig Sinn hat Schlegel für den Vortheil des Herkommens, d. h. des conservativen Geschmacks. Die Mode wird als etwas willkürlich Festgesetztes angesehen, während das Maß von etwaiger Willkür zu erforschen war. Es überwiegt aber jedenfalls das Gesetz, d. h. die Abhängigkeit der Masse von Beispielen, welche auch für die Sprache so wichtig ist. – Hinweis auf das Gebiet, worin die Mode herrscht 34, 10f. So auch in Poesie: Bedürfniß und das was darüber hinausgeht.

78, 30f. Antike Götterideale – Kategorien der Physiognomik. Ob er das von Goethe hat?

86, 25. Wie ganz auf Schillers Schultern steht da Schlegel!

129. Wie lächerlich abhängig ist diese Deduction von dem bischen Induction!

Wie unfruchtbar die ganze Erörterung über Sculptur! Wenn man damit z. B. Brunns neueste Arbeiten vergleicht. Nicht einmal der Gesichtspunct der selbständigen und der untergeordneten Sculptur kommt vor! Welche Mühe macht es, das Relief »abzuleiten«. Überhaupt dies »Ableiten«! Das Wirkliche vernünftig! Und dabei die durchgängige Abhängigkeit von dem bischen, was er wirklich gesehen hat! Nicht einmal der Versuch, sich über den geringen Kreis persönlicher Erfahrung zu erheben durch eine systematische Erwägung aller Möglichkeiten.

Nicht uneben ist das Achten auf die Größe der Dinge vom Colossalischen bis zu den Gemmen.

Malerei – nicht so unbedeutend wie die Sculptur (Kritik von Schlegels Worten über das Stilleben 1, 201 u. a.).

206. Nichts über das »Malerische« in der Landschaft. Wobei sich denn ergeben würde, warum eine Ruine malerischer als ein Palast.

246, 28f. Feine Bemerkung des Hemsterhuys über Entstehung des Rhythmus. Auch Schlegels eigene Bemerkungen 244, 30f. recht fein. Aber das Auffälligste, den Tanz, scheint er zu übersehen – hier. Während er sich ganz wohl bewußt, daß Verbindung von Tanz und Gesang die älteste Kunst.

Poesie.

Hier redet fast überall ein Meister!

Versuche, lautliche Eigenthümlichkeiten der Sprache auf Charakterzüge zurückzuführen, so fürs Französische 307, 15f., Englische 309, 14f., Deutsche 310, 14f.

Sehr gut 312, 313 mit Ausnahme der ständigen Ungerechtigkeit gegen Wieland.

Lehrgedicht:

Zu großartig speculativen Gedichten Ansätze bei Goethe; und ich könnte mir gleich ein Gedicht über das Verhältniß von Mann und Frau denken, das sich zu meiner Theorie historischer Epochen verhalten sollte wie Goethes poetische Metamorphose der Pflanzen zu dem wissenschaftlichen Versuch.

Die Alexandriner werden wohl unterschätzt.

Theoretisch fehlt doch einiges ganz Wesentliche. Der Unterschied zwischen kurzem und langem Lehrgedicht. Das letztere verlangt immer möglichste Mischung, also vielfach Versetzung mit epischem Stoff.

Analyse des Eindrucks des Lehrgedichts fast gar nicht.

Bd. 2

Unglaubliche Sachen neben höchst geistreichen. Z. B. 42 wie geistreich über die Architektur! 43 wie gänzlich roh unwissend über die Musik! So sehr fielen damals die Dinge auseinander, daß ein Schlegel nichts von Haydn, Beethoven, Mozart wußte!

47f. Wunderschön poetisch.

70. Hübsch über Launen der Sprache.

72, 3f. Gegen die empirische Psychologie.

Ganz ausgezeichnet die Schilderung der homerischen Poesie. Da ist Schlegels höchste Kunst.

Wie er Lachmann vorbereitet 122f., 126f. Doch aber 123 gleich unhistorisch übers Epos.

In Bezug auf 123: die allgemeine poetische Pflicht und Aufgabe der Exposition! ... Jede Exposition Compromiß zwischen dem, was der Dichter meint sagen zu müssen und dem, was er glaubt als bekannt voraussetzen zu dürfen. Unbestimmtheit des Orts und der Zeit! Märchen.

375. Lessings Faust-Phantom offenbar nach der euripideischen Helena. – Aber auch die Goethesche Helena?

Bd. 3

Welche Rolle bei Schlegel die Betrachtung des Technischen, der Versbau spielt. Sehr anerkennenswerth. Aber Rückschritt gegen Herder. Herder hat die universale Liebe, das Verständniß des echten Historikers. Schlegel ist immer auf theoretischem Boden am stärksten, meist aus den Griechen abstrahirte Ideale, oder auch nur aus einigen Griechen. Durchgängiger Gegensatz gegen Aristoteles, gegen Lessing.

Dieselbe Befangenheit, mit welcher Adelung nichts gelten lassen wollte, was über den Kreis der Bremer Beiträge herausging – dieselbe Befangenheit hat Schlegel für seine Ideale. Wie arm wird dadurch die Welt an echter Poesie! Welche Verkennung der eigenen Zeit war die Folge!

143. Schon ganz richtiger Blick über orientalischen Ursprung der Fabliaux, Novellen u. s. w.

Schlegel ist die Weissagung auf Lachmann. Wie er Homerkritik verlangt (s. o.); wie er den Lucretius schätzt und die Elegiker; die Zahlenverhältnisse (beim Dante); das Dringen auf feste Form, der Werth des Italienischen u. s. w.

Petrarca. Philosophie des Sonetts. Wesentliche Gesichtspuncte fehlen. Wiederholung des Quartetts musikalisch für Sonatenform (ist Zusammenhang zwischen Sonett und Sonate?). Dann Begriff des unstrophischen Gedichts und dessen frühe Anwendung, z. B. bei Walther von der Vogelweide.

Antike Rhetorik S. 36.

Es sind zwei Blätter mit Skizzen der historischen Entwicklung der antiken Rhetorik vorhanden, das eine bezeichnet: Mittheilungen von Hübner 10. Mai 1885. Ferner ein zwei Blätter füllender Auszug, aus dem im Text citirten Werke von Blass, Die griechische Beredsamkeit in dem Zeitraum von Alexander bis auf Augustus.

Tropen und Figuren der Rhetorik S. 39f. Hierher ist am besten ein einzelnes Wilmanns bezeichnetes Blatt zu stellen, das sich also auf Scherers Recension von Wilmanns' ›Walther‹ Anz. f. d. Alt. 10, 305f. bezieht und bei S. 308 des dort gedruckten Textes einsetzt.

Hier heisst es: Es liegt auf den Lehren der Rhetorik ein dicker Staub der Jahrhunderte, und ich will nur gestehen, daß ich mich von früh auf angegähnt fühlte, wenn ich in der Schule die vermoderten Kunstausdrücke anwenden sollte; später brachte mir zwar Heinzel die Überzeugung bei, daß von diesen alten Beobachtungen der Rhetoren immer noch ein fruchtbarer wissenschaftlicher Gebrauch möglich sei; aber welcher, darüber war ich mir keineswegs klar, wenn ich auch vorläufig zu neuer Anwendung ermunterte und den Nutzen für eine vergleichende Untersuchung des Stiles verschiedener Dichter betonte. Ich glaube jetzt einiger Grundbegriffe der Poetik mächtig geworden zu sein, durch welche die ganze Lehre vereinfacht und, wie ich hoffe, aufgefrischt wird; und ich werde mich bemühen, einen Entwurf der Poetik so rasch als möglich zuerst in Vorlesungen und dann auch öffentlich aufzustellen. Innerhalb dieses Systems haben die Figuren und Tropen, die unsere Compendien als Stilistik zusammenfassen, ihre Stelle – großentheils in dem Kapitel von dem Unterschiede der Poesie und Prosa. Ob die Tropen in ungebundener Rede vorkommen, ist dabei ganz gleichgiltig; die ungebundene Rede kann sich sehr wohl poetischer Mittel bedienen. Prosaisch ist der nackte Gedanke in möglichster Reinheit und Schärfe, in möglichster Anordnung einer methodischen Folge dargelegt.

Der *Anatom Henke* S. 46. Henke, Laokoon (1862). Es wäre auszuführen, daß für die Poesie alles darauf ankommt, den Moment der Krisis richtig herbeizuführen und davon weiterzuführen, – kurz auf das Vorangehende und Nachfolgende, daß es also nicht darauf ankommt, ihn selbst vorzuführen und daß es wirklich gleichgiltig ist, ob er hinter der Scene liegt oder auf der Scene gezeigt wird. Kurz, daß die Praxis der bedeutenden Dichter hierin nicht etwa einer Verbesserung bedarf.

Poesie der Naturvölker S. 50. Sieben Blätter mit Notizen. Ich hebe aus: *Poésies populaires de la Kabylie du Jurjura, texte kabyle et traduction, par M. Hanoteau. 8⁰. 480f. Paris, Imprimerie impériale. 1867.*

Renan im *Journ. Asiatique Ser. VI Tom. XII N. 44 (1868): Les Kabyles n'ont pas de textes écrits en dehors des ouvrages arabes; mais ils ont une poésie populaire, oeuvre d'hommes illettrés, chantée par des rhapsodes héréditaires, parasites et parties nécessaires des noces et des fêtes, souvent aussi oeuvre de femmes (couplets dont elles accompagnent leurs danses, longues complaintes qu'elles mêlent à leurs travaux). La mémoire extraordinaire des chanteurs kabyles explique les miracles que durent accomplir les aèdes grecs qui gardèrent les poèmes homériques, les tribus arabes qui eurent de longs divans, les jongleurs du moyen âge.* – Bei Hanoteau die merkwürdigsten Details über die Rhapsoden nach unmittelbarer Beobachtung *sans nulle préoccupation litteraire antérieure.... Il est bien remarquable que dans ces chants il n'y ait pas un mot d'histoire, pas un souvenir du passé.*

Prabodhatschandrodaja oder der Erkenntnißmondaufgang. Philosophisches Drama von Krischnamitra.

Meghaduta der Wolkenbote. Lyrisches Gedicht von Kalidasa.

Beides metrisch übersetzt von Dr. B. Hirzel, Zürich 1846.

Urvasi oder Preis der Tapferkeit von Kalidasa. Übersetzt von Dr. K. G. A. Höfer. Berlin 1837.

Proben chinesischer Weisheit nach dem chinesischen des Ming-sin-paskien. Von Dr. J. H. Plath. München 1863, Franz in Commission.

Zurückführung auf die einfachsten Probleme S. 51 vgl. Scherers Vorträge und Aufsätze S. 395.

Kapitel II (S. 54)

Dichter und Publicum

Zwei Blätter mit Notizen. Auf dem zweiten ist Folgendes doppelt angestrichen:

Niedere Culturstufe: Vermischung des Bildes mit der Sache (beim Zaubern): die letzte Galerie wüthend auf den schlechten Kerl des Stückes. Auf höherer Stufe ist gerade die Unterscheidung zwischen Wirklichkeit und Darstellung ein Reiz der Darstellung. Das Unglück, das man sieht, wird gemäßigt durch das Bewußtsein, daß das alles nicht wirklich ist, sondern nur gespielt (Empfindung der Schauspieler dabei).

Am besten hierher stellt man auch einen andern von Scherer beigelegten Entwurf in sechs numerirten Blättern. Hier wird der Werth absoluter Vollständigkeit bei Betrachtung einer bestimmten Litteraturepoche im Anschluss an ein Citat aus A. v. Humboldt (Kl. Schr. 1, 400) und an eigene Ausführungen Scherers (Zeitschr. f. öst. Gymn. 1867 S. 68 vgl. Deutsche Studien 1, 353) betont.

Die Geschichte soll sich als die »Statistik in Bewegung« zeigen. Sie soll uns lehren, wie die Kräfte beschaffen waren, welche den mehreren Millionen süddeutscher Katholiken in der Zeit von Luther bis Goethe den Schimmer von Poesie brachten, auf welchen das Volk nie verzichtet; und die Persönlichkeiten sollen uns vorgeführt werden, in denen ihr geistiges Leben sich concentrirt.

Das unbedeutendste litterarische Product ... muß in die geschichtliche Darstellung aufgenommen werden, es muß in dem Ganzen der Nationalliteratur vorkommen – allerdings nicht nothwendig mit seinem Namen, sondern nur insofern es Masse macht, insofern es Stoff liefert für die inductive Erforschung des Gesammtcharakters seiner Gruppe.

Epochen, die mit Tiefländern und andere, die mit Hochländern zu vergleichen sind. Für die Vergleichung und Abschätzung der Litteraturen untereinander scheint mir dieser Gesichtspunct sehr wichtig. Die neuere französische Litteratur hat keinen Dichter wie Goethe, die ältere französische Litteratur keinen Dichter wie Wolfram. Aber ich glaube, daß die mittlere Oberfläche der deutschen Poesie ziemlich weit unter der mittleren Oberfläche der französischen bleiben würde.

Nach einer andern Seite hin würde es orientiren, die Honorare kennen zu lernen, welche jährlich in verschiedenen Ländern gezahlt werden und deren verschiedene Höhe für verschiedene Litteraturzweige.

Wie bestimmte Zeitereignisse auf die Mitlebenden wirken, läßt sich aus der Zahl ihnen gewidmeter Schriften sehr anschaulich machen: ich verweise zur Illustration auf einen höchst interessanten Artikel der Preußischen Jahrbücher Bd. 22 (1868) S. 100 über die Litteratur des Krieges vom Jahre 1866.

Ebenso könnte man für gewisse Perioden z. B. die Zahl der Fabeln oder Novellen ermitteln und mit der Zahl der Dramen und anderer Dichtungsgattungen vergleichen. Daraus Schlüsse auf die litterarische Bedeutung dieser Epochen zu ziehen.

Aber auch Zahl und Art der Lesenden muss festgestellt werden.

Es giebt also eine annähernde Schätzung geistiger Kräfte auf dem Wege, der sich mit Recht vorzugsweise den exacten nennt. Und ich meine, wir sollten die Zahl auf unserm Wege so weit mitführen und beibehalten, als es irgend möglich ist.

Ursprung der Poesie S. 54.

Ein Blatt, fast ganz mit dem im Colleg gegebenen übereinstimmend. Ich hebe nur aus: Stufen des Glücks, welches die Poesie hervorbringen kann: befriedigtes oder annähernd befriedigtes Begehren, Illusion der Befriedigung. – Kraft des Wortes s. den Rigvedahymnus über *Vâk*. – Weinen – Lachen, Rührung – Lächeln.

Weshalb das Unangenehme in der Poesie angenehm? S. 68.

Kein einzelner Punkt des Collegs scheint Scherer so viel Mühe gemacht zu haben wie dieser. Ein erster Entwurf führt als Gegenstände der Poesie auf: Erstens Angenehmes, zweitens Lächerliches, drittens Unangenehmes. Für das Letztere schon einige der späteren Gründe angeführt. Anmerkung: Ebbinghaus, Glück des Melancholischen in seinem Schmerz. Vielleicht körperlich angenehme Wirkung des Schmerzes. Ein zweiter Entwurf betont den Contrast (s. »Lehre vom Publicum«): Spannung und Lösung. Dann – wie im Colleg – die ursprünglich aufgeworfene Frage anders formulirt: Versuche sie zu beantworten.

Ferner sind drei Seiten des ausgearbeiteten Collegs ausgestrichen. Inhaltlich stimmen sie mit der späteren Fassung grossentheils überein, die aber in viel klarerer Ordnung fortschreitet.

Ein Princip des Contrastes S. 71: wie erwähnt im zweiten Entwurf als hauptsächlicher Erklärungsgrund gefasst.

Die Freude an Glücksspielen S. 72. Hegner 2, 134:

»In der Gefahr ist bloße Wahrscheinlichkeit, in der Wahrscheinlichkeit noch Hoffnung, Hoffnung aber giebt Muth, und dieser ist Gefühl der Kraft, ein Reiz, der uns dem ungewissen Übel entgegengehen heißt. Ist hingegen die Gefahr in wirkliches Unheil übergegangen, wie hier, so tritt ein ganz anderer Zustand ein, aus dem man sich dann ziehen muß, so gut man kann.«

So lang also der Held in Gefahr schwebt, ist das Vergnügen der Spannung u. s. w. noch vorhanden. Kommt er in der Gefahr um, so ist im Gesammteindruck, wenn man zurückblickt, das Unangenehme der Katastrophe vielleicht überwogen durch das Angenehme der Spannung vor der Katastrophe.

Ursprung des Mythus S. 81: vgl. Vortr. u. Aufs. S. 385.

Aristokratische und demokratische Verfassung auf litterarischem Gebiet S. 89. Ausführlich handelt über diesen Gegensatz ein merkwürdiges Blatt, dessen Inhalt ich zum grössten Theile hersetze:

Das Geschichtenerzählen bei Tieck u. A., die verwilderten objectiven Gespräche – die Episode im Epos. Das alte epische Lied kennt sie nicht, erst eine Zeit die bewundernd zurückblickt auf das Ganze, die das unmittelbare moralische Interesse an den Stoffen eingebüßt hat und für ein mittelbares künstlerisches (ästhetisches) gestimmt ist – eine »Zeit, die dazu Zeit hat«, ohne Aufregungen des praktischen Lebens, unmittelbar drängende Aufgaben der Öffentlichkeit.

Von demokratischer Poesie als neuer Energie wissen wir noch nichts, sie bereitet sich erst vor. – Elemente dazu vorhanden. – Aber Blüthenepoche hat sie noch nicht erlebt. Die große neuere Poesie ist die des Absolutismus, der Tyrannis. Die letzte deutsche classische Epoche ist ein Nachklang der italienischen des 16. Jahrhunderts – die directen Einwirkungen wären zu studiren. Nachwirkungen der Stoffe und Formen, vgl. z. B. ›Emilia Galotti‹, Goethes ›Tasso‹, Meißner ›Bianca Capello‹, Tiecks ›Vittoria Accorombona‹ – Sonett u. dgl. Die beiden Ströme, der altdeutsche und der romanische in Deutschland, wären sehr wohl zu unterscheiden und zu verfolgen – das 18. und 19. Jahrhundert in Deutschland erkennt sich selbst wieder in den gesellschaftlichen Verhältnissen und dem Culturzustand jener italienischen Renaissanceepoche.

Solche Zeiten sind conservativ in allem was in seinen Consequenzen den äußern Zusammenprall mächtiger Kräfte (Volksmassen) herbeiführen würde – scheu vor allen Revolutionen, kirchlichen und politischen. Sie brauchen auf beiden Gebieten starke beherrschende Mächte, die sie gleichsam vor Luftzug schützen – und ebenso nothwendig die Befreiung von materiellen Sorgen um Lebensunterhalt. Daher ihrem Grundzug nach aristokratische Epochen, gleichviel ob oligarchisch oder tyrannisch, mit Hofadel, gleichviel aus welchen Elementen sich diese herrschende Gesellschaft zusammensetzt – ihr Kennzeichen ist die materielle Ausbeutung der Vielen durch Wenige. Daher die Verwandtschaft mit den antiken Sklavenstaaten.

Das innere Band aber, welches diesen ökonomischen und den entsprechenden socialen und politischen Zustand mit der geschilderten Poesie verbindet – welches ist es?

Die Epoche der aristokratischen Poesie beginnt mit dem Epos, – der aristokratische Zug des germanischen – also mit der dichterischen Erschaffung des Heroenthums, d. h. mit der Beachtung und poetischen Bewahrung individueller Leistungen und deren Erhöhung und Construction nach Maßgabe der vorausgehenden polytheistischen Mythologie. Das Heroenthum ist aber nichts als dichterische Anerkennung der Aristokratie (Grund dazu schon gelegt durch Glauben an Abstammung der Heroen von Göttern: Keim deutscher Heldensage ist schon die Genealogie Tuisto-Mannus u. dgl.) – also die *Idealität* ist ein Ergebniß jener aristokratischen Lebensepoche.

Also ist die demokratische Kunst die *nicht-ideale*, die man kaum realistisch nennen mag. Sie geht aus von Beobachtung des Gewöhnlichen, von der komischen Kunst. Es folgt ein Versuch, dieselbe aus der städtischen Gemeinfreiheit herzuleiten, welchen Scherer dann unter Hinweis auf die Verschiedenheit griechischen, italienischen und deutschen Städtewesens verwirft. Auf dem Unterschied italienischen und deutschen Städtewesens beruht der Unterschied zwischen deutscher und italienischer Cultur des 15. und 16. Jahrhunderts. Genua, Pisa, Venedig sind für sich allein Großmächte, Tyrannis etc. Das Verhältniß zum Papstthum läßt sich vielleicht der Amphiktyonie vergleichen.

Die harmonische Vollendung, das Sich-Ausleben aristokratischer Litteraturepochen beruht darauf, ob Einbruch demokratischer Epochen nahe bevorsteht oder nicht, diese ablöst oder nicht.

Bei der deutschen des 19. (auch 18.) Jahrhunderts ist dies zu nahe. Daher z. B. kein fortwirkendes Stilprincip gefunden. Merkwürdig wie noch bei Tieck Elemente dazu vorhanden; das beruht so ganz auf der aristokratischen Gesellschaft, macht selten den Eindruck hervorragender Originalität, aber immer des Geistreichen, Gewandten, Gesellig-Bedeutenden.

Man könnte jene Gegensätze aristokratischer und demokratischer Litteraturepochen auch als diejenige der Litteratur der Staatshilfe und Selbsthilfe bezeichnen: Lessing – Selbsthilfe; Goethe – Staatshilfe. Der preußische Staat hat den Zug zu der Selbsthilfe in sich, erzieht dazu trotz überweiser Bureaukratie. Preußische Litteratur ist daher eine solche, soweit der Staat Verdienst daran hat: Gleim, der junge Herder, Kant, selbst Hamann und Klopstock in seinem Ausgangspunct – und ihr Vater, der Pietismus.

Kapitel III (S. 137)

Die Stoffe

Diesem Kapitel und namentlich der Motivenlehre ist schon in den ersten Entwürfen, wie angegeben, stark vorgearbeitet. Ausserdem ist noch ein einzelnes Blatt vorhanden:

Stoffe: Kunstroman, Kunstdrama und Kunstlyrik (Gedichte auf Gemälde, Epigramme auf Kunstwerke, Künstlermemoiren). In Deutschland: ›Sternbald‹. ›Im Paradiese‹. ›Grüner Heinrich‹. Hagen. ›Correggio‹ von Oehlenschläger. Litteraturgeschichte als biographisches Stoffgebiet: ›Königslieutenant‹; ›Karlsschüler‹. Theater als Stoffgebiet: ›Wilhelm Meister‹; ›Charlotte Ackermann‹ u. dgl. Musik: ›Schauspieldirektor‹. Religionsgeschichte: ›Weihe der Kraft‹ von Werner; ›Ziska‹ von Meißner; ›Albigenser‹ von Lenau; ›Uriel Acosta‹.

Welche Motive aus der Religionsgeschichte, aus der Wissenschaft u. s. w. werden als die fruchtbarsten angesehen, welche am meisten behandelt?

Merkmal des Komischen S. 147: Über das Komische. Prutz, Holberg. – Gervinus 2, 334f. Ausgangspunct ist wohl die ästhetische Seite in der Natur des Menschen: Caricatur.

Kapitel IV (S. 150)

Innere Form

Auf die Überschriften von Kapitel IV und V bezieht sich ein Brief des Herrn Dr. v. Waldberg in Czernowitz vom 12. Juli 1885, den Scherer beigelegt hat. Es heisst hier: Sie erinnern sich ... daß Sie mir seinerzeit [für Waldbergs Schrift ›Die galante Lyrik‹] die Überschriften »Innere Form« und »Äußere Form« anempfohlen haben. Ihre Ausführungen über diese Terminologie (im Goethejahrbuch) haben in Folge dessen mein ganz spezielles Interesse erregt, ich bin der Geschichte dieser Bezeichnung nachgegangen und habe sie als sehr alten juristischen Ausdruck festgestellt: forma interna und forma externa findet sich schon gegen 1780 in den verschiedenen Ausgaben von Martinis Vaterrecht, später 1790 bei Westphal in seinem Buche über Testamente u. s. w. bis zu dem noch heute geltenden österreichischen bürgerlichen Gesetzbuch. Stets werden aber diese Bezeichnungen »Innere« und »Äußere Form« nur bei Testamenten verwendet.

Kapitel V (S. 156)

Äußere Form

Ein Blatt Rhythmus, Tact stimmt zu dem späteren Text; neben Gang, Laufen, wird auch Laufen der Thiere, Galoppiren angeführt.

Die Dichtungsarten S. 162. Auf ihre Gliederung bezieht sich ein Brief des Herrn Prof. Dr. Burdach in Halle vom 27. Juli 1884, den Scherer beigelegt hat. Es heisst dort: In dem, was Sie in der Waltherrecension [Anz. f. d. Alt. 10] S. 308f. über die Begriffe Lyrik, Drama, Epos ausführen, glaube ich Sie ganz zu verstehen ... Es folgt eine eingehende Darstellung der verwirrenden Constructionen der bisherigen Ästhetiker, besonders Chr. G. Weisses und Hegels, deren Einfluss auf Wackernagel u. A. betont wird. Der Grundfehler ist glaube ich der, das Epos und das Drama als die beiden äußersten Gegensätze und die Endpuncte der historischen Entwicklung zu betrachten. In Wahrheit scheinen mir vielmehr Lyrik und Drama die beiden Urphänomene. In der Lyrik redet der Dichter, im Drama reden fremde Personen. Das Epos steht in der Mitte und kann theils lyrisch theils dramatisch werden. Hegel rechnet zum Epos auch die Gnome, das Lehrgedicht, weil beide objectiv sind. Sie gehören aber ihrem Wesen nach zur Lyrik: der Dichter hat eine persönliche Überzeugung, die in der ursprünglichen Zeit natürlich immer anknüpft an eine momentane Erfahrung. Ich unterscheide 1. Lyrik des Gefühls, 2. des Willens, 3. des Verstandes; ferner neben dieser inhaltlichen Theilung, mit Rücksicht auf das Verhältniß zum Publicum: 1. Lyrik für Andere, die ursprüngliche, 2. Lyrik für sich selbst, »einsame Lyrik«; und mit Rücksicht auf den Vortrag: 1. Chorische Lyrik, 2. Monodische Lyrik. – Liebespoesie monodischen Ursprungs: Darwin, Abstammung des Menschen 1, 47 ... Dann wäre die Liebespoesie überhaupt die älteste Poesie oder der älteste Gesang oder die älteste Sprache, wie man das nun nennen will.

Die epischen Dichtungsarten S. 163f. Hierzu wie zum Drama ist eine grössere Zahl von Blättern vorhanden, welche grossentheils Probleme des Epos und der Heldensage behandeln, die im Colleg selbst nicht berührt sind, hier aber nur in Form eines Referats gegeben werden können.

Voraussetzung des Epos ist die Heldensage, und Voraussetzung der Heldensage die Mythologie. Hauptsächlich wichtig, da Mythologie jedenfalls das Material ist, woraus Heldensage sich gestaltet – die Art der Mythologie zu untersuchen, welche zu Heldensagen verwendet. – Zu untersuchen, ob in Mythologien verschiedener Völker irgend in mythischer Gestaltung der Naturvorgänge sich Reste von Naturerscheinungen finden der Urheimath, nicht derjenigen, in welche sie gewandert sind und in der die eigentliche Ausbildung ihrer Nationalität stattfand? – Der Polytheismus fördert die Heldensage, indem er Analogie bietet zwischen Götter- und adeliger Menschenwelt.

Quelle der Heldensage ist gehobenes Selbstgefühl ... Aber dies nicht individuell (individueller Größenwahn erzeugt poetisch neue Legenden: Religionsstifter), sondern Standes- oder Nationalgefühl. Besonders ersterer Zustand scheint geeignet Heldensage hervorzurufen, d. h. adeliges Selbstgefühl – göttergleiche Menschen, die sich denn auch von Göttern abstammend glauben; dies Begriff des germanischen Adels. Diese Menschen trauen sich Thaten zu, wie sie der Mythus von den Göttern berichtet; bei Germanen treten sie an Stelle der Götter beinahe, während bei Griechen und Indern die Götter noch herbeigezogen (dort bei den Germanen so starke Erweiterung des Ich). Der Begriff Adel im germanischen Epos so erweitert, daß andere Stände ganz übersehen (Beowulf).

Dagegen scheint das Nationalgefühl allein kaum auszureichen. Zwar ist das Epos Verherrlichung alter Nationalkämpfe: germanisch, französisch, griechisch, indisch, persisch, russisch? serbisch, finnisch. Aber unzählige solche Kämpfe müssen in einer Nation während ihrer Wanderungsperiode vorgefallen sein. Wie kommt es, daß gerade diese fixiert werden? Ein dauernder Gegensatz ist bei Persern und Finnen (Turanier, Lappen) zu beachten. Aber unter gleichen nationalen Verhältnissen kommt das Epos doch nicht überall zu Stande. Nicht bei den Semiten: die Eroberung Kanaans wäre z. B. der rechte Stoff gewesen. Freilich kommen z. B. bei den Arabern noch technische Schwierigkeiten hinzu.

Es scheint also zu dem Nationalgefühl jenes Standesgefühl noch hinzutreten zu müssen. Wo sich adeliges Selbstgefühl nicht entwickelt, kommts nicht zur Heldensage und zum Epos. So in Rom, wo die alten demokratischen Bauernschaften fortbestehen bis zum Eintritt der Schriftlitteratur. – Für arische Völker kann man wohl geradezu das adelige Selbstgefühl als Quelle hinstellen. Aber wie stehts mit Finnen. Esthen, Mongolen, Tartaren? Was ist da analog?

Adeliges Selbstgefühl bedingt auch das Achten auf Details der Erscheinung – und daher epische Ausführlichkeit.

Nun fragt sichs aber weiter nach der Entstehung jener speciellen Art des Selbstgefühls, die man Heldengefühl nennen könnte ... Nur productives Selbstgefühl kann das Heldengefühl erzeugen.

So viel wir einigermaßen beobachten können, sind alle Völker, die Culturproducenten sind – Araber nur Culturbewahrer, ebenso Juden – auch Völker mit Epen. Ägypter? Chinesen?

Der strebende Mensch ist der epische und zwar der freistrebende: die älteste Cultur dürfte die befohlene sein. Dann kommt die freie, und am Anfang freier Culturen stehen aristokratische Gesellschaften.

Was ist Streben? Erkennen höherer Ziele und Entschluß, sie zu erreichen. Also Steigerung der Erkenntniß der menschlichen Kräfte.

Buckles Satz, daß Fortschritt auf dem Wissen beruht, durchaus bestätigt. Schärfere Erkenntniß des Zwecks und der dazu führenden Mittel – das ist Quelle des Fortschritts. – Aber ganz falsch, daß ein moralischer Fortschritt überhaupt nicht stattfinde; vielmehr auch Quelle des moralischen Fortschritts ist der Fortschritt der Erkenntniß.

Rütimeyer über Darwinismus. Das erkannte Gesetz des menschlichen Fortschritts auf frühere Stufen zurückzuverlegen. Genealogie der Erkenntnisse: die auf Erhaltung der Gattung gerichtete Erkenntniß wohl die ursprünglichste.

Maßstab für Fortschritt ist demnach Logik als Lehre vom Ideal der Erkenntniß.

Auf diesem Fortschritt also und auf dem Bewusstsein dieses Fortschritts, auf dem Bewusstsein des Strebens beruht das Heldengefühl der culturproducirenden Nationen. Und indem dies aus mythologischen und historischen Elementen (Polytheismus und Nationalkämpfe) die Heldensage entstehen lässt, ist wieder für das Epos die Voraussetzung gegeben.

Zum Epos muß das historische Bewußtsein erwacht sein – aber es muß zugleich ein Mittel exact historischer Überlieferung noch nicht gegeben sein – eine große Menschenklasse muß keine Schriftlitteratur besitzen, und gerade diejenige, die ein Interesse hat an den historischen Fragen, die zu Grunde liegen...

So lange gar keine Schriftlitteratur vorhanden... ist kein Gegensatz der Bildung im Allgemeinen – nur Frauenwissen und Priesterwissen (technischer Art): – wachsender Gegensatz – der Gegensatz erfährt nun wieder allmälige Ausgleichung durch Mittheilung der Schriftlitteratur an immer größere Kreise.

Z. B. Kreuzzüge erwecken noch Sagen, aber es wird kein Epos daraus, obgleich viele Bedingungen dazu vorhanden – drum muß das Thun des Einzelnen, der daraus Epos gestalten will, sich viel mehr erlauben. Tasso! Gleichwohl ist es nur ein relativer Gegensatz, vom Buchbinder an, der Volkslieder zusammenbindet, gleichsam bis zum thätigsten bürgerlichen Kunstdichter des 16. Jahrhunderts – aber freilich im 18., in Goethe überwuchert das Erfundene ganz die geringe volksthümliche Grundlage. Noch weniger zur Zeit der Freiheitskriege ein Epos zu denken als zur Zeit der Kreuzzüge...

In der Entwicklung des Epos selbst scheinen nun wieder gewisse Momente typisch. Z. B. das cyklische Moment fehlt wohl beim Cid, und vielleicht sonst, bei Iren z. B. Nicht aber bei Russen und überall nicht, wo etwa Tafelrunde zu Grunde liegt: Wladimir, Dietrich von Bern – den Schluss des cyklisch gewordenen Epos bildet der Untergang aller Helden; so z. B. auch im persischen Epos.

Das Nationalepos wird abgeschlossen zu einer bestimmten Zeit und was nach der Zeit liegt, nicht mehr darin aufgenommen; mag es an sich noch so groß und folgenreich, ja auch für sich ein Stoff der Sagenbildung und epische Dichtung geworden sein: der epische Cyklus bleibt exclusiv.... Wenn die Thaten der medischen und persischen Könige in der altbaktrischen Poesie nicht verherrlicht wurden, obgleich sich selbständige Sagenkreise um sie bildeten, so erkennen wir die vollkommene Analogie in jenen longobardischen oder karolingisch-französischen Dichtungen, von welchen das deutsche Volksepos nichts weiß. Bewahrer der Tradition sind die Kreise des grundbesitzenden Adels in Deutschland wie in Iran. Die Grenze für das griechische Epos wird man, äußerlich bezeichnet, etwa in dem Emporkommen des delphischen Orakels finden. Ein früher Versuch der Einmischung desselben im Liede des Demodokos Od. 6, 75.

Die Aufzeichnung des Khodāi Name, der Quelle des Firdusi, erinnert durch ihre prosaische Form an das umfassendste Corpus altdeutscher Heldensage, die Thidreksaga, durch ihren officiellen Charakter an die Pisistrateische Sammlung der homerischen Gesänge. Merkwürdig, daß noch, als Firdusi seine Gesänge dem Sultan Mahmud vorlas, Musik und Tanz die Recitation begleitete: was für die homerischen Dichtungen sie selbst, für die altgermanischen verschiedene Spuren und noch heutige lokale Sitten bezeugen.

Beobachtungen, wie die eben geäußerten, haben einen untergeordneten Werth, so lange sie bloße Apperçus bleiben. Erst wenn die Bedeutung und das Wesen der analogen Erscheinungen womöglich durch Herbeiziehung aller in Betracht kommenden Glieder der Vergleichung klar geworden ist, d. h. wenn zunächst die begleitenden Zustände unter denen, die historischen Bedingungen vermöge deren sie ins Leben treten, dann die tieferen Gründe dieses Erscheinens in der menschlichen Natur erforscht sind – erst dann hat die Beobachtung eine Gestalt gewonnen, um die Einreihung zu verdienen in das, was man nennen möchte: eine Naturlehre des Epos.

Ferner liegt ein Auszug bei: Wackernagel, Epische Poesie. Im Epos dient die Rede zur Charakteristik der Person, die Charaktere haben die Function, die Handlung zu motiviren. Ists nicht genau noch so bei Thukydides? ist nicht seine Art die vollendete Ausprägung und Erfüllung des Satzes: Epos = Geschichte?

Der Gegensatz von Allgemeinheit und Individualität für ältere und jüngere Zeit (wo in älterer das Individuum sich in der Masse verlieren soll) ist falsch: es ist nur die fortschreitende Arbeitstheilung zu beobachten, darauf führt der ganze Gegensatz zurück. ... Nun kommen die Fächer: bei den Germanen, scheint es, früh, doch nicht Berufsstände, sondern Richtungen der Thätigkeit mannigfaltiger. Dies ist ein höchst wichtiger Gesichtspunct für die ganze Stellung der Frauen bei den Germanen (vgl. o. 200–201).

Zwei weitere Blätter beschäftigen sich mit dem griechischen Epos; sie sind überschrieben Historischer Gehalt der ›Ilias‹ und Der Mythus des Trojanischen Krieges. Es wird auf Prellers Mythologie 2, 103f. und auf Ztschr. f. d. Alterth. 12, 353 verwiesen.

Zwei andere Blätter überschrieben Schack Firdusi, welche die oben entwickelten Anschauungen an dem persischen Epos prüfen, sind im Vorhergehenden schon benutzt worden.

Endlich liegt ein Blatt bei mit der Überschrift Beov. II. Ich hebe aus: Welche wundervolle Scene – Wiglas bei seinem Herrn auf der Klippe, ihn wieder zu beleben versuchend – da kommen die Treulosen aus dem Busch hervor. Zu untersuchen ob bei dem Dichter auch sonst malerische Phantasie. Wie menschlich ist der Beovulf! Wie viel Großartiges! Dies Bild der Untreue der Mannen im Allgemeinen gegenüber der Treue des Einzelnen, während er für sie stirbt.

Die dramatischen Dichtungsarten S. 165. Skizzen:

Zur Theorie des Dramas. Methode der Charakteristik zu vergleichen mit der Charakteristik in epischer Dichtung.

Bestimmte psychologische Zustände, deren Behandlung beliebt oder nicht, z. B. Wahnsinn kommt durch Shakespeare empor.
Charaktere auf dem Grunde der Ethik. Umfang weiblicher und männlicher Charaktertypen bei verschiedenen Dichtern. Bei manchen kehren immer dieselben wieder. Oft liegts an der Zeit, daß eine gewisse Enge ... Charaktere überhaupt nichts specifisch Dramatisches. Aber wohl darf gefragt werden, welches sind dramatische Charaktere?

———

Aus den Notizen zur dramaturgischen Litteratur theile ich Bemerkungen zu Calderons ›Andacht zum Kreuz‹ mit: Ein echt Calderonisches Stück. Vgl. ›Ahnfrau‹. Worin jedoch Calderon übercalderont. Sehr einfache Bühnenmittel noch: ausdrückliche Wegschickung um Dialog oder Monolog herzustellen zweimal, Unterbrechung zweimal, Überraschung und Verstecken wiederholt. ... Zufall gehört auch zum Wunderbaren. Übergänge etwas hart und ausdrücklich, diese machen aber das Charakteristische dieses Stückes aus ... Bauern mit Absicht komischer Effecte eingewoben. Tendenz im Allgemeinen: Sentenzen zahlreich und z. Th. trivial, häufige Abstracta, gesuchte unerwartete Antithesen, Ausdrucksweisen gehäuft (die ebenfalls auf Grillparzer wirkten z. B. in jenem »Ich bins – bins – bins«). Abwesenheit aller individuellen Charakteristik im Grunde. Es sind sämmtliche Personen Typen ... Das Großartigste, und wirklich bloß in diesem spanischen Drama möglich, ist die Schilderung der Leidenschaft. So durchdrungen alles von der Superstition, von der Furcht der Höllenstrafen (oder vielleicht ... von der unfehlbaren Absolution durch Beichte??) von dem religiösen Bewußtsein – trotzdem, und zwar bewußt, reißt Leidenschaft alle Schranken nieder, – sie können nicht anders.

———

Vergleich von Poesie und Prosa. S. 178f. Ein Entwurf bringt Mehreres was im Text steht. Am Schluss: Die Poesie stellt den ursprünglichen sinnlichen Menschen wieder her; sie regt die sinnliche Anschauung an; sie regt die Selbstthätigkeit und Phantasie auf. Aber auch der Verstand kann zur Selbstthätigkeit angeregt werden durch antithetischen Witz u. dgl. Das ist nicht im höchsten Sinn poetisch, aber doch in der Poesie häufig.

Anhang 2:
Zur Neuausgabe – Materialien zur Rezeptionsanalyse

I. Vorbemerkung

»Nicht volle drei Wochen vor seinem Tode besuchte ich ihn [= Scherer] wieder und diesmal empfing ich einen beunruhigenden Eindruck. Wohl sprachen wir, wie früher, in raschem Fluge über Personen und wissenschaftliche Angelegenheiten; er zeigte die alte Theilnahme, aber das Gedächtniß versagte ihm öfter, wenn auch nur in Kleinigkeiten: Todesahnungen brachen plötzlich im Gespräch gewaltsam hervor und der Gedanke an das Schicksal seiner jungen Frau und die beiden Kinder erschütterte ihn bis zu Thränen. Nur schwer gewann er die Fassung wieder und durch das fortgesetzte wissenschaftliche Gespräch zitterte der Ton verhaltener Wehmuth. Zum Abschied schenkte er mir seinen eben erschienenen Gratulationsbrief an Gustav Freytag zu dessen siebzigstem Geburtstag – es ist wohl das letzte, was er hat drucken lassen – und begleitete mich die Treppe hinunter bis auf die Straße. Auch dort noch setzte er die Unterhaltung fort, er kam eine Strecke mit und beschrieb mir schließlich den Weg zum Stadtbahnhof Bellevue. Noch ein Händedruck, der letzte, und wir schieden. Ich ging und blickte zurück: er stand noch da unbedeckten Hauptes und schaute, die Hand vor den Augen, mir freundlich grüßend nach. Es war Sonntag Nachmittag und außer uns Niemand in der entlegenen Straße. Drüben über den hohen Bäumen des Thiergartens glänzte die helle Julisonne und warf ihren Schein auf das geistvolle blasse Gesicht, die machtvolle Stirn und sein vor der Zeit ergrautes Haar.
So habe ich ihn zuletzt gesehen: winkend, weisend und leitend. So trage ich sein Bild unauslöschlich im Herzen und so lebt es fort in dem Gedächtniß ungezählter dankbarer Schüler.«

Konrad Burdachs postvisionäre Darstellung [1] des verehrten Meisters mag als eine aus übersensibler Subjektivität geborene Übersteigerung erscheinen, sie ist indes aber unverkennbar Ausdruck der intensiven Wirkung, die Scherers Persönlichkeit auf alle seine Schüler ausübte. Zahlreiche Erinnerungen und Berichte bestätigen, was Otto Brahm paradigmatisch formuliert hat: »Zu dem weiten Kreise seiner Schüler mich zu zählen, bin ich stolz und froh; und an innerer und äußerer Förderung, für meine geistige und menschliche Bildung

[1] National-Zeitung vom 9. 11. 1886. S. 3.

danke ich ihm mehr, als ich jemals würde aussprechen können.«[2] In den nachfolgend abgedruckten Texten wird diese Komponente der Wirkungsgeschichte Scherers immer wieder deutlich.

Die starke persönliche Wirkung Scherers motiviert auch die wissenschaftliche Auseinandersetzung mit seinem Werk. Die Zeitgenossenschaft mit Scherer verpflichtet. Spätere Generationen wissen sich in größerer Distanz und werden mitunter zu scharfen – auch ungerechten Kritikern Scherers. Die Entwicklung geistesgeschichtlicher Positionen in der Germanistik der Zwanziger Jahre liefert hier manches Beispiel. Doch ist es auch einer der Begründer geistesgeschichtlicher Betrachtungsweise, Erich Rothacker, der eines der interessantesten und einläßlichsten Kapitel der Wirkungsgeschichte Scherers geschrieben hat.[3]

So lebhaft und zahlreich das zeitgenössische Echo auf Scherers Werk war, das Interesse nimmt bald ab. Scherer wird – ähnlich wie Dilthey, aber mit umgekehrtem Vorzeichen – zum methodengeschichtlichen Klischee, das unbefragt und ungeprüft die unterschiedlichsten »methodenkritischen« Abgrenzungen seit Beginn dieses Jahrhunderts durchzieht. Scherers ›Poetik‹ ist – nach lebhafter Diskussion bei ihrem posthumen Erscheinen – dieser Klischeevorstellung insofern zum Opfer gefallen, als sie gar nicht mehr interessiert hat. So kann es sein, daß 1972 – gänzlich unvermutet vom Zusammenhang her – in Dieter Breuers für eine Einführung in die Literaturwissenschaft geschriebenen Beitrag ›Pragmatische Textanalyse‹, im Literaturverzeichnis die folgende Kommentierung erscheint:

> »Scherer, Wilhelm: Poetik. Berlin: Weidmann 1888.
> [Lange vergessene bzw. verdrängte Darstellung poetologischer Probleme unter kommunikativem Aspekt.]«[4]

Die Wirkungsgeschichte Scherers – und insbesondere der ›Poetik‹ – ist zugleich ein modellhafter Schnitt durch die Wissenschaftsgeschichte der Germanistik. Sie vermittelt Einblick in die heterogene Interessenlage dieser – immer wieder und immer noch – »deutschen« Wis-

---

[2] Frankfurter Zeitung vom 17. Sept. 1886 (Feuilleton).
[3] Vgl. Erich Rothacker: Einleitung in die Geisteswissenschaft. Tübingen 1920.
[4] Dieter Breuer: Pragmatische Textanalyse. In: Literaturwissenschaft. Eine Einführung für Germanisten. Hg. v. Dieter Breuer u. a. Frankfurt/M. Berlin. Wien. 1972. [= Ullstein Buch. 2941.] S. 340.

senschaft, die, wie Breuer es andeutet, auch eine Geschichte von Verdrängungen ist. Kein Zufall, daß das heutige Interesse an Kommunikationsprozessen, an rhetorischen Grundlagen der Poetik, an Rezeptionsfragen und am Publikum, aber auch an ökonomischen Implikationen von Literatur und Literaturbetrieb die Aufmerksamkeit auf diese Poetik lenkt, die Steinthal in seiner ablehnenden Rezension 1889 doch immerhin »eine Signatura temporis«[5] nennt. Gerade im Hinblick auf diese lange Zeit verschütteten Problemperspektiven in der Germanistik erscheinen Scherers ›Poetik‹ und ihre Rezeption als »Signatura temporis«, in einem somit entschieden umfassenderen, auch ideologiekritisches Interesse einschließenden Sinn. Gotthart Wunbergs jüngst vorgelegtes »Modell einer Rezeptionsanalyse kritischer Texte«[6] bietet hier ein differenziertes Instrument zur Aufarbeitung dieser komplexen Rezeptionsgeschichte.

»Signatura temporis« ist Scherers ›Poetik‹ auch in nicht geringem Maße im Hinblick auf ihre Entstehungssituation, im Hinblick auf das 19. Jahrhundert wie aber auch auf die exponierte Gestalt des Gelehrten Wilhelm Scherer, der in der Einheit von Biographie und Werk seinerseits bereits als Paradigma germanistischer Wissenschaft unter den Bedingungen des Deutschen Kaiserreichs erscheint.

Die Entstehung der – keineswegs abgeschlossenen – ›Poetik‹ datiert bis in frühe Stadien von Scherers Schaffens zurück und hängt eng mit der Genese seines Geschichtsverständnisses zusammen. Gustav Roethe und Erich Rothacker haben die Stationen der Entstehungsgeschichte in komprimierter Form nachgezeichnet, ihre sich ergänzenden Skizzen seien hier vorgestellt.

Gustav Roethe[7]:

»In der tiefgreifenden anzeige von Wilmanns ›Walther‹ (1,627) kündigt Sch. selbst schon 1884 seine Poetik an. gerade was er da verheißt,

---

[5] H. Steinthal: [Rezension von:] Wilhelm Scherer. Poetik. In: Zs. f. Völkerpsychologie und Sprachwissenschaft. 19. 1889. 87–97: S. 97.
[6] Gotthart Wunberg: Modell einer Rezeptionsanalyse kritischer Texte. In: Literatur und Leser. Theorien und Modelle zur Rezeption literarischer Werke. Hg. von Gunter Grimm. Stuttgart 1975. S. 119–133.
[7] Gustav Roethe: Wilhelm Scherers Kleine Schriften. In: Anzeiger für das deutsche Altertum 24. 1898. 225–242 [= ZfdA. 42. 1898]: S. 234/235. – Klammerzusätze beziehen sich, wenn nicht anders angegeben, auf Scherers ›Kleine Schriften‹.

eine theorie der lyrik, hat das gedruckte heft nun freilich nicht gebracht. merkwürdig: der dichterischen gattung, für die der litterarhistoriker Scherer vielleicht am tiefsten gewürkt, ist der theoretiker am wenigsten gerecht geworden. das wertvolle, was Sch. zur theorie der lyrik beigesteuert hat, steht nicht in der Poetik, sondern ist in den ›Deutschen studien‹, in der ›Litteraturgeschichte‹, in den ›Goetheaufsätzen‹ zerstreut; aber auch da so vereinzelt, dass es nicht von selbst zusammenschießt. Sch. sucht lieber die epischen und dramatischen elemente der lyrik auf als das specifisch lyrische. mehr bedeutet nur das stückchen vergleichender poetik, das Sch. einer recension von ›Minnesangs frühling‹ einverleibt hat (1,696ff.) und das die naturelemente in der liebespoesie sehr fördernd, aber eben doch nur für die primitivsten verhältnisse behandelt; ferner die notizensammlung ›Haupt über vergleichende poetik‹ (1,703ff.). der ganze charakter von Scherers Poetik, die mir die innere ursache im dichter überall zu sehr vernachlässigt über der äußern würkung im publicum, war gerade der lyrik nicht günstig. aber auch andre gründe spielten wol mit. die theorie des epos hat schon dem jüngling am herzen gelegen; sie greift tief in alle fragen ein, die das deutsche altertum berühren; sie war ein lieblingsstoff der romantik wie der philologischen kritik; sie hat in Sch., der das epos litterarhistorisch gar nicht bevorzugt hat, die mannigfachsten wandlungen durchgemacht, ein zeugnis, wie sie in ihm lebte. auch die Kleinen schriften sprechen da deutlich: die recensionen von Schacks ›Firdusi‹, des japanischen romans ›Midzuho-gusa‹, dessen aristokratische voraussetzungen Sch. beleuchtet, vor allem die essays und belletristischen anzeigen des 2. bandes: wie treten da die lyrik, die fast ganz fehlt, und auch das drama zurück hinter den romanen, novellen und epen! die ausgezeichnete studie über Spielhagens ›Plattland‹ als vertreter der forcierten objectiven epischen technik ist mir ein muster duldsamer und verständnisvoller kritischer poetik; hier waltet überall eine sichere ruhe des ästhetischen urteils, wie sie Sch. auch dem drama gegenüber nicht entfaltet hat. die theorie des dramas klingt in den Kleinen schriften nur sehr gelegentlich an. zeitweilig hat Sch. wol deterministisch die consequenzen überschätzt, die sich aus der lehre von der unfreiheit des willens wenigstens für das moderne drama ergäben (Vortr. u. aufs. s. 392ff.). aus diesen und andern gedankengängen heraus verwirft er die tragische schuld (Kl. schr. 1,679. Poet. 144) oder will sie doch nur als eine art concession an das kindliche gerechtigkeitsbedürfnis eines naiven vom drama besonders unmittelbar erregten publicums erklären. die theorie von der tragischen schuld zu verwerfen, ist heutzutage ja üblich, wenn auch wol nicht alle ihre gegner sie mit Sch. gewissermaßen von der tyrannis des publicums ableiten werden. tatsächlich hat das moderne drama spielarten entwickelt, für die Aristoteles und Lessing gewis nicht ausreichen: dass aber in der idealistischen tragödie hohen stils die tragische schuld, recht verstanden, ihre volle innerliche begründung hat, darin hat mich Sch. gar nicht irre gemacht: sie ergibt sich m. e. mit künstlerischer notwendigkeit aus einer eurhythmie der handlung, die mit der eurhythmie der rede in dieselbe stilgattung gehört: der entschlossne naturalist mag sich getrost über beides hinwegsetzen.«

Erich Rothacker[8]:

»Das Entstehen der Poetik aus den positivistischen Gedankenkreisen ist unverkennbar. Die Frage nach der ›Wissenschaftlichkeit der Geschichte‹ geht mit der wachsenden literarhistorischen Beschäftigung Scherers einfach in die Frage nach der Wissenschaftlichkeit der literarischen Charakteristik und Beurteilung über. Der Gedanke einer Ästhetik auf historischer Grundlage taucht bereits 1868 auf [Kleine Schriften. Bd. 1 (1868). S. 109.].[9] 1877 beginnen solche Entwürfe häufiger zu werden [Kl. Schr. Bd. 1 (1876), S. 98, und ›Poetik‹, Vorbemerkung d. Herausg. S. V.]. Gegen Beginn der 80er Jahre treten die Pläne der Literaturgeschichte hervor. Der Aufsatz über ›Goethephilologie‹ (1877) vermittelt zwischen Ästhetik und der ›Literaturgeschichte‹ (1883), ihr Plan reicht bis in den Sommer 1872 zurück [›Geschichte der deutschen Literatur‹, 13. Aufl., S. 723. Vgl. auch Kleine Schriften, Bd. 1 (1880), S. 46.] .Die Besprechung des Buchus von Vilmar geht ihrem Erscheinen unmittelbar voraus [Bd. 1. S. 673.]. Gleichzeitig veröffentlicht er Rezensionen ästhetischer Schriften. 1880 wird der Neubau einer Ästhetik ohne ›Idee‹ [Bd. 1, S. 691.] in Vorschlag gebracht, die ›Literaturgeschichte‹ selbst schließt mit der berühmten These: zwischen Philologie und Ästhetik sei kein Streit, es sei denn, daß die eine oder die andere oder, daß sie beide auf falschen Wegen wandelten [›Literaturgeschichte‹, S. 795]. 1885 gibt die Besprechung der Ästhetik Moritz Carrieres erneut Gelegenheit zu prinzipiellen Äußerungen [Bd. 1 (1885), S. 689ff.], im Sommersemester wird die Vorlesung über Poetik in schöpferischer Erregung gehalten; am 6. August 1886 wurde Scherer mitten in diesen Plänen vom Tod überrascht.«

Scherers Beeinflussung durch die Theorien der französischen und englischen Positivisten ist allenthalben bekannt. Dies hier zu dokumentieren, erscheint als überflüssig. Der Materialanhang konnte somit darauf verzichten. Weniger ins Bewußtsein der Forschung gerückt ist indes eine andere, nicht weniger wichtige Komponente in der Genese des Schererschen Geschichtsbildes – und diese galt es mit

---

[8] Erich Rothacker: Einleitung in die Geisteswissenschaften: S. 236/237.
[9] Die Originalanmerkungen Rothackers werden hier in eckiger Klammer in den zitierten Text eingefügt.

einem entsprechenden Akzent zu versehen: Zwei Textausschnitte machen auf den Nationalökonomen Wilhelm Roscher aufmerksam, den Scherer schon sehr früh rezipierte. So ist die 1866 erschienene, sehr kritische Rezension des Buches von Ernst Petsche ›Geschichte und Geschichtsschreibung unserer Zeit‹ in großem Umfange auf Roschers Gedanken gestützt. Die ökonomischen Komponenten des in der ›Poetik‹ vorgestellten Literaturbegriffs haben hier ihre Wurzeln. Und hierin liegt sicherlich auch ein guter Grund, daß Literaturtheorie und Wissenschaftsgeschichte heute sich für Scherer interessieren.

Die technische Einrichtung der Texte entspricht den jeweiligen Vorlagen. Vereinheitlichungen sind in folgenden Punkten vorgenommen worden:
- Umlaute werden der heutigen Schreibweise angeglichen;
- die Fußnotenzählung erfolgt je Text fortlaufend;
- Werktitel sind einheitlich gekennzeichnet durch ›...‹;
- alle Hervorhebungen im Originaltext (Kursivierung, Sperrung, Halbfett) erscheinen im Kursivdruck.

E steht für den Erstdruck, V kennzeichnet die Druckvorlage. E wird nur angegeben, wenn er von V abweicht. Für seine wertvolle Hilfe bei der bibliographischen Erfassung und Beschaffung von Materialien danke ich Herrn cand. phil. Klaus-Günther Imgenberg herzlich.

II. Geschichte und Poetik bei Scherer.
Texte zur Entstehung der ›Poetik‹

1 Wilhelm Scherer: Hettners Litteraturgeschichte
[1865]

Rezension: H. Hettners Litteraturgeschichte des 18. Jahrhunderts. 3. Theil. 2. Buch. Braunschweig 1864.
V: W. Sch.: Kleine Schriften. II.66–71. [hier: 66–69.]
E: Österreichische Wochenschrift für Wissenschaft, Kunst und öffentliches Leben. 5. 1865. S. 758–761 u. 780–782.

Der vorliegende neueste Band von Hettners Litteraturgeschichte umfaßt das Zeitalter Friedrichs des Großen, wie er es nicht unpassend nennt, d. h. die Zeit von dem entschiedenen Unterliegen Gottscheds bis zur Sturm- und Drangperiode: die vierziger, fünfziger und sechziger Jahre des vorigen Jahrhunderts. Die Behandlungsweise des Verfassers ist im Wesentlichen dieselbe geblieben. Die Vorzüge, die wir an ihm kennen, sind dieselben geblieben, aber auch – ich will es nicht verschweigen – die Mängel.

Hettners Buch ist vortrefflich, wenn man es als eine Besprechung litterarischer Gegenstände in geschichtlicher Folge betrachtet. Es sinkt bedeutend im Werthe, wenn man den Maßstab der Geschichtswissenschaft anlegt. Und ich will um so eher gerade diesen Maßstab anlegen, als man ihn selten bis jetzt angelegt hat. Die Litteraturgeschichte darf sich nicht entreißen lassen, was bereits ihr Besitz war. Wir können es einem Litterarhistoriker nicht vergeben, wenn sein Buch trotz einzelnen feinen und berichtigenden Bemerkungen im Ganzen und Großen, in dem allgemeinen Standpunct der historischen Betrachtung ein Rückschritt hinter Gervinus ist.

Hettners Litteraturgeschichte erfüllt nur wenige der Forderungen, die wir an ein historisches Werk zu stellen berechtigt sind.

Die historische Grundkategorie, hat man mit Recht gesagt, ist die Causalität. Keine noch so treue und gewissenhafte Erforschung der Thatsachen, keine noch so lichtvolle und sinnige Sonderung und Gruppirung des Stoffes kann den Historiker der Pflicht entheben, die Ursachen dessen zu ergründen, was geschieht. Der Hauptfehler Hettners ist die mangelhafte Motivirung. Gerade hierin konnte er über Gervinus hinauszugehen, gerade hierin ist er hinter ihm zurückgeblieben.

Er lehnt solche Motivirung einmal ausdrücklich ab. Es wäre ein nutzloses Beginnen, meint er, das Wesen der Anakreontiker auf ›tiefere culturgeschichtliche Grundlagen‹ zurückführen zu wollen. Erstaunt fragen wir: weshalb? Hettner hält uns Äußerungen einiger Anakreontiker entgegen, welche ausdrücklich jede Vermischung des Poeten und des Menschen abwehren und dagegen protestiren, daß man aus ihren Versen auf ihre Gesinnungen schließe. Er hält uns eine Äußerung Gleims entgegen, wonach das einzige Motiv der anakreontischen Dichtung die Absicht gewesen wäre, reimlose Verse in Aufnahme zu bringen, und die Meinung, durch Gedichte scherzhaften Inhalts würde diese Absicht am leichtesten zu erreichen sein. Aber was den ersten Punct anbelangt, so ist die eigenthümliche Feigheit oder Lügenhaftigkeit jener Dichter, welche nicht beim Wort genommen sein wollen, eine Erscheinung für sich, die ihre eigene Erklärung fordert. Und was den zweiten Punct betrifft, so muß dem Litterarhistoriker von heute nicht ein kurzsichtiges Urtheil Gleims darum Autorität sein, weil Gleim dabei von sich selbst redet. Gesetzt auch, die Gesinnung jener Dichter wäre völlig abgetrennt gewesen von den Gedanken ihrer Poesien; gesetzt, ihre Phantasie hätte sich nicht mit Vorliebe auf demselben Gebiete bewegt, auf welchem sich ihre Gedichte bewegten – was doch so unwahrscheinlich als möglich ist – so enthielten gleichwohl schon Gleims Worte selbst das Zugeständniß, man habe Rücksicht auf einen bestimmten Geschmack des Publicums genommen. Und daß der Erfolg ›über Erwarten‹ günstig gewesen sei, leugnet auch Hettner nicht. Daß Gleims Lieder nicht blos in aller Händen, sondern auch in aller Gedächtniß waren, bezeugt Lessing. Ist aber die Thatsache jenes Geschmackes des Publicums, die Thatsache jener Rücksichtnahme, die Thatsache dieses Erfolges keiner tieferen culturhistorischen Begründung werth?

Offenbar würde sich Hettner solchen einfachen Erwägungen nicht verschlossen haben, wenn das Streben, die Geschichte als eine lückenlose Kette von Ursachen und Wirkungen anzusehen, lebhafter in ihm entwickelt wäre. Er fühlt sich aber z. B. versucht, den griechischen Glauben an vom Himmel gefallene Götterbilder auf Winckelmann anzuwenden. Unerklärlich in seinem Ursprung, scheint er ihm ›wie ganz aus sich selbst herausgewachsen‹. Die Schwierigkeit, große Männer zu begreifen, steigert sich mit der Spärlichkeit der Lebensnachrichten, die uns von ihnen zufließen. Wer über sich selbst gedacht hat, wer sich selbst ein Problem war, der hat auch die Welt weniger im Dunkel über sich gelassen. Darum ist uns Goethe verhältnißmäßig so durchsichtig. Bei Winckelmann sind wir weit schlechter gestellt: eine um so interessantere Aufgabe erwächst der Geschichtschreibung. Auf Urkundlichkeit muß sie oftmals verzichten. Aber es giebt eine klare und sichere Kühnheit der Combination und Construction, welche, je entlegener die Zeiten, desto häufiger eintreten muß, und welche urkundliche Kenntniß niemals vollständig, aber doch bis zur Befriedigung des historischen Geistes ersetzen kann. Diese Befriedigung wird erreicht mit der Denkbarkeit des Geschehenen. Daß ein großer Mann nicht ›mit einer gewissen Naturnothwendigkeit aus den herrschenden Bildungszuständen herauswachse‹, daß er nicht ›die reife Blüte und Frucht einer still keimenden, lange vorbereiteten Entwicklung‹ sei, wie Hettner von Winckelmann im Gegensatze zu Goethe und Schiller meint, ist undenkbar. Wie spärlich auch die Thatsachen seien, die für eine historische Motivirung der Erscheinung Winckelmanns vorliegen, immer wäre schon ihre Aufzählung vorläufig wichtiger gewesen, als die blendende Phrase, durch welche jetzt Winckelmann eingeführt wird und deren Glanz die stark auf das Formelle gerichtete Einbildungskraft des Verfassers keinen Widerstand geleistet hat.

Die wahre Methode litterarhistorischer Forschung geht von den überlieferten Schicksalen und von der schärfsten Analyse des geistigen Inhaltes der Individuen aus; sucht aus jenen die natürlichen Anlagen und äußerlichen Lebensbedingungen, aus dieser die treibenden Einflüsse am Einzelnen zu erspähen; steigt durch die Zusammenfassung des Verwandten, das sich bietet, zu einem realen Allgemeinen auf, und stellt dieses als bewegende Kraft hin, deren Entstehung aus einer Summe individueller Leistungen ein weiteres Object der Forschung, ein vorausgehendes Moment der Darstellung bildet. Vergebens suche ich diese Methode bei Hettner. Anstatt jenes realen Allgemeinen stoße ich wiederholt auf ein unwirkliches und unwahres Allgemeines, welches den obersten Gesichtspunct seiner Erzählung ausmacht. Es ist der Gegensatz der Renaissance oder des hohen und idealen Kunststils und der Volksthümlichkeit.

Noch der Streit Gottscheds und der Schweizer soll seinem innersten Wesen nach ein Kampf jener Gegensätze, und das Streben unserer großen Dichter seit Klopstock auf dieser Gegensätze Vermittlung gerichtet, ihre verschiedene Kunstweise der verschiedene, bald weniger, bald mehr gelingende Versuch jener Vermittlung sein. Mit solchen Verallgemeinerungen, solchen Reductionen eines überreichen historischen Lebens auf ein paar Begriffe schwankenden und wechselnden Inhalts befindet man sich auf dem Wege zu eben der teleologischen Geschichtsbetrachtung, gegen welche Hettner selbst gelegentlich ein scharfes Wort fallen läßt.

Die psychologische Analyse darf und muß jederzeit hinausgehen über die Formen, in denen das geistige Leben sich äußert, und die unwandelbaren Grundkräfte der menschlichen Seele zu belauschen suchen. Aber die Form der Äußerungen darf nicht durch Abstraction zu einer anderen gemacht, und am wenigsten diese Abstraction für das innerste Wesen der historischen Erscheinungen ausgegeben werden. Wer unter den bewegenden Ideen noch sonst etwas versteht, als die Gedanken, welche in einer Zeit laut werden, der muß entweder zur ›Philosophie der Geschichte‹ sich bekehren oder zu der Annahme einer unmittelbar eingreifenden Leitung sich bequemen. In beiden Fällen wird er den Boden der Empirie ohne Noth verlassen.
[...]

2 Wilhelm Scherer: Geschichte und Geschichtschreibung unserer Zeit
[1866]

Rezension: Geschichte und Geschichtschreibung unserer Zeit. Von Ernst Petsche. Leipzig 1865.
V: W. Sch.: Kleine Schriften. I. S. 169–175.
E: Zs. f. d. österr. Gymnasien. 17. 1866. S. 263–267.

Ein in schlechtem, ja fehlerhaftem Deutsch geschriebenes Buch, das mit vielen Prätensionen auftritt, ohne daß man sähe, was den Verfasser dazu berechtigt. Die Einwirkungen von Buckle, John Stuart Mill und Charles Comte liegen zu Tage. Von des letzteren ›traité de législation‹ erhalten wir einen confusen Auszug, und ein Hauptthema desselben, die Sclaverei, kehrt durch die ganze Schrift fort und fort wieder. Mill muß gewisse Grundanschauungen über Wissenschaft und Kunst, über Causalität, dann z. B. sein ganzes fünftes Buch über die Trugschlüsse, zur Verwendung liefern (S. 72ff.), und auch um uns zu erklären, was eine Definition sei, werden er und Condillac incommodirt (S. 113). Die Grundgedanken von Buckles ›Geschichte der Civilisation‹ werden gleichfalls vorgeführt und gleichfalls nicht in klarster Weise auseinandergesetzt: das glänzende zweite Capitel versteht Herr Petsche sehr wenig zu würdigen. Einen eclatanten Beleg für seine Urtheilsfähigkeit liefert er uns, indem er ganz ruhig und ohne ein Wort der Zwischenrede mit Charles Comte die Cultur von den Ländern ausgehen läßt, wo die Natur den Menschen am *meisten* zum Unterhalte bot und mit Buckle sie von den *gemäßigten* Klimaten ableitet. Beiläufig, der letztere wichtige Satz ist keine Entdeckung Buckles (wie auch Bluntschli in seinen kürzlich erschienenen ›Altasiatischen Gottes- und Welt-Ideen‹ S. 13 annimmt) und niemanden steht es weniger an, ihn für einen solchen zu halten, als Angehörigen der Nation, welche Alexander von Humboldt und Karl Ritter zu den ihrigen zählen durfte (vgl. auch Roscher ›System der Volkswirthschaft‹ 1, 536). In den inneren Zusammenhang der Geschichte einzudringen, dafür zeigt sich schlecht vorbereitet, wem gegenüber einer Doctrin, welche nur Klima, Nahrung, Boden und die Naturerscheinung im Ganzen als Einflüsse der Natur auf den Menschen kennt, nicht einfällt auf die Momente der geographischen Gliederung und der Weltstellung hinzuweisen, auf den großen Gegensatz der Land- und Wasserhälfte der Erde und ihre verschiedene Culturwirkung, auf die Bedeutung der Hochländer für die Völkerentwickelung u. s. w. Den Erörterungen Buckles über den Einfluß der Natur auf Phantasie und Verstand mußte ein Deutscher doch das achte Buch von Herders ›Ideen‹ entgegenhalten. Worin der eigentliche Fortschritt Buckles bestehe, worin wir von ihm zu lernen haben, darüber wird man bei Herrn Petsche ebenso wenig ein sicheres Urtheil finden, wie bei denjenigen, welche im Gefühl gewaltiger Überlegenheit einseitig nur das betonen, was Buckle von uns hätte lernen können, dessen allerdings nicht wenig ist.

Über den Zustand unserer heutigen Geschichtswissenschaft und deren Abwendung von einem Theile ihrer größten Aufgaben wäre manch ernstes Wort zu sagen. Aber Herr Petsche hatte offenbar nicht den Beruf sich darüber vernehmen zu lassen; die schon eintretende Wendung zum Besseren zu beobachten, war vollends nicht seine Sache. Das zeigt sich am deutlichsten darin, daß er sich denjenigen zum Hauptgegner wählt, der von allen am entschlossensten den richtigen Weg betreten hat. Und anstatt zu klagen, daß dessen Thätigkeit auf die Masse der Historiker von so geringer Wirkung gewesen, negirt er diese ganze Thätigkeit und will eine Geschichtswissenschaft begründen mit ein paar Gesichtspuncten, die an Armseligkeit und Trivialität ihres Gleichen suchen. Auch wir erheben die Forderung einer allgemeinen Geschichtswissenschaft: aber deshalb der erzählenden Geschichtschreibung die Wissenschaftlichkeit abzusprechen, kommt uns nicht in den Sinn. Wir fordern einen allgemeinen Theil der historischen Wissenschaft, in welchem als *eine* Erscheinung behandelt wird, was zu verschiedenen Zeiten und an verschiedenen Orten unter vielfachen besonderen Abweichungen als dasselbe Allgemeine bewirkt wurde und gewirkt hat. Die Individualität der Erscheinungen ist die Aufgabe der Geschichtserzählung: das generelle Element in jedem besonderen Factum, in jedem besonderen Zustande fällt der allgemeinen Geschichtswissenschaft zu. Wie der physischen Geographie die Kenntniß des Pflanzenlebens, seiner Bedingungen und der darauf gegründeten Pflanzengeographie zu Hilfe kommt, so daß sie bei der Betrachtung der einzelnen Länder nur daran zu erinnern braucht; so bedürfen wir einer Lehre von den Bedingungen und Folgen der Wirthschaftssysteme, der Staatsformen, der Entdeckungen und Erfindungen, der Methoden des Krieges, der Stufen des Selbstbewußtseins, der individuellen Charaktertypen, der Sprachperioden, der wissenschaftlichen, moralischen und künstlerischen Anschauungen der Dichtungsgattungen u. s. w., welche die Darstellung überall voraussetzen kann. Die Geschichte ist die Wissenschaft von dem Leben der Völker. Nicht von dem Standpuncte der ganzen Menschheit können wir ausgehen, wie Herr Petsche will, sondern die Völker, von denen wir freilich bisher nicht wußten, daß sie nur ›unbestimmte Mengen von Menschen‹ (S. 108), daß sie ›nichts Bestimmtes und Ursprüngliches‹ (S. 209) sind, wie uns Herr Petsche belehrt, sind das nächste uns gegebene Object der Beobachtung. Und mit Beobachtungen müssen wir beginnen, um zu Gesetzen zu gelangen. Das ganze Leben der Völker müssen wir zerlegen in die einzelnen Lebensgebiete und innerhalb derselben die Erscheinungen beobachten. Classificationen der Erscheinungen und besondere Beschreibung jeder einzelnen Classe, Gattung und Art werden den Anfang der Forschung bilden und die Frage nach ihren Gründen und Folgen wird von selbst wieder auf die Vereinigung der verschiedenen Lebensgebiete und auf die gegenseitige Wirksamkeit ihrer Erscheinungen führen, die Erklärung dieser Wirkungen schließlich auf den Boden der Psychologie hindrängen, um dort den letzten Aufschluß zu suchen.

Das ganze wirthschaftliche Lebensgebiet nun hat Roscher, wenn auch meist auf der Stufe der Beobachtung stehen bleibend, in unserem Sinne den Blick auf alle Orte und Zeiten gerichtet, durchforscht. Die psychologische Grundlage wird ausdrücklich von ihm anerkannt (›Grundriß zu Vorlesungen über die Staatswirthschaft‹ § 4; System

1,37; ›jede Wissenschaft vom Volksleben ist psychologischer Natur‹, vgl. § 11). Wie kommt nun Herr Petsche dazu, der so wenig Ahnung hat, was im Ganzen noth thue, Roscher wegen der Beschränkung auf das Ökonomische (S. 145) und auf die Schilderung (S. 95) zu tadeln? Hätte er doch beherzigt, was Roscher unter Schilderung versteht, und sich die Mühe gegeben, ehe er versicherte, daß Roschers Methode nicht zur Aufstellung von Gesetzen führe, zu prüfen, welchen Sinn es habe, wenn Roscher selbst von Naturgesetzen und Entwickelungsgesetzen spricht. Vielleicht würde ihn sorgfältiges Eindringen, das erst zu verstehen sucht, ehe es aburtheilt, zu einer fruchtbaren Kritik der Lehre Roschers von der historischen Ursachenerklärung (›Thukydides‹) S. 200f. ›System‹ S. 21f.) und des Begriffes der historischen Entwickelungsgesetze (vgl. ›Lazarus‹ in der Zeitschrift für Völkerpsychologie 3, 86ff.) geführt haben. Er bekämpft Roschers Parallelisirung der Individuen und Völker und ihre Lebensalter: ein Einsichtiger würde untersucht haben, worin ihre thatsächliche Wahrheit bestehe, dabei auf die Bildung von geistigen Gesammtkräften im Volke, welche sich zu einander verhalten wie die Vorstellungsmassen in der menschlichen Seele, hingewiesen, zugleich aber darauf aufmerksam gemacht haben, daß es vorsichtiger sei von Perioden unentwickelter, zunehmender und abnehmender Kräfte zu sprechen, als von Kindes-, Jünglings-, Mannes- und Greisenalter, weil die Mischungen, welche zwischen Völkern mit abnehmenden und solchen mit zunehmenden Kräften zu entstehen pflegen, nicht wohl mit dem physischen Tode verglichen werden können, den wir vielmehr auch im Völkerleben als ein wirkliches Aussterben von Völkern oder Volksstämmen wiederfinden. Aber berechtigte Einwendungen hat Herr Petsche nirgends erhoben, der unberechtigten ganze Berge aufgethürmt. Zu gehässigen Unterschiebungen, wie daß Roscher in seiner Erörterung der Sclaverei sich Mühe gebe dieselbe zu rechtfertigen (S. 134), daß er dabei den Standpunct der ›herrschenden Classen‹ einnehme (S. 141), ist Herr Petsche sehr schnell bereit. Aber er hätte um so mehr Grund vorsichtig zu sein, als er schlechterdings unfähig scheint irgend etwas anderes zu verstehen als seine eigenen Aufstellungen. Es falle irgend ein Wort, mit welchem er einen anderen Begriff verbindet als derjenige, der es ausspricht: so ist er rasch mit diesem seinen Begriffe bei der Hand und benutzt ihn als Hebel der Kritik. Wenn Roscher (›Thukydides‹ S. 35), die Ansichten von Wilhelm von Humboldt und Gervinus weiterbildend, den Satz aufstellt, allein die Geschichte als Kunst könne eine Wahrheit geben, die für alle Völker, alle Zeiten in gleichem Grade vollkommen giltig sei: so setzt Herr Petsche S. 188 auseinander, daß die Kunst das Ideale suche, daß das Ideale aber nicht immer der Wirklichkeit entspreche, und daß daher die Geschichte als Kunst keine Wahrheit gebe. Des Capitels über idealistische und historisch-physiologische Methode in Roschers ›System‹, das Herr Petsche S. 90ff. doch kennt, brauchte er sich in diesem Zusammenhange natürlich nicht zu erinnern. Weil S. 156 Herr Petsche Freiheit nur dort anerkennt, wo alle Menschen innerhalb einer bestimmten Gesellschaft frei sind, so muß es unwissenschaftlich sein, von Freiheit der Griechen und Römer zu sprechen. Die Wirkungen der Sclaverei im Alterthum setzt er mit solcher Wichtigkeit auseinander, als ob man in Deutschland davon gar nichts wüßte. Erlaubt er sich zu ignoriren oder kennt er nicht Roschers Aufsatz über ›das Verhältniß der Nationalökonomie zum classischen Alterthume‹ (›Ansichten der Volkswirthschaft‹ S. 1–46, vgl. System 1, § 47) und Knies ›Politische Ökonomie‹ S. 272ff.? Dort findet sich alles Wesentliche seiner Darlegungen in der Kürze beisammen. Aber freilich keine so gerechte Würdigung der antiken Cultur wie Herr Petsche sie liefert.

Der Geschichtschreiber muß ohne jedes Vorurtheil das große Werk beginnen, sagt Herr Petsche S. 53, er darf nichts nach seinen eigenen Vorstellungen beurtheilen. ›Er darf die Religion nicht nach seinem religiösen Glauben beurtheilen‹, fährt er fort, ›die Sitten und Handlungen der Menschen nicht nach seinem sittlichen Standpuncte‹. Schlagen wir S. 126 auf: da erfahren wir, daß die Römer und Griechen weder religiös noch sittlich gewesen, daß ihre religiösen Vorstellungen zu den rohesten und ursprünglichsten gehörten, daß ihre sittlichen Begriffe sich von früh an in brutaler Gewalt und in Handlungen offenbarten, die Herr Petsche kaum zu erzählen wagt. Ferner die Römer und Griechen haben fast gar keine ›Fortschritte‹ gemacht. ›In der Kunst sind sie auf derselben Stufe stehen geblieben, in der Malerei waren sie auf der untersten Stufe, in der Poesie wurden sie stets obscöner, und in der Musik kannten sie die Harmonie nicht‹ … in der That ein Muster- und Meisterstückchen vorurtheilsloser Beurtheilung, ein rechtes Probestückchen dieses Geschichtschreibers, der nach den Entwickelungsgesetzen der Menschheit forscht. Wir wären begierig zu wissen, wie die Entwickelungsgesetze wohl aussehen mögen, die Herr Petsche erforscht hat oder noch erforschen wird, Herr Petsche, der in seinen Erörterungen über Causalität (S. 39ff.) einen ganzen Schwarm von Trivialitäten und Irrthümern ausfliegen läßt, Herr Petsche, der alle bedeutendsten Erscheinungen des historischen Lebens aus Zufällen ableitet: die Culturübertragung (S. 159, 199), den Untergang der Völker (S. 108), ja die Existenz der Völker (S. 109), die Völkerwanderung (S. 201), die deutsche Vielstaaterei – Herr Petsche, der z. B. folgenden Satz zu schreiben fähig ist (S. 63): ›man (wer?) stellt das römische Recht gewöhnlich als etwas Unvergängliches dar; aber (!) es war auch (!) zum großen Theil (!) eine Wirkung der in der Gesellschaft herrschenden Zustände‹ – oder (S. 65): ›der Anfang eines jeden gesellschaftlichen Zustandes ist die Thatsache oder das Ereigniß.‹

Folgen wir Herrn Petsche noch in sein Lieblingsthema, die Sclaverei. Da begegnen wir auch der anfänglichen ›Thatsache oder dem Ereigniß‹. Die Ursache der Sclaverei ist nach ihm Gewalt und Unterdrückung, diese aber ein freier Willensact des Menschen, der ›niemals als nothwendig in der menschlichen Natur begründet ist‹ (S. 134). Dieser freie Willensact ist also die ›Endursache‹ (so drückt sich Herr Petsche regelmäßig aus) der Sclaverei und die Aufgabe der Forschung hiemit gelöst. Mill und Buckle würden sich bedanken für einen solchen Jünger: einen fanatischeren Vertheidiger der unbedingten menschlichen Willensfreiheit und einen strengeren Beurtheiler der menschlichen Zurechnungsfähigkeit hat es nie gegeben als Herrn Petsche. Wo dann wohl eine Gesetzmäßigkeit der Geschichte stecken mag? Denn ›die Gesetze sind‹, versichert Herr Petsche S. 96, ›denn anderenfalls können sie nicht gefunden werden‹. Man denkt unwillkürlich an die Geschichte vom Swinegel? ›wahr mutt se doch sien, anners kunn man se jo nich vertellen‹.

Die §§ 67–76 über Unfreiheit und Freiheit in Roschers ›System der Volkswirthschaft‹ beanspruchen nicht, ihren Gegenstand nach allen Seiten hin erschöpfend zu erläutern. Vor allem die Betrachtung muß hinzutreten, welches die der Entstehung der Sclaverei entsprechenden moralischen Ansichten seien. Für die Begründung der amerikanischen Sclaverei kommt die Ansicht von der Raceninferiorität und die daraus gezogenen Folgerungen in Betracht, für die Sclaverei auf niederen Culturstufen die mangelhafte Unterscheidung zwischen Sache und Person (auch die Frau wurde gekauft, die potestas des Vaters über die Kinder war im römischen Recht ursprünglich der über die Sclaven gleich) und das Verhältnis zum Fremden (hostis, gast). Die Ansichten, daß Menschen Productionsmaschinen seien, durchdringt nicht, wie Herr Petsche S. 144 sich zu sagen erlaubt, das ›System der Volkswirthschaft‹ von Roscher: hier erfährt es vielmehr Bd. 1, S. 96 unter Berufung auf Schleiermacher eine scharfe Verurtheilung. Aber diese Ansicht ist eine historische, sie hat bestanden so lange Sclaverei bestand und wenn der Beobachter einer auf Sclaverei basirten Volkswirthschaft sie für diese Volkswirthschaft ausspricht, so ist das ganz richtig. Was Herr Petsche freilich nicht begreifen kann, der keine relative Wahrheit anerkennt (S. 106): vielleicht jedoch vermag ein Citat mehr über ihn als Gründe vermögen würden, so sei er auf Mills ›Logik‹ 2, 524 (der zweiten deutschen Ausgabe) verwiesen, wo den heutigen Nationalökonomen der Vorwurf gemacht wird, daß sie Behauptungen, welche vielleicht nur auf einen besonderen Zustand der Gesellschaft anwendbar sind, unter so geringen Beschränkungen aussprechen, als ob sie universale und absolute Wahrheiten wären. Die Verschiedenheit der Zustände von vornherein in Rechnung zu ziehen, die von Mill gerügte Einseitigkeit zu vermeiden, ist eben die Hauptabsicht von Roschers ›historischer‹ Methode. – Herr Petsche kennt nur *seinen* abstracten Freiheitsbegriff, nicht die Freiheitsbegriffe verschiedener Zeiten und nicht den Werth, den sie darauf legten. Weil Leibeigenschaft kein Schutzverhältniß ist, so kann sie auch nicht daraus entstanden sein, meint Herr Petsche S. 186. Aber wir meinen die Thatsache dieser Entstehung zu kennen, und die Aufgabe der Wissenschaft ist es zu untersuchen, weshalb zu einer gewissen Zeit den Menschen der Schutz den Preis der Freiheit werth war. – Die Begriffe des Herrn Petsche vom Mittelalter stehen womöglich auf einer noch niedrigeren Stufe, als seine Vorstellungen vom Alterthum. Er scheint sich z. B. S. 66 das römische Recht im Mittelalter allgemein in Geltung zu denken. S. 171 läßt er sich über den mittelalterlichen Staat vernehmen wie folgt: Der ›Feudalstaat entstand, indem sich die Anfangs herrschende Macht der Gesellschaft, die Aristokratie, der (als beherrscht?) über ihr stehenden Monarchie freiwillig (weshalb?) oder gezwungen unterwarf, oder sich mit ihr (zu einer Gesammtmacht?) vereinigte. Die beiden andern mächtigen Stände, die Geistlichkeit und der höhere Bürgerstand, entstanden‹ – nun wie? – ›allmälig‹: folgen Bemerkungen über das Verhältniß dieser beiden Stände zur Aristokratie, und keine weitere Andeutung dieses Wie. Ich kann leider nicht fortfahren und meine Blumenlese vollständig machen. Herr Petsche zählt wiederholt die Eigenschaften auf, die zum rechten Historiker gehören. Eine sehr wesentliche, kann ich ihn versichern, ist Logik. Die scheint er aber nur in seinem etwaigen Exemplare von Mill zu besitzen.

Ich habe in meinem Leben wenige Bücher gelesen, aus denen ich nicht wenigstens einen fruchtbaren Gedanken oder doch die Anregung oder den Keim eines fruchtbaren Gedankens entnehmen konnte: Herrn Petsches Buch gehört zu den wenigen. Hier sollte es nur Gelegenheit geben einiges zur Sprache zu bringen, woran wie mich dünkt im gegenwärtigen Zeitpuncte ein immer allgemeiner werdendes Interesse hängt. Das Verlangen, dem Geiste der Geschichte tiefer ins Auge zu blicken, als die mehr oder weniger am Buchstaben der Überlieferung haftende Empirie vermag, muß schon weit um sich gegriffen haben, wenn ganz Unberufene den Versuch wagen, es zu befriedigen. In der That haben sich die Symptome gehäuft während der letzten Jahre, daß die Probleme der Geschichte bemüht sind sich ans Licht zu arbeiten und mehr und mehr die Bestrebungen aller Geisteswissenschaften auf sich zu lenken und bei sich festzuhalten. Der Erfolg von Buckles ›Geschichte der Civilisation‹ ist ein solches gewaltiges Symptom; die gesteigerte Theilnahme, mit welcher Auguste Comtes ›philosophie positive‹ gelesen wird, ist ein anderes. Die Hauptsätze der physique sociale oder sociologie, welche den 3.–6. Band der letzteren füllen (deren Schwächen schon 1853 Vorländer in der Kieler allgemeinen Monatsschrift S. 937–958 ganz richtig hervorhob), sind in Mills Logik übergegangen und haben, zunächst wohl durch diese, auf Buckle gewirkt. Mill giebt eine Methodologie der Geschichte, welche nur der näheren Ausführung bedürfte, um fast allen wesentlichen Reformforderungen der historischen Wissenschaft Ausdruck zu geben, fast alle wichtigsten Probleme derselben aufzustellen. Er geht vielleicht unmittelbarer auf das Ziel los als irgend eine der deutschen Theorien von Herders ›Ideen‹ an bis auf die Zeitschrift für Völkerpsychologie und den dritten Band von Lotzes ›Mikrokosmos‹: so viel Feines, Vortreffliches, Anregendes, so viele einzelne Wahrheiten auch alle diese Werke enthalten, womit sie den Beweis liefern, wie weit wir jenen in der historischen Praxis voraus sind. Mill und Buckle verfallen in die crassesten Einseitigkeiten bei dem ersten Versuch der Anwendung ihrer Principien, Einseitigkeiten, welche wir ohne die ausdrückliche Betonung dieser Principien längst zu vermeiden gewohnt sind. Ja ich gebe zu, daß uns jene Principien vielleicht nur darum vortrefflich erscheinen, weil ihr Wortlaut die Unterlegung eines Sinnes gestattet, der lediglich von unserer höheren Praxis abstrahirt ist. Auch giebt es einige Probleme, nach deren Formulirung wir uns bei der englischen Doctrin vergeblich umsehen würden, welche gleichwohl zum Theil hervorragende Beachtung bei uns gefunden haben. Ich rechne dahin z. B. was ich die großen Harmonien in der Geschichte nennen möchte, die zusammentreffenden Zustände und Ereignisse, aus deren Zusammentreffen aber neue Bildungen entspringen, welche so am meisten Anlaß zu teleologischen Betrachtungen geben und deshalb am schwersten der Teleologie entzogen werden: alle großen Einflüsse von Volk zu Volk gehören hieher, die großen Gleichzeitigkeiten der modernen Geschichte, welche Ranke überall, sogar (›Deutsche Geschichte‹ 1, 32. 137ff.) über die Gebiete einer thatsächlichen Lebensgemeinschaft der Völker hinaus verfolgt hat. Weniger beachtet sind die Zeitpuncte höchster Kraftentwickelung und ihre regelmäßige Wiederkehr in bestimmten Terminen. – Die Grundsätze der Forschung sind längst nicht mehr so zweifelhaft, als ihre Anerkennung spärlich und ihre Befolgung selten ist. Wovon zunächst auszugehen wäre, das scheint die Kritik dessen, was durch Anwendung der Analogie (zum Theil im Sinne der allgemeinen historischen Beobachtungen, deren wir von Macchiavelli und Montesquieu so viele, auch von Goethe einige wunderbar tiefe besitzen) von Niebuhr und Nitzsch, von Schlosser, Gervinus und Roscher geleistet worden. Den zu betretenden Weg zeichnen am deutlichsten Monographien wie Roschers Buch über die Colonien vor.

3 Wilhelm Roscher: [Die historische Methode]
   [1843]
   V: Roscher, Wilhelm: Grundriß zu Vorlesungen über die Staatswirthschaft. Nach geschichtlicher Methode. Göttingen 1843. S. III–V.

[...]

Sollte irgend ein Kenner der Wissenschaft dieses Büchlein in die Hand nehmen, so wird es ihm nicht entgehen, daß eine eigenthümliche, streng festgehaltene Methode dem Ganzen zu Grunde liegt: die historische Methode. Es versteht sich wohl von selbst, daß jedes Urtheil darüber so lange aufgeschoben werden muß, bis ich in größeren Werken das bloße Gerippe mit Fleisch und Blut bekleidet habe. Die historische Methode zeigt sich nicht allein äußerlich, in der, wo es irgend angeht, chronologischen Aufeinanderfolge der Gegenstände, sondern vornehmlich in folgenden Grundsätzen.

1) Die Frage, wie der Nationalreichthum am besten gefördert werde, ist zwar auch für uns eine Hauptfrage; aber sie bildet keines-

wegs unsern eigentlichen Zweck. Die Staatswirthschaft ist nicht bloß eine Chrematistik, eine Kunst, reich zu werden, sondern eine politische Wissenschaft, wo es darauf ankommt, Menschen zu beurtheilen, Menschen zu beherrschen. Unser Ziel ist die Darstellung dessen, was die Völker in wirthschaftlicher Hinsicht gedacht, gewollt und empfunden, was sie erstrebt und erreicht, warum sie es erstrebt und warum sie es erreicht haben. Eine solche Darstellung ist nur möglich im engsten Bunde mit den anderen Wissenschaften vom Volksleben, insbesondere der Rechts-, Staats- und Kulturgeschichte.

2) Das Volk aber ist nicht bloß die Masse der heute lebenden Individuen. Wer deßhalb die Volkswirthschaft erforschen will, hat unmöglich genug an der Beobachtung bloß der heutigen Wirthschaftsverhältnisse. Hiernach scheint uns das Studium der früheren Kulturstufen, das ja ohnehin für alle roheren Völker der Gegenwart der beste Lehrer ist, fast dieselbe Wichtigkeit zu haben; wenn gleich die Vorlesung nicht denselben Zeitraum darauf verwenden darf.

3) Die Schwierigkeit, aus der großen Masse von Erscheinungen das Wesentliche, Gesetzmäßige herauszufinden, fordert uns dringend auf, alle Völker, deren wir irgend habhaft werden können, in wirthschaftlicher Hinsicht mit einander zu vergleichen. Sind doch die neueren Nationen in jedem Stücke so eng mit einander verflochten, daß keine gründliche Betrachtung einer einzelnen ohne die Betrachtung aller möglich ist. Und die alten Völker, die also schon abgestorben sind, haben das eigenthümlich Belehrende, daß ihre Entwicklungen jedenfalls ganz beendigt vor uns liegen. Wo sich also in der neuern Volkswirthschaft eine Richtung, der alten ähnlich, nachweisen ließe, da hätten wir für die Beurtheilung derselben in dieser Parallele einen unschätzbaren Leitfaden.

4) Die historische Methode wird nicht leicht irgend ein wirthschaftliches Institut schlechthin loben oder schlechthin tadeln: wie es denn auch gewiß nur wenige Institute gegeben hat, die für alle Völker, alle Kulturstufen heilsam oder verderblich wären. Das Gängelband des Kindes, die Krücke des Greises würde dem Manne unerträglich sein. Vielmehr ist es eine Hauptaufgabe der Wissenschaft, nachzuweisen, wie und warum allmählig aus »Vernunft Unsinn«, aus »Wohltat Plage« geworden. Das Genie allerdings, wenn sein Studium der zu behandelnden Gegenstände auch noch so geringfügig ist, wird die wesentlichen Seiten, auf die es in der Praxis ankommt, das Veraltete und das Lebensfähige leicht zu unterscheiden wissen. Allein welcher Lehrer möchte seine Vorlesung auf lauter Genies

berechnen? In der Regel kann nur derjenige recht beurtheilen, wann, wo und warum z. B. die aliquoten Reallasten, die Frohnden, die Zunftrechte, die Compagniemonopole abgeschafft werden müssen, der vollständig erkannt hat, weßhalb sie zu ihrer Zeit eingeführt werden mußten. Die Doctrin soll überhaupt die Praxis nicht bequemer machen, wohl gar als Eselsbrücke, sondern vielmehr erschweren, indem sie auf die tausenderlei Rücksichten aufmerksam macht, die bei jedem Schritte des Gesetzgebers oder Staatsverwalters zu nehmen sind.

Man sieht, diese Methode will für die Staatswirthschaft etwas Ähnliches erreichen, was die Savigny-Eichhornsche Methode für die Jurisprudenz erreicht hat. Der Schule Ricardos liegt sie fern, wenn sie auch an sich derselben keineswegs opponirt, und ihre Resultate dankbar zu nutzen sucht. Desto näher steht sie den Methoden von Malthus und Rau. So weit ich entfernt bin, diesen Weg zur Wahrheit für den einzigen, oder auch nur für den absolut kürzesten zu halten, so zweifle ich doch ebenso wenig, daß er durch eigenthümlich schöne und fruchtbare Gegenden führt, und, einmal gehörig ausgebaut, niemals ganz wird verlassen werden. Für die Geschichte kann und soll die historische Staatswirthschaft etwas Ähnliches leisten, wie die Histologie und Zoochemie heutzutage für die Naturgeschichte. [...]

4 Wilhelm Roscher: Methoden der Nationalökonomik [1854]

V: Roscher, Wilhelm: Grundlagen der Nationalökonomie. Ein Hand- und Lesebuch für Geschäftsmänner und Studierende. 13. Auflage. Stuttgart 1877. (= System der Volkswirthschaft. 1.) S. 43–56. (= Einl. 3. Kap. §§ 22–29: Methoden der Nationalökonomik.)
E: 1. Aufl. 1854.

§ 22.
[...]
Bei jeder Wissenschaft, welche sich mit dem Volksleben beschäftigt, lassen sich zwei Hauptfragestellungen unterscheiden? *Was ist?* (was ist gewesen? wie ist es so geworden? etc.) und *Was soll sein?* Die meisten Nationalökonomen haben diese Fragen vermengt, obwohl in sehr verschiedenem Verhältnisse;[1] wo sie aber scharf gesondert

---

[1] So daß z. B. Ricardo fast ausschließlich das Sein der Dinge untersucht,

werden, da zeigt sich der Gegensatz der (realistischen) *physiologischen* oder *geschichtlichen* und der *idealistischen Methode*.[2]

Idealistische Methode

§ 23.
Wer eine längere Reihe von *Idealschriften* durchmustert, wie die Volkswirthschaft (der Staat, das Recht etc.) sein solle: dem wird gewiß nichts mehr darin auffallen, als die ungeheueren Verschiedenheiten, ja Widersprüche in dem, was die Theoretiker als wünschenswerth und nothwendig bezeichnen. Fast kein erheblicher Punkt, wo sich nicht die gewichtigsten Auctoritäten für und wider anführen ließen! Wir dürfen darüber unser Auge nicht verschließen. »Der verwunderte Schwindel über die Tiefen der Erkenntniß ist der Anfang zur Philosophie, sowie Thaumas nach der Sage Vater der Iris.« (Platon.) In ganz ähnlicher Weise muß der echten Nationalökonomik (Staatswissenschaft, Rechtsphilosophie etc.) eine gründliche Verwunderung vorangehen über die ungeheure Veränderlichkeit dessen, was die Menschen zu verschiedener Zeit von der Volkswirthschaft (vom Staate, Rechte etc.) begehrt haben.

---

die Socialisten hingegen fast noch ausschließlicher das Seinsollen ausmalen. In Deutschland ist es seit Rau sehr üblich geworden, eine theoretische und praktische N. Oek. zu unterscheiden. Viele haben dann wohl die Ansicht, als wenn ein gutes Lehrbuch der prakt N. Oek., etwa nach Wegfall der Einleitungen, Beweise etc., auch ein gutes, allgemein gültiges Gesetzbuch müßte sein können. *Mercier de la Riviere* sagt geradezu, er wolle eine Organisation vorschlagen, welche nothwendigerweise alles Glück hervorbringe, das auf Erden genossen werden kann. (›Ordre essentiel et naturel‹, (1767) *Disc. prélim.*) Vgl. u. A. *Sismondi* ›N. Principes‹ I, Ch. 2.

[2] In einem wesentlich andern Sinne wird das Wort Methode gebraucht, wenn man fragt, ob die Volkswirthschaftslehre nach deductiver oder inductiver Methode behandelt werde. J. St. *Mill* erklärt bekanntlich die Nationalökonomik, wie überhaupt die »Sociologie«, für eine concret-deductive Wissenschaft, deren apriorische, auf den Gesetzen der menschlichen Natur beruhenden Schlüsse an der Erfahrung geprüft werden müssen, und zwar entweder an den concreten Erscheinungen selbst, oder an deren empirischen Gesetzen. Also ähnlich, wie die Astronomie und Physik. (›*System of logic*‹ VI, Ch. 9. ›*Essays on some unsettled questions of political E*‹, Nr. 5.) Demnach könnte eine volkswirthschaftliche Thatsache erst dann für wissenschaftlich erklärt gelten, wenn

§ 24.
Man wird zugleich bemerken, daß wenigstens diejenigen Idealschilderungen, die großen Ruf und Einfluß erlangt haben, von den wirklichen Zuständen der Volkswirthschaft (des Staates, Rechtes etc.), wovon ihr Verfasser umgeben war, insgemein sehr wenig abweichen.[3] Dieß ist kein bloßer Zufall. Die Macht großer Theoretiker, wie überhaupt großer Männer, beruhet in der Regel darauf, daß sie das Bedürfniß ihrer Zeit in ungewöhnlichem Grade befriedigen; und zwar liegt die besondere Aufgabe der Theoretiker darin, jenes Zeitbedürfniß mit wissenschaftlicher Klarheit auszusprechen und mit wissenschaftlicher Gründlichkeit zu rechtfertigen. Nun werden aber die wirklichen Bedürfnisse eines Volkes auf die Dauer

---

ihre inductive und deductive Erklärung zusammentreffen.« »Nur diejenigen Sätze, welche, nachdem sie auf dem einen Wege gewonnen worden, auf dem andern ihre Bestätigung empfangen, können als wissenschaftlich begründet gelten.« (v. *Mangoldt* Grundriß, 8.) – Indem ich dieser Auffassung beipflichte, scheinen mir doch zwei Cautelen dabei nöthig. A. Auch die deductive Erklärung wirthschaftlicher Thatsachen beruht auf Beobachtung, nämlich auf Selbstbeobachtung des Erklärenden, der, bewußt oder unbewußt, immer fragen muß: Wenn *ich* dieselbe Thatsache erlebte oder vollzöge, was würde *ich* eben gedacht, gewollt und empfunden haben? Wer gar nicht fähig ist, sich in die Seele Anderer zu versetzen, der wird die meisten wirthschaftlichen Vorgänge falsch erklären. Wer sich bei Fragen z. B. der Preisbestimmung nur in die Seele des einen Contrahenten hineindenken kann, der erklärt einseitig. B. Übrigens kann jede Erklärung, d. h. befriedigende Verknüpfung der zu erklärenden Thatsache mit anderen, die bereits klar sind, nur provisorisch genügen. In demselben Maße, wie sich unser Gesichtskreis erweitert, müssen auch unsere Erklärungen tiefer greifen. Nach hundert Jahren, wenn die Wissenschaft inzwischen wächst, wird man auf die uns genügenden Erklärungen ebenso herabsehen, wie wir etwa auf diejenigen der vorsmithischen Zeit.

[3] *Tanquam e vinculis sermocinantur*, sagt *Bacon* (›De dignit. et augm. scient‹. VIII, 3.) von denjenigen, welche auf eine nicht unpraktische Weise über die Gesetze geschrieben haben. Auch *Hugo* (›Naturrecht‹, 1819, 9) erinnert an die große Ähnlichkeit der sog. Naturrechte mit Systemen des zu ihrer Zeit geltenden positiven Rechts. Hinsichtlich der Staatsideale vgl. meine Doctorschrift: ›*De historicae doctrinae apud sophistas maiores vestigiis*‹, (Gött. 1838) 26ff. Die einzige Ausnahme von dieser Regel bilden die Eklektiker, die aus den Blüthen allerlei fremder Systeme ihr eigenes zusammenpflücken, ein System freilich ohne Wurzel, das eben deßhalb bald vertrocknen muß.

regelmäßig auch im Leben durchdringen,[4] soweit dieß bei der sittlichen Unvollkommenheit der Menschen überhaupt möglich ist. Wir müssen wenigstens mißtrauisch sein, wenn wir hören, daß ganze Völker durch »Pfaffen, Rabulisten, Tyrannen« in eine »unnatürliche« Richtung hineingezwängt worden. Wie sollte das auch, selbst abgesehen von aller menschlichen Freiheit, aller göttlichen Vorsehung, wie sollte es nur ausführbar sein? Die angeblichen Zwingherren sind doch in der Regel Bestandtheile des Volkes selbst; ihre Hülfsmittel wurzeln doch in der Regel nur im Volke selbst: es müßten Archimedes sein, die außerhalb ihrer Welt stünden! (Vgl. jedoch unten § 263.)

Freilich, wenn durch das Nachwachsen der Generationen das Volk selbst allmälich ein anderes wird, da können die anderen Menschen auch anderer Institute bedürfen. Es wird sich ein Streit alsdann erheben zwischen den Alten und den Jungen: jene wollen das Bewährte noch ferner bewahren, diese die neuen Bedürfnisse auch mit neuen Mitteln befriedigen. Wie das Meer ewig schwankt zwischen Ebbe und Fluth, so das Volksleben zwischen *Ruhezeiten* und Krisen: Ruhezeiten, wo die Form dem Inhalte vollständig entspricht; Krisen, wo der veränderte Inhalt auch eine veränderte Form zu bilden sucht. Solche Krisen heißen *Reformen,* wenn sie auf dem friedlichen Wege des positiven Rechts vollzogen werden; bei widerrechtlicher Durchführung *Revolutionen.*[5] – Daß jede Revolution, auch wenn die da-

---

[4] An dieser Stelle kann eine solche Behauptung natürlich nur als Programm auftreten, welches im weitern Verlaufe des Werkes bethätigt werden soll. Wir verstehen übrigens unter »dem Volke schlechthin« nicht die beherrschten Klassen gegenüber den herrschenden, sondern beide zusammen, und zwar nicht beschränkt auf die lebende Generation, sondern in weitester Ausdehnung bis zum Anfange und Ende der Volksgeschichte.

[5] Der gegenwärtig herrschende Sprachgebrauch, alle demokratischen Bewegungen und nur diese Revolution zu nennen, (so *Stahl* ›Was ist Revolution?‹ 1852, aber auch viele Männer entgegengesetzter Richtung, zumal in Frankreich;) ist verkehrt. Allerdings sind demokratische (und cäsarische) Revolutionen in unserer Zeit die häufigeren, gerade so wie aristokratische Revolutionen auf der Höhe des Mittelalters, monarchische Revolutionen zu Anfang der neuern Geschichte. Das Wesentliche des Revolutionsbegriffes liegt jedoch immer in dem Durchsetzen der Veränderung gegen das positive und als solches im Bewußtsein des Volkes anerkannte Recht.

durch bewirkte Veränderung noch so sehr Bedürfniß war, doch an sich ein ungeheueres Unglück ist, eine schwere, zuweilen tödtliche Krankheit des Volkslebens: das leuchtet von selbst ein. Der sittliche Schaden, welchen der Anblick siegenden Unrechts fast immer stiftet, kann gewöhnlich erst im folgenden Menschenalter wieder heilen. Wo der Rechtsboden zerwühlt ist, da gilt einstweilen mehr oder weniger das »Recht des Stärkern«; der Stärkere ist aber bis zu einem gewissen Punkte leicht derjenige, der in der Wahl seiner Mittel am rücksichtslosesten verfährt. Daher die bekannte Thatsache, daß in revolutionärer Zeit so häufig die Schlechtesten Sieger bleiben. Jene Gegenrevolution, welche der Revolution gerne folgt, und zwar mit entsprechender Heftigkeit, ist nur für den ganz Kurzsichtigen eine Genugthuung. Sie läßt die Krankheit, nämlich die Gewöhnung des Volkes an Rechtswidrigkeiten, fortdauern, ja die bisher noch gesunden Organe mit ergreifen. Darum müssen die Völker, wenn es ihnen wohl gehen soll, bei ihren Formveränderungen das Beispiel der Zeit als Muster nehmen; »der Zeit, welche am sichersten, unwiderstehlichsten reformirt, aber so allmälich, daß man es in keinem einzelnen Augenblicke recht wahrnimmt.« (Bacon.) Freilich, wie alles Große schwer ist, so auch die Ausführung dieses Princips ununterbrochener Reform. Es wird zweierlei dazu vorausgesetzt: eine Verfassung, weise genug eingerichtet, um für das abziehende Alte und das einziehende Neue hinlängliche Thüren darzubieten; zugleich aber auch eine solche sittliche Selbstbeherrschung aller bedeutenden Volksklassen, daß sie sich nur, und wenn es auch mit Unbequemlichkeiten, ja Opfern verbunden wäre, nur dieser gesetzlichen Thüren bedienen wollen. Auf diese Art werden zwei der größten, scheinbar einander widersprechenden Bedürfnisse jeder Persönlichkeit zugleich befriedigt: das Bedürfniß ununterbrochener Continuität und freier Entwicklung.

§ 25.
Ohne Zweifel sind alle volkswirthschaftlichen Gesetze und Anstalten um des Volkes willen da, nicht umgekehrt. Ihre Wandelbarkeit ist daher an sich durchaus kein Übel, dessen die Menschheit vielleicht streben müßte Herr zu werden; sondern sie ist löblich und heilsam, insoferne sie den Umwandlungen des Volkes selbst und seiner Bedürfnisse genau parallel läuft.[6] Die verschiedensten Idealschilderun-

---

[6] Vgl. besonders den Anfang von *Sir J. Steuart ›Principles of political economy‹*.

gen brauchen daher nicht nothwendig einander zu widersprechen. Eine jede von ihnen kann Recht haben, natürlich nur für ihr Volk, ihr Zeitalter; sie würde in diesem Fall nur dann irren, wenn sie sich als allgemein gültig hinstellen wollte. Es gibt ebenso wenig ein allgemein gültiges Wirthschaftsideal der Völker, wie ein allgemein passendes Kleidermaß der Individuen. Das Gängelband des Kindes, die Krücke des Greises würden für den Mann eben nur die ärgsten Fesseln sein. »Vernunft wird Unsinn, Wohlthat Plage.«

Wer also das Ideal einer besten Volkswirthschaft ausarbeiten wollte, – und das haben im Grunde die meisten Nationalökonomen wirklich gewollt, – der müßte, um vollkommen wahr und zugleich praktisch zu sein, ebenso viele verschiedene Ideale neben einander stellen, wie es verschiedene Volkseigenthümlichkeiten gibt;[7] ja er müßte außerdem noch von diesen vielen Idealen mindestens alle paar Jahre eine umgearbeitete Auflage veranstalten, weil mit jeder Veränderung der Völker selbst und ihrer Bedürfnisse auch das für sie passende Wirthschaftsideal ein anderes wird. Das ist nun in solcher Ausdehnung offenbar unmöglich. Auch gehören zu einer so augenblicklichen und doch zugleich vollständigen Würdigung der Gegenwart, zu einem so ununterbrochenen »Pulsfühlen der Zeit« ganz andere Talente, als selbst die größten wissenschaftlichen Männer zu besitzen pflegen, Talente völlig praktischer Art, wie sie z. B. einem großen Minister des Innern oder Finanzminister zukommen. Und es ist eine bekannte Sache, daß gerade die genialsten solcher Praktiker, wie der jüngere Pitt von sich selbst äußerte, weit mehr instinktmäßig ihren Weg zu fühlen, als mit einer Klarheit, die ihn für Andere beschreiben könnte, zu sehen pflegen.

Geschichtliche oder physiologische Methode

§ 26.
Wir verzichten deßhalb in der Theorie auf die Ausarbeitung solcher Ideale gänzlich. Was wir statt dessen versuchen, ist die einfache Schilderung, zuerst der wirthschaftlichen Natur und Bedürfnisse des Volkes; zweitens der Gesetze und Anstalten, welche zur Befriedigung der letzteren bestimmt sind; endlich des größern oder geringern

---

[7] Vgl. *Colton ›Public economy for the U. States‹*, 28, der freilich unbefugter Weise auf die ganze N. Ök. bezieht, was nur von ihrer unmittelbar präceptiven Seite gilt.

Erfolges, den sie gehabt haben.[8] Also gleichsam die *Anatomie und Physiologie der Volkswirthschaft!*

Dieß sind lauter Dinge, welche auf dem Boden der Wirklichkeit stehen, welche mit den gewöhnlichen Operationen der Wissenschaft bewiesen oder widerlegt werden können, welche entweder schlechthin wahr, oder schlechthin falsch sind, und deßhalb im ersten Falle nicht eigentlich veralten. – Wir gehen hierbei auf ähnliche Art zu Werke, wie die Naturforscher. An mikroskopischen Untersuchungen, Sectionen etc. fehlt es auch uns nicht. Ja wir haben vor den Naturkundigen voraus, daß die Selbstbeobachtung des Körpers sehr beschränkt, die des Geistes aber beinah unbeschränkt ist. Andererseits hat es die Naturforschung wieder bequemer. Will sie eine Gattung kennen lernen, so kann sie Hunderte, ja Tausende von Individuen und Experimenten dazu benutzen. Da controlirt sich jede Beobachtung leicht; jede Ausnahme scheidet sich leicht von der Regel. Wie viele Völker dagegen stehen uns zur Vergleichung offen? Desto unerläßlicher freilich, diese wenigen alle zu vergleichen. Daß die Vergleichung nicht im Stande ist, die Beobachtung zu ersetzen, versteht sich von selbst; nur vielseitiger, an Gesichtspunkten reicher und tiefer soll die Beobachtung dadurch werden. Mit gleichem Interesse für die Verschiedenheiten, wie für die Ähnlichkeiten, müssen wir diese als Regel und jene als Ausnahme erst zusammenfassen und hernach zu erklären suchen. (Unten § 266.)

§ 27.

Mit der völligen Durchführung dieser Methode wird *eine Menge* von gerade bedeutenderen *Controversen als solche hinwegfallen.*[9] Die Menschen sind ebenso wenig Teufel, wie Engel. So wie es wenige gibt, die sich bloß durch ideale Beweggründe führen lassen, so doch auch andererseits Gottlob nur wenige, die ohne alle höheren Rücksichten bloß dem Egoismus gehorchen. Man kann daher wohl voraussetzen, daß eine Ansicht über die nächsten und handgreiflichsten Interessen, die von großen Parteien, ja vielleicht ganzen Völkern und ganze Menschenalter hindurch getheilt wird, nicht bloß auf

---

[8] *Je n'impose rien, je ne propose même rien: j'expose.* (*Ch. Dunoyer.*) Derselbe Gedanke in sonderbar unpraktischer Weise übertrieben von *Cherbuliez* ›*Précis de la science économique*‹, (1862) 7ff. Daß die geschichtliche Methode nicht wesentlich von der statistischen, wie man sie neuerdings empfiehlt, verschieden ist, s. *meine* ›Gesch. der N. Ök.‹, 1035 fg.   [9] *Storch* Handbuch II, 222.

Dummheit oder Bosheit beruhen werde. Der Irrthum besteht häufig nur darin, daß Maßregeln, die unter gewissen Umständen vollkommen heilsam, ja nothwendig sind, nun unbefugter Weise auch unter ganz anderen Umständen durchgeführt werden sollen. Hier würde also eine vollständige Einsicht in die Bedingungen der Maßregel den Streit zur Befriedigung beider Parteien schlichten. Sind die Naturgesetze der Volkswirthschaft erst hinreichend erkannt und anerkannt, so bedürfte es im einzelnen Falle nur noch einer genauen und zuverlässigen Statistik der betreffenden Thatsachen, um alle Parteizwiste über Fragen der volkswirthschaftlichen Politik, wenigstens insofern sie auf entgegengesetzter Ansicht beruhen, zu versöhnen. Ob freilich die Wissenschaft mit ihren jederzeit auftauchenden neuen Problemen jemals dieß Ziel erreichen wird? ob nicht in den meisten Parteikämpfen die entgegengesetzten Absichten eine noch größere Rolle spielen, als die entgegengesetzten Ansichten? Jedenfalls aber müßte es gerade in tief bewegter Zeit, wo der gute Bürger oft verpflichtet ist, Partei zu nehmen, allen redlichen Parteimännern erwünscht sein, im Gewoge der Tagesmeinungen wenigstens eine feste Insel wissenschaftlicher Wahrheit zu besitzen, die ebenso allgemein anerkannt wäre, wie die Ärzte der verschiedenartigsten Richtungen die Lehren der mathematischen Physik gleichmäßig anerkennen.

§ 28.
Ein anderer sehr in die Augen fallender Charakterzug unserer Methode besteht darin, daß *sie der Selbstüberhebung entgegentritt,* womit die meisten Menschen »verhöhnen, was sie nicht verstehen,« und womit namentlich die höheren Kulturstufen auf die niederen herabschauen. Wer die Entwicklungsgesetze der Pflanze kennt, der mag weder im Samenkorne den Keim des Wachsthums, noch in der Blüthe den Vorboten des Verwelkens übersehen. Wenn es Mondbewohner gäbe, und ein solcher nun auf der Erde Kinder neben Erwachsenen sähe, ohne Kenntnisse vom menschlichen Entwicklungsgange zu besitzen: müßte der nicht das schönste Kind für ein Monstrum halten, mit dickem Kopfe, verkümmerten Armen und Beinen, unbrauchbaren Genitalien, ohne Vernunft etc.? Die Thorheit *dieses* Urtheils würde Jedem klar sein; und doch finden wir zahllose ähnliche über Staat, Volkswirthschaft etc. der niederen Kulturstufen, mitunter sogar bei den berühmtesten Schriftstellern.[10] – Eine kriti-

---

[10] Der entgegengesetzten Überhebung macht sich ein wesentlich mittel-

sche Vergleichung verschiedener Formen, von denen jede ihrem Inhalte gleich sehr angemessen ist, kann allerdings stattfinden; geschichtliche Objectivität aber wird sie nur dann besitzen, wenn sie auf richtiger Einsicht in den eigenthümlichen Entwicklungsgang des betreffenden Volkes beruht. Die Formen der Reifezeit mögen sodann als die höchsten bezeichnet werden; die früheren als dem unreifen, die späteren als dem sinkenden Alter zugehörig.[11] Nun ist es freilich eine der schwersten Aufgaben, die beste Zeit eines Volkes richtig zu bestimmen. Der Alte glaubt in der Regel, die Zeiten werden schlechter, weil er sie nicht mehr recht benutzen kann; der Jüngling in der Regel, die Zeiten werden besser, weil er dieselben erst recht zu benutzen hofft. Jedoch ist dieß immer eine rein empirische Frage; und das Auge kann durch Vergleichung möglichst vieler Völker, zumal solcher, die schon ausgelebt haben, für ihre Beantwortung sehr geschärft werden.[12] – Könnte Jemand die Geschichte der Menschheit als Ganzes überschauen, wovon alle einzelnen Völkergeschichten bloß die Abschnitte bildeten, so würde ihm natürlich die Aufeinanderfolge der Entwicklungsstufen der Menschheit einen ähnlich objectiven Maßstab auch für solche Fragen darbieten, worin ganze Völker dauernd von einander verschieden sind.[13]

---

alterlicher Geist, *Ad. Müller* schuldig, wenn er die »Gegenwart mit ihren politischen Zerrüttungen einen bloßen Zwischenzustand« nennt, »Übergang der natürlichen, aber bewußtlosen ökonomischen Weisheit der Väter durch den Vorwitz der Kinder zu der verständigen Anerkennung jener Weisheit von Seiten der Enkel.« (›Theorie des Geldes‹, 1816, Vorr. 4.)

[11] So können wir z. B. eine musterhafte Universität zwar nicht besser nennen, als eine ebenso musterhafte Volksschule; aber höher steht jene doch, weil das Lebensalter, wofür sie passend ist, ohne Zweifel höher steht.

[12] Sehr beherzigenswerthe Mahnung von *Knies* (›polit. Ök.‹, 256 fg.), daß man doch nicht, wie die Meisten thun, das in der Gegenwart Erreichte oder Erstrebte für das absolute *Non plus ultra* halten und allen künftigen Geschlechtern bloß »die Rolle von Affen oder Wiederkäuern« zudenken soll.

[13] Ich selbst hege keinen Zweifel, daß die Menschheit im Ganzen vom Anfange der historischen Kenntniß bis auf den heutigen Tag immer höher gestiegen ist. Im Einzelnen freilich hat diese Bewegung so viele Stillstände, ja zeitweilig Rückgänge, daß man sich wohl hüten muß, von dem Spätersein ohne Weiteres auf das Höherstehen zu schließen.

§ 29.

Bevor ich schließe, muß ich noch den möglichen Einwurf berühren, als ob die geschichtliche oder physiologische Nationalökonomik wohl gelehrt, aber nicht wohl *praktisch* sein könnte. Wenn man freilich nur solche Lehren praktisch nennt, welche von jedem Leser ohne weiteres Nachdenken auf die Praxis gleichsam können abgeklatscht werden, so muß unser Buch darauf Verzicht leisten. Ich zweifle indessen sehr, ob in diesem Sinne irgend eine Wissenschaft der praktischen Darstellung fähig ist.[14] Gerade wirkliche Praktiker, welche das Leben mit seinen tausend und aber tausend Verhältnissen aus Erfahrung kennen, werden am ersten zugeben, daß eine solche Receptensammlung, wo es sich um die Beurtheilung und Leitung von Menschen handelt, je zuversichtlicher und apodiktischer sie auftritt, um so gefährlicher irre führt, und also unpraktisch, doctrinär ist. Unser Bestreben ist nicht darauf gerichtet, im Buche selber praktisch zu sein, sondern Praktiker auszubilden. Deßhalb machen wir aufmerksam auf die zahllosen verschiedenen Gesichtspunkte, aus denen jede wirthschaftliche Thatsache betrachtet werden muß, um allen Ansprüchen gerecht zu sein. Wir möchten den Leser daran gewöhnen, daß er bei der geringsten einzelnen Handlung der Volkswirthschaftspflege immer das Ganze, nicht bloß der Volkswirthschaft, sondern des Volkslebens vor Augen hat. Insbesondere sind wir der Meinung, daß nur derjenige recht beurtheilen und sein Urtheil gegen Einwürfe aller Art vertheidigen kann, wo, wann und warum z. B. die aliquoten Reallasten, die Naturaldienste, Zunftrechte, Compagnieprivilegien etc. abgeschafft werden müssen, der vollständig erkannt hat, weßhalb sie zu ihrer Zeit eingeführt werden mußten. Überhaupt wollen wir denjenigen, welche sich unserer Führung anvertrauen, nicht etwa eine Masse Verhaltungsregeln einprägen, von deren Vortrefflichkeit wir sie zuvor überredet hätten; sondern unser höchster Wunsch geht dahin, daß sie in Stand gesetzt werden, frei von jeder irdischen Auctorität, aber nach gewissenhafter Abwägung aller Umstände, sich selbst Verhaltungsregeln für die Praxis zu schaffen.[15,16]

---

[14] Buckle spricht von »Leuten, deren Kenntniß ungefähr auf das beschränkt ist, was sie um sich her vorgehen sehen, und die man wegen ihrer Unwissenheit praktisch nennt. Obschon sie vorgeben, die Theorie zu verachten, sind sie doch in Wahrheit die Sklaven der (ältern!) Theorie.«

[15] Vgl. zu diesem ganzen Kapitel *mein* ›Leben, Werk und Zeitalter des

5 Wilhelm Scherer: Des Minnesangs Frühling
[1876]

Rezension: Des Minnesangs Frühling. Hg. v. Karl Lachmann u. Moriz Haupt. 2. Ausgabe besorgt v. W. Wilmanns. Leipzig 1875.
V: W. Sch.: Kleine Schriften. I. S. 695–702. [hier: S. 696/697.]
E: Anz. f. dt. Alterthum u. dt. Litteratur. 1. 1876. S. 197–205.

[...] Das allgemeine Problem: Schriftsprache oder Dialekt? wie weit Schriftsprache, wie weit Dialekt? ist ohne Zweifel sehr wichtig. Aber die Frage, wie im einzelnen Falle zu schreiben sei, ist eine Frage zehnten Ranges; meist gar nicht zu entscheiden: denn alle unsere landläufigen Argumentationen geben nur eine relative Wahrscheinlichkeit. Es dürfte an der Zeit sein, daran zu erinnern, daß altdeutsche Gedichte nicht blos aus Lauten, Formen, Versen und Reimen bestehen, daß sie auch einer historischen, logischen, psychologischen, und ästhetischen Beurtheilung unterliegen. Und wenn man diese nicht für Aufgabe der Philologie hält, so danke ich meinerseits für die Ehre, ein Philolog zu heißen.

Ich meine, ganz im Sinne Haupts zu handeln, wenn ich darauf

Thukydides‹, (1842) 35ff. 239–275; *meinen* ›Grundriß zu Vorlesungen über die Staatswirthschaft, nach geschichtlicher Methode‹, (1843) Vorrede; *meine* Antrittsrede auf der Leipziger Universität in der Deutschen Vierteljahrsschrift 1849, I, 174ff.; *meine* ›Geschichte der N. Ök. in Deutschland‹ (1874), 882f., 1017 fg., 1032ff. Ferner die ebenso gelehrte wie umsichtige ›Theorie und Geschichte der N. Ökonomik‹ von *J. Kautz*, I, 1858. II, 1860. Wenn übrigens Kautz I, 313ff. neben der Geschichte noch die »sittlich-praktische Menschenvernunft« mit ihren Idealen als Quelle der N. Ök. anführt, damit die Wissenschaft kein bloßes Abbild, sondern auch ein Vorbild des wirthschaftlichen Völkerlebens werde: so kann ich dieß mir gegenüber für keinen wirklichen Gegensatz halten. Abgesehen davon, daß nur die sittlich-praktische Menschenvernunft Geschichte versteht, bilden die Ideale jeder Periode eins der wichtigsten Elemente ihrer Geschichte. Namentlich pflegt sich das Zeitbedürfniß in ihnen am schärfsten auszusprechen. Der geschichtliche Nationalökonom als solcher ist gewiß nicht abgeneigt oder ungeeignet, Reformpläne zu machen. Nur wird er sie schwerlich dadurch empfehlen, daß sie absolut besser seien, als das Bestehende, sondern er wird nachweisen, daß ein Bedürfniß vorhanden ist, welches durch sie wahrscheinlich am wirksamsten befriedigt werden möchte. S. schon *Sartorius* Einladungsblätter zu ›Vorlesungen über die Politik‹, 1793.

16 »Es gibt ein Buch, welches die Jugend benutzen kann, um alt zu sein, das Alter, um jung zu bleiben: die Geschichte!« (K. S. *Zachariä*.)

dringe, daß auch in die Betrachtung der Lyrik die vergleichende Methode eingeführt werde. Der Begriff einer Naturgeschichte des Epos war ihm vollkommen geläufig. Er hätte ohne Weiteres zugeben müssen, daß auch eine Naturgeschichte der Lyrik, des Dramas, der Fabel u. s. w. möglich sei. Das Unternehmen einer historischen und vergleichenden Poetik muß über kurz oder lang gewagt werden. Dazu drängt schon die Entwickelung der Ethnographie, welche sich freilich bisher wenig um das Problem gekümmert hat. Aber wie z. B. Peschels ›Völkerkunde‹ ›die Keime der bürgerlichen Gesellschaft‹, ›die religiösen Regungen bei unentwickelten Völkern‹ behandelt, wie Tylor sich um den Ursprung der Sprache und Mythologie bemüht: so werden bald die Keime der Poesie, der Ursprung der Dichtungsgattungen dasselbe Recht in Anspruch nehmen. Klemm wenigstens in seinen ›Grundideen zu einer allgemeinen Culturwissenschaft‹ hätte die Poesie nicht vergessen (Wiener Sitzungsberichte 7, 186. 187). Wenn die Poetik nicht ausgetretene alte Pfade immer von neuem treten will, so versteht es sich eigentlich von selbst, daß sie ihre Sätze aus dem gesammten erreichbaren Material ableiten, daß sie von den einfachen Bildungen zu den complicirteren aufsteigen, von der Poesie der Naturvölker ausgehen und die Spuren der primitiven Erscheinungen inmitten der höheren Cultur aufsuchen muß. Vergl. Zeitschrift für österreichische Gymnasien 1870. S. 49 [oben [= Kleine Schriften. I. G. R.] S. 189f.].

6 Wilhelm Scherer: Deutsche Poetik
[1880]
Rezension (anonym): Deutsche Poetik. Von Werner Hahn. Berlin 1879.
V: W. Sch.: Kleine Schriften. I. S. 690/691.
E: Dte. Rundschau. 23. 1880. S. 478.

Das Buch ist zunächst ein Lehrbuch für Schulen. Es wird aber auch von dem gebildeten Litteraturfreunde mit Nutzen gebraucht werden können. Ein reicher Stoff ist darin verarbeitet, vielleicht mit einer allzugroßen Vorliebe für scharfe begriffliche Distinctionen, wo möglichste Einfachheit und Anschaulichkeit besser am Platze gewesen wäre. Es ist uns aufgefallen, daß ein Werk, welchem man diese Eigenschaften nachrühmen kann, in den Litteraturangaben von S. 8 und 9, welche sehr Unbedeutendes der Erwähnung werth halten, übergangen wird: Wilhelm Wackernagels

›Poetik, Rhetorik, Stilistik‹. Die allgemeinen ästhetischen Erörterungen über Kunst und Künste, die traditionellen Lehren der Metrik und Rhetorik nehmen einen breiten Raum ein. Die Bemerkungen über poetische Disposition und poetische Idee haben uns gar nicht befriedigt. Statt ihrer hätten wir eine wirksame Anweisung zur Analyse von Kunstwerken gewünscht, welche weniger auf die Idee als auf die Motive und auf die Entwickelung der inneren poetischen Form, die besondere poetische Auffassung des Stoffes zu achten hätte. An dem Ausdruck ›Idee‹ hängen so abscheuliche Thorheiten deutscher Ästhetik und Kritik, daß wir ihn aus dem Neubau der Poetik lieber ganz hinaus und zum alten Gerümpel werfen möchten. Die Lehre von den Gattungen der Poesie kommt verhältnißmäßig viel zu kurz. Hauptsache war hier die Technik der einzelnen Dichtungsgattungen; aber darüber erfährt man wenig. Ebensowenig von den bestehenden, zum Theil berühmten Theorien. Statt dessen viel traditionelles Material, das man gern entbehrte. Wann wird endlich die Poetik den völlig nutzlosen Versuch aufgeben, einen Unterschied zwischen Ballade und Romanze auszuklügeln? Der Verfasser nennt sein Buch ›Deutsche Poetik‹ und erläutert dies mit besonderem Stolze dahin, daß er seine Beispiele überall aus der deutschen Dichtung nehmen konnte. Doch hat er die fremde, namentlich die griechische, daneben nicht vernachlässigt.

7 Wilhelm Scherer: Ein japanischer Roman
[1881]

Rezension: Ein japanischer Roman. Midzuho-gusa – Segenbringende Reisähren. Nationalroman und Schilderungen aus Japan. Von F. A. Junker von Langegg. Bd. 1. Vasallentreue. Leipzig 1880.
V: W. Sch.: Kleine Schriften. I. S. 708–713. [hier: S. 712–713.]
E: Dte. Rundschau. 25. 1881. S. 137–140.

[...] Ich habe ein Stück Familienleben ausgewählt, weil die einfachen häuslichen Empfindungen in der Regel am leichtesten den Weg zu deutschen Herzen finden. Wer gewohnt ist, poetische Werke als einen Spiegel der moralischen Anschauungen zu betrachten, für den bietet der japanische Roman noch ein anderes, und auch nach dieser Seite hin sehr hohes Interesse. Der Kaufmann Gihei, den wir soeben als weichherzigen Vater kennen gelernt, empfindet es mit dem tiefsten Schmerze, daß er kein Edelmann ist und daher sich an der Rache jener Vasallen nicht mit eigener That betheiligen darf.

Hieran wird recht deutlich, wie sehr der Roman und die sittliche Anschauung, aus der er geschrieben ist, auf dem Standesbewußtsein des Adels beruht und welchen ungeheuren Raum innerhalb dieses Standesbewußtseins die Treue gegen den Lehensherrn einnimmt. In dem japanischen Roman wie in den deutschen Sagen, an die ich zu Anfang erinnerte, in der Sage von Rüdigers Aufopferung im Nibelungenkampf, in der Sage von Wolfdietrich und seinen Dienstmannen nimmt die Poesie zunächst den Standpunct des Lehensherrn ein. Sie wirkt für den Vortheil der Herren, indem sie die Treue der Mannen als etwas Schönes und Herrliches, ewigen Nachruhmes werth, hinstellt. In den deutschen Sagen wird dann auch gezeigt, welche Vortheile dem Vasallen aus seinem Verhältniß zum Herrn erwachsen: die Treue ist gegenseitig. In der japanischen Auffassung scheint dieser Gesichtspunct weniger hervorzutreten: die Hingebung der Vasallen ist, wenn man will, eine reinere: aber das Verhältniß an sich, wie es dem einen Theil alle Rechte, dem andern alle Pflichten zuwälzt, weniger sittlich, weil weniger gerecht. In beiden Fällen aber, bei den Deutschen wie bei den Japanesen, bewährt sich die Poesie als eine sittliche Macht. Und man darf daher wohl annehmen, daß sie nicht blos die moralischen Anschauungen dieser Völker in sich aufnahm, sondern daß sie seiner Zeit mitgewirkt habe, um dieselben zu schaffen. Bei den Japanesen stand sie mehr auf der Seite der Herrschenden; sie schmeichelte der Gewalt und beförderte die Unterdrückung; sie erhob den hohen Adel auf Kosten des niedrigen: und nach der gutmüthigen Natur des Volkes hatte sich der letztere, wenigstens zu der Zeit, die unser Roman abschildert, in der Rolle, welche man ihm zutheilte, willig gefunden. Bei den alten Deutschen, z. B. während der Völkerwanderung, suchte der Sänger nicht blos den Herrscher zu befriedigen, sondern er mußte den Beifall der edlen Mannen erlangen, die in der hohen Halle um den Herrn geschart saßen und einer Dichtung, die ihnen nur Pflichten ohne ersichtliche Vortheile empfahl, gewiß nicht zugejubelt hätten. Hier wie dort aber war die Poesie eine Lehrerin der Hingebung und arbeitete insofern an der moralischen Vervollkommnung der Völker. Eine überwiegende Gewalt, die ihren Unterworfenen Pflichten aufzwingt, ist überall die erste Stufe der Sittlichkeit. Die zweite aber ist, daß die Unterworfenen sich dagegen empören, ihren Vortheil wahrnehmen, so weit sie vermögen, und dergestalt die Macht zur Gerechtigkeit zwingen. An beiden Processen hat die Poesie ihren Antheil als ein Organ der öffentlichen Meinung. [...]

8 Wilhelm Scherer: Walther von der Vogelweide
[1884]

Rezension: Walther von der Vogelweide. Hg. und erklärt von W. Wilmanns. 2., vollständig umgearbeitete Ausgabe. Halle a. S. 1883. (= Germanistische Handbiblitothek. I.)
V: W. Sch.: Kleine Schriften. I. S. 627–634. [hier: S. 630–631.]
E: Anz. f. dt. Alterthum u. dt. Literatur. 10. 1884. S. 305–312.

[...]

Ganz neu ist ein Abschnitt über den Stil, S. 63–99. Es zeigt sich hier, daß die Schrift von Paul Wigand über den Stil Walthers (Marburg 1879), die man sehr unfreundlich, oder eigentlich unverständig, aufgenommen hat, so ganz unnütz nicht gewesen ist, wie man seiner Zeit das Publicum glauben machen wollte. Aber freilich, was hier und bei Wigand Stil heißt, sind nur einige rhetorische oder poetische Mittel; charakteristisch werden sie erst, wenn man andere und wesentlich verschiedene Dichter wie z. B. Reinmar daneben hält oder, noch besser, die Gesammtheit der überhaupt möglichen Mittel ins Auge faßt und an der Auswahl die individuelle Eigenthümlichkeit wahrnimmt. Stil in einem höheren, in dem eigentlich litterarhistorischen Sinn ist aber damit noch nicht erschöpft: es muß die ganze Folge vom Stoff bis zur inneren und äußeren Form, von dem rohen Stoff, der überhaupt in den Gesichtskreis des Dichters fällt, von der Auswahl aus diesem Stoffe, von der besonderen Auffassung bis zur besonderen Einkleidung, zur Wahl der Dichtungsgattung, zu den sprachlichen und metrischen Mitteln, mit einem Worte: der gesammte dichterische Proceß, durchlaufen und überall die Eigenart aufgesucht und nachgewiesen werden. Wilmanns giebt dazu Beiträge sowohl hier als in dem sehr dankenswerthen dritten Abschnitte seines Leben Walthers. Aber ich vermisse darin Schärfe der Anordnung und Auffassung; seine Beobachtungen behalten etwas Zufälliges und Unsystematisches, während doch nur ein systematisch-methodisches Verfahren zum Ziel führen konnte. Doch immer besser, man beobachtet darauf los und bringt seine Beobachtungen in eine vorläufige Ordnung, als daß man sich feige vor solchen Aufgaben zurückzöge. Die Behandlung der Lyrik hat ihre besonderen Schwierigkeiten; denn ihre Theorie liegt im Argen. Die erste Pflicht ist, alle epischen und dramatischen Elemente auszuscheiden, wenn ich es vorläufig so nennen darf; denn es können schärfere Unterscheidungen Platz greifen, wenn man die Gattungen der Rede einmal zu sondern versucht – ich habe die Grundbegriffe meinen Zuhörern im Sommer

1882 vorgetragen und gedenke, eine Poetik darauf zu bauen, welche dem in meiner Geschichte der deutschen Litteratur S. 770 aufgestellten Programm zu entsprechen suchen müßte: es handelt sich um sehr einfache Dinge, die man jedoch bisher nie genügend beachtet hat, z. B. ob der Dichter oder Schriftsteller von sich oder von anderen, ob er im eigenen Namen, in einer Maske (hinter der er erkannt zu werden wünscht) oder in einer Rolle (hinter der er verschwindet) redet, ob er Vergangenes oder Gegenwärtiges oder Zeitloses oder Zukünftiges vorführt, ob er Monologe oder Vorträge (Reden zu einem schweigenden Publicum) oder Dialoge oder Massenäußerungen (wie Chorgesänge) entwirft. Für die poetischen Mittel, abgesehen von allem Metrischen, wird es nützlich sein, die Sprache daraufhin zu durchmustern, wie weit ihre Ausdrucksmittel mehr prosaischen oder mehr poetischen Charakter tragen. Unter allen Synonymen sind die am poetischesten, in denen das ursprüngliche Wesen sprachlicher Benennung noch am treuesten hervortritt: das Verbum ist poetischer als das Nomen, das Nomen poetischer als das Pronomen; ein Wort mit deutlich fühlbarer Etymologie d. h. lebendiger Wurzel ist poetischer als ein verdunkeltes aus einer abgestorbenen oder entstellten und unkenntlichen Wurzel. Die ursprüngliche Benennung geschieht durch ausschließliche Hervorhebung eines Merkmals; darum können verblaßte Wörter durch Epitheta aufgefrischt, die erloschenen gleichsam wider zum Leuchten gebracht werden. Der eigentliche Ausdruck ist prosaisch, der uneigentliche poetisch; der genaue ist prosaisch, der ungenaue poetisch u. s. w. Man wird auch über die Stimmung oder Geistesverfassung des Dichters, aus welcher die einzelnen poetischen Mittel fließen, und ebenso über ihre Wirkungen auf den Leser oder Hörer ersprießliche Betrachtungen anstellen können; aber so allgemeine Kategorien wie Nachdruck, Hervorhebung, Fülle werden dabei vermuthlich nur eine geringe Rolle spielen.
[...]

9 Wilhelm Scherer: Moriz Carrière – Ästhetik
[1885]

Rezension: Moriz Carrière: Ästhetik. Die Idee des Schönen und ihre Verwirklichung im Leben und in der Kunst. 3., neu bearb. Auflage. 1. Theil: Die Schönheit. Die Welt. Die Phantasie. 2. Theil: Die bildende Kunst. Die Musik. Die Poesie. 2 Bände. Leipzig 1885.
V: W. Sch.: Kleine Schriften. I. S. 689/690.
E: Dte. Litteraturzeitung. 36. 1885. Sp. 1266–1267.

›Ich halte an der Überzeugung fest‹, bemerkt der Verfasser im Vorworte zu gegenwärtiger dritter Auflage, ›daß Sinnlichkeit und Vernunft zusammenwirken, daß Ethik und Ästhetik nicht blos beschreiben, wie gehandelt, gefühlt und gebildet wird, sondern auch lehren, wie gehandelt, gefühlt und gebildet werden soll.‹ Ohne mir über Vernunft, Sinnlichkeit und Ethik ein Votum erlauben zu wollen, muß ich mich meinerseits wiederholt zu der Überzeugung bekennen, daß die Ästhetik nicht viel anderes vermag als zu beschreiben, was auf dem Gebiete der Künste wirklich und möglich ist; ich mache nur den Zusatz, daß auch die Wirkungen beschrieben werden können, die von bestimmten künstlerischen Gebilden ausgehen (vergleiche ›Geschichte der deutschen Litteratur‹ S. 770), und ich zweifle nicht, daß die edlen, erhebenden,. erfreulichen Wirkungen, die ich zu bezeichnen und für die heutige Welt zu empfehlen hätte, ungefähr mit dem übereinstimmen würden, was Carrière empfiehlt. Ich würde aber niemals glauben, daß die Schönheit, in deren Cultus wir beide etwa uns begegneten, allgemein gültig sei und daß neben ihr, bei anderen Menschen und Völkern, auf einer anderen Culturstufe, keine andere Platz habe. Ich meine, die Ästhetik sollte dem Erfahrungssatze sein Recht lassen, daß über den Geschmack nicht zu streiten sei. Ihr Gebiet wird dadurch nicht beschränkt, sondern erweitert, und ihr Einfluß auf den bildenden Künstler und das urtheilende Publicum nicht verringert, sondern vergrößert. Sie soll weitherzig und unparteiisch sein. Eine Ästhetik, wie sie mir vorschwebt, würde sich zu der gesetzgebenden Ästhetik verhalten, wie Jacob Grimms ›Deutsche Grammatik‹ zu den Sprachlehren von Jacob Grimms Vorgängern. Die plumpen Effecte, die Roheiten, die wir heute verachten, gehören in die Ästhetik so gut wie die feinsten, gewähltesten, zartesten Wirkungen einer geläuterten Kunst. In dem Capitel vom Komischen (1,198) müssen auch die handfesten Scherze unserer Fastnachtsspiele des 15. Jahrhunderts einen Platz finden: was das Lächerliche sei, erkennen wir nur, wenn wir nachfragen, worüber zu irgend einer Zeit von irgend einer Schicht des Publicums gelacht worden ist und weshalb. Das grausame Lachen ungebildeter Menschen über körperliche Gebrechen darf mit demselben Recht als ein ästhetisch-psychologisches Phänomen in Anspruch genommen werden wie die entstellteste Mundart unserer oder irgend einer anderen Sprache als ein grammatisches.

Wenn ich demnach auf einem principiell anderen Standpunct stehe als Carrière, so fällt es mir doch nicht ein, von diesem Standpunct aus sein Werk nun im Einzelnen tadeln zu wollen. Ich freue mich im Gegentheil des reichen Materials, das er zusammengestellt hat, und der vielfältigen Anregung, die auch für mich davon ausgeht. Und ich freue mich der Thatsache, daß dieses Buch durch wiederholte Auflagen Zeugniß davon ablegt, daß das Interesse für ästhetische Fragen bei uns nicht erloschen ist. Ob die Lehren des Verfassers immer so verständlich vorgetragen sind, wie er selbst meint (Bd. 1. S. VIII.), möchte ich bezweifeln. Ich lese 1, 275: ›Der Geist unterscheidet sich dadurch von der Natur, daß er für sich wird, sich selbst erfaßt und bestimmt; er ist ein Ich, insofern er sich selbst als solches setzt; und niemand kann das für ihn leisten, er ist seiner selbst Macher, er ist frei‹. Sollte sich das wirklich nicht einfacher sagen lassen? Sind solche Reste des metaphysischen Jargons unentbehrlich? Es giebt noch manche ähnliche Stellen. Indessen sind sie zwischen anschaulich und klar vorgetragene Lehren, schöne Citate und ästhetische Thatsachen im Ganzen so mäßig eingestreut, daß man schon darüber weg lesen kann, ohne zu erlahmen.

Was die seit der 2. Auflage (1872) nachgetragene Litteratur anlangt, so scheint mir, daß Fechners ›Vorschule der Ästhetik‹ (1876) lange nicht so stark benutzt ist, wie es dieses ausgezeichnete, von sicheren und fruchtbaren Beobachtungen volle Werk verdient hätte.

III. Materialien zur Rezeption der ›Poetik‹

10 Wilhelm Dilthey
[1886]
V: W. D.: Wilhelm Scherer zum persönlichen Gedächtniß. In: Deutsche Rundschau. 49. 1886. S. 132–146. [hier: S. 144–145.]

[...]
Als Scherer die Literaturgeschichte vollendet hatte, legte er Hand an die Ausführung des Planes, neben die Grammatik als gleichwerthige und nach denselben Methoden zu bearbeitende Wissenschaft eine Poetik zu stellen. Im Winter 1884/85 begann er die Vorbereitungen für die Vorlesung, die er dann im Sommer 1885 gehalten hat. Viele Jahre hatte er gesammelt und nachgedacht. Es machte ihn glücklich, wenn er nun Abends vor dem Einschlafen oder auf Spaziergängen diese Fragen erwog, daß sich wie ohne sein Zuthun seine einzelnen Gedanken zu einem Ganzen zusammen zu fügen schienen. Nie habe ich ihn bei einer Arbeit so frohmüthig und zuversichtlich gesehen. Als er die Vorlesung im Sommer begann, fand er ein sehr großes und gespanntes Auditorium vor sich, darunter gereifte Männer und wissenschaftliche Mitarbeiter. Bei der Ausarbeitung, die dann erfolgte, wurde er von den Erfahrungen geleitet, die an der Grammatik gemacht worden waren. Waren wir in früheren Jahren beide durch literarhistorische Studien zu dem Problem geleitet worden, ob sich nicht die alte Aufgabe der Poetik mit den neuen Mitteln unserer Zeit besser lösen lasse, so zeigte sich jetzt, wie weit uns der Gang unserer Studien in Rücksicht auf das Verfahren der Auflösung von einander entfernt hatte. Scherer verwarf jede Mitwirkung der Psychologie. Wie sich zur Zeit die vergleichende Sprachwissenschaft von der Benutzung psychologischer Sätze ganz frei gemacht hat, so gedachte er eine Poetik ganz mit denselben Hilfsmitteln und nach denselben Methoden herzustellen. Stand ihm doch von den primitiven dichterischen Äußerungen der Naturvölker aufwärts ein ungeheures, beinahe unübersehbares Material zur Verfügung. Und in der von Aristoteles begründeten technischen Wissenschaft der Poetik waren auch schon Abstractionen gewonnen, welche die Bearbeitung dieses Materials erleichtern konnten. Das ungemeine Interesse seiner Zuhörer an einem solchen Plane befeuerte ihn. Aber in diesen kurzen

heißen Sommermonaten, in denen er Vorlesung für Vorlesung ausarbeitete, wurde die Anstrengung für ihn zu groß und schon damals mahnte ihn ein leichter nervöser Zufall. Er arbeitete die Vorlesung unentwegt zu Ende, wie er sie beabsichtigt hatte. In Bezug auf seinen Nachlaß wird die Herausgabe dieser Vorlesung die Hauptaufgabe sein. In gewissem Sinne wird in ihr seine originalste Leistung liegen. Zwar enthielt das sorgfältig gearbeitete Heft, wie ich es bei Gelegenheit von Gesprächen sah, vielfach nur Andeutungen, die für den Vortrag bestimmt waren; aber Niederschriften von Zuhörern können ergänzend eintreten; mein Wunsch im Interesse dieser Poetik von Scherer geht nun dahin, es möchte bei gewissenhafter Treue gegen den Inhalt durch freie Behandlung der Form ein wirksames Buch aus den Vorlesungen geschaffen werden.
[...]

11 Konrad Burdach
[1888]

V: K. B.: [Rezension:] Wilhelm Scherer. Poetik: In: Deutsche Litteraturzeitung. 9. 1888. 1444–1449.

[...]
Die Poetik, wie die gesammte Ästhetik, soll aber – so will Sch. – von der historischen Betrachtungsweise gezwungen werden allen Erscheinungen der Dichtkunst und allen Völkern der Erde gerecht zu werden, nicht vorschnell von Gut und Schlecht reden, sondern von den verschiedenen Wirkungen verschiedener Arten der Poesie. Eine Poesie, von der gesagt werden kann, dass sie auf die edelsten Menschen aller Zeiten gewirkt hat, ist gewis wertvoller als eine andere. Aber weitere Werturteile als dies sind der Poetik versagt. Sie hat die dichterische Hervorbringung in dem oben bezeichneten umfassenden Sinne zu *beschreiben*. Sie bedarf einer umfassenden Classification, und diese setzt von selbst ein vergleichendes Verfahren voraus. Auch die Methode der wechselseitigen Erhellung, die Sch. zuerst für die Sprachwissenschaft fruchtbar gemacht hat, soll angewandt, d. h. das Deutliche, Vollständige, besser Bekannte zur Erleuterung des Undeutlichen, Unvollständigen, weniger Bekannten, namentlich die *Gegenwart* zur Erleuterung der Vergangenheit benutzt werden. Die Poesie der Naturvölker muss zur Erkenntnis und Erleuterung der älteren Stufen dienen, über welche die Poesie der Culturvölker zur Höhe gelangte.

Es geht durch Schs. Buch ein *evolutionistischer Grundzug*. Was Wundt für die Ethik, was Ihering für die Erkenntnis von Recht und Sitte, was neuere Nationalökonomen für die historische Wirtschaftswissenschaft, was in etwas anderer Weise Nitzsch für die Geschichte geleistet haben, erstrebt Sch. für die Poetik: die *objectiven* Mächte, welche die Entwicklung der Poesie bestimmen, sollen erforscht werden. Es ist kein Zufall, dass das umfangreichste und bedeutendste Kapitel von Dichter und Publicum handelt, d. h. von den Beziehungen der Gesellschaft zu den dichtenden Individuen, und es ist keine bloße Koketterie mit modernen Kunstausdrücken, wenn Sch. der allgemeinen Productionslehre wichtige Begriffe entlehnt. Sch. verfährt inductiv, analytisch; er sammelt und classificiert die concreten Erscheinungen; er sondert stets Primitives und Späteres; er legt nie die complicierten Zustände der modernen Poesie zu Grunde, die erst das Resultat langer Cultur sind; und er fängt immer so zu sagen von außen an, von den fertigen Äußerungen des poetischen Lebens, und hier wider von dem rein Formalen. Von da aus dringt er dann zurück in die einzelnen Stadien des poetischen Processes. Er vermeidet es dagegen aufs strengste, von innen heraus vorzuschreiten, d. h. etwa von irgend welchen psychologischen Definitionen *auszugehen*. Aber er bereitet überall psycho-physischer Betrachtung den Weg, er liefert und ordnet ihr das Material, er ist mit ihrer Methode und ihren Resultaten völlig vertraut, er bedient sich ihrer als Hilfsmittel im Fortgang der Untersuchung. Er schreitet von der Induction weiter zur Deduction, er scheut sich nicht vor Generalisation, er trachtet überhaupt nach *systematischer* Darstellung der Poetik, genau wie er einer systematischen Sprachphysiologie das Wort geredet hatte: alle beobachteten und alle möglichen Erscheinungen sollen innerhalb des Systems ihren Platz finden und in dasselbe eingereiht werden können. Seine Poetik bewährt aufs neue die Originalität und die geniale Unbefangenheit und Frische seiner Betrachtungsweise. Und auf Schritt und Tritt hat man den Eindruck: hier redet kein vorschnell, eigenwillig Urteilender, sondern jemand, der alle früheren Leistungen und Versuche geprüft und in sich verarbeitet hat. Ein Schüler des modernen Empirismus, ein Anhänger der Entwicklungslehre, ein Kenner der neueren Psychologie und Psychophysik, spielt Sch. doch nirgends die Rolle des Psychologen noch die des Geschichtsphilosophen. Er bleibt auf seinem Felde, auf das ihn unvergleichliche Kenntnisse und höchste Begabung wiesen, und ist hier allen denen, die von ähnlichem Standpunkt aus die Fra-

gen der Poetik behandelten, den Spencer, Tylor, Taine, Fechner überlegen durch die Fülle und Lebendigkeit seiner Anschauung und Erfahrung und den feinen, congenialen poetischen Sinn. Was wissen jene im Grunde von dem eigentlichen, manigfaltigen Leben der Litteraturen, von der unendlichen Vielheit der poetischen Erscheinungen! Darin aber liegt Schs. ganze Stärke.
[...]
Für die Entwicklung der Poesie nimmt Sch. nach dem Paradigma der deutschen Litteraturgeschichte drei Akte an: Loslösung der Poesie vom Tanz, vom Gesang, von der gebundenen Form, und danach vier historische Stufen: Tanzpoesie, Gesangpoesie, ungesungene Poesie, prosaische Poesie. Das führt auf die Abgrenzung der Poesie nach der Prosa hin: auf den Wandel der Function von poetischer und prosaischer Form, die Grenzschwankungen zwischen gebundener und ungebundener Rede, die einzelnen Invasionen der Prosa in die Litteratur. Bei der ganzen Erörterung scheint indes nicht genug geschieden: was ist durch eigentümliche historische Verhältnisse bedingte Erscheinung der deutschen Litteratur und was ist allgemeines, aus der Natur des poetischen Lebens fließendes Gesetz? Und diese Schwäche, Vermischung des historischen und systematischen Standpunkts lässt sich noch öfter warnehmen.
[...]
Mit dem *zweiten Kapitel* beginnt die eigentliche Untersuchung: unter der Überschrift »Dichter und Publicum« wird eine Reihe glänzender Betrachtungen vereinigt.
[...]
Der zweite Abschnitt »über den Wert der Poesie« handelt zunächst von dem litterarischen Verkehr: die Poesie ist eine Art Ware, ihr Wert regelt sich nach Angebot und Nachfrage. Sch. entwirft eine Theorie des litterarischen Verkehrs und eine Lehre vom litterarischen Erfolg. Über demokratische und aristokratische Verfassung des litterarischen Reichs fallen anregende Bemerkungen, die eine geistvolle Betrachtung im Anhang (S. 293)[1] ergänzt: Zeitalter der Mäcene und

---

[1] [Hier und in den folgenden Texten erscheinen häufig Verweise auf die 1. Auflage der ›Poetik‹. Um Lesern, die auf die Originalausgabe zurückgreifen, dies zu ermöglichen, bleiben die Originalseitenangaben erhalten. In einer jeweils zusätzlichen Fußnote wird die korrespondierende Seitenzahl in der hier vorliegenden, neu gesetzten Ausgabe ergänzt. Dabei wird das Kürzel NA für Neuausgabe verwendet. – NA S. 196]

Zeitalter der großen Städte als litterarischer Centren. – Dann geht Sch. zur Betrachtung des idealen Werts der Poesie über. Hier kommen die großen Probleme der Ethik zur Sprache, und zwar in einer Weise, die gewis Widerspruch hervorrufen wird. Sch. definiert, treu seinem evolutionistischen Standpunkt, die Sittlichkeit als »die Summe der Forderungen, welche die Gesammtheit an den Einzelnen stellt, die Schranken, mit denen die Gesellschaft ihr Mitglied umgibt«. Ein bestimmter Dichter – es ist Paul Heyse – wird danach consequenterweise scharf getadelt, weil er die allgemeine Moral mit der höheren Sittlichkeit bekämpfe, weil er für das »Sichausleben der Natur« d. h. für die Gelüste Propaganda mache und auch die Wahrheit des Lebens verletze, indem er nicht zeige, wie die Gesellschaft sich rächt. Wie aber bewährt sich Schs. Standpunkt dem Tragischen gegenüber? Der tragische Held geht unter, die gesellschaftliche Ordnung triumphiert, auf wessen Seite aber ist die Moral? Und wie will Schs. Definition der Sittlichkeit mit Ibsens Tragödien fertig werden? Übrigens schließt Sch. seine Betrachtungen offenbar selbst unbefriedigt: »es ist unmöglich, das Verhältnis von Poesie und Moral endgiltig theoretisch zu bestimmen« (S. 146)[2].

[...]

Dem Werk wird es nicht an lebhaften Anfechtungen fehlen, gerade weil es, schon seinem Ursprunge nach nirgends abschließend, doch überall energisch und kühn neue Gedanken vorträgt und bis in die letzten Consequenzen verfolgt. Aber es wird auch von ihm eine weckende Kraft ausgehen, die sich segensreich erweisen, der sich kein Einsichtiger, welchen Standpunkt er auch einnehme, wird entziehen können. Wo man sich dem Buche nähert, stets blickt man in die Schatzkammern eines Mannes von wahrhaft königlichem Reichtum, der die Kleinodien seines Geistes mühelos und mit leichter Hand ausstreut, der nie arm werden kann, weil er unaufhörlich selbst arbeitet an der Vermehrung und Veredlung seines Besitzes.

---

[2] [NA S. 100]

12 Moriz Carrière
[1888]
V: M. C.: Neue Poetiken. In: Die Gegenwart. 33. 1888. 340–342.
[hier: 341/342.]

[...]
Groß angelegt und reich an Entdeckungen nennen seine Freunde das Werk, und es zeigt sich auch hier wieder, daß von allen Männern der Wissenschaft in neuerer Zeit es keiner so gut verstanden hat wie er, seine Erzeugnisse ausposaunen zu lassen, ich will nicht sagen, daß er das absichtlich hervorgerufen, aber seine Anhänger haben sich eifrig gezeigt, mit den gewaltigsten Preisreden seine Schriften zu begleiten.

[...]
Auch mir war und ist Scherer ein geistvoller, kenntnißreicher, darstellungsgewandter und anregender Mann, und er bleibt es auch im vorliegenden Buche; aber ich glaube, er würde vor der Herausgabe es weiter durchgebildet haben; denn jetzt vermissen wir eine Darlegung der unterscheidenden Stilprincipien in der Lyrik, dem Epos, dem Drama, eine Lehre vom eigenthümlichen Bau dieser Dichtarten, ja eine Darlegung der poetischen Darstellungsmittel, der Bildlichkeit der Rede und des Verses, wie ich solche als das plastische und musikalische Element der Poesie aus ihrem Begriffe schon vor 40 Jahren entwickelt habe, wie das auch Vischer und Gottschall ähnlich ausführten.

[...]
Die wahre Poesie zu finden sei eine unlösbare Aufgabe; die Poetik soll die dichterische Hervorbringung, die wirkliche und die mögliche vollständig beschreiben in ihrem Hergang, in ihren Ergebnissen, in ihren Wirkungen. Aber ist das nicht Literaturgeschichte, abgesehen im Ergehen von Möglichkeiten, und woraus sollen diese erschlossen werden als aus dem Wesen der Poesie? Durch die philosophische Richtung sei die Ästhetik stark außer Contact gekommen mit der Literaturgeschichte; aber hat sich nicht thatsächlich seit Lessing, Winckelmann und namentlich bei Hegel die Theorie durchaus an der Hand der Geschichte entwickelt, und sind nicht Vischer und ich auf dieser Bahn weiter gegangen? Haben wir wirklich von Goethe oder Shakespeare statt lebendiger Charakteristiken nichts zu sagen gewußt als »schwungvoll« und so weiter? Ist wirklich in der vergleichenden Darstellung des griechischen, indischen und germanischen Epos, der antiken und der modernen Tragödie kein individuelles

Bild entworfen? »Die philologische Poetik soll der früheren Betrachtungsweise gegenüberstehen, wie die historische und vergleichende Grammatik seit Jakob Grimm der gesetzgebenden Grammatik vor ihm gegenübersteht.« Aber sucht die historische und vergleichende Grammatik nicht auch nach Gesetzen der Sprachbildung und Entwickelung? In den Naturwissenschaften handelt es sich um das was ist, in der Philosophie aber handelt es sich auch noch um das was sein soll. Ist denn das eine Ethik, die nur erzählt wie gehandelt worden ist und bei den verschiedenen Völkern gehandelt wird, oder sagt sie vielmehr aus der Vernunft und dem Gewissen heraus wie gehandelt werden soll? Gibt es denn kein Gebot der Pflicht, keinen Unterschied von Gut und Bös, von Vollkommen und Unvollkommen? Sollen wir in der Ästhetik den Unterschied von Schön und Häßlich aufgeben und nur berichten was alles gemalt, gemeiselt, componirt und gedichtet wird, ohne eine Werthunterscheidung eintreten zu lassen, ohne aus der Fülle des Mannigfaltigen das allgemein Gültige, Vernunft- und Naturgemäße herauszufinden? Wie ein Sittengesetz, so gibt es auch ein Kunstgesetz; beide immer klarer zu erkennen, nach ihnen das Thatsächliche der Erfahrung zu bemessen, nach ihnen dann auch zu thun und zu bilden, zu dichten und zu trachten ist unsere Aufgabe. Die Kunst wie die Philosophie stellen das Seiende, aber auch das Seinsollende dar. Statt dessen bietet uns Scherer viel flaches Geplauder.

[...]

Neu und erfreulich ist die Untersuchung über den Ursprung der Poesie. Nachahmungstrieb und angeborener Sinn für Tact und Harmonie hat schon Aristoteles in der Menschennatur gefunden. Die Verbindung von Tanz und Gesang ist der Ausdruck der Lebenslust, wie der religiösen Feier; Tact und Rhythmus entwickelt sich namentlich wo mehrere zusammen tanzen und singen. Das Tanzen ist aus dem Springen hervorgegangen, und zu diesem, wie zum Singen treibt die Menschen die erregte Gemüthsbewegung, das gesteigerte Lebensgefühl; das Wort des Liedes kommt erklärend zum Stimmungsausdruck hinzu. Mit Rücksicht auf ein Publikum soll dessen Gefühl ähnlich erregt werden; das Publikum will vergnügt und unterhalten sein, und seine Forderung wirkt bestimmend auf den ausübenden Künstler. So tritt die Poesie unter die Vergnügungen und Ergötzlichkeiten der Menschheit; aber auch der religiöse Cultus zieht sie in seinen Kreis, und da will man durch sie von den alltäglichen Sorgen erlöst, über das Irdische erhaben in höherer Region frei aufathmen. Scherer selbst zieht die Summe seiner Erörterungen: »Poesie entspringt aus den primitiven Äußerungen der Freude, Singen, Springen, Lachen; sie fließt aus angenehmer Stimmung und will solche erregen; das stärkste angenehme Gefühl des Naturmenschen ist das erotische; vermuthlich waren es daher erotische Erregungen, die den Menschen zur ältesten Poesie führten.«

Daß das Erfreuliche, Große Gegenstand der Poesie geworden, erscheint naheliegend; aber wie kommt's, daß sie auch Unangenehmes darstellt, daß das Unangenehme in ihr angenehm wird, der Schmerz Vergnügen macht? Ohne rechte Ordnung bringt Scherer Mannigfaches hervor. Thränen entlasten, im Aussprechen des Schmerzlichen liegt ein Trost, und das kunstreiche Aussprechen concentrirt die Seele auf eine Thätigkeit, welche selbst schon eine Stimmungsänderung mit sich bringt. Der Klagegesang um den Todten erneut ja auch die angenehme Vorstellung was er uns war, und im Schlachtgesang erfreut neben dem Weh der Wunden die Siegeslust. Auch kann der Dichter das Böse, Leidvolle schildern, um Abscheu zu erregen und zum Kampf dagegen aufzufordern. Es kommt das Contrastgefühl hinzu, und das Häßliche kann auch dargestellt werden um Lachen zu erwecken. Ebenso kann die Freude an der Richtigkeit und Vortrefflichkeit der Darstellung uns mit dem widerwärtigsten Gegenstand versöhnen. Das Neue befriedigt unsere Wißbegierde, und auch das Schauerliche hat als Gemüthserschütterung seinen Reiz gegenüber dem Gewöhnlichen. Der Kampf, die Anstrengung, die Verwickelung ergötzen uns um so mehr, wenn endlich die Spannung sich löst, die Erwartung befriedigt wird. Hieran schließt sich, was Schiller über die Freude am Tragischen gesagt und nach ihm die Ästhetik weiter entwickelt hat, die ja viel Ähnliches wie Scherer bei anderem Anlaß auch gesagt hat. Er bleibt dabei: Die Poesie entspringt aus der Heiterkeit und will Vergnügen bereiten; aber sie wirkt auch auf den Willen, sie ist auch eine Trösterin der Menschheit. So ist sie von Wichtigkeit für das Leben, sie bietet Ergötzlichkeit, Belehrung, Erbauung und Veredelung und gewinnt auch einen Tauschwerth; der Spielmann empfängt Geschenke, der Dichter Honorare, und da verbreitet sich Scherer über den Erfolg der Bücher, über Verleger, Sortimenter und Recensenten.
[...]

13 A. Döring
[1888]
V: A. D.: Neue Schriften zur Poetik und zur Lehre vom Schönen überhaupt. In: Preussische Jahrbücher. 62. 1888. 339–367. [hier: 360/361.]

[...]
Freilich ist auch eine so excessiv descriptive Poetik, wie sie hier geplant wird, im Grunde nur Litteraturgeschichte in etwas anderer Anordnung, etwa nach Gattungen. Eine wirkliche Poetik wird der Kategorieen gut und schlecht, d. h. dem Wesen und Zweck entsprechend, ebensowenig entbehren können wie der grundlegenden Bestimmungen über Wesen und Zweck selbst; sonst ist sie selbst wesen-, zweck- und haltlos und sinkt in die Litteraturgeschichte zurück.
[...]

14 S. Saenger
[1888]
V: S. S.: [Rezension:] Wilhelm Scherer Poetik. In: Archiv für das Studium der neueren Sprachen. 81. Bd. 42. Jg. 1888. 449–453. [hier: 452/453.]

[...]
Die Frage, ob sich über das Verhältnis der Poesie zur Sittlichkeit feste Regeln aufstellen lassen, hält Scherer für unlösbar (p. 138)[1]. Aber doch wohl nur dem Scheine nach, denn seine Erörterungen hierüber, die wir in folgendem skizzieren wollen, lassen eine ziemlich sichere Konstruktion seiner wahren Meinung zu. Es ist einerseits festzuhalten, daß die Poesie eine große sittliche Bildnerin, ein Haupterziehungsmittel der Völker ist, daß sie unendlich viele Vorbilder des Guten, Großen und Edlen aufgestellt hat, andererseits aber die Theorie der Dichter selbst, die wie Goethe gar nicht, wie Zola indirekt sittlich wirken wollen, für den sittlichen Gehalt und die sittliche Wirkung ihrer Werke nicht maßgebend ist. Denn wie wirkt Goethe? Doch gewiß sittlich erhebend. Wodurch wirkt er so? Dadurch, daß er den lasterhaften Gestalten ideale Gestalten kontrastierend gegenüberstellt; daß in diesem Kontrast eine Kritik liegt; daß er durch sein wahrheitsgetreues Verfahren selbst in kleinem Rahmen eine gewisse Totalität anstrebt. Hier also ergiebt die *histo-*

---
[1] [NA S. 95]

rische Betrachtungsweise ein ästhetisches Gesetz: auch im kleinen Totalität zu erstreben, einseitige Darstellung zu meiden, die *immer* falsch ist, da sie, wie bei Zola, die Vorstellung von dieser »schlechtesten« der moralischen Welten, die möglich, nur durch Übergehung des vielen Lichtvollen, das *thatsächlich* in ihr vorhanden, so der Thatsachen der Aufopferung, der Sympathie u. s. f., zu stande bringt. Die Lehre vom Erfolg aber zeigt, daß der Dichter unbedingt mit der durchschnittlichen Lebensanschauung des Publikums rechnen muß, um seines Beifalls sicher zu sein. Will er die sittlichen Schranken, die die Gesellschaft dem Streben des Einzelnen setzt, durchbrechen, verletzt er die sittlichen Instinkte der Menge, so darf er des Mißerfolgs sicher sein. Da haben wir also einen ästhetischen und einen sittlichen Maßstab, von denen aus wir die Poesie beurteilen, eine indirekte und eine direkte Antwort auf die Frage nach dem Verhältnis von Poesie und Sittlichkeit.

In dem Kapitel über den Tauschwert der Poesie und den litterarischen Verkehr bejaht Scherer die Frage, ob es für den Dramatiker heilsam sei, auf ein bestimmtes Theater Rücksicht zu nehmen und so den Schauspielern dieser Bühne die Rollen gleichsam auf den Leib zu schreiben. Eine gefährliche Behauptung, der gegenüber viele, wohl in richtiger Erwägung der Art, wie dichterische Produktion zu stande kommt, abweichender Meinung sein werden. Sie beruht auf unmittelbarer, durch keine Zwischenglieder vermittelter Beobachtung des darzustellenden Gegenstandes, auf unmittelbarem Kontakt mit ihm: eine Erkenntnis, die schon längst treffenden Ausdruck – einen besonders treffenden beim englischen Ästhetiker Warton – gefunden hat und wohl der ganzen modernen litterarischen Produktion zu Grunde liegt. Bei dem empfohlenen Verfahren ist die Gefahr schwerlich zu vermeiden, daß der Dramatiker auf den Griff ins »volle Menschenleben« verzichte, vielmehr aus der Erinnerung an Dargestelltes und Darsteller Neues schaffen und, was er gleichsam aus zweiter Hand übernommen und durch die Brille anderer geschaut, neu formen will. Daß auf solche Weise jemals ein echtes Kunstwerk geschaffen worden, kann auch Scherers Meinung nicht gewesen sein. Die allerdings wünschenswerte »Garantie des nötigen Erfolges« entspringt am sichersten aus dem naturgemäßen Verfahren, wenn es von berufenen Händen geübt wird. Mit Vorteil können nur die Einrichtung des Scenariums sowie die Wahl des Stoffes durch jene Rücksicht beeinflußt werden, besonders die Wahl des Stoffes, die, wenn er einem bereits behandelten und bühnenwirksamen ähnlich ist, allerdings für den Erfolg des zukünftigen Werkes mehr bürgt, als wenn sie ohne jede Anlehnung an schon Dargestelltes, an schon Dagewesenes getroffen wird.

[...]

15 Anonym
[1888]

V: Anonym: Poetische Theorien und Theorie des Poesie. In: Die Grenzboten. Zs. f. Politik, Literatur und Kunst. 47. 1888. 576–585.

Zu unsern kürzlich gemachten Bemerkungen über die Verhältnisse der poetischen Theorie in unsrer unpoetischen Zeit können wir schon heute die Ergänzung fügen. Was wir damals im Gegensatz zu einer spiritualistisch-allegorisirenden Richtung als »exakte Poetik« bezeichneten, liegt vor uns in den (von Zeitungen sonst nicht gerade exakter Natur schon lange signalisirten) Vorlesungen über *Poetik* des verstorbenen Litterarhistoriker *Wilhelm Scherer*.[1] Inwieweit wir in dieser Veröffentlichung eine litterarische Kundgebung dieses Gelehrten selbst zu sehen haben, bleibt allerdings fraglich. Vor der Hand nur für den akademischen Gebrauch, d. h. für Studenten des philologischen (speziell germanistischen) Faches bestimmt und nur einmal gehalten, machen sie mehr den Eindruck eines ersten Überblickes, einer Selbstorientirung über das Feld, als eines abgeschlossenen Werkes. Gleichwohl macht die für den Verfasser charakteristische Grundtendenz und eine Reihe von Beziehungen zu dem wissenschaftlichen und litterarischen Getriebe das Buch interessant, und so möge es uns als erwünschter Ausgangspunkt dienen für diejenigen kritischen Ausführungen, die in unserm ersten Aufsatze nur angedeutet werden konnten.

So gewichtig und umfangreich unser damaliger Verfasser sich darstellte, so leichten Gepäcks treten uns die dritthalbhundert Seiten des vorliegenden Buches entgegen. Der den Fachgenossen bekannten Neigung Scherers zu Absätzen im Druck hat der sorgsame Schüler, dem die Herausgabe übertragen war, auch hier zu ihrem Rechte verholfen. Ein Anhang, der den philologischen Apparat des Herausgebers in großer Vollständigkeit beibringt, verstattet aufschlußreiche Einblicke in die Arbeitsweise, die dieser aphoristischen Schreibart zu Grunde lag. Verlor sich Baumgart in endlose Spekulation, philolo-

---

[1] *Poetik* von *Wilhelm Scherer*. Berlin, Weidmann, 1888.

gische Polemik und philosophische Systematik, so ist Scherer überverständlich und enthält sich äußerlich mit Beflissenheit der einen wie der andern. Gleichwohl ist beiden jener Zug gemeinsam, der sie ihrem eigentlichen Publikum entfremdet und die von ihnen beabsichtigte Wirkung stört; wir können nicht umhin, ihn wiederum mit dem freilich wenig empfehlenden Beiwort »scholastisch« zu bezeichnen.

Auch Scherer tritt nicht unbefangen an seine Aufgabe heran. Auch ihm ist sie nur eine wirkungsvolle Handhabe zur Verbreitung individueller Anschauungen, zur Durchsetzung seiner wissenschaftlichen Persönlichkeit. Auch er zeigt jenen Hang zur Dogmatik, der in geistig überlegenen Zeiten zeitweilig siegreich bekämpft, ja, wie in der uns vorausliegenden, völlig unterdrückt, doch den Grundzug des Durchschnitts der Geistesgeschichte bildet, in Zeiten geistiger Zerfahrenheit und Ratlosigkeit zu unbedingter Herrschaft gelangt. Es gehört dann immer eine besondere Kraft dazu, sich von ihm frei zu erhalten. Scherers Bildungszeit fällt in eine Periode, in der dies ganz unmöglich schien. Damals hatte eben die Naturwissenschaft sich von glänzenden empirischen Triumphen zur Höhe des Dogmas erhoben, auf der sie noch geraume Zeit theoretisch und praktisch Niederlagen ernten wird. Worin das Bestechende der materialistischen Dogmen vor den sonst genau übereinstimmenden Dogmen der innern Erfahrung besteht, liegt zu Tage. Sie stiften daher gewöhnlich praktisch den Schaden, den jene theoretisch anrichten. Sogar auf unserm anscheinend von Natur neutralem Gebiete zeigt sich dies in handgreiflicher Weise. Kaum auf irgend eines kann das materialistische Dogma von der transzendentalen Bedeutung äußerer Erfahrung eingeschränktere Anwendung finden, als auf das der Poetik, keines ist so sehr auf innere Erfahrung angewiesen, als die Wissenschaft vom Wesen und der Kunst des Dichters. Theoretisch rückt sich daher eine solche Lehre hier von selbst zurecht, aber sie hat ihre Tücken im Praktischen, wenn das wissenschaftliche Zeitalter, das sie geboren hat, zugleich so unkünstlerisch ist, so entschieden kunstfeindliche Ziele verfolgt wie das unsre.

Eine Wissenschaft, die bereits eine so alte, wechselvolle und bedeutende Geschichte hat wie die Poetik, wird auf systematische Prüfung der jeweilig um ihre Anerkennung ringenden Ansichten schon weit weniger bedacht zu sein brauchen, als auf ihre sichere Bestimmung und passende Einreihung. Es giebt in ihrem weitesten Umkreise kaum einen Punkt, der nicht bereits allgemein ins Auge gefaßt, von verschiedenartigsten, darunter hochbedeutenden Geistern bestimmt, auf Wichtigkeit und Machtbereich untersucht worden wäre. Die Prinzipien, die sich daraus ergeben, sind nun für den Historiker mit Händen zu greifen. Dies wäre das wahrhaft »induktive« Verfahren in dieser Wissenschaft. Aber sei es, daß der frühverstorbene Gelehrte seine bedeutende Arbeitskraft nicht mehr an diesem Stoffe entfalten konnte, sei es, daß er es absichtlich zu Gunsten einer äußerlich verlockenden urwüchsigen Behandlungsweise zurücktreten ließ, genug, was vor uns liegt, macht den Eindruck einer ersten mühseligen Umsteckung eines neuen wissenschaftlichen Bezirks. Und fragt man sich, was einen umsichtigen und auf Ersparung überflüssiger Arbeitskraft stets aufmerksamen Geist zu einem so undankbaren Versuche verleitet hat, so finden wir schließlich nichts als wieder das Trugbild eines in seinem Kerne ungeschichtlichen Prinzips, das seine wissenschaftlichen Eroberungen vom Heute oder bestenfalles vom Gestern ansetzt und mit dem Morgen für ewige Zeiten abzuschließen gedenkt. Freilich, es nimmt sich ja recht stolz und verheißungsvoll aus, unter der Flagge des Darwinischen Entwicklungsdogmas eine Entdeckungsfahrt sogar in das alte romantische Land zu unternehmen. Allein für den schnurgeraden Schienenweg des neunzehnten Jahrhunderts dürfte es sich doch zu steil und zu unwegsam erweisen. Die Eisenbahn wird auf dem Gebiete des Hippogryphen immer eine undankbare Rolle spielen, und selbst ein einfacher Fußgänger wird immer noch mehr aus ihm zurückbringen, als ihr in den Wagen gebannter, um die Vorberge weitschweifig herumgeführter Reisender.

Viel mehr als die Vorberge des poetischen Landes aber vermag Scherer bei seinem Prinzip wirklich nicht zu zeigen. Es ist ein wahres Glück, daß der Philolog und Historiker in ihm sich oft genug gegen den Darwinisten, den naturwissenschaftlichen Entdecker auflehnt, sonst würden uns selbst diejenigen feinen Ausblicke in die poetischen Hochregionen entgangen sein, die jetzt eben die geschilderte Anlage des Buches bedauern lassen. Schon ein Blick auf das Inhaltsverzeichnis kann dies deutlich machen. Der weitaus größte Teil des Buches zeigt sich da eingenommen von dem einzigen Kapitel »Dichter und Publikum«, ein genauerer Einblick belehrt bald, daß es sich hier absichtlich nicht um eindringende, umfassende Analysen der poetischen Schöpferkraft und Aufnahmefähigkeit handeln soll – denn das wäre ja »philosophisch« –, sondern im wesentlichen um die ökonomische Wechselwirkung der beiden »Faktoren« des litterarischen »Marktes.« Das klingt nun sehr originell und wieder sehr verheißungsvoll. Naive Tageblätter versprechen sich Wunderdinge von der Anwendung dieser »neuen« Methode auf die alte schöne Kunst. Nun, die »Methode« mag ja neu und originell sein, obwohl die Feuilletons jener Tageblätter nach dieser Richtung schon stark vorgearbeitet haben, wenn es nur auch ihre Ergebnisse wären. Allein ich weiß nicht, ob das Breittreten der Honorarfrage auf der einen Seite, die Untersuchungen über Arbeitsgewohnheiten der Dichter auf der andern diese Bezeichnung verdienen. Die Geldfrage hat jene Fülle geschäftiger Geister, die sich zu allen Zeiten, namentlich aber in den eigentlichen »litterarischen,« in den Vorhöfen der Poesie herumtreiben, stets eifrig beschäftigt; nicht weniger Anekdoten über Sonderbarkeiten, Gewohnheiten, Launen der Dichter, ihr Verhältnis zur Wirkung ihrer Werke, ihr persönliches Verhältnis zu einander. Namentlich die Litteratur der Franzosen ist darin von jeher, besonders in den neuern Zeiten, stark gewesen, wo die Herausbildung der Hauptstadt zur alleinigen Litteraturstadt die litterarische »Töpfchenguckerei« begünstigte und jene Sorte poetischer Figaros großzog, die auch bei uns noch immer das litterarische Ideal gewisser Kreise bilden. Man hat sogar früh, namentlich in England, schon versucht, aus solchen Dingen höhere Schlüsse zu ziehen, aber die große Entfaltung der Kunstwissenschaft im vorigen Jahrhundert lehrte lächelnd davon absehen, indem sie zur Bewältigung der eigentlichen innern Aufgabe aufforderte. Ich kann mir nicht helfen, die Ergebnisse dieser Methode sind gering und wirken höchstens verstimmend. Was können wir daraufhin andres in tausend Büchern lesen, als daß die Künstler sich immer gequält haben, daß die Kunst immer nach Brot gegangen ist, daß hie und da ein Glücklicher gewesen und merkwürdigerweise gerade gewöhnlich in armem Lande, in karger Zeit! Fruchtbarer wäre eine Erörterung der Beziehungen zur Bevölkerungsstatistik. Aber es sind wahrhaftig ärmliche »Gesetze,« die sich daraus ergeben, wenn man etwa die Kornpreise zu Litteratur und Kunst in Verhältnis setzt; und wenn die Geisteswissenschaft auf nichts weiter als solche »Ziele« angewiesen wäre, wie sie Buckle in seinem »Luxusgesetz« aufstellt, so stünde es traurig um die Beschäftigung mit ihr. Was in der Geistesgeschichte gerade Gegenstand der Betrachtung ist, die Summe und der Umfang der geistigen Kraft, die ihr Gesetze giebt, das ist glücklicherweise unabhängig von Kornpreisen und Luxus und wird es hoffentlich im Interesse ihres kräftigen Fortganges bleiben. Ich möchte eher behaupten, daß sich von jeher ein offenbarer Gegensatz, ein kräftiger Widerstreit nachweisen lasse zwischen den Erscheinungen der Geistesgeschichte und den materiellen Verhältnissen, unter denen sie entstehen, gerade in dieser Hinsicht, in der Hinsicht ihres Eingreifens in den materiellen Lauf der Dinge. Diese Betrachtung ist von jeher bedeutsam gewesen, macht die Biographie zu einem so gewaltigen Hebel im höhern Leben der Menschheit. So erzwingt sich schließlich das Talent in allen Fächern seinen Mäcen (wenn das auch ein – leider – weiter Begriff ist), aber der eigentliche Mäcen der Talente sind sie selbst. Das ist heute so wie früher, und ich begreife nicht, wie ein auf Überlegenheit gerichteter Kopf vom Schlage Scherers mit dem Ansehen eines so einseitigen und unwissenschaftlichen Betrachters wie Zola zwischen unsrer »demokratischen« Zeit und der ganzen Vergangenheit (wegen des vorgeblichen Unterschiedes des glücklichen Ersatzes der Mäcene durch das »Volk«) einen großen Strich machen kann. Wenn es auf das Volk ankäme in der Förderung oder gar Schaffung geistiger Größen, so wären wir weit mit unsrer geistigen Bildung überhaupt; wenn wirklich der Künstler auf sein Publikum zielte bei seiner Schöpfung und nicht bildete, weil der »Gott im Busen« es ihm so und nicht anders vorschreibt, wenn wirklich ein Schaffen ohne Rücksicht auf Erfolg nicht denkbar oder ein ganz besonders zu erwägender Fall wäre, nun, dann würde Scherer kaum in die Verlegenheit gekommen sein, eine Poetik zu schreiben, und es gäbe keinen langweiligeren Praß als den jetzigen Ruhm der Menschheit, ihre Kunstgeschichte. Nicht »das Publikum von Athen, Florenz, Paris ist Bedingung für die betreffende Litteratur« (S. 187)[2], sondern sehr einfach die Sophokles, Tasso, Corneille. Und daß »ohne die spezifisch Weimarische Gesellschaft Goethe nicht hätte werden können, was er geworden ist,« das muß doch – besonders bei der genauen Kenntnis, die uns von dieser Gesellschaft möglich ist – entschieden in den Satz umgekehrt werden: »Ohne Goethe hätte die Weimarer Gesellschaft nicht werden können, was sie geworden ist.« Sie sind so mißlich, diese Sätze aus Prinzipien, die außerhalb der Sache liegen. Und bei der Unangemessenheit des vorliegenden zu dem darauf gegründeten Gegenstande fehlt ihnen auch noch das Blendende, das sonst in ähnlichen Fällen über ihre Unhaltbarkeit hinwegsehen läßt. Bestenfalls sind sie selbstverständlich, wie all die Ausführungen über unterbrochene Arbeit, geteilte Arbeit (bei der übrigens die Heranziehung der mittelalterlichen Litteratur etwas Schiefes hat), Sortimenter, Ver-

---

[2] [NA S. 125]

leger, ja sogar Buchbinder, Kabalen der Kritik, Feuilleton u. dergl. Man muß sich hierbei allerdings erinnern, daß es Studenten sind, an die sich der Vortrag wendet. Im »Publikum« selbst ist eine Aufklärung über diese Verhältnisse in unsrer Zeit – leider – nicht nötig. Ihre gewichtige Behandlung von wissenschaftlicher Seite ruft uns nur die bedenklichen praktischen Folgen solcher Bemühungen zurück, von der wir im Eingange zu reden hatten.

Dieser geflissentlichen Herabdrückung des künstlerischen Charakters der Poesie, diesem seltsamen Festsitzen auf äußerlich entlehnten nationalökonomischen Begriffen, wie »Tauschwert«, »Angebot und Nachfrage« u. dergl., entspricht natürlich die Entscheidung der verschiednen, das Thema einschließenden Grundfragen. Daß die Frage nach dem Ursprunge der Poesie evolutionistisch entschieden wird, gehört selbstverständlich zum Programm des Buches. Ein obscöner Festgebrauch der Australneger dient bei Scherer als Ausgangspunkt zur Versinnlichung der Urpoesie. Das Beispiel scheint nicht glücklich gewählt, weil der Vorgang, selbst im evolutionistischen Sinne, durchaus keine Keimkraft aufweist. Der bloße Schrei bei der Vorstellung des Geschlechtsgenusses hat so wenig Beziehung zur Poesie als der bloße tierische Schrei zur Sprache. Scherer macht hier bei der sprachlichen Kunst sich eine Theorie zu eigen, der er als Sprachforscher sorgfältig aus dem Wege gegangen ist. Es kommt bei der Erörterung dieser Frage, die ich im Rahmen einer Poetik nicht für sehr fruchtbringend halte (da man hier erst seit der Berücksichtigung der uns wirklich bekannten Uranfänge weiter gekommen ist), zunächst darauf an, was man unter Poesie versteht. Und die Erklärung hierüber vermeidet er, wie Definitionen überhaupt (siehe Vorwort), absichtlich. Formell könnte man sie dem Poetiker ja wohl erlassen, wenn er durch eine umso sprechendere Darstellung, eine umso tiefer eindringende Analyse der zu Grunde liegenden innern Vorgänge ersetzte. Aber diese vermißt man eben durchaus. Ich weiß nicht, ob das bloße Wort Stimmung in dieser Poetik auch nur einmal vorkommt. Und man kann im Gegensatz zu den von Scherer so einseitig bevorzugten Äußerlichkeiten nicht gerade behaupten, daß das betreffende weite und bedeutende Feld auch nur entfernt in Angriff genommen, geschweige denn würdig erledigt wäre. Hier könnte eine umfassende Induktion mit großem Erfolge einsetzen, seelische und geistige Bedingungen ergründen, ihr Verhältnis zur Produktion und zur materiellen Umgebung verfolgen, die Abstufungen vergleichen, ordnen u. s. w. Man kann hier wechselseitig den Dichter durch sein

Werk, dessen Farben und Töne und wieder das Werk durch den Dichter beleuchten. Hier sprudelt der innerste Quell für die Lehre von der Durchführung der Motive, die mir unendlich wichtiger scheint als die einseitig bevorzugte Lehre von den Motiven selber, ferner für die Lehre vom Stil und umgekehrt wieder für die positive, nicht feuilletonistisch aus den Fingern gesogene Charakteristik. Statt dessen muß man sich hier mit den stark renommistisch angehauchten Selbstbespiegelungen zweier gerade für die höhere Poetik so wenig fruchtbringenden Geister, wie des Pedanten Alfieri und des Grüblers Otto Ludwig, genügen lassen. Diese werden nach des Verfassers Methode äußerlich hingestellt wie das übrige mit rein anekdotenhaftem Gepräge. Dagegen wird dem Temperament des Dichters in etwas altmodischer Weise Aufmerksamkeit zugewandt. Leider nur zu dem Nachweise, daß die Dichtung eine höchst vergnügliche Sache sei und der Melancholikus darin nichts zu suchen habe. Die Aeschylus, Virgil, Dante, Tasso, Milton dürften mit Aristoteles Einspruch erheben, wenn ihnen an einer nichtigen Sache, wie einer durchweg auf den Spieltrieb sich gründeten Poesie, überhaupt noch etwas gelegen wäre. Wie »Springen und Hüpfen« ihr innerer Antrieb, so ist das »Lachen« der Galerie ihr äußerer Erfolg, und nach diesem Erfolge wird dann thatsächlich bemessen, »wie viel den Menschen ihr Vergnügen wert ist« (S. 118)[3]. Ich meine, wenn dabei ein Dichter noch nicht melancholisch ist, so könnte er es Scherer zum Trotz werden. Und der »ideale Wert,« der seiner Kunst nach dem »Tauschwert« mit der üblichen, in jeder (nicht bloß ökonomischen) Beziehung zugeknöpften Verbeugung zugestanden wird, wird ihm sein vergnügtes Handwerk nicht tröstlicher erscheinen lassen.

Man wird aus diesen, dem erwähnten Prinzip entnommenen Folgerungen bereits ersehen haben, was ihr theoretischer Wert sein kann. Sie bedürfen nur der Umsetzung aus den gelehrten Barren in die Kleinmünze eines litterarischen Händlers, um ein sehr merkwürdiges Ansehen zu bekommen, das weder mit Poesie noch mit Wissenschaft, weder mit Aristoteles noch mit Darwin schließlich etwas zu thun hat. Immerhin aber besitzen sie, das ihnen zu Grunde liegende Dogma vorausgesetzt, innere Logik, sie betreffen Fragen, die äußerlich sehr wohl in dessen Machtbereich fallen, und der Mut der Aussprache soll ihnen nicht bestritten werden. Anders steht es mit den durchaus in das innere Gebiet der Geisteswissenschaft gehörigen Problemen und

---

[3] [NA S. 83]

den sich daran schließenden Forschungsreihen, die schon im Ausgangspunkte ihr Unabhängigkeitsrecht so deutlich wahren, daß ihre Anknüpfung an naturalistische Bedingungen selbst dem gemeinen Sinne von jeher unannehmbar erschien. Um die schwierige Frage des Anteils an tragischen Vorgängen in der Poesie mit der bloßen Neugier am Tötungsakt (genau auf der Stufe des Andranges zur Hinrichtung!) herumkommen zu wollen, bestenfalls (wie zu allen Zeiten die flachsten Rationalisten) mit dem Gefühle der Sicherheit des Hörers gegenüber den poetischen Vorgängen, d. h. doch die Bedeutung eines Problems stark unterschätzen, »an dessen Auflösung [mit Kant zu reden] Jahrtausende vergeblich gearbeitet haben, die daher wohl schwerlich so ganz auf der Oberfläche gefunden werden dürfte.« Zu den Zeiten Lohensteinischer Dramatik und Weisischer Poesieauffassung konnten solche Erklärungen angemessen erscheinen, nach dem Jahrhundert Lessings, Schillers, Kants und Humboldts aber dürfen sie als erledigt gelten, ob sie nun mit oder ohne Prinzip aufgestellt werden. Aber an den Gedankenkreisen dieser Richtung geht Scherer stets ruhig vorbei, kaum daß Schiller einmal auf »naiv und sentimental« hin gestreift wird. Das alles ist ihm Philosophie und Ästhetik, und daß erstere von der Poetik so haarscharf zu sondern, letztere mit ihrer Verwendung des Schlagwortes »schwungvoll« erschöpfend charakterisirt sei, darf billig bezweifelt werden. Scherer befragt doch gelegentlich wenigstens Fechner. Wenn er weiter, nur bis zu Herbart, gegangen wäre, würde er ohne Frage bei seinem scharfen Auge noch andre Ausdrücke als das Wort schwungvoll, darunter gerade für ihn sehr lichtspendende Merkzeichen entdeckt haben. Wenigstens würde er dann wissen, daß der Begriff »Schwelle« in der Ästhetik auf Herbart und nicht erst auf Fechner (S. 198)[4] zurückgeht. Und gar wenn er sich zum »großen Unbekannten,« wir meinen Kant, auch nur einmal aufgeschwungen hätte, so würde er bei einer im Auditorium allerdings darwinistisch schwer zu behandelnden Frage, der Frage des sittlichen Gehaltes der Poesie, nicht ratlos gewesen sein. Scherer macht hier diejenigen Zugeständnisse im Abfall von seinem Prinzip, die unter manchen andern, dem philologischen Geschmack, der Korrektheit und dem historischen Erkenntnisse dargebrachten Zugeständnissen auffällig hervorragen, weil sie eben grundlegend sind. Aber gerade sie dürften die Gegner des Prinzips wenig befriedigen. Scherer wirtschaftet hier stets mit sittlicher Endwirkung, bleibt ge-

---

[4] [NA S. 132]

rade hier am Zweckbegriff hängen. Und so verurteilt er merkwürdigerweise daraufhin einen Dichter unsrer Tage, in dem auch ohne Namensnennung jeder Leser alsbald Paul Heyse erkennen wird (S. 142f.)[5], obwohl gerade sein Verfahren (wie es Scherer auffaßt) dem aus den Verhältnissen des litterarischen Marktes abgezogenen Maßstabe außerordentlich entsprechen müßte. Beides aber, sowohl Verurteilung als Auffassung, erscheint unbegründet. Heyse ist kein Tendenzdichter wie andre neueste Poeten, und wenn er seine freilich sehr uneigentlich zu nennende »höhere Sittlichkeit« als eine ewige Thatsache dem wirklichen Leben wirklich (und nicht bloß, wie andre, vor der Hand) unterliegen läßt, so verbreitet er durchaus keine »Illusionen über das Leben.« Illusionen aber sind gerade das Ziel des, oder besser, der Schererschen Dichter, und ihre Beschränkung durch die »sittlichen Instinkte« ist eben, wie vorausgeschickt, eine philosophische Ratlosigkeit. Ich beneide die Menschen, die sich bei dem Ausdrucke »sittliche Instinkte« etwas denken können. Was sie sich aber beim poetischen Kunstwerke – das ja nach Scherer bei Menschen des Heysischen Kunstniveaus (merkwürdige Unterscheidung!) plötzlich anfängt, als unwahr empfunden zu werden – darunter denken, ist mir völlig unfaßbar. Da kann ich nicht mehr folgen. Hier ist ein Platon in seine Weise faßlicher und zusammenhangsreicher. Aber für Scherer ist es möglich, Platons für die Ewigkeit gefaßten Ausdruck Idee als »Moralgesetz« zu fassen (S. 213)[6]. Man solle das Wort nicht mehr brauchen, rät er. Allerdings in dieser Bedeutung sollte man es überhaupt nicht brauchen, denn sie ist eben falsch und offenbart nur, wie verworren und verschoben sich der eigentliche innere Bezirk der Poesie vom naturalistischen Standpunkte ausnimmt.

Es berührt förmlich wohlthuend, wenn unser Poetiker einmal den künstlichen Bauplan seiner Theorie vergißt und als Geschichts- und Sprachforscher sich praktisch wieder in die lebendigen Aufgaben seiner Wissenschaft zurückfindet. Man muß nur bedauern, daß auch hier die bekannten darwinistischen Wegzeichen leicht genug imstande sind, abseits ins Gestrüpp der Willkür und des Konstruktionszwanges zu führen. So wird z. B. »Rezension« aus dem »Spott- und Lobgedicht« »entwickelt« u. a. (S. 25)[7], wo der Begriff »Entwicklung« sich sofort als gar nicht hergehörig ausweist und die Literaturgeschichte ihm, wie so oft, geradezu widerspricht. Ein litterarhisto-

---

[5] [NA S. 97f.]   [6] [NA S. 142]   [7] [NA S. 24]

rischer Ableger der Entwicklungswut ist ferner der Entlehnungs- und
Abhängigkeitsnachweis. Wir wollen den Philologen einen Auswuchs,
der sich hier findet, nicht vorenthalten. Gottfried von Straßburg
spricht in seinem bekannten kritischen Ausfall gegen Wolfram von
Eschenbach von glôsen, die man für solche dunkle Erzähler stets bei
der Hand haben müsse. Er meint natürlich den gelehrten Kommentar, die Glosse. Aristoteles erörtert vom 21. bis zum 25. Kapitel der
›Poetik‹ die Bedeutung der Dialekte (γλῶσσαι) für die Dichtersprache. Sollte man es für möglich halten, daß nun Scherer bei der
Berührung der Gottfriedschen Stelle (S. 55)[8] fragt: »Sollte dies etwa
aus der aristotelischen Theorie irgendwie abgeleitet sein?« »Überhaupt das Ableiten!« Man könnte diesen kritischen Stoßseufzer von
S. 286[9] dieses Buches, welcher der nunmehr wirklich »glücklichst«
überwundenen, einseitig deduktiven Methode gilt, hier passender
anwenden. Jene Ableiter – man weiß wirklich nicht, wo sie noch
hausen. Statt dessen wird nun nachgerade schon ein Menschenalter
bei uns »evolutionistisch abgeleitet,« und dies mit einer Einseitigkeit,
die dem frühern »philosophischen« gar nichts nachgiebt. In der Litteraturgeschichte, um nur das hier einschlägige Feld zu beleuchten,
führt das zu einem innern Widerspruche, zur Annahme einer feststehenden (und daher mechanisch zu berechnenden) Gestaltung eines
sich von innen heraus fortbildenden Stoffes. Diesen Grundirrtum
hat Scherer von Buckle übernommen, und er hat vordem versucht,
ihn auf die litterarhistorische Periodeneinteilung anzuwenden, ein
Versuch, der außer der Vergleichung mit den frühern astrologischen
Versuchen dieser Richtung wenig Interesse gewährt. Doch er hielt
sich, gezwungen, mit dem festen Gerüst der Chronologie zu rechnen,
in den allgemeinsten Zügen, so bedenklich sich auch schon hier das
Prokrustesbett solch äußerlicher Systematik geltend machte. Ihn aber
auf das überaus feine, bewegliche Geäder der einzelnen geistigen
und noch dazu künstlerischen Individualität auszudehnen, die reichen Mittel der philologischen Hermeneutik und Charakteristik
einem von außen hereingetragenen, starren und leblosen Prinzip zu
opfern, derartige Ansätze müssen jenen innern Widerspruch zu
schroffem, gelegentlich geradezu bedauerlichem Ausdruck bringen.
Bedauerlich ganz besonders deshalb, weil man hier eine frische, rege
Kraft sich mit diesen leeren Phantomen herumschlagen sieht. Denn
daß in den methodischen Bemerkungen, namentlich zur ältern ger-

---

[8] [NA S. 43]   [9] [NA S. 191]

manistischen Forschung in schönen Lichtern auf dem Gebiete der Sprache und ihrer Ausdrucksformen (wir heben die Ausführung über die Formen der Zeitwörter hervor), in scharfen Gliederungen der Bestandteile der Phantasie (die nur erklärlicherweise seltsam formulirt sind, wie die Registrirung der »Botanik,« »Mineralogie« u. s w. in den Mignonliedern u. a.), daß in dem kecken, wagenden Zuge des Ganzen die wissenschaftliche Persönlichkeit Scherers sich nicht verleugnet, darauf haben wir bereits, wenn auch in minder günstigem Zusammenhange, hinzudeuten Gelegenheit gehabt. Wir kommen darauf zurück, daß die zusammenfassende Behandlung eines Gegenstandes wie des vorliegenden, noch dazu im Hinblick auf ein gemischtes oder heranzubildendes Publikum, zunächst nicht der geeignete Rahmen scheint für die Durchführung so hervorragend streitbarer Grundrichtungen. Was hier im einzelnen doch fruchtbare Anregung für das wissenschaftliche Getriebe werden kann, wirkt, zu einem Ganzen geschlossen und eigensinnig herausgearbeitet, verwirrend und störend. Man möge es daher dem Berichte an dieser Stelle zu gute halten, daß der Nachweis dieser Beziehung eines dogmatischen Ganzen zu seinen Einzelheiten genaueres Eingehen auf letztere nötig machte. Es mußte uns daran liegen, die verhängnisvolle Tyrannei der Dogmatik an diesem von Natur kritischen Stoffe in jedem Winkel seines Bereiches zur Anschauung zu bringen. Was hier im Rahmen unsrer Besprechung unerledigt bleiben mußte, wird der Leser leicht bei einer etwaigen privaten Fortsetzung dieses kritischen Ganzen selbst berichtigen. Er darf sich hierbei ruhig von seinem Kopfschütteln, von jenem innern Proteste leiten lassen, der in diesen Wissenschaften nach wie vor die Stelle der Probe, des Experimentes vertreten wird. Das kostbare Unterpfand ihres kräftigen Fortganges zu verscherzen und an Stelle ihrer ewigen Grundlage, der Kritik, die freilich bequeme Vereidigung auf eine herrschende Formel fordern zu wollen, wird am wenigsten die Absicht eines Forschers gewesen sein, der wie Scherer den »Fortschritt der Wissenschaft« so gern auf seine Fahne schrieb. Dem Zeitalter gegenüber, das mehr als je dieser Grundlage bedarf, auch wohl im Interesse der akademischen Jugend, deren Lebensrecht ohne jenes Unterpfand vernichtet wird, ist es Pflicht, diese Tendenz, die einzig unschädliche und stets angebrachte, gegenwärtig kräftig zum Ausdruck zu bringen. Schon am Schlusse des vorigen Aufsatzes haben wir auch für das engere Gebiet, das uns hier beschäftigt hat, ihr thätiges Eingreifen herbeigerufen. Vielleicht gelingt es ihr selbst in unsrer Zeit noch ein rüstiges

Leben aus ihm hervorzulocken und im Verein muntrer Kräfte, die sich aneinander schließen, zwar keine dunklen Kapellen oder prosaischen Warenhäuser, aber dafür jene freien, sonnigen Hallen daselbst aufzurichten, die ihm einzig ziemen.

16 Richard Maria Werner
[1889]

V: R. M. W.: [Rezension:] Wilhelm Scherer. Poetik. In: Anzeiger für Deutsches Alterthum. 15. 1889. 249–285. [hier: 249–285.]

[...]

Nachdem Sch. den ursprung der poesie erforscht hat, springt er ans entgegengesetzte ende, indem er die poesie als nationalöconomischen wert betrachtet und das wechselverhältnis zwischen production und consumtion, product und consum, producenten und consumenten prüft. gewis wird auf die production der erfolg von einfluss sein, freilich nur auf die massenproduction; aber man sieht sogleich, wie Sch. nur auf dem wege der analogie die ältesten zustände zu erhellen sucht; was jetzt gilt, wird mutatis mutandis immer gegolten haben. Sch. betrachtet also das publicum, für welches der dichter sein werk berechnet, und die kritik, die art der litterarischen verbreitung in ihrem einfluss auf das werk, endlich den unterschied von geschriebener und nicht geschriebener litteratur. alles das nennt er tauschwert der poesie. unter den idealen werten oder gebrauchswerten der poesie (ergetzlichkeit, belehrung, erbauung) schenkt er dem verhältnis zur sittlichkeit eingehendere aufmerksamkeit, obwol er das problem für unlösbar hält; er meint, der dichter würke 1) entweder direct oder 2) indirect sittlich veredelnd, oder er würke 3) nicht sittlich veredelnd. dies reicht wider nicht aus. denn wenn wir schon alle möglichkeiten aufzählen, müssen wir weiter gehen und sagen: der dichter würkt 4) entweder direct oder 5) indirect sittlich verderbend, denn wie wollten wir sonst der schmutzlitteratur, welche direct auf die niedersten sinne speculiert, einen platz anweisen, jenen ›galanten‹ abenteuern, die wir unmöglich unter 3) subsumieren könnten. eine Nana will zwar indirect veredelnd würken, sie würkt aber indirect verderbend; man sieht, Sch.s schematisieren ist zu wenig durchgeführt. er geht nun weiter, indem er die zwei factoren producent und consument, dichter und publicum untersucht; auch dabei verwendet er die begriffe der nationalöconomie, greift aber nur einzel-

nes heraus, vor allem die art des producierens, speciell die arbeitsteilung. auch hier führt das schematisieren nicht zum ziel.
[...]
   Ganz neu ist das hereinziehen des publicums in die poetik. deshalb ist aber dieser abschnitt (s. 185–203)[1] skizzenhafter als alle übrigen, über ganz flüchtige einfälle kommt Sch. nicht hinaus und untersucht nicht scharf genug, wie nun das publicum ein factor der dichtkunst wird. wesentlich drei momente führt er an: dauer (dh. ausdehnung), abwechselung, einheit und folge, also rein formales; nur gestreift wird das stoffliche, denn ihm ist ein eigenes capitel (das dritte) gewidmet. hier fällt aber bei Sch. die rücksicht auf das publicum fast ganz weg, leider begnügt er sich abermals mit einer höchst dürftigen andeutung, mit dem wunsche, die tatsachen ›wären‹ zusammenzufassen, die würkungen ›wären‹ zu durchmustern usw. hier gibt er also keine poetik mehr, sondern eine vorschule zu jeder künftigen poetik, prolegomena, welche zum teil (vgl. s. 206ff)[2] nur etwas veränderte aneignungen sind. auch nicht immer richtige: so halte ich das ganze vierte capitel ›innere form‹ für verfehlt. Sch. spricht von objectiver und subjectiver auffassung, jene teilt er in naturalistische, typische (symbolische) und idealistische, diese dagegen in humoristische, satirische, elegische und idyllische, muss aber dann ein subjectiv idealistisches und ein objectiv idyllisches anerkennen. wir könnten auch noch andere kreuzungen angeben. es fiele nach Sch. also zusammen auffassung und darstellung; in jener zeigt sich die individualität des dichters, in dieser ein factor der äußeren form: das drama muss objectiv sein, wahre lyrik ist immer subjectiv, dh. jenes wird objective darstellung, diese subjective auffassung haben. für die innere form bieten Hebbels Tagebücher reichen aufschluss. innere form ist für mich das herausarbeiten des notwendigen aus dem zufälligen des erlebnisses, sie muss erreicht sein, sobald der künstler den stoff zu gestalten beginnt, mit welchem er bis dahin nur spielte. wo sich individuelles und allgemeines schneiden, liegt die innere form; sie beginnt dort, wo das traumhafte endet und das bewuste anhebt; sie ruht im dichter und lässt sich nicht erlernen. Schiller hat für das herausarbeiten der inneren form den ausdruck idealisieren gebraucht. der einzelne mensch ist ein individuum, das aber mit anderen individuen gewisse eigentümlichkeiten der erscheinung teilt, in so ferne er einer bestimmten race angehört: äußere form; aber er

---

[1] [NA S. 124–136]   [2] [NA S. 137ff.]

teilt mit anderen auch gewisse charactereigentümlichkeiten, in so fern er einer bestimmten nation angehört: innere form. fassen wir diesen begriff so, dann begreifen wir, wie Uhland von der inneren form des sonetts sprechen konnte (Anz. XIV 162f); auch an Uhlands ausführungen über mittlere dichter ist zu erinnern (ebenda 160ff).

Noch gedrängter als die übrigen ist das letzte capitel ›äußere form‹, eigentlich nur mehr ein schema, ohne dass der gegenstand erschöpft würde. trotzdem sind darin winke höchst beachtenswerter natur enthalten. einleuchtend ist die scheidung directer und indirecter darstellung, unbedeutend das über fictionen, über willkürliche zeichen gesagte. bei der rede unterscheidet Sch., einmal: monolog, vortrag und dialog; dabei ist der ausdruck vortrag nicht ganz glücklich, es wäre ansprache (bes. der lyrik wegen) besser; meist aber lässt sich mit den begriffen: monolog und dialog ausreichen, wenn man nur den scheindialog mit angedeuteter oder verschwiegener antwort (vgl. Deutsche dichtung III 208) dabei nicht vergisst. dann scheidet Sch. die rede im eigenen namen, in maske, in rolle, woran wir schon gewöhnt sind durch seine LG und durch Waldbergs darstellung der galanten lyrik, strenge genommen ist dies keine ›art der rede‹, sondern auftreten des dichters in der dichtung: 1) persönliches, 2) verhülltes, 3) verstecktes. ebenso wenig haben wir es im dritten falle mit einer art der rede zu tun, ob der redner allgemeine betrachtungen, also zeitlose, anstellt oder von vergangenem, gegenwärtigem, zukünftigem spricht, wünscht, auffordert. doch braucht Sch. diese bezeichnung zur möglichsten vereinfachung seines schemas. am meisten wird der vierte einteilungsgrund auffallend, weil sein unterschied vom zweiten nicht sogleich einleuchtet: ob der dichter von sich oder von anderen redet, oder fingiert, dass ein anderer von sich redet. trotzdem ist der einfall sehr richtig, man braucht nur die probe zu machen und ihn auf die zweite gruppe anzuwenden.

Aber Sch. hat meiner ansicht nach die möglichkeiten wider nicht erschöpft, die rede kann 1) darstellend sein (dramatisch), 2) berichtend (episch) und 3) rechtfertigend (didactisch); es fragt sich ferner, wie wird das vergangene eingeführt, was zb. bei der lyrik so wichtig ist, 1) andeutend, wie unter bekannten gemeinsame erlebnisse, 2) parallelisierend, dem gegenwärtigen wird das ähnliche vergangene beigesellt und 3) erzählend, zb. im situationseingang. doch ich müste die betreffenden partien meiner Physiologie der lyrik ausschreiben; meine andeutungen genügen, um mein urteil zu rechtfertigen. zugleich zeigt sich (vgl. auch oben [= nicht abgedruckter

Teil d. Rezension, G.R.]), dass ich eine andere meinung von der lyrik habe, als Sch. s. 245ff.[3] er sagt geradezu, unzählige liebeslieder seien nichts anderes als kleine erzählungen, von der lyrik auszuscheiden und zur epik zu rechnen. diese gewis unrichtige meinung hat ihren grund in der rein formalen anschauung Sch.s, welcher auf den inhalt keine rücksicht nimmt. er übersieht, dass zwischen epischer einkleidung und epos ein ebenso großer unterschied besteht wie zwischen dramatischer einkleidung und drama; auch dies wirft Sch. s. 250f[4] bunt durch einander und schränkt die lyrik s. 252[5] auf das wunschlied und auf die abspiegelung eines zustandes ein. dies ist vielleicht die schwächste partie der Sch.schen theorie; wir müsten darnach unsere lyriker fast sämmtlich epiker nennen, und wenn man genau zusieht, verschwindet die lyrik eigentlich vollständig. aber Sch. hat in so ferne recht, als es wol eine dramatische, eine epische, aber keine lyrische form gibt, als unsere dreiteilung, wie oben gezeigt, von verschiedenen einteilungsgründen ausgeht. hoffentlich aber wird niemand dem Sch.schen wege folgen und würklich die lyrik aus der poetik eliminieren.

Sehr wichtig und treffend sind wider die bemerkungen über die composition, sie werden eingehend zu berücksichtigen sein. zu dem von Goethe entlehnten schema der motive (s. 255)[6] wird man noch die zurückspringenden und die sich wandelnden herbeiziehen müssen (vgl. Hebbel Tagebücher: 172. 181); jene scheinen nur altes zu bestätigen, also rückwärtsschreitende zu sein und bringen doch etwas ganz neues, sind also vorwärtsschreitende; diese wandeln sich und scheinen nach der tat (im drama zb.) andere als vor derselben. ganz übersehen wurde von Sch. die lehre vom *decken*, wie ich mit einem ausdrucke der musik sagen möchte. sie ist im drama unentbehrlich und meines wissens noch gar nicht behandelt, ich pflege sie in meinen vorlesungen nachdrücklich zu betonen. bei der im drama durchaus nötigen vereinfachung müssen tatsächlich lücken eintreten, welche jedoch der künstler deckt. das einfachste beispiel ist der deus ex machina[7], dann die botenscenen der antike (der hauptmann im ›Wallenstein‹). hier unterbricht eigentlich der epiker das werk des dramatikers. zum teile der monolog zb. im ›Tell‹, wobei der lyriker

---

[3] [NA S. 162ff.]   [4] [NA S. 165f.]
[5] [NA S. 166]   [6] [NA S. 168]
[7] sehr gut ist die begründung desselben im Philoktet durch Baumgart Handbuch s. 510.

für den dramatiker eintritt; die schlachtscenen wie in der ›Jungfrau‹ (vgl. QF 22, 29); das a parte, das sich nicht sehen auf der bühne; mitunter das auf und von der bühne bringen. anders im ›Tell‹ die apfelschusscene, in den Räubern das lesen des briefes durch Karl; vgl. auch den ›Prinzen von Homburg‹. im zweiten teil des ›Faust‹ das scheinbare erfüllen der wette. alles dies sind mittel, um epische darlegung zu vermeiden und unvermittelte sprünge zu verschleiern oder technisch unmögliches möglich zu machen. doch ist das decken selbstverständlich nicht auf das drama beschränkt, in der lyrik ist es unumgänglich nötig, um die streng logische verbindung nicht durch conjunctionen ausdrücken zu müssen, um prosaische übergänge hintanzuhalten usw.

Sch. schließt mit sprache und metrik, besser gesagt, er bricht ab, nicht weil sein gegenstand erschöpft, sondern weil das semester zu ende ist. wir haben eigentlich nur den allgemeinen teil der poetik vor uns, es müste nun der besondere die detailbeobachtungen an den einzelnen dichtungsarten bringen. leider vermochte Sch. diesen teil nicht mehr auszuführen. am besten lässt sich der character seines werkes als programm einer wissenschaftlichen poetik bezeichnen.
[...]

17 Jakob Minor
[1889]
V: J. M.: [Rezension:] Wilhelm Scherer. Poetik. In: Zs. f. d. österr. Gymnasium. 40. 1889. 152–156. [hier: 153 u. 156.]

[...], stellt sich dagegen in zwei anderen Publicationen dar, welche das bisherige System der Ästhetik und Poetik mit gleicher Kühnheit über den Haufen werfen und eine völlig neue Begründung derselben auf empirischer Grundlage versuchen. Die reifere dieser beiden Arbeiten ist ohne Zweifel Diltheys Aufsatz ›Die Einbildungskraft des Dichters, Bausteine für eine Poetik‹, in den E. Zeller gewidmeten »Philosophischen Aufsätzen« (Berlin 1887); die originellere aber ist die oben angezeigte ›Poetik‹ von Scherer: das kühnste Buch, welches Scherer geschrieben, zugleich dasjenige, in welchem allein er sich völlig unbefangen gab und welches daher seine Individualität am besten zum Ausdrucke bringt.

In doppeltem Sinne hat sich hier Scherer von der herrschenden deductiven Ästhetik und Poetik zu emanzipieren versucht und mit beiden Füßen auf den Boden der Erfahrung gestellt. Erstens indem er die physiologischen und psychologischen Ursachen der dichterischen Production zur Grundlage seiner Darstellung machte; und zweitens, indem er historisch-genetisch die Erscheinungsformen der Poesie, wie sie bei den verschiedenen Völkern empirisch hervorgetreten sind, auf ihr Entstehen und ihren Ursprung hin prüfte.

Diesen Weg, nicht gewiesen zu haben, aber als der erste gewandelt zu sein, ist eine literarische That obersten Ranges, und wenn die ›Poetik‹ von Scherer auch aller der geistreichen Details und förderlichen Winke ermangelte, welche er so verschwenderisch in ihr niedergelegt hat, würde sie allein als Bahnbrecherin ein wissenschaftliches Denkmal bleiben, wie ihm die lauterste Pietät kein schöneres hätte setzen können. Und wenn er diesen Weg auch mit der glücklichen Zuversicht eines Nachtwandlers zurückgelegt hätte: ihm bliebe das Verdienst die Möglichkeit desselben bewiesen und als der erste auf ihm das Ziel gesehen zu haben.

[...]

Scherers ›Poetik‹ weist in eine unabsehbare Zukunft, aus welcher ein herrliches Ziel entgegenwinkt. Sie wird zunächst zu Studien, Untersuchungen und Forschungen anregen. Sie wird Psychologen, Physiologen und Literarhistoriker in Bewegung setzen, sie wird das Studium der Poetik neu beleben.

18 Victor Basch
[1889]

V: V. B.: Wilhelm Scherer et la Philologie Allemande. Paris. Nancy 1889. [hier: 92–94.]

[...]

Voilà dans ses grandes lignes la ›*Poétique*‹ de Scherer: il nous reste à formuler notre jugement sur l'œuvre posthume du critique allemand. Tout d'abord la méthode que Scherer propose d'appliquer à la poétique nous paraît parfaitement légitime. Nous admettons que la théorie de la poésie peut se détacher des grands systèmes philosophiques et que la méthode inductive convient aux faits poétiques, comme aux faits naturels. Nous voulons avec lui que l'esthéticien aborde les œuvres sans parti-pris, qu'il ne leur impose pas de criterium absolu, qu'il rende justice à toutes les manifestations du beau, qu'il essaye d'entrer dans le génie de toutes les nations. Pour tout cela Scherer n'a fait que codifier les résultats de son expérience de critique, n'a fait que donner la théorie de la critique historique telle que Herder et A. G. Schlegel en Allemagne, Sainte-Beuve et parfois M. Taine chez nous l'ont pratiquée.

Seulement Scherer ne s'en est pas tenu là. Il n'a pas seulement, après avoir tracé les grandes lignes de la méthode, essayé de l'appliquer, de classer les faits, d'écrire une espèce de répertoire, de dictionnaire des genres poétiques. Il a abordé les questions d'origine et par là nous semble s'être écarté de son plan primitif. En effet, dès qu'on s'occupe des questions d'origine, il est impossible de rester empirique et de ne s'en tenir qu'à l'expérience. On a nécessairement recours à l'hypothèse, à la construction, au système. Scherer, en soutenant que la source de toute poésie est le plaisir et essentiellement le plaisir sensuel, est aussi systématique que Vischer ou que Zimmermann; si l'un est idéaliste, l'autre formaliste, Scherer est sensualiste intransigeant et le voilà, bien malgré lui, parmi ces philosophes en *iste*, auxquels il fait une guerre si acharnée. Il a bien essayé de démontrer sa théorie, mais nous savons depuis Locke ce que valent les témoignages des voyageurs et des missionnaires et, quant aux peuples primitifs, il manque absolument de documents et est obligé d'avoir incessamment recours à des hypothèses que vraisemblablement on ne pourra jamais vérifier.

De plus, il nous paraît que l'éducation scientifique de Scherer ne le rendait pas tout à fait propre à toute l'étendue de la tâche qu'il avait entreprise. Ce philosophe malgré lui manquait un peu de connaissances philosophiques. Il fait dans sa théorie de la production poétique une très large part à l'association, mais il n'était pas au courant des travaux des associationnistes anglais et américains, Bain, Spencer et William James, où il aurait pu trouver une foule d'arguments. Sa théorie de l'imagination est d'une psychologie un peu élémentaire et un peu superficielle et pour toute la partie psychologique de la ›*Poétique*‹, si nous reconnaissons que Scherer est arrivé par une route bien à lui aux solutions qu'il nous propose, nous sommes obligés d'avouer que ces solutions ne sont pas bien nouvelles.

En revanche, la façon dont il pose les questions est on ne peut plus originale. A propos de la division du travail, il nous fait la théorie de l'origine de l'épopée; à propos de la valeur marchande d'une œuvre d'art, il traite la question de la *Natur* et de la *Kunstpoesie*. Jamais encore on n'avait tant entendu parler dans une poétique de facteurs de la production et de lois de l'offre et de la demande. Tout cela est ingénieux et piquant, mais bien artificiel et parfois même un peu puéril. A force de vouloir frapper l'imagina-

tion par des rapprochements inattendus, Scherer arrive à une sorte
de marivaudage scientifique qui dépasse les limites du goût.

Il faut donc faire dans la ›Poétique‹ deux parts très distinctes:
l'une où Scherer fait des théories générales, l'autre où il se contente
de noter les résultats de son expérience de critique; c'est la dernière
qui nous paraît de beaucoup la plus remarquable. Peut-être qu'on
pourrait lui reprocher d'avoir trop exclusivement en vue les œuvres
allemandes et aurait-il dû intituler son travail *Poétique de la Littérature allemande.* Mais en somme partout où il se trouve sur son
terrain de critique, de philologue, de linguiste, les observations fines,
les rapprochements délicats abondent. Il a insisté avec grande raison
sur le profit que la poétique peut retirer d'une étroite union avec la
philologie et la linguistique, il a montré quelles révélations les recher-
ches sur l'origine et la filiation des mots peuvent apporter à la théorie de la poésie: dans toutes ces questions il est tout à fait original
et éminemment suggestif.

En résumé, la ›Poétique‹ de Scherer, tout incomplète, toute frag-
mentaire, tout insuffisante sur certains points qu'elle nous paraisse,
porte bien la marque essentielle de l'esprit de l'auteur. Elle fait pen-
ser, elle soulève des questions nouvelles, elle pose à nouveau des
questions que l'on croyait résolues. L'édifice que Scherer avait rêvé
de construire ne s'élève pas au-dessus du sol, mais celui qui reprendra
l'œuvre et la mènera à bonne fin devra avoir incessamment recours
à la géniale esquisse de son prédécesseur.

[...]

19 Rudolf Lehmann
[1889]

V: R. L.: [Rezension:] Wilhelm Scherer. Poetik. In: Zs. f. d. Gymnasial-Wesen. 43. NF. 23. 1889. 120–125. [hier: 120/121 u.
122–125.]

Niemand wird ohne Rührung und Ehrfurcht das Vermächtnis des
vielbeklagten, zu früh dahingeschiedenen Forschers zur Hand nehmen. Denn als ein Vermächtnis Scherers haben wir das vorliegende
Buch zu betrachten. »Alle folgenden Erörterungen – heißt es S. 69[1] –
können als eine *Methodik* der Forschung über poetische Erscheinung
angesehen werden. Ja, Methodik mehr als vollständige Ausführung.

---
[1] [NA S. 52]

Nur Grundriß, Skizze wollen sie sein – Anleitung zu stilistischen Untersuchungen«.

Auch als Grundriß betrachtet, ist das Buch lückenhaft und fragmentarisch; den Stempel des Unfertigen trägt das Ganze, wie die meisten der einzelnen Abschnitte an sich. Kein Zweifel, daß das Werk ein wesentlich anderes Aussehen gewonnen hätte, wenn es Scherer vergönnt gewesen wäre, es wiederholt durchzuarbeiten und endgültig zu gestalten. Gleichwohl enthält es auch in der vorliegenden Form des Anregenden und Bedeutenden viel.

Zu einer eingehenden Charakteristik des Buches, das nicht für den Unterricht, sondern für die Forschung Gesichtspunkte aufstellen will, ist hier nicht der Ort. Auf einige einzelne Gedankenzüge desselben, welche geeignet sind, auf die deutsche Dichterlektüre im Gymnasialunterricht wenigstens indirekt Einfluß zu üben, werden sich die folgenden kurzen Erörterungen beschränken.

[...]

Eine Anwendung des allgemeinen Grundgedankens nämlich betrifft das viel umstrittene Verhältnis von Poesie und Moral, dessen Erörterung sich der deutsche Lehrer in Prima schwerlich je wird entziehen können. Auch dieser Frage gegenüber hält Scherer den Verzicht auf »legislative« Aussprüche streng aufrecht. »Vom Standpunkte der Poetik – sagt er S. 138[2] – ist es wieder eine unlösbare Frage: *soll* die Poesie sittlich wirken? *soll* sie eine sittliche Bildnerin der Völker sein?« Vgl. S. 146[3]: »Es giebt hier keine allgemeinen Gesetze. Es ist unmöglich, das Verhältnis von Poesie und Moral endgiltig theoretisch zu bestimmen«. Man kann sich diese Resignation gefallen lassen, soweit sie als ein rein methodologischer Hinweis auftritt. Darüber hinaus freilich ist nicht viel damit gewonnen. Denn wenn die Poetik auf die Beantwortung dieser Frage verzichtet, so wird sie leicht um so einseitiger vom Standpunkt der Moral aus gegeben werden. »Stellen wir uns – sagt Scherer selbst S. 145[4] – auf den Standpunkt des öffentlichen Wohles, so werden wir unbedingt sittliche Wirkung von der Poesie verlangen«. Und man fragt sich, wie groß denn überhaupt der Abstand von der bisherigen »normativen« Auffassung noch ist, wenn Scherer von seinem Standpunkt aus folgendes Urteil fällen kann: »Ich sage nicht: die Poesie *soll* hohe Gefühle anregen, sondern ich sage dem Dichter: willst du die Anerkennung der Edlen, so zeige dich edel. Genügt es dir z. B. die

---

[2] [NA S. 95]   [3] [NA S. 100]   [4] [NA S. 100]

niedere tierische Sinnlichkeit des Menschen anzuregen, gut! thue es. Aber sei darauf gefaßt, daß die Menschen dich betrachten als ein Werkzeug niedriger Lüste und dich nicht höher achten als eine käufliche Schöne.«

Man wird hiernach berechtigt sein, den prinzipiellen Unterschied der Auffassung, den Scherer an dieser Stelle begründen will, als unwesentlich bei Seite zu lassen. Erheblicheres Bedenken dagegen erregt die historische Betrachtung, welche Scherer an Stelle der bisherigen kritischen setzen will, und zwar deshalb, weil sie die Anschauungen nicht zu vertiefen, sondern zu verflachen geeignet ist. Die Standpunkte nämlich, welche der Sittlichkeit gegenüber »zu verschiedenen Zeiten verschiedene Dichter eingenommen haben« präzisiert er folgendermaßen S. 140[5]:

1) Der Dichter wirkt sittlich veredelnd: direkt;
2) der Dichter wirkt sittlich veredelnd: indirekt;
3) der Dichter wirkt nicht sittlich veredelnd.

Unter »direkter sittlicher Veredlung« nun versteht Scherer die Tendenz, das Gute zu belohnen, das Böse zu strafen, wie sie etwa in jenem bekannten Schillerschen Distichon gegeißelt wird, aber auch in verfeinerter Form vielfach in der Litteratur vorkommt. Es wird etwa »der Accent ausschließlich auf die Darstellung tugendhafter Handlungen gelegt, das Lasterhafte möglichst zurückgedrängt, so daß nur Vorbilder gegeben werden« S. 140[6]. – »Indirekte sittliche Wirkung wird erzielt«, entweder »indem der Autor sich in die Laster vertieft und sie darstellt, um sie recht abschreckend zu malen«, oder aber indem er »nur wahr sein, die Wahrheit des Lebens darstellen will, wie es durchschnittlich ist. Eine solche Schilderung der Wahrheit des Lebens nach seinen Licht- und Schattenseiten sucht im Ausschnitt doch eine gewisse Totalität zu geben: die sittliche Haltung erwirbt allgemeine Achtung, die unsittliche führt zu Schwierigkeiten aller Art; wer den Leidenschaften unterliegt, zerrüttet sein Leben, ihm ist kein dauerndes Glück gestattet. Diesen Standpunkt hat praktisch Goethe immer eingenommen, auch im ›Wilhelm Meister‹ S. 141[7]. Es springt sofort in die Augen, daß der von Scherer statuierte Unterschied zwischen direkter und indirekter Wirkung gar keiner ist. Denn ob der Dichter mit möglichster Zurückdrängung des Lasters Vorbilder der Tugend aufstellt, oder ob er die »idealen Gestalten von selbst als Kritik für die unidealen wirken« läßt, ob er durch

---

[5] [NA S. 96]   [6] [NA S. 96]   [7] [NA S. 97]

möglichst abschreckende Schilderung des Lasters wirken will, oder dadurch daß er auch eine (oft durchaus ideale) Strafe des Lasters zeigt – das kommt doch in allem Wesentlichen auf dasselbe hinaus. Scherers historische Betrachtung kennt hier in Wirklichkeit keinen anderen Standpunkt als den, die moralisierende Tendenz, welche in der vorklassischen deutschen Litteratur des vorigen Jahrhunderts, also auch noch z. B. in Schillers vorweimarer Zeit, so ausgeprägt ist, in ihren verschiedenen Erscheinungsformen zu kennzeichnen und dieser dann den völligen Verzicht auf moralische Wirksamkeit gegenüberzustellen. Allein es giebt offenbar noch eine zweite Art der Wirksamkeit, der mit weit größerem Rechte der Name einer indirekten moralischen Wirkung zuerteilt wird. Die Poesie nämlich wirkt schon durch die bloße Wahl ihrer Gegenstände, durch den Kreis von Gedanken und Empfindungen, in welchen sie sich bewegt, von der einzelnen vorbildlichen oder abschreckenden Gestalt der Handlung, die sie darstellt, ganz abgesehen. Ein schlagendes Beispiel solcher »indirekten« Wirkung bieten wohl die späteren Dramen Schillers. Sie sind nicht geschrieben, um das Nationalgefühl zu wecken oder den Patriotismus zu beleben, und dennoch haben sie diese Wirkung im höchsten Maße geübt. Sie führen Franzosen und Schweizer ohne jede Absicht einer Beziehung auf die Zeit und das Vaterland des Dichters vor; das nationale Pathos, von dem sie erfüllt sind, sollte nur ein Moment der ästhetischen Wirkung bilden. In den Zuschauern aber, die zunächst nur von der dramatischen Wucht jener Dichtungen fortgerissen wurden, wirkte ihr Inhalt praktisch fort, das hohe Pathos des Freiheitskampfes folgte ihnen von der Bühne herab ins Leben. – Aber auch Goethes sittliche Wirkung fällt fast ausschließlich unter diesen Gesichtspunkt. Die Plattheit, welche in Goethes ›Tasso‹ die »Geschichte einer Heilung« oder in den ›Wahlverwandtschaften‹ ein sittlich zweifelhaftes Produkt sieht, hat Scherer gewiß nicht geteilt: aber seine Darstellung tritt ihr keineswegs mit der nötigen Schärfe entgegen. So gewiß Goethe gewußt hat, daß ein Kranker wie Tasso nicht zu heilen ist, so wenig hat er glauben können, daß durch das Vorbild Tassos jemals ein leidenschaftlicher Phantast zu heilsamer Beschränkung werde geführt werden. Nicht hierin liegt die sittliche Wirkung, welche die Beschäftigung mit dem ›Tasso‹ ausübt, sondern ganz allgemein in der Zartheit und Innigkeit, mit welcher hier die Gefühlsbeziehungen zwischen wackeren Männern und edlen Frauen geschildert, in dem tiefen Ernst, mit welchem die Aufgaben und Ziele des Lebens hier aufgefaßt sind. Wer so empfinden und denken lernt, der wird eben hierdurch sittlich veredelt, und es ist sehr unwahrscheinlich, daß diese Veredlung sich nicht auch auf seine Handlungen erstrecken sollte. Das sittliche Moment der ›Wahlverwandtschaften‹ liegt nicht in der Strafe, welche der Verletzung der Ehe folgt, sondern darin, daß überhaupt die Beziehungen zwischen den Gatten in solcher Tiefe und Innerlichkeit aufgefaßt und dargestellt werden.

Es ist wohl zweifellos, daß Scherer, hätte er länger gelebt und mehr Zeit auf die ›Poetik‹ verwenden können, den eben besprochenen Abschnitt bedeutend vertieft haben würde. Und dasselbe läßt sich, wie schon bemerkt, von den meisten anderen Partieen des Buches sagen. Dennoch ist es, auch in der vorliegenden Gestalt, nur zu geeignet, in dem Leser die Erinnerung an jene schöne Stelle der ›Litteraturgeschichte‹ wach zu rufen, die Scherer einst wie in einer Ahnung des eigenen Schicksals geschrieben hat: »ein genialer Mensch, der seine Kräfte verzehrt in allzu hochgespanntem Streben, der jung dahinstirbt mitten in einer glänzenden Laufbahn!«

20 Julius Hart
[1889]

V: J. H.: Eine schein-empirische Poetik. In: Kritisches Jahrbuch. 1. 1889. 29–39.

Eine schein-empirische Poetik

Die Ästhetik befindet sich seit einigen Jahren in einem außerordentlichen Umgestaltungsprozeß. Die gewaltigen Entdeckungen auf naturwissenschaftlichem Gebiete, die unaufhaltsam fortschreitende Erweiterung unserer Weltkenntniß und Umgestaltung unsrer Weltanschauung zwingen auch sie, neue Bahnen einzuschlagen, ja, in mancher Richtung ihren Weg ganz von neuem zu beginnen. Noch schwankt sie allerdings unsicher einher und zweifelt, welcher Pfad festen Grund und ein mühelohnendes Ziel verheißt, aber schon jetzt läßt sich das eine mit Bestimmtheit behaupten, daß die ältere, spekulative und systematische Ästhetik, wie sie Hegel, Vischer, Carriere u. A. in äußerlich stolzem Aufbau errichtet haben, in sich selbst mehr und mehr zusammenbricht. Dafür kommt Fechner, der schon vor langem die Wissenschaft von der Kunst auf die Erfahrung gründen wollte, zu Ehren. Gewiß sind die Werke der Älteren reich an feinen

Einzelbeobachtungen und Einzelwahrheiten, aber sie haben die Köpfe auch mit dunklen und nichtssagenden Begriffen erfüllt, die wirr und verwirrend in die Tageskritik übergegangen sind und das Aufkommen eines echten und allgemeineren Kunstverständnisses unmöglich machten. Es genügt, an den Schönheitsbegriff zu erinnern, den Jeder anders zu deuten gezwungen war, und über den schon Goethe beißenden Spott ausgoß, da er zu dem völlig unhaltbaren Grundsatz führe, daß die Kunst, mithin auch Poesie Darstellung des Schönen sei. Die tiefsten ästhetischen Feinheiten haben wir doch bis heute den Dichtern selbst zu verdanken, Lessing, Schiller, Goethe vor Allem, die intuitiv das Wesen ihrer Kunst erfaßten. Aber es darf wohl keinem Zweifel unterliegen, daß die Ästhetik der Zukunft zu ganz festen Kunstgesetzen gelangen wird, die auf unumstößlicher Wahrheit beruhen, nichts mit Regelzwang zu thun haben, Genie und Talent nicht einschnüren, sondern umgekehrt ihre freie Entfaltung als erste Nothwendigkeit fordern und fördern. Und so wird die laxe Alltäglichkeit, daß über den Geschmack nicht zu streiten ist, hinter der sich heute Verständnißlosigkeit und Denkfaulheit so billig verschanzen, in Zukunft wohl Niemandem mehr ungestraft hingehen, und zwar von dem Augenblicke an, wo eine wahrhaft empirische Poetik vorhanden sein wird: eine Poetik, die sich vom blosen Meinen und Tifteln ebenso zum Wissen erhebt, wie die Naturforschung über die Naturphilosophie zu einer Naturerkenntniß emporgewachsen ist. Eine Poetik, welche die Psychologie des Dichters enthält und auf einer gründlichen Analyse der Werke der Dichtkunst, der verfehlten wie der als Meisterwerke bewährten, sich aufbaut, die aber nicht minder die geschichtliche Entwickelung der Poesie von ihrem Ursprunge an zu würdigen und für das Verständniß der Poesie von heute zu verwerthen weiß. Schon Lessing hebt hervor, daß er als Künstler fast alles der Kritik zu verdanken habe, und jedenfalls sind die Ansichten einer herrschenden Ästhetik nicht ohne tiefgehenden Einfluß auf die Ausgestaltung der Kunstwerke selbst. Ein in falschen Theorien befangener Künstler wird nur zu leicht seine Schöpfungen selber mit allerhand Gebrechen behaften, irrthümliche Regeln haben immer wieder das dichterische Schaffen tief geschädigt. Wie Lessing's ›Hamburgische Dramaturgie‹ eine Befreiungsthat war, so kann andererseits auch eine Poetik die verderblichsten Wirkungen anstiften, und jener heftige Streit, der sich im vorigen Jahrhundert um die Gottsched'schen und die Bodmer-Breitinger'schen Ansichten von der Dichtung erhob, war nicht ein Streit um des Kaisers Bart, der über die engen Gelehrtenstuben nicht hinausdringen sollte, sondern ein »Kulturkampf« wichtigster Art, dessen Früchte wir und alle Zeiten genießen. Die Klärung aber, die im vorigen Jahrhundert noththat, ist für die Gegenwart in fast noch höherem Grade wünschenswerth; eine Poetik, wie wir sie erhoffen und erwarten, könnte in den heutigen literarischen Kämpfen zum Panier werden, das zum Siege führt. Könnte? Besitzen wir sie denn noch nicht? Hat uns nicht der verstorbene Professor *Wilhelm Scherer* eine »empirische« Poetik hinterlassen, die alle Hoffnungen über alle Erwartung hinaus erfüllt? Allerdings ein Buch, das sich ›Poetik‹ und Wilhelm Scherer seinen Vater nennt, besitzen wir; untersuchen wir denn, wie es mit der Empirik dieses Werkes aussieht, ob es in der That unsere Hoffnungen erfüllt. Scherer galt für einen unserer ausgezeichnetsten Germanisten, hatte einen weiten Kreis begeisterter Schüler und Anhänger um sich versammelt, welche heute seine Anschauungen in Schrift und Wort weiter und weiter tragen. Er hat auch eine Geschichte der deutschen Literatur geschrieben, die nicht zum Wenigsten infolge der Glätte und »Weltmännischkeit« des Vortrages große Verbreitung fand, ungeachtet der mancherlei Seltsamkeiten, welche darin zu Tage treten. Alles in allem kann man sagen, daß sein Name für Viele auch in kunstkritischer Hinsicht ein großes Ansehen besitzt; einer der Gewaltigen unter unseren »Goethereifen«, urtheilte er über poetische Dinge frisch von der Leber weg, und was er urtheilte, werden gewiß Viele unbesehen nachsprechen. Die Lieblingsarbeit seiner letzten Jahre war eine »Poetik«. Nach den zahlreichen mißglückten Versuchen der Vergangenheit unternahm er es von neuem, die Wissenschaft der Dichtkunst zu ergründen. Seit längerem war dies Werk von den Schülern des Meisters schon im Voraus mit Worten des höchsten Lobes angekündigt worden. Es sollte ein Werk von bahnbrechender Bedeutung sein, reich an neuen Entdeckungen, großartig in der Weite des Gedankens sollte die Poetik auf völlig neuen Grundlagen errichten, mit dem Alten brechen u. s. w. u. s. w. Man hörte auch, daß Scherer bei seinen Untersuchungen von der Erfahrung und von den neuen Entdeckungen der Naturwissenschaft ausgegangen sei, und konnte darum die fröhliche Hoffnung hegen, daß von ihm die neue Ästhetik, von der oben gesprochen, um ein gewaltiges Stück gefördert worden sei.

Freilich durfte man auch einige Befürchtungen hegen. In den Schriften Professor Scherer's steckte immer etwas, was bedenklich an Salonweisheit, um nicht zu sagen, an Salongeschwätz, erinnerte, seine Anschauungen über Poesie hatten merkwürdige Ähnlichkeit mit mancherlei Trivialitäten, denen man in der Tageskritik begegnet; wo es mehr darauf ankam, zu denken, als gelehrte Kenntnisse auf einem engeren Fachgebiete auszubreiten, stieß man nur zu häufig auf schillernde Oberflächlichkeit.

Das nachgelassene Werk hat leider die Hoffnungen zerstört, die schärfsten und weitgehendsten Befürchtungen aber als nur zu berechtigt erscheinen lassen. Die ersten Seiten schon machen stutzig, aber das wird bald zum Erstarren, und wenn man das Buch zu Ende gelesen, ist man entsetzt. Ich habe das Buch verschiedene Male durchgearbeitet und bin immer von neuem auf neue böse Flachheiten und böses Unverständniß gestoßen. Die Gefahren der Literaturphilologie sind mir nie in deutlicherem Lichte erschienen, als in diesem Werke. Was mir einmal ein bevorzugter Schüler Scherer's, der heute an einer Universität über Literaturgeschichte liest, offen bekannte, muß doch wohl wahr sein: »Früher,« sagte mir derselbe, »als Student, las ich poetische Werke mit großem Genuß, heute lese ich ein Werk von Goethe oder dem Allerunbedeutendsten, ohne daß ich weiß, was ich lese, unbekümmert um seinen Inhalt, seine dichterischen Schönheiten, ganz gleichgültig gegen dieselben. Ich sehe, nur Worte, Kommata, Punkte. . . .« So macht Scherer auch in diesem Buche hundert Verbeugungen gegen Lessing und Goethe und rühmt ihre ungemein feine Ästhetik, aber er muß doch wohl nicht verstanden haben, was sie sagen. Seine eigenen Behauptungen stehen geradezu im vollkommnen Gegensatz zu den ihrigen, von neuem stellt er auf, was Jene ihr ganzes Leben hindurch aufs Heftigste bekämpft haben, – kurz und gut, er läßt die Gottsched'sche Poetik in ihrem ganzen Wesen von Neuem aufwachen, eine Poetik, die von allen verständigen Kritikern als Erzeugniß eines trockenen Gelehrtengehirns gründlich verspottet, längst gründlich abgethan ist. Die »Goethereifen« nennt sich mit eitler Überhebung eine Philologengemeinde, zu der als einer der Vornehmsten Scherer gehörte. Stehen diese Goethomanen alle auf dem Scherer'schen Standpunkte, so wäre ihnen dringend anzurathen, daß sie sich zuerst einmal »poesiereif« machen. Diese Leute schreiben hundert Faust-Kommentare, aber die Dichtung Goethe's bleibt ihnen doch ein Buch mit sieben Siegeln. Man kann nicht sagen, daß Scherer von dem wirklich neuen Geist unserer Ästhetik nichts geahnt habe. Nur hörte er die Glocken läuten und wußte nicht wo. So trug er aus einigen naturwissenschaftlichen Werken einige Stellen, die sich auf die Dichterpsychologie beziehen, zusammen, blieb aber offenbar im Unklaren, was er damit anfangen sollte, konnte sie nicht denkend verarbeiten und die Schlußfolgerungen daraus ziehen. Das Wesen der Poesie ist ihm unklar, und da er es nicht aus dem Innern heraus erklären konnte, meinte er, als rechter Literaturphilologe, damit »die Kärrner« doch etwas zu thun bekommen, es müsse die Masse bringen. Aber wer nicht aus zehn dichterischen Schöpfungen das eigentlichste Wesen dieser Kunst herauszuerkennen vermag, dem ist auch nicht zu helfen, wenn, wie Scherer es wünscht, alle poetischen Erzeugnisse sammt und sonders (also doch auch wohl die der Zukunft) nach allen Richtungen hin durchforscht und durchgeackert sind. Da werden wir denn wohl bis zum Ende der Welt vergebens auf eine gültige Poetik warten müssen und haben nur die fröhliche Aussicht, unsere Ästhetiker an einer trostlosen Danaidenarbeit sich abmühen zu sehen. Was sind denn nun aber poetische Erzeugnisse? Damit kommt Scherer wieder an den Punkt zurück, von dem er ausgegangen. Er wagt sich denn auch an eine Erklärung heran, fühlt aber selber wohl, daß dieselbe nicht stichhaltig ist und ahnt, daß, was er sagt, im vollen Widerspruche steht zu den von Lessing, Goethe u. A. gefundenen tiefen Erkenntnissen. Die eigene Ansicht vermag er nicht zu vertheidigen, die entgegengesetzte nicht zu widerlegen, und so taumelt er wie verirrt im Garten der Poetik umher, in unlösliche Widersprüche sich verstrickend. Wenn man das Buch liest, hat man das Gefühl, daß der *Verfasser die eigene Unklarheit empfunden* haben muß, aber ein beneidenswerthes Selbstgefühl läßt ihn lächelnd über alle Bedenken hinwegsetzen und mit einer stolzen Zuversicht das Seltsamste behaupten, logische Dunkelheiten in überraschender Fülle ausstreuen.

Um eine so harte Verurtheilung zu rechtfertigen, genügt es an dieser Stelle, Scherer's grundlegende Anschauungen zu kennzeichnen; die ganze große Fülle seiner Unkenntniß, seiner Widersprüche aufzudecken, verlangte ein Buch. Auch soll sich diese Kritik rein auf die Abwehr, auf die Negation beschränken.

»Die Poetik,« sagt Scherer, »ist *vorzugsweise* die Lehre von der *gebundenen Rede*; außerdem aber von *einigen Anwendungen* der *ungebundenen,* welche mit den Anwendungen der gebundenen in *naher Verwandtschaft* stehen.« Man kann sich viel unbestimmter wohl nicht gut ausdrücken, schon dieser Satz läßt uns die Eigenart Scherer'scher Definitionen ahnen, von denen er selbst erklärt, daß sie »im Sinne der strengen Logik recht unvollkommen sind«. Ein

Zugeständniß, das zu machen ein Gelehrter um alles in der Welt nicht nöthig haben sollte. Sehen wir, auf welchem Wege Scherer zu solchen Verschwommenheiten gelangen muß. Vorzugsweise! »Denn,« sagt unser Autor, »*nicht alle* Poesie ist kunstmäßige Anwendung der Sprache. Sie werden das ohne Weiteres (! der Verfasser setzt offenbar bei seinen Schülern rechten – Denkfleiß voraus) zugeben; denn Sie werden mit mir einverstanden sein, daß das *Erfinden* eines *Ballets*, d. h. einer zusammenhängenden dramatischen Handlung, bei welcher nicht gesprochen wird, ein Akt poetischer Erfindung ist. ... Wenn Einer eine selbsterfundene Pantomime aufführt, nach seinen eigenen Gedanken, nach seiner eigenen Erfindung, so braucht er die Sprache überhaupt nicht; und dennoch kann dies ein *dichterisches* Kunstwerk sein.« Man wird sich doch überlegen müssen, ob man das so ohne weiteres zugeben soll. Es ist gar nicht wahr, daß das blose Aussinnen einer Handlung schon ein poetisches Schaffen ist; der Balletkomponist, der die Gestalten seiner Phantasie ordnet, dichtet ebenso wenig wie Beethoven, wenn er in seiner Pastoralsinfonie bei gewissen Tonreihen erklärt, daß jetzt ein Gewitter ausbricht und daß jetzt die Sonne aufgeht. Scherer nennt etwas, was allen Künstlern gemeinsam ist, einen dichterischen Akt, sondert also nicht das Allgemeine der Kunst von dem Besonderen der Poesie, das, was dieser unter den Künstlern eine eigenartige Stellung einräumt. Auch in der Malerei spricht man von poetischer Auffassung, Stimmung u. s. w., aber das Wort poetisch wird hier doch in einem Sinne verstanden, der mit dem Sinn jenes Poetischen, das einer »Poetik« zu Grunde liegen muß, gar nichts zu thun hat. Es ist weiterhin nicht wahr, daß, wie Scherer fortfährt, ein *nicht aufgeführtes Drama* nur das *Fragment* eines Kunstwerkes ist. Ein Drama ist auch ohne alle schauspielerische Darstellung ein in sich abgeschlossenes Erzeugniß, ebenso gut wie ein Musikstück, wenn es niemals gespielt wird, von dem Komponisten nach dem inneren Gehör niedergeschrieben wurde. Bülow macht nicht erst Beethoven und kein Schauspieler vollendet erst Shakespeare'sche »Fragmente«. Auch von der Urkunst, wo Poesie und Musik noch eng Hand in Hand gehen, kann man nicht sagen, daß hier Poesie Musik oder Musik Poesie ist. Die Vereinigung zweier Künste hebt nicht das Sonderbestehen derselben auf; Sauerstoff und Stickstoff ergeben Luft, aber man kann beide auch sehr wohl wieder von einander trennen. »Nicht alle künstlerische Anwendung der Sprache ist Poesie,« erklärt Scherer weiterhin. »Wohl aber unterliege es keinem Zweifel, daß das *ge-*

sammte Gebiet der gebundenen Poesie (der »Poesie« selbstverständlich, aber Scherer wollte offenbar »Sprache« schreiben, – eine seiner kleinen beliebten Flüchtigkeiten mehr!) in den Bereich der Poetik falle. Was irgend in Rhythmus und Reim, in irgend welchen Formen der gebundenen Rede abgefaßt wurde, muß uns als Poesie gelten.« Das Sätzchen: »Was man nicht dekliniren kann, das sieht man als ein Neutrum an« ist nach Scherer's Meinung Poesie. Bis jetzt hat's noch kein Mensch dafür gehalten, aber die Definition, ob sie gleich lahm ist wie eine alte Mähre, fordert es, liebes Herz, und Scherer ist dann und wann konsequent. »Vollends,« schreibt er, »nun etwa das ganze *didaktische* Gedicht aus der »eigentlichen« Poesie ausscheiden zu wollen, ist der Gipfel der Willkür und *verdient* von unserem Standpunkte (?) aus *gar keine Widerlegung*; denn wenn man nicht daran festhält, daß alle gebundene Poesie in die Poetik gehört, dann sind die Grenzen gleich unsicher und subjektiv.«

Das müssen wir nun von Scherer auf *guten Glauben* hinnehmen; seine aller Logik bare Definition von der Poesie verlangt es, und das genügt ihm an Stelle von Gründen. Aristoteles sagt, didaktische Poesie ist keine Poesie; Lessing hat für die Wahrheit dieses Satzes verschiedene, sehr zu erwägende Gründe beigebracht, und als Goethe einmal eine Poetik aus der Feder eines seiner Zeit angesehenen Literaturprofessors in die Hände bekam und nur aus dem Inhaltsverzeichniß eine Eintheilung der Poesie in Lyrik, Epik, Dramatik und Didaktik ersah, warf er das Buch ohne weiteres unbesehen in die Ecke. Er meinte, daß es nicht der Mühe verlohne, ein solches Werk zu lesen, da der Verfasser schon durch diese Eintheilung beweise, daß er von der Poesie nichts verstehe. Und Scherer ist doch ein Goethereifer. Ich weiß, ich stelle Scherer hier nur Autoritäten und keine Gründe entgegen. Da aber auch Scherer keinen Versuch macht, all' die gegen eine »didaktische Poesie« erhobenen alten und schwerwiegenden Einwände zu widerlegen, (der Einwurf gegen Aristoteles zeigt deutlich, daß er den Ausdruck »Gestaltung« überhaupt nicht versteht), so wollen wir doch vorläufig noch Lessing und Goethe mehr vertrauen, als ihm, und annehmen, daß diese nicht nur aus bloser »Willkür« gesprochen haben. Ihre Schriften beweisen das Gegentheil, beweisen, daß sie sich die Sache sehr wohl überlegt haben, mehr wahrscheinlich, als es Scherer gethan. »Dann sind die Grenzen gleich unsicher und subjektiv.« Warum? Weil *Scherer* uns *nicht* zu sagen weiß, was *Poesie* ist, weil er sich im vollkommen Dunkel darüber befindet, deshalb soll *kein Mensch* wissen, wo sie anfängt und aufhört. Das ist zum mindesten recht selbstbewußt gesprochen. »Weit schwieriger nun,« heißt es alsdann, »ist die Frage, was gehört aus dem Reich der *ungebundenen* Rede in die Poetik?« Schwierig muß sie ihm allerdings vorgekommen sein. Derartige Fragen löst man eben nicht durch Aufzählung von historischen Thatsachen, sondern durch Nachdenken, durch Schlußfolgerungen, wie sie auch der Urmensch bereits angestellt haben muß. Scherer *giebt sich auf einer längeren Reihe von Seiten Mühe, nicht nachzudenken,* und dann erklärt er natürlich ebenso weise wie oberherrlich: »Die Hereinziehung von Stoff der ungebundenen Rede ist *mehr* oder *weniger willkürlich.«* Die Willkür also, die er bei der Frage von der didaktischen Poesie den Lessing, Goethe, weil er sie nicht verstanden, in die Schuhe schiebt und verächtlich abthut, nimmt er jetzt für sich frank und frei in Anspruch. Der historische Roman gehört in die Poetik hinein, aber die Wissenschaft in ungebundener Rede ist nach ihm ausgeschlossen. »Es war wohl Niemand so voller Poesie wie Jakob Grimm (muß mindestens heißen: aufnahmefähig für Poesie, aber solche Klarheiten liebt Scherer nicht); und dennoch wird Niemand von seinen grundlegenden Werken behaupten, daß sie poetische Werke seien – bei aller Kunst der Darstellung. So ist auch die philologische Anmerkung wieder eine Kunstform für sich, Untersuchungen, wie die Lessing's, haben eine bestimmte Kunstform und sind dennoch keine Poesie. *Das Lehrgedicht* in *gebundener* Rede *gehört hinein,* aber *nicht* das Lehrgedicht in *ungebundener,«* u. s. w. Im allgemeinen wirds wohl stimmen, aber warum nun das eine ins Gebiet der Poetik fällt, das andere nicht, nach einem *Grunde* sucht man ganz und gar vergebens. Worauf alles ankommt, die Unterscheidung zwischen Wissenschaft und Dichtung aufzustellen, dazu wird nicht der leiseste Versuch gemacht. Die Berufung auf den »Gevatter Niemand» ist doch gar zu wohlfeil, Scherer sagts, und nun lebe das *»jurare in verba magistri«.* So kommt denn unser Autor recht ungezwungen zu dem angeführten Satz: »Die Poetik ist vorzugsweise die Lehre« u. s. w., über dessen leere Verschwommenheit man sich nicht weiter wundern kann. Allerhand Behauptungen, zu deren Beweis nicht die geringsten Versuche gemacht werden, die aber des Beweises außerordentlich bedürftig sind, eingeleitet mit den *Phrasen:* »Es ist über allem Zweifel erhaben«, »Niemand wird widersprechen«, während die Sachen doch gar nicht über dem Zweifel erhaben sind, während bisher *alle Autoritäten widersprochen,* – ja, damit kann auch ein Professor der Literaturgeschichte, auch ein

»Goethereifer«, nicht Anspruch darauf erheben, daß man ihn ernst nimmt.

Nach einer längeren Abhandlung über die Geschichte der Poetik kommt Scherer auf die Frage vom *Ursprung der Poesie* zu reden. Ich muß mich auch hier darauf beschränken, den wesentlichen Inhalt seiner Ansicht wiederzugeben. »Die Poesie,« sagt er, »entspringt aus dem *Ausdrucke* des *Vergnügens* durch Springen, Jubeln, Lachen.« Auch das Unangenehme wird in der Poesie angenehm, auch der dargestellte Schmerz macht Vergnügen. Z. B. bewirkt ja das Schauerliche angenehme Erregungen, ein Todtenlied dadurch, daß wir uns vergegenwärtigen, was der Verstorbene gethan, oder wenn ich nie einen Wahnsinnigen oder Todten gesehen habe, und nun zum ersten Mal etwa auf der Bühne den Wahnsinn oder das Sterben vor mir sehe, so empfinde ich das Vergnügen der befriedigten Wißbegier u. s. w. Alles in allem hat also der *erste Dichter eine angenehme Unterhaltung* für das Publikum erfunden, ein Spiel, das ja vielleicht geistreicher als Skat oder Sechsundsechzig ist, aber doch gar Manches mit ihm gemeinsam hat. »Warum,« fragt Scherer, »greifen wir (warum nicht offen? wir Salonmenschen) zu einem Roman? Warum gehen wir ins Theater? Um uns zu *unterhalten*. Dies Element darf *nicht vernachlässigt* werden. (Also glaubt er selbst doch auch noch an andere »Elemente«.) Warum greift man wohl bei längerem Zusammensein nach einem Band Gedichte und liest ein paar vor? Um der Konversation neuen Stoff zu geben, oder wo die eigene Kraft nicht ausreicht und etwa Langeweile entstehen würde, diese zu verscheuchen: wieder das Element der Unterhaltung. Wer eine Reise über Meer, ans Meeresufer, auf eine Insel unternimmt, führt wohl die Odyssee mit sich – *nicht* als ein *Objekt des Lernens* (wirklich nicht?), *um die homerischen Darstellungen mit der Wirklichkeit zu vergleichen*, sondern um eine *leere Stunde* damit auszufüllen, die Elemente des Vergnügens in seiner Reise-Existenz zu verstärken, – *freilich auch mit Rücksicht auf die Harmonie zwischen der Wirklichkeit, die ihn umgiebt, und der Dichtkunst*.« (In einem und demselben Satze sagt Scherer also das gerade Entgegengesetzte: »nicht« – »freilich auch.«) »Aber *diese* Freude an der Richtigkeit der Darstellung und Nachahmung ist *nur Ein* Motiv dabei. (Aber? Dann ist der Wunsch, eine leere Stunde auszufüllen, doch auch nur Ein Motiv dabei.) »Ein anderes, z. B. die Schärfung des Blickes für die Wirklichkeit: sein Laienauge bewaffnet sich gleichsam mit dem Mikroskop eines Künstlerauges; ein drittes die Belebung der Wirklichkeit mit Gestalten der Dichtung, die sich nun stärker und lebendiger anknüpfen, also Steigerung des Vergnügens an der Wirklichkeit.« Bei solchen Worten greift man sich denn doch an den Kopf. Trivialer kann man allerdings wohl nicht von der Poesie denken. Das wäre ganz im Sinne Goethe's gesprochen, meint Scherer. Giebt Goethe doch in seiner 1. Epistel dem Dichter folgenden guten Rath:

> »Sollen wir freudig horchen und willig gehorchen, so mußt Du
> Schmeicheln. Sprichst Du zum Volke, zu Fürsten und Königen, allen
> Magst Du Geschichten erzählen, worin als wirklich erscheinet,
> Was sie wünschen und was sie selber zu leben begehrten.«

Ja, ich kann mir nicht anders helfen, ich halte das für eine beißende Ironie auf schlechte Poeten, auf den schlechten Geschmack des Publikums, auf Scherer'sche Anschauungen von der Dichtkunst. In dem ganzen großen Kapitel vom »Ursprung der Poesie« beweist unser Ästhetiker nur das Eine, daß er nicht poesiereif ist. Er zählt in diesen Untersuchungen eine wahre Unmasse von Standpunkten auf, von denen aus man ein Kunstwerk nicht betrachten soll. Es ist richtig, daß die überwiegend große Masse der Menschen ähnlich bei einem poetischen Erzeugniß empfindet, wie Scherer, bei einem Roman vor allem danach fragt, ob sich das Liebespaar kriegt oder nicht, u. ähnl. Der sich *über sich selbst klare Genuß* eines Kunstwerkes als solches verlangt eine derartige Anspannung aller geistigen Kräfte, daß ihn nur sehr entwickelte Intelligenzen und auch diese nur auf den Höhepunkten ihres Daseins bewältigen können. Es ist *ebenso mit der Wissenschaft*, der *Religion*, mit dem ganzen geistigen Leben. Immer nur sehr Wenige vermögen wahrhaft daran theilzunehmen. Jeder sagt, die Erde ist eine Kugel, aber wer spricht's nicht nach, weil's ihm vorgesagt ist? Wer hat die volle Erkenntniß des Satzes in sich aufgenommen? Scherer sieht in der Poesie nur ein rein *Stoffliches*, aber er hat keine Ahnung davon, wodurch das *Stoffliche erst zum Kunstwerk* wird. Oder doch eine Ahnung? »*Die Quelle dichterischer Kraft können wir nicht nachempfinden*; im höchsten Sinne kann Goethe *nur* von Goethe verstanden werden,« sagt er an einer Stelle. Hätte er nur *nach dieser Erkenntniß gehandelt*. Wie kann er sich erdreisten, vom Ursprung der Poesie zu reden, irgend etwas Gültiges darüber zu sagen, überhaupt eine Poetik zu schreiben, wenn er selber gesteht, daß er die *Quelle dichterischer Kraft nicht* kennt. Da hätte er sich doch sagen müssen, daß er zuerst bei einem *Poeten*, welcher sich psychologisch erkannt, sein intuitives Fühlen zu wissenschaftlicher Erkenntniß ausgestaltet hat, *anfragen* mußte: was ist denn nun Poesie. Hätte er *Goethe's* zerstreute ästhetische Äußerungen verstanden, so würde er immerhin sehr wichtige Winke bekommen haben und würde gewiß nicht niedergeschrieben haben, was er jetzt *orbi et urbi* verkündet. Allerdings scheint sich Scherer diese und jene seiner Weisheiten bei einem »Dichter« geholt zu haben, nämlich bei – Julius Rodenberg (er nennt ihn an einer Stelle), demselben »Dichter«, der jüngst als »Sachverständiger« vor Gericht *Boccaccio* für *unmoralisch* erklärte; der Gerichtshof war jedoch ästhetischer gebildet als der »Dichter« und ließ die »Unmoral« nicht gelten. Für Scherer ist also die Poesie *Ausdruck des Vergnügens*. Da schreibt der Urdichter ein Liebesgedicht, um die Geliebte gleichsam durch Schmeichelei, durch Vorstellung verlockender Bilder u. s. w. zu kirren. Aber es hat ja jeder einzelne Mensch, ja schon das Thier, das Bestreben, die durch große Lust allzu angespannten Nerven zu entladen, ein jeder Mensch sucht die Geliebte durch »Süßholzraspeln« zu gewinnen – wie kommt es denn, daß nur so sehr wenige Menschen Dichter sind? Gewiß liegt in jenem Bestreben nach der Befreiung von heftigen Eindrücken ein *Keim* der Poesie, aber diese Befreiung geht auf vielfache Weise vor sich, ohne daß irgend welche Kunst dabei herauskommt; wie *jener Drang zur Dichtung wird,* das hätte uns Scherer zeigen müssen, und das suchen wir vergebens. Alles, was er, bestimmt durch Fechner, von Lust- und Unlustempfindungen erzählt, ist an und für sich richtig, aber alles das hat mit der *Poesie im besonderen nichts* zu thun und wird auch *ohne* Poesie erreicht. Wenn ich in der Seele einer Wittwe angenehme Gefühle erregen will, dadurch, daß ich von den Tugenden ihres verstorbenen Gatten rede, so brauche ich dazu doch noch kein Gedicht zu machen. *Wie*, frage ich noch einmal, kommt der »traurige oder lustige Mensch« gerade dazu, daß er *dichtet?*

An ihren Früchten sollt Ihr sie erkennen! Welche Aufgaben hat nun die Poesie zu erfüllen? fragt unser Autor. Wirklich, wir scheuen es uns niederzuschreiben, wir glauben, einen Augenblick zu träumen, aber leider ist gar kein Zweifel daran, da steht es deutlich gedruckt: »Die Poesie *dient zum Vergnügen und zur Belehrung.*« Es ist also genau *dasselbe*, was *Gottsched* sagt, weswegen er in unser Aller Angedenken als der Geist der Nüchternheit und Seichtheit dasteht. Wir haben seit jener Zeit gewaltige Dichtwerke erhalten, deren Wesen und Inhalt jenes Wort tausendmal Lügen straft, von unseren Ersten, von Herder, Lessing, Goethe, Schiller, Humboldt, Schlegel, Tieck,

Allen – Allen ist das so gründlich widerlegt, daß wir es endgültig abgethan glauben konnten, – aber, als ob all' diese Großen nicht gelebt hätten, als wäre nichts geschehen, darf am Ende des neunzehnten Jahrhunderts ein Professor der deutschen Literaturgeschichte an der Berliner Universität, der unsere Klassiker bis auf das tz studirt haben will, auftreten und die *öden Flachheiten* des achtzehnten und siebzehnten Jahrhunderts wieder *vorbringen,* – und *das alles, ohne daß er* sich auch nur die *geringste Mühe* giebt, jene Lessing, Herder, Goethe, Schiller *zu widerlegen.* Unter dem jauchzenden Beifall seiner Schüler, die ihn als den Messias der Ästhetik preisen! Haben denn diese Philologen die Werke der Dichter, über welche sie immer neue Bücher schreiben, überhaupt gelesen? »Was Goethe,« sagt Scherer, »theoretisch über Poesie äußerte, sind goldene Worte, von denen keins für uns ganz verloren sein darf.« In seinem Munde ist das die schellenlauteste Phrase, denn ein *größerer Widerspruch,* als wie er zwischen seinen Thaten und derartigen billigen Redensarten herrscht, *läßt sich nicht denken.* »Die Poesie dient der Vergnügung und der Belehrung.« Man könnte sich schon an dem Wortlaut stoßen, denn *Belehrung ist auch Vergnügung,* aber man hat's nicht nöthig, Haarspaltereien zu treiben. Geduldig wollten wir es auch hinnehmen, hätte Scherer gesagt, eine Dichtung macht Spaß und man kann auch etwas daraus lernen. Wir würden nur bemerkt haben, daß das eine platte *Selbstverständlichkeit* ist, etwa wie »der Regen macht naß,« denn *was giebt es überhaupt auf Erden, welch' eine Erscheinung, welch' ein Vorgang existirt, von denen wir nicht lernen und die uns nicht in irgend einer Art Vergnügen bereiten können?* Scherer jedoch geht viel weiter: Die Poesie *dient,* es ist also ihr *Zweck,* ihre Aufgabe, zu amüsiren und zu belehren. Es verlohnt nicht der Mühe, dagegen mit Gründen anzukämpfen, nachdem so viel auf diesem Gebiete schon geleistet ist. Die ganze ästhetische Weisheit Scherer's steht auf derselben Höhe, als wenn uns Jemand erklärt: »Ein Schmetterling macht uns Menschen Vergnügen, *ergo* ist der *Schmetterling dazu da, uns* dasselbe zu bereiten, *ergo* hat ihn eine Vergnügungsabsicht erzeugt.« Mit *demselben* Rechte, wie von der Kunst, kann man von der *Wissenschaft* sagen, daß ihr Zweck ist, uns Vergnügen zu bereiten. Aber was würden dazu wohl unsere Gelehrten sagen? Und mit gutem Grunde! Wesen einer Erscheinung ist das, was ihr ganz allein zukommt, was sie bestimmt von allen übrigen absondert. So ist das Wesen der Wissenschaft *Erkenntniß* der Welt. Ihr Zweck ist das, was nur sie am vollkommensten erreichen kann, und das ist wiederum: die Welt erkennen. So kann nicht Zweck der Kunst sein, – das, was jede Erscheinung bewirkt, also Vergnügung, Belehrung, sondern nur, was sie ganz allein und keine andere uns gewährt: und dieses ist *Gestaltung,* Neulebung und Neuschaffung der Welt durch den menschlichen Geist. Die Wissenschaft *forscht* und *erkennt,* die Kunst *schafft* und *gestaltet,* das ist der Unterschied zwischen den beiden großen Äußerungen des Geisteslebens.

Nachdem Scherer einmal in das herrliche Fahrwasser des Vergnügens und Belehrens eingefahren, wird eigentlich nichts mehr Wunder nehmen. Und es kann uns dann nur noch ein trüb-vergnügtes Lächeln ablocken, wenn ihm der Einfall kommt, daß man für Gedichte auch zuweilen *Honorar* zu erhalten pflegt, und wenn er sich dann in längerem Kapitel mit dem *Zweck der Poesie, Geld zu verdienen,* beschäftigt. Ja, wozu dient nicht alles die Poesie! Aus den Blättern einer Gedichtsammlung kann man Fidibusse machen, freilich auch aus denen einer Literaturgeschichte, und in die Druckbogen eines Romans, allerdings auch in die einer Poetik, lassen sich Butterstullen einschlagen. Wenn die Poetik von all' dem, was Scherer wünscht, gründlich sprechen soll, so bewältigt sie den Stoff nicht in tausend Konversationslexikons-Bänden. Meint Scherer, daß die Geldfrage in eine Lehre von der Dichtung hineingehört, was uns allerdings noch sehr fraglich erscheint, nun gut, es soll uns schließlich nicht kümmern. Da jedoch ebenso gut Zweck der *Wissenschaft* ist, Geld zu verdienen, so stellen wir eine Bedingung. Füge man zunächst in den Lehrplan unserer Universitäten Vorträge hinein, etwa »Die Wissenschaft, als milchende Kuh betrachtet«, »Die Honorare deutscher Gelehrten«, »Um wie viel besser wird eine Literaturgeschichte, wenn man zehntausend Mark vom Verleger dafür erhält, als wenn man nur tausend bekommt?« und ähnliche interessante Dinge mehr. Unsere Studenten müssen doch nach Scherer'schen Anschauungen ein Recht darauf haben, auch in *diese* Geheimnisse der *Wissenschaft* eingeführt zu werden. All das *Neue,* was Scherer in die *Lehre* von der Kunst aufnehmen will, mag in die *Geschichte* derselben hineingehören, kann in den *biographisch-psychologischen* Untersuchungen über die einzelnen Dichter berücksichtigt werden, aber sollte nicht die Theorie überladen, welche Dichter und Dichtung nur in ihrer scharf begrenzten Sondererscheinung als Dichter und Kunstwerk, in ihrem *Wesentlichen,* betrachtet.

Leider zwingt uns der Raum, Einhalt zu machen. Es würde, wie schon gesagt, ein Buch verlangen, wollte man unseren Autor Schritt für Schritt auf seinen wirren Wegen verfolgen, all' seine Widersprüche, seine Unklarheiten, seine Irrthümer aufdecken, zeigen, wie seine Anschauungen, wenn sie zur Herrschaft kämen, die flachste Mittelmäßigkeit befördern und alle große und gewaltige Dichtung vernichten müssen, wie sie uns gar keinen Maßstab geben, nach dem wir das Gute vom Schlechten zu unterscheiden imstande sind. Scherer sieht das auch ein, und so rafft er sich zu guter Letzt auf zu dem Satze: »*Eine Poesie*, von der gesagt werden kann, daß sie *auf die edelsten Menschen aller Zeiten gewirkt* hat, ist gewiß *werthvoller*, als eine *andere*?« Was ist das anders als eine Phrase? Wer sind denn die edelsten Menschen? Es giebt sehr *Edle*, die von der Dichtung nichts verstehen und welche an Shakespeare gar keinen Gefallen finden. Es hat große Zeitperioden gegeben, ich erinnere nur an das siebzehnte Jahrhundert, in denen man die Alexandrinische Poesie hoch über die Homerische stellte, Byron schätzte Pope höher als Shakespeare. Wie viel tausend Jahre müssen denn nun darüber hingehen, bevor wir uns erkühnen dürfen und sagen: Lessing war größer als Gottsched? ... Es wäre noch vieles Wichtige gegen das Scherer'sche Buch zu sagen. Flüchtig hebe ich nur hervor, was er von den Seelenkräften des Dichters sagt: »Die *eigentliche Quelle*, aus der die Dichtung fließen muß und immer floß, ist die *Phantasie*.« Nein, durchaus nicht, *alle Phantasie der Welt macht noch keinen Dichter*. Die Phantasie ist ein Allgemeingut der Menschheit, und Scherer muß selbst später zugeben, daß die Seelenkräfte, die er als die dichterischen bezeichnet, ebenso gut in dem die *Poesie aufnehmenden Publikum* thätig sind. Ein Erfinder, ein Feldherr und nun erst jeder andere Künstler, als der Dichter, ist doch auch auf sie angewiesen. Hat der Dichter vielleicht eine stärkere Phantasie, als der Alltagsmensch? Das wäre doch noch sehr des Beweises bedürftig. Man sagt das ebenso leicht hin, als wenn man behauptet, daß starkes Empfinden den Dichter macht. Wir sehen aber, daß Viele aus unglücklicher Liebe sich das Leben nehmen und also diese Leidenschaft jedenfalls heftiger empfunden haben, als Goethe, der von einer Schönheit zur andern ging. Und doch schuf Goethe die schönsten Liebesgedichte, während Jene wohl vergebens danach das Hirn sich zermartern würden. Warum machen sie sich's nicht auch bequem und »schreiben sich ihre Leidenschaften von der Seele ab?«

Wie mit der Empfindung, so ist es mit der Phantasie. Erst Derjenige, der Gedachtes, Empfundenes und in der Phantasie Angeschautes in *Charakteren und Bildern durch die Sprache so objekti-*

viren kann, daß sie wie das Leben selbst wirken, – erst Derjenige ist Dichter.

21 Georg Ellinger
[1890]
V: G. E.: [Rezension:] Wilhelm Scherer. Poetik. In: Zs. f. deutsche Philologie. 22. 1890. 219–231. [hier: 222–224, 225, 227.]

[...]
Also die frage nach der entstehung der poesie ist eine kardinalfrage der poetik und mit recht verlangt Scherer, dass *sie* zunächst gestelt und beantwortet werde. Ob diese frage in dem vorliegenden entwurf nun auch schon gelöst ist? Ich glaube nicht. Es ist notwendig, hier die bemerkungen folgen zu lassen, in denen Scherer die resultate seiner untersuchungen über die entstehung der poesie zusammenfasst. »Die poesie«, sagt er, »entspringt aus dem ausdrucke des vergnügens durch springen, jubeln, lachen. Der ursprüngliche gegenstand ist vermutlich erotischer natur, doch sind vielerlei gegenstände möglich. Der poetische erfinder schlägt ein fest vor, wobei eine angenehme, vergnügliche vorstellung geweckt wird durch symbolische handlungen, mit denen sie durch worte ausdrücklich associiert wird, und wo eine weitere verbindung mit den alten ausdrücken des vergnügens, mit springen und singen statfindet. Springen und singen sind von alters her mit vergnügen associiert und dadurch geeignet, vorstellungen des vergnügens hervorzurufen.« Durch die analyse der momente, die wir bei einem von Scherer herbeigezogenen, mit tanz verbundenen australischen chorlied beobachten können, versucht Scherer zu beweisen, dass es sich »immer um ein vergnügen handelt, um die weckung angenehmer tätigkeiten und vorstellungen auf eine angenehme weise. Für die angenehme weise tritt schon als charakteristisch hervor: das vergnügen der vergleichung zwischen einem dargestelten gegenstand und dessen darstellung. Die darstellung ist auswählend, andeutend, symbolisch; keine volständige nachbildung.«

Ich habe an diesen darlegungen zweierlei auszusetzen. Einmal sind die algemeinen reflexionen, auf denen Scherer zu diesen resultaten gelangt, nicht völlig einleuchtend und zwingend und zum andern gründet sich dies ergebnis auf ein zu geringes historisches material. Dem einen australischen liedchen, an dem Scherer seine theorie dartut, liessen sich viele erzeugnisse der naturpoesie entgegenstellen, zu denen die theorie eben nicht passt. Gewiss ist das vergnügen für die entstehung der poesie ein wichtiges moment, aber es ist keineswegs das einzige: der schauer vor der gottheit, die furcht, die trauer sind ganz in dem gleichen masse herbeizuziehen. Fals ich auf grund meiner geringen kentnis der naturpoesie eine vermutung über die entstehung der poesie geben solte, so müste sie folgendermassen lauten: die poesie entsteht überall da, wo ein erlebnis aus dem kreise gewisser seelenstimmungen – sie sind soeben angegeben: schauer vor der gottheit (kultushandlung), furcht (vor bösen göttern; Waitz führt ähnliche lieder auf), trauer (um den toten helden)[1], weiter wäre auch hass und zorn hinzuzurechnen (kampf gegen die feinde) – eine dafür besonders empfängliche seele in lebhafte erregung versezt. Die erregung ist die quelle aller poesie, wie wir das heute noch an kindern und eingebildeten leuten sehen können, die in furcht und aufregung dinge hören und sehen, die nicht vorhanden sind oder die in dieser stimmung das, was sie wirklich gesehen haben, bis ins ungeheure vergrössern. Es ist dieselbe kraft, die im dichter wirksam ist, wenn ein erlebnis, an dem ein anderer mensch gar nichts aussergewöhnliches finden würde, so in seine seele fält, dass er fühlt: hier sind die grundlinien zu einem kunstwerk gegeben. Der dichterische prozess wird also in den frühsten zeiten kaum anders gewesen

---

[1] Auf diesen punkt weist Scherer allerdings hin, aber er betont nur einen teil der fragen, die dabei in betracht kommen. S. 97 [NA S. 69]: »Eine gewiss alte gattung der poesie sind die klagelieder um einen gefallenen häuptling, helden, geliebten, angehörigen. Solche lieder fallen zum teil unter abschnitt 1, [wo davon die rede ist, dass aussprechen, mitteilen der trauer von der empfindung des schmerzes abzieht und dass in dem aussprechen des traurigen und schmerzlichen erfahrungsmässig ein trost liegt, vgl. auch unten s. 224 [NA S. 149], wo auch auf das tröstliche hingewiesen wird, das in der teilnahme anderer an dem eigenen schmerze liegt]. Aber ausserdem ist der fest- und trauerpomp, ja der trauerschmaus ein vergnügungsmoment. Ferner fand schon Aristoteles in den klagegesängen als ein element des vergnügens: die erinnerung an den toten und die vergegenwärtigung dessen, was er getan und wie ers getan; also alles preisen des toten erweckt eine angenehme vorstellung. Analoges können wir noch heut erfahren. Müllenhoff schrieb mir: »der tod ist der treueste freund des menschen, weil er erst das volkommene bild der persönlichkeit gibt.« Endlich sind die trauergesänge vielfach verbunden mit dem kultus der abgeschiedenen seelen, mit manen-kultus; dieses beruht darauf, dass die seele fortlebt, und das lied soll den toten geneigt machen, seine kraft oder seinen willen zu schaden einzuschränken; es dient also zur besänftigung des gespenstes.«

sein, als in unserer zeit. Nur sind zweifellos die kreise viel enger gewesen, aus denen ein erlebnis die dichterische stimmung zu wecken im stande war. Und ich halte es für möglich, diese kreise bis zu einer gewissen genauigkeit auf grund der naturpoesie zu bestimmen; denn dass sie mit den oben gegebenen andeutungen nicht erschöpft sind, liegt auf der hand.

Darin, dass Scherer den ursprung der poesie allein im vergnügen sieht, liegt der grund für die tatsache, dass ihm die ableitung des vergnügens an tragischen gegenständen so grosse schwierigkeiten bereitet. Wenn die poesie zunächst bloss ein ausdruck des vergnügens ist, dann ist es allerdings unbegreiflich, wie der mensch dazu gekommen sein soll, am unangenehmen oder an der darstellung desselben freude zu finden. Sehen wir aber von der voraussetzung Scherers ab, so bietet das interesse des menschen (auf niedriger kulturstufe) an unangenehmen gegenständen kein alzuschwieriges problem. Dilthey hat mit recht auf das bedürfnis der menschlichen natur nach mächtigen, wenn auch mit starker unlust verbundenen erregungen, welches nicht auf die erzeugung eines maximums von lust zurückgeführt werden kann, hingewiesen. Die frage, wodurch dasselbe entsteht und wie diese eigenschaft des organismus zu erklären ist, hat meines erachtens der physiolog und psychophysiker zu lösen, die rein empirischen gründe, die Scherer anführt, reichen entschieden nicht aus, obgleich einzelne derselben für die weitere ausbildung des vergnügens an tragischen gegenständen sicherlich in betracht gezogen werden müssen, so z. b. die erleichterung, die der mensch durch das aussprechen des schmerzes, der ihn drückt, empfindet.

Ich habe damit die punkte bezeichnet, bei denen ich glaube, dass sich die grundanschauungen, von denen Scherer ausgegangen ist, nicht halten lassen. Trotzdem sind aber auch in diesen abschnitten des buches auf schritt und tritt die feinsten beobachtungen zu finden, an welche diejenigen, die die wissenschaft der poetik weiter ausbauen wollen, beständig anzuknüpfen haben werden (man vergleiche namentlich die ausführungen in dem abschnitte über die entstehung der poesie über die vorbereitungsstufen für tanz und chorlied sowie über die associationsvorgänge und das symbolische in der älteren dichtung). – Muste ich aber in den angeführten abschnitten gegen die grundanschauungen und die hauptresultate Scherers polemisieren, so kann ich um so freudiger anerkennen, dass in allen übrigen partieen des buches Scherer bei den fragen, die er behandelt, zu einer befriedigenden lösung gelangt oder einer solchen mindestens doch sehr nahe gekommen ist. Alle diese abschnitte bieten die reichste belehrung und eine fülle der anregung, namentlich für den litterarhistoriker.

[...]

Die verwantschaft der künstlerischen anlagen mit den dispositionen zu abnormen geistigen zuständen behandelt ein besonderer abschnitt. In den ausführungen über die einteilungen der dichter werden die bisherigen klassifikationsversuche kritisiert, insbesondere Schillers einteilung in naive und sentimentalische dichter, welche im wesentlichen zurückgewiesen wird. »Es sind, sagt Scherer s. 183 fgg.,[2] sehr mannigfaltige einteilungen der dichter möglich – die abstufungen sind einerseits so mannigfaltig wie die charaktere der individuen überhaupt, anderseits gibt die ganze poetik in allen ihren teilen motive und gesichtspunkte an die hand für verschiedenheiten, weil da ganz verschiedene methoden möglich sind. Die charakteristik eines dichters zu entwerfen, ist daher ausserordentlich schwer. Aus all solchen eigentümlichkeiten, sofern sie in den werken der dichter sich ausprägen, sezt sich der persönliche stil zusammen. – Eins aber gehört hierher, in den zusammenhang dieses kapitels, ein unterschied in der produktionsweise der dichter, ob ohne rücksicht auf publikum oder mit rücksicht auf publikum.«

Damit hat Scherer einem gedanken ausdruck gegeben, der meines wissens in der bisherigen poetik und ästhetik noch niemals aufgetaucht und der doch von ganz ausserordentlicher fruchtbarkeit ist. Dass er uns so selbstverständlich erscheint, beweist nur, dass er durchaus zutreffend ist, aber nicht etwa, dass seine aufstellung unnötig wäre. In welcher weise der hörer- oder leserkreis, mit einem worte das publikum, auf den dichter wirkt, ihn beeinflusst, ihn zu zugeständnissen nötigt, ist eine frage, die erwogen werden muss und die bei der betrachtung fast jedes litteraturwerkes von höchster wichtigkeit ist. Die vortreflichsten belege bietet dafür wider die geschichte unsrer eignen dichtung, bei deren betrachtung der historiker auf schritt und tritt auf die wechselnde zusammensetzung des publikums rücksicht zu nehmen hat; man sehe sich nur das zwölfte und dreizehnte, das fünfzehnte und sechzehnte, das siebzehnte und achtzehnte jahrhundert nach dieser richtung hin an. Wir erfassen die litterarischen gegensätze der zeitalter viel besser, wenn wir etwa das ritterliche publikum um die wende des zwölften und dreizehnten

---

[2] [NA S. 122ff.]

jahrhunderts, das den liedern Reinmars und Walthers lauschte und für das Heinrich von Veldeke und Wolfram dichteten, vergleichen mit dem bürgerlichen publikum des sechzehnten jahrhunderts, das sich an den wüsten zoten Michael Lindeners und Jakob Freys ergözte, aber doch noch innerliche kraft genug besass, die schriften Luthers und seiner mitstreiter voll und ganz auf sich wirken zu lassen.
[...]
Soll ich nun den gesamteindruck formulieren, den das buch bei kühler abwägung auf mich hervorbringt, so meine ich: es ist unbestreitbar, dass Scherer das unvergleichliche verdienst gebührt, zum ersten male die grundsätze einer vergleichenden empirischen poetik fest formuliert zu haben. Keine legislative, sondern eine descriptive poetik! Beschreibung der vorhandenen und möglichen formen der produktion. Keine subjektiven urteile über wertunterschiede, – urteile, die bloss die persönlichen anschauungen des ästhetikers widerspiegeln – sondern nur bestimmungen, wie sie sich mit der beschreibung des vorhandenen als unmittelbare resultate ergeben. Eine poesie, die auf die edelsten menschen aller zeiten gewirkt hat, wird gewiss einen höhern wert für sich in anspruch nehmen dürfen als irgend eine andere: das ist ein werturteil, wie es unmittelbar aus der betrachtung der vorhandenen arten und formen der produktion und ihrer wirkungen hervorgeht; vor weitergehenden bestimmungen hat sich die poetik zu hüten.

Das auf dieser grundlage aufgebaute gebäude ist gewiss nicht flecken- und fehlerlos. Das liegt nicht allein an der ungleichen verteilung des stoffes, welche durch die zufälligkeit der entstehung bedingt ist, sondern es ist vor allem darin begründet, dass die schwierigen probleme, die hier aufgestellt worden sind, sich nicht auf den ersten wurf lösen lassen. Es ist Scherer meines erachtens nicht gelungen, die quelle der schöpferischen kraft zu bestimmen, weil er *eine* der mächte, welche diese quelle zum fliessen bringen, verwechselte mit der quelle selbst. Auf dieser unrichtigen voraussetzung ist noch eine reihe von schlüssen aufgebaut, die mit der voraussetzung hinfällig werden. Ferner ist es nicht zu bestreiten, dass aus einem zu geringen oder zu beschränkten materiale oft zu weit gehende schlüsse gezogen und veralgemeinerungen von einzelfällen vorgenommen werden, die nicht zu billigen sind. Alle diese mängel aber verschwinden vor den grossen vorzügen des entwurfs, vor der anregenden und belebenden kraft, die von ihm ausgeht. Für die geschichte dieser wissenschaft wird Scherers ›poetik‹ ein markstein sein; für Scherers

freunde ist das buch ein neues abbild der herlichen persönlichkeit, die es geschaffen.
[...]

22 Veit Valentin
[1891]

V: V. V.: [Rezension:] Wilhelm Scherer. Poetik. In: Zs. f. vergleichende Literaturgeschichte und Renaissance-Literatur. NF. 4. 1891. 478–485. [hier: 483/484.]

[...], daß Scherer keineswegs auf das Urteil Gut oder Schlecht verzichtet: er giebt ein ausführliches Kapitel über den »Wert der Poesie«. Da zeigt sich »die Poesie als eine Macht. Es ist ein würdiger Gegenstand des Strebens, an dieser Macht teilzuhaben um sie auszuüben, an ihren Segnungen teilzunehmen um sie zu genießen« (S. 118)[1]. Aber dann muß es doch auch erlaubt sein, die Schöpfungen, die diese Segnungen bringen als gut zu bezeichnen, und solche, die keine bringen, als schlecht, so wohl ihrem inneren Werte nach wie mit Rücksicht auf ihre Form. Dann muß man aber auch die Vorschrift machen dürfen, daß das Gute erstrebt, das Schlechte vermieden werden soll. Dieser Ansicht ist jedoch Scherer keineswegs: die Ästhetik und die Poetik haben nichts vorzuschreiben, sie sollen nicht legislativ sein. Aber die Wertschätzung darf doch nicht fehlen. Da findet denn Scherer den Ausweg: »die Handlungen zerfallen in solche, welche niedrige Gefühle in uns erregen, und in solche, welche hohe Gefühle in uns erregen. Ich sage nicht: die Poesie *soll* hohe Gefühle anregen, sondern ich sage dem Dichter: willst du die Anerkennung der Edlen, so zeige dich edel. Genügt es dir z. B. die niedere tierische Sinnlichkeit des Menschen anzuregen, gut! tue es. Aber sei darauf gefaßt, daß die Menschen dich betrachten als ein Werkzeug niedriger Lüste und dich nicht höher achten als eine käufliche Schöne« (S. 220f.)[2]. Das heißt denn doch den Teufel mit Beelzebub austreiben! Die Ästhetik darf also nicht mehr ästhetisch urteilen: dein Werk ist schlecht! sondern sie muß ethisch urteilen: du selbst bist ein schlechter Kerl! Mich dünkt, die ästhetische Unparteilichkeit wäre vollständig gewahrt, wenn man urteilte: das Werk, das niedere tierische Sinnlichkeit anregt, führt sachlich sowohl dem Autor gegenüber wie inbezug auf gleichgestimmte Seelen eine durchaus berech-

---

[1] [NA S. 83]   [2] [NA S. 146f.]

tigte Existenz; nichts destoweniger ist es der Kunst gegenüber ein Mißbrauch, weil es die Mittel der Kunst zu einem Zweck benutzt, der der Kunst ferne steht: die niedere tierische Sinnlichkeit soll durch die Natur, nicht durch die Kunst gereizt werden. Insofern das Werk ein durch Mißbrauch entstandenes ist, muß es von der Ästhetik als ein künstlerisch schlechtes bezeichnet werden: das Urteil über den Menschen aber gehört nicht in die Ästhetik, und Scherers Verweisung auf die Ethik löst die Frage nicht, wie sich die Ästhetik selbst zu solchen Werken zu verhalten hat: noch weniger aber geschieht dies durch die Behauptung, daß diese Frage überhaupt außerhalb des Bereiches der Ästhetik steht. Diese braucht noch nicht »legislativ« zu sein, wenn sie auf Grund ihrer Erkenntnisse Kritik übt.
[...]

IV. Biographische Notiz zu Wilhelm Scherer und Richard M. Meyer

Kurzbiographie Wilhelm Scherers

* 26. 4. 1841 Schönborn/Niederösterreich
1854 Akademisches Gymnasium in Wien
1858–1862 Studium in Wien (bei Bonitz, Vahlen, Miklosch, Franz Pfeiffer) und Berlin (bei Jac. Grimm, Haupt, Trendelenburg, Ranke, Homeyer, Bopp, Albr. Weber, Müllenhoff)
1862 Promotion in Wien
1864 Habilitation
Probevorlesung am 7. 3. 1864: »Der Ursprung der deutschen Litteratur« (vgl. »Vorträge u. Aufsätze« S. 71–100)
1868 ord. Professor / Universität Wien
1872 ord. Professor / Universität Straßburg
1877 ord. Professor / Universität Berlin
† 6. 8. 1886 Berlin

Biographische Notiz zu Richard Moritz Meyer, Hrsg. d. ›Poetik‹

* 5. 7. 1860 Berlin
1886 Privatdozent Berlin
1902 a.o. Prof. Berlin
† 8. 10. 1914 Berlin

V. Wilhelm Scherer. Schriftenverzeichnis in Auswahl

Ein vollständiges Verzeichnis der Werke Scherers findet sich im 2. Band der ›Kleinen Schriften‹, herausgegeben von Erich Schmidt, Berlin 1893, S. 390–415, und wurde von Konrad Burdach zusammengestellt. Die folgende Auswahl stützt sich auf Burdachs Bibliographie.

[1864]
Denkmäler deutscher Poesie und Prosa aus dem VIII.–XII. Jahrhundert. Berlin: Weidmannsche Buchhandlung. 1864. XXXIV und 548 S. [Mit K. Müllenhoff.]

Über den Ursprung der deutschen Litteratur. In: Preußische Jahrbücher 13. 445–464. Auch separat: Berlin: Georg Reimer. 1864. 4 und 20 S.

Jacob Grimm. Erster Artikel. In: Preußische Jahrbücher 14. 632–680.

[1865]
Jacob Grimm. Erster Artikel (Schluß). In: Preußische Jahrbücher 15. 1–32. – Zweiter Artikel ebd. 16. 1–47. 99–139. Auch das Ganze separat: Berlin: Georg Reimer. 1865. 167 S.

[1866]
Leben Willirams Abtes von Ebersberg in Baiern. Beitrag zur Geschichte des XI. Jahrhunderts. In: Sitzungsberichte der kaiserlichen Akademie der Wissenschaften. Philosophisch-historische Klasse. 53. Band. Wien: Carl Gerolds Sohn. 1867. 197–303. Auch separat: Wien: Carl Gerolds Sohn. 1866.

[1868]
Zur Geschichte der deutschen Sprache. Berlin: Franz Duncker. 1868. XIV und 492 S.

[1870]
Deutsche Studien I. Spervogel. In: Sitzungsberichte der kaiserlichen [Wiener] Akademie der Wissenschaften. Philosophisch-historische Klasse. 64. Bd. Wien: Carl Gerolds Sohn. 1870. 283–355. Auch separat: Wien: Carl Gerolds Sohn 1870. 73 S.

[1874]
Deutsche Studien II. Die Anfänge des Minnesanges. In: Sitzungsberichte der kaiserlichen [Wiener] Akademie der Wissenschaften. Philosophisch-historische Klasse. 77. Bd. Wien: Carl Gerolds Sohn. 1874. 437–516. Auch separat: Wien: Carl Gerolds Sohn. 1874. 82 S.

Geistliche Poeten der deutschen Kaiserzeit. Studien. 1. Heft. Zu Genesis

und Exodus. (Quellen und Forschungen zur Sprach- und Culturgeschichte
der germanischen Völker. Herausgegeben von ten Brink und Scherer. 1.)
Straßburg: Trübner 1874. VII und 77 S.

Vorträge und Aufsätze zur Geschichte des geistigen Lebens in Deutschland
und Österreich. Berlin: Weidmannsche Buchhandlung. 1874. VI und 431 S.

[1875]
Geistliche Poeten der deutschen Kaiserzeit. Studien. 2. Heft. Drei Sammlungen geistlicher Gedichte. (Quellen und Forschungen. 7.) Straßburg 1875.
90 S.

Geschichte der deutschen Dichtung im elften und zwölften Jahrhundert.
(Quellen und Forschungen. 12.) Straßburg 1875. X und 146 S.

[1877]
Die Anfänge des deutschen Prosaromans und Jörg Wickram von Colmar.
Eine Kritik. (Quellen und Forschungen. 21.) Straßburg 1877. 103 S.

[1878]
Deutsche Studien III. Dramen und Dramatiker. In: Sitzungsberichte der
kaiserlichen [Wiener] Akademie der Wissenschaften. Philosophisch-historische Klasse. 90. Bd. S. 185–242. Auch separat: Wien: Carl Gerolds Sohn
Comm., 1878. 60 S.

[1880]
Geschichte der deutschen Litteratur. 1.–3. Heft. Berlin: Weidmannsche Buchhandlung 1880. [1. Heft (S. 1–80) erschien am 1. April, 2. Heft (S. 81–144)
am 10. Juni, 3. Heft (S. 145–224) am 1. November.]

[1881]
Geschichte der deutschen Litteratur. 4. und 5. Heft. Berlin: Weidmannsche
Buchhandlung 1881. [4. Heft (S. 225–304) erschien am 25. Mai, das 5. Heft
(S. 305–384) am 28. Dezember.]

[1882]
Geschichte der deutschen Litteratur. 6. und 7. Heft. Berlin: Weidmannsche
Buchhandlung 1882. [Das 6. Heft (S. 385–464) erschien am 15. Juli, das
7. Heft (S. 465–544) am 16. November.]

[1883]
Geschichte der deutschen Litteratur. 8. und 9. Heft. Berlin: Weidmannsche
Buchhandlung 1883. [Das 8. Heft (S. 545–640) erschien am 20. Juli, das
9. Heft (S. 641–814, I–XII und Berichtungen) am 3. Dezember.]

[1884]
Geschichte der deutschen Litteratur. 2. Auflage. Berlin 1884. XII und 814 S.

Rede auf Geibel. In: Deutsche Rundschau. 40. 36–45. Auch separat: Berlin: Weidmannsche Buchhandlung 1884. 31 S.

[1885]
Gedächtnisrede auf Karl Müllenhoff. Gelesen am Leibnizschen Jahrestage den 3. Juli 1884. In: Abhandlungen der Königlichen Akademie der Wissenschaften zu Berlin. Aus dem Jahre 1884. Berlin: Verlag der Königl. Akademie 1885. 1–16.

[1886]
Aufsätze über Goethe. [Herausgegeben von Erich Schmidt.] Berlin: Weidmannsche Buchhandlung 1886. VI und 355 S.

[1888]
Poetik. [Herausgegeben von Richard M. Meyer.] Berlin: Weidmannsche Buchhandlung 1888. XII und 303 S.

[1893]
Kleine Schriften. [Herausgegeben von Konrad Burdach und Erich Schmidt.] 2 Bde. Berlin: Weidmannsche Buchhandlung 1893. XXIV und 782 S. bzw. 416 S.

Briefausgaben

Panzer, Friedrich: Aus Wilhelm Scherers Studienzeit. In: Zs. f. Deutschkunde. 1921. 45–49. [= 2 Briefe an Franz Pfeiffer.]

Briefe Klaus Groths an Wilhelm Scherer. Mitgeteilt von Ulrich Pretzel. In: Festgruß für Hans Pyritz zum 15. 9. 1955 aus dem Kreise der Hamburger Kollegen und Mitarbeiter. Euphorion (Sonderheft). 1955. 55–61.

Briefwechsel zwischen Karl Müllenhoff und Wilhelm Scherer. Im Auftrag der Preußischen Akademie der Wissenschaften hrsg. von Albert Leitzmann. Mit einer Einführung von Edward Schröder. Berlin u. Leipzig 1937. [= Das Literatur Archiv. 5.]

Wilhelm Scherer – Erich Schmidt. Briefwechsel. Mit einer Bibliographie der Schriften von Erich Schmidt hrsg. v. Werner Richter und Eberhard Lämmert. Berlin 1963.

VI. Auswahlbibliographie zur Sekundärliteratur über Wilhelm Scherer
(mit besonderer Berücksichtigung der Diskussion um die ›Poetik‹)

Da Nekrologe zu Scherer und Rezensionen zur ›Poetik‹ meistens ohne besondere Überschrift vorliegen, wird auch hier in diesen Fällen lediglich der Fundort angegeben.

Das wirkungs- und rezeptionsgeschichtliche Interesse am Material läßt es sinnvoller erscheinen, entgegen der sonst üblichen alphabetischen Anordnungspraxis hier die Belege – getrennt nach Rubriken – in chronologischer Reihenfolge zusammenzustellen.

A. Zeitgenössische Rezensionen zur ›Poetik‹

1888 Anonym: Poetische Theorien und Theorie der Poesie 2. In: Die Grenzboten. Zs. f. Politik, Literatur und Kunst. 47. 1888. 576–585.
Brenning, Emil. In: Deutsches Literaturblatt. II. 1888. Nr. 14. S. 72–73.
Bötticher. In: Zs. f. d. deutschen Unterricht. 2. 1888. 379–392.
Brahm, Otto: Wilhelm Scherer's Poetik. In: Nationalzeitung. 381. 10. 7. 1888.
Burdach, Konrad. In: Deutsche Litteraturzeitung. 9. 1888. 1444–1449.
Döring, A.: Neue Schriften zur Poetik und zur Lehre vom Schönen überhaupt. In: Preussische Jahrbücher. 62. 1888. 339–367. [Scherer: Poetik. 354–367.]
Carrière, Moriz: Neue Poetiken. In: Die Gegenwart. 33. 1888. 340–342.
Neumann-Hofer, Otto. In: Der Zeitgeist. (Beiblatt zum Berliner Tageblatt.) 23. 1888.
Saenger, S. In: Archiv für das Studium der neueren Sprachen. 81. Bd. 42. Jg. 1888. 449–453.
Schönbach. In: Wiener Zeitung. 137. 1888.

1889 Hart, Julius: Eine schein-empirische Poetik. In: Kritisches Jahrbuch. 1. 1889. 29–39.
Lehmann, Rudolf. In: Zs. f. d. Gymnasial-Wesen. 43. NF. 23. 1889. 120–125.
Löbner, H.: Die Reform der Poetik. In: Litterarischer Merkur. 9. 1889. Nr. 13. 101–103.

Minor, Jakob. In: Zs. f. d. österr. Gymnasium. 40. 1889. 152–156.
Steinthal, H. In: Zs. f. Völkerpsychologie u. Sprachwiss. 19. 1889. 87–97.
Volkelt, Johannes. In: Literaturblatt f. german. u. roman. Philologie X. 1889. 285–289.
Werner, R. M. In: Anzeiger für Deutsches Alterthum. 15. 1889. 249–285. [= ZfdA. 33. 1889.]

1890 Ellinger, Georg: In: Zs. f. deutsche Philologie. 22. 1890. 219–231.
Lipps, Th.: Ästhetischer Litteraturbericht. III. Schluß. In: Philosophische Monatshefte. 26. 1890. 323–333.

1891 Berger, Alfred Freiherr von: Dramaturgische Vorträge. 2. Aufl. Wien 1891. [= zu Scherer, Poetik: 67–70.]
Valentin, Veit. In: Zs. f. vergleichende Literaturgeschichte und Renaissance-Literatur. NF. 4. 1891. 478–485.

1894 Feierfeil, Georg: Zu Wilhelm Scherer's Poetik. In: 22. Jahresbericht des KK Staats-Obergymnasiums zu Landskron in Böhmen. Landskron 1894. S. 1–29.

1895 Hořička, A.: [Rez. von] Feuerfeil. Zu Wilhelm Scherers Poetik. In: Mitteilungen des Vereins für Geschichte der Deutschen in Böhmen. 33. 1895. 37–38.

B. Nekrologe

1886 Baechthold, J. In: Allgem. Zeitung (Augsburg). 244. 3. Sept. 1886. 3585–3587.
Bettelheim, A. In: Deutsche Zeitung. 12. 8. 1886.
Burdach, Konrad. In: Nationalzeitung. 3., 6., 9. Nov. 1886.
Dilthey, Wilhelm: Wilhelm Scherer zum persönlichen Gedächtniß. In: Deutsche Rundschau. 49. 1886. 132–146.
Goebel, Julius. In: MLN. 1. 1886. 132–135.
Heinzel, Richard: Rede auf Wilhelm Scherer, gehalten am 30. Oktober 1886 im kleinen Festsaale der Universität Wien. In: Zs. f. d. österreichischen Gymnasien. 37. 1886. 801–813. [wieder abgedruckt: R. H.: Kleine Schriften. Hg. v. M. H. Jellinek u. C. v. Kraus. Heidelberg 1907. 145–163.]
Horawitz, Adalbert: Wilhelm Scherer. Ein Blatt der Erinnerung. Wien 1886 [Separat-Ausgabe der außerordentl. Beil. zur Nr. 3 der ›Monatsblätter des Wissenschaftlichen Clubs‹ vom 15. Dez. 1886, Wien.]
Rodenberg, J. In: Deutsche Rundschau. Sept. 1886.
Bechtel, Fritz. In: Bezzenberger's Beiträge zur Kunde der indogermanischen Sprachen. XIII. 163–172.

1887 Hoffory, Julius: Wilhelm Scherer. In: Westermanns Monatshefte. LXII. 1887. 646–653.

Schlenther, Paul. In: Vossische Zeitung (Berlin). 23. u. 30. Jan. 1887.
Schmidt, Johannes: Gedächtnisrede auf Wilhelm Scherer. Berlin 1887.
Speidel, H. In: Neue Freie Presse (Wien) 4. Sept. 1887.
Wildenbruch, Ernst von: Wilhelm Scherer zum Gedächtnis. In: Goethe-Jahrbuch. VIII. 1887. XVI–XIX.

1888 Schmidt, Erich. In: Goethe-Jahrbuch. IX. 1888. 249–262.
1890 Schröder, Edward: Wilhelm Scherer. In: Allgemeine Deutsche Biographie. Bd. 31. Leipzig 1890. S. 104–105.
1915 Brahm, Otto: Wilhelm Scherer. In: O. B. Kritische Schriften. Bd. 2: Literarische Persönlichkeiten aus dem neunzehnten Jahrhundert. Hg. v. Paul Schlenther. Berlin 1915. S. 283–311. [Zuerst in: Frankfurter Zeitung. 14. u. 15. Sept. 1886; 31. Juli 1888. Deutsche Rundschau. Dez. 1884.]

C. Literatur zu Wilhelm Scherer

1879 Speidel, Ludwig: Wilhelm Scherer. In: L. Sp., Persönlichkeiten. Biographisch-literarische Essays. Berlin 1910. S. 255–264. [= Ludwig Speidel. Schriften. I.] [zuerst: 6. 4. 1879.]
1887 Grimm, Herman: Wilhelm Scherer. Aufsätze über Goethe. In: Deutsche Litteraturzeitung. 8. 1887. 89–92.
1889 Basch, Victor: Wilhelm Scherer et la Philologie Allemande. Paris. Nancy 1889.
1891 Burdach, Konrad: [Rezension von] Basch, Victor. Wilhelm Scherer et la Philologie Allemande. In: Deutsche Litteraturzeitung. 12. 1891. (Nr. 1) Sp. 13–15.
1893 Burdach, Konrad: Vorwort zu: Wilhelm Scherer. Kleine Schriften. I. Berlin 1893. S. V–XX.
1894 Grimm, Herman: Erinnerungen und Ausblicke. Vorwort zur fünften Auflage der Vorlesungen über Goethe. In: Deutsche Rundschau. Bd. 78. Jg. 20. 1894. 439–452.
1897 Martin, E.: Beiträge zur elsässischen Philologie (V. Wilhelm Scherer). In: Jahrbuch für Geschichte, Sprache und Literatur Elsass-Lothringens. Hg. v. d. historisch-litterarischen Zweigverein des Vogesen-Clubs. XIII. Straßburg 1897. S. 224–226.
1898 Roethe, Gustav: Wilhelm Scherer. Kleine Schriften. In: Anzeiger für d. dte. Altertum. 24. 1898. 225–242 [= ZfdA. 42. 1898.]
1901 Paul, Hermann: Geschichte der germanischen Philologie. In: Grundriß der germanischen Philologie. Straßburg 1901. [Scherer: 102–103.]
1910 Walzel, Oskar: Analytische und synthetische Literaturforschung. In: Germanisch-Romanische Monatsschrift. 2. 1910. 257–274 u. 321–341. [Scherer: 264–269.] [wieder abgedruckt: O. W.: Das Wort-

kunstwerk. Mittel seiner Erforschung. Leipzig 1926. S. 3-35.]
1916 Körner, Josef: Wilhelm Scherer. 1841-1886. Zur dreißigsten Wiederkehr seines Todestages (6. August). In: Neue Jahrbücher f. d. klassische Altertum, Geschichte und Deutsche Literatur. Hg. v. Johannes Ilberg. 19. 1916. 475-485.
1920 Rothacker, Erich: Einleitung in die Geisteswissenschaften. Tübingen 1920 [Scherer: 207-253.]
1923 Mahrholz, Werner: Literargeschichte und Literarwissenschaft. Berlin 1923. [zu Scherer: 17-22.]
1925 Ermatinger, Emil: Die deutsche Literaturwissenschaft in der geistigen Bewegung der Gegenwart. In: Zs. f. Deutschkunde. 1925. [= Zs. f. d. dt. Unterr. 39.] 241-261.
1928 Benda, Oskar: Der gegenwärtige Stand der deutschen Literaturwissenschaft. Eine erste Einführung in ihre Problemlage. Wien/Leipzig 1928. [zu Scherer u. Nachfolge: 7-16]
1930 Walzel, Oskar: Wilhelm Scherer und seine Nachwelt. In: Zeitschrift für dt. Philologie. 55. 1930. 391-400.
1934 Burdach, Konrad: Die Wissenschaft von deutscher Sprache. Ihr Werden. Ihr Weg. Ihre Führer. Berlin. Leipzig 1934. [Kap. V: Wilhelm Scherer. 131-163.] [= identisch mit Einleitung in »Kl. Schriften« und Rezension der ›Poetik‹ in DLZ. 1888.]
1935/36 Seckel, Dietrich: Wilhelm Scherer. Zu seinem 50. Todestage am 6. August. In: Deutsche Rundschau. 62. 1935/36. 111-115.
1936 Koplowitz, Oskar: Otto Brahm als Theaterkritiker. Mit Berücksichtigung seiner literarhistorischen Arbeiten. Zürich und Leipzig 1936. [darin: Kap. II. Die Scherer-Schule; S. 13-17: Wilhelm Scherer.]
Root, Winthrop H.: Naturalism's Debt to Wilhelm Scherer. In: The Germanic Review. XI. 1936. 20-29.
1937 Leury, Ernst: Wilhelm Scherer, zum 50. Todestag. In: Nph. 22. 1937. 169-170.
Wirth, Otto: Wilhelm Scherer, Josef Nadler and Wilhelm Dilthey as Literary Historians. Diss. Masch. Chicago 1937.
1941 Petersen, Julius: Zum Gedächtnis Wilhelm Scherers. In: Deutsche Rundschau. 167. 1941. 78-83.
1947 Fieber, Wilhelm: Wilhelm Scherers Ahnen. In: Unsere Heimat. Monatsblatt des Vereins für Landeskunde von Niederösterreich und Wien. 18. 1947. 41-42.
1956 Bonn, Friedrich: Ein Baustein zur Rehabilitierung der Schererschule. Emsdetten 1956.
Wachstum und Wandel. Lebenserinnerungen von Oskar Walzel. Aus dem Nachlaß hg. v. Carl Enders. Berlin 1956 [zur Poetik: 29.]
1957 Dünninger, Josef: Geschichte der deutschen Philologie. In: Deutsche Philologie im Aufriß. Hg. v. Wolfgang Stammler. Bd. 1. 2., über-

arb. Aufl. Berlin 1957. Sp. 83–222. [Scherer-Zeit: Abschn. VIII. 176–196.]

1959 Cysarz, Herbert: Wilhelm Scherer. In: Neue österreichische Biographie ab 1815. Große Österreicher. Bd. 13. Zürich. Leipzig. Wien 1959. S. 75–85.

1961 Cysarz, Herbert: Wilhelm Scherers Programmatik und Poetik. In: Worte und Werte. Bruno Markwardt zum 60. Geburtstag. Hg. v. Gustav Erdmann u. Alfons Eichstaedt. Berlin 1961. S. 42–50.

1963 Grohnert, Dietrich: Untersuchungen zur literaturwissenschaftlichen Methode Wilhelm Scherers. Diss. Masch. Potsdam 1963.

1965 Wellek, René: A History of Modern Criticism: 1750–1950. Vol. IV: The Later Nineteenth Century. New Haven/London 1965. S. 297–302. [Poetik: 297–300.]

1968 Salm, Peter: Drei Richtungen der Literaturwissenschaft. Scherer-Walzel-Staiger. Tübingen 1970 [= Konzepte der Sprach- und Literaturwissenschaft. 2.] [amerikan. Originalausgabe: Cleveland 1968.]

1969 Schmidt, Wieland: Scherers Goetheausgabe. Aus der geheimen Geschichte der Berliner Germanistik [1963]. In: W. Sch., Kleine Schriften. Festgabe der Universitätsbibliothek der Freien Universität Berlin für Wieland Schmidt zum 65. Geburtstag. 1969. S. 277–292.

1970 Gilman, Sander L.: The Wilhelm Scherer Library: A Bibliography of the Works Printed prior to 1700. In: Archiv f. d. Studium d. neueren Sprachen und Literaturen. 121. 1970. 433–446.

Leibfried, Erwin: Kritische Wissenschaft vom Text. Manipulation. Reflexion, transparente Poetologie. Stuttgart 1970. [Scherers Poetik: 133–135.]

1971 Greß, Franz: Germanistik und Politik. Kritische Beiträge zur Geschichte einer nationalen Wissenschaft. Stuttgart-Bad Cannstatt 1971. [= problemata. 8.] [zu Scherer: 31–69; Poetik: 66–69.]

1976 Lee, Katherine Inez: Wilhelm Scherer's two-fold Approach to Literature. In: The Germanic Review. LI. 1976. S. 209–228.

D. Positivismus

Hermand, Jost: Aufstieg und Fall des Positivismus. In: Synthetisches Interpretieren. Zur Methodik der Literaturwissenschaft. München 1968. [= sammlung dialog. 27.] S. 17–34.

Köhn, Lothar: Der positivistische Ansatz. In: Jürgen Hauff u. a. Methodendiskussion. Arbeitsbuch zur Literaturwissenschaft. I. Band. Frankfurt/M. 1971. S. 29–100.

Positivismus im 19. Jahrhundert. Beiträge zu seiner geschichtlichen und systematischen Bedeutung. Hg. v. Jürgen Blühdorn u. Joachim Ritter. Frankfurt/M. 1971. [= Studien zur Philosophie und Literatur des Neunzehnten Jahrhunderts. 16.]

Laermann, Klaus: Was ist literaturwissenschaftlicher Positivismus? In: Žmegač, Viktor u. Zdenko Škreb (Hg.). Zur Kritik literaturwissenschaftlicher Methodologie. Frankfurt 1973. S. 51–74.

E. Poetik, allgemein

Martini, Fritz: Poetik. In: Deutsche Philologie im Aufriß. Hg. v. Wolfgang Stammler. Bd. I. 2. überarb. Aufl. Berlin 1957. Sp. 223–280.

Markwardt, Bruno: Poetik. .In: Reallexikon d. dten. Literaturgeschichte. Hg. v. W. Kohlschmidt u. W. Mohr. Bd. 3. 2. Aufl. Berlin 1966. Sp. 126–157.

Register

Personenregister

Namen, die nur in einem Literaturhinweis erscheinen und über ein Sachstichwort zu erschließen sind, werden nicht verzeichnet. Dies gilt allerdings nicht für die bibliographischen Anhänge; die dort ausgewiesenen Verfassernamen sind aufgenommen. In eckiger Klammer gesetzte Seitenzahlen bezeichnen Verfasser von Texten des Anhangs zur Rezeptionsanalyse.

Ardono, Th. W. XLI, XLII
Alfieri, V. 114
Arndt, E. M. 23
Arnim, A. v. 86
Arnold, H. L. XXVI
Aristoteles 11, 12, 14, 15, 19, 20, 28, 31, 32–36 (Poetik), 39 (Rhetorik), 41, 42, 44, 54, 55, 62, 69, 77, 116, 117, 132, 146, 158, 207, 241, 247, 279, 288

Baechthold J. 299
Basch, V. [267–269], 300
Batteux, Ch. 44
Baumgarten, A. 43, 44
Bechtel, F. 299
Benda, O. X. 301
Benjamin, W. XII
Berger, A. 299
Bernays, J. 32
Bettelheim, A. 299
Blühdorn, J. XX, 302
Böhme, H. XXXI, XXXVIII
Bötticher 298
Boileau 42, 111
Bonitz 294
Bonn, F. 301
Brahm, O. X, XLI, 204, 298, 300
Brant, S. 90
Brenning, E. 298
Breuer, D. 205
Brummack, J. XVI
Buckle 213, 232, 260
Burdach, K. XVI, XXXI, XXXIII, XXXV, 204, [242–245], 295, 297, 298, 299, 300, 301

Carriere, M. 46, 91, 149, 208, 239–240, [246–248], 273, 298
Clara, Ab. a. Sta. 133
Comte. Aug. XIX, 213, 220
Cysarz, H. 302

Darwin, Ch. 58, 60, 66, 148, 253

Diderot, D. 44
Diemer 103
Dilthey, W. XIII, XIV, XIX, XXXVI, XXXIX, 5, 123, 205 [241–242], 266, 289, 299
Döring, A. [249], 298
Drever, J. XLII
Dünninger, J. 301
Düntzer 133
Duncker, L. XII

Ellinger, Gg. [287–292], 299
Ermatinger, E. XII, XIX, 301
Euripides 122

Fechner, G. Th. 46, 130, 131, 132, 133, 134, 240, 244, 258, 273, 283
Feierfeil, Gg. 299
Fieber, W. 301
Fielding, H. 146
Fischer, L. XXVI
Fontane, Th. XXXIX
Freytag, G. XXXV, 114, 135, 204
Friedrich d. Große 210
Friedrich, W.-H. XI
Fröhlich, W. D. XLII
Fromm, E. XLI
Fromm, H. XIII

Geibel, E. 22, 297
Gellert, Ch. F. 96, 99
Gente, H.-P. XLI
Gervinus, Gg. G. 58, 211, 216
Gilman, S. L. 302
Gleim, J. W. L. 211
Goebel, J. 299
Goethe, J. W. v. XIV, XV, XIX, XXII, XXVIII, XXIX, 23, 45, 66, 69, 88, 95, 96, 97, 100, 102, 103, 104, 107, 108, 114, 115, 116, 119, 120, 125, 130, 137, 138, 139, 141, 142, 144, 151, 152, 153, 154, 161, 164, 165, 166, 168, 177, 191, 212, 246, 246, 249, 255, 265, 271, 272, 274,

276, 277, 279, 280, 282, 283, 284, 286, 297
Goth, J. XXIII
Gottfried von Straßburg 103, 206
Gottsched, J. Ch. 212, 276, 283
Greß, F. XIII, XVI, XVIII, XXXIII, XXXIV, XXXVI, 302
Grillparzer, F. 126, 135, 171
Grimm, G. XXI, 206
Grimm, H. 300
Grimm, J. XXXII, XXXIII, XXXVI, XXXVII, XXXVIII, XXXIX, XL, 27, 50, 239, 247, 280, 294, 295
Grohnert, D. XXXIV, XXXVII, 302
Groth, K. 297
Gutzkow, K. 88

Hahn, W. 234
Hart, J. [273–287], 298
Harth, D. XXXIV
Hauff, J. XX
Haupt, M. XXXVI, 233, 294
Hebbel, F. 263, 265
Hegel, G. W. F. 44, 45, 46, 246, 273
Heine, H. XIV
Heinzel, R. 299
Helmholtz, H. 46
Hemsterhuis, F. 44
Henke (Anatom) 46, 193
Hentig, H. v. X, XLII
Herbart, J. F. 258
Herder, J. G. v. 44, 45, 91, 174, 214, 220, 283, 284
Hermand, J. XIV, 302
Hettner, H. XXII, 45, 210–213
Heyse, P. 103, 245, 259
Hildebrand, R. XXXVIII
Hölderlin, F. XIV, XIX
Hoffory, J. 299
Hohendahl, P. U. X, XXI
Homer, 30, 122, 123, 142, 171
Homeyer 294
Horawitz, A. 299
Horaz 31, 41, 42, 82, 117
Hořička, A. 299
Huber, L. IX, X, XIV, XXXIX
Hüppauf, B. XVII
Hugo, V. 149
Humboldt, W. v. 216, 283

Jauß, H. R. XXI, XXII
Jens, W. XXIV

Kamlah, W. XXXIV
Kant, I. 44, 258
Killy, W. XI
Kleist, H. v. 122, 165
Klopstock, F. G. 121, 138, 183

Koberstein 121
Körner, J. 301
Körner, Th. 23
Kohlschmidt, W. XXIV
Köhn, L. XX, 302
Koplowitz, O. X. 301
Korff, H. A. XIX
Kosík, K. IX, X

Lachmann, K. XLI, 17, 27, 91, 104, 105, 192, 233
Lämmert, E. XXXV, XXXVIII, XLII, 297
Laermann, K. XX, 302
Lahme, R. XXXIV
Lavater, J. K. XV
Lee, K. I. XII, 302
Lehmann, R. [269–273], 298
Leibfried, E. 302
Leibniz, G. W. v. 14
Leitzmann, A. XXXV, 297
Lessing, G. E. XIV, XIX, 27, 31, 34, 44, 78, 87, 88, 94, 118, 131, 138, 146, 159, 166, 171, 173, 207, 246, 274, 276, 277, 279, 280, 283, 284
Leury, E. 301
Linn, M. L. XXIV
Lipps, Th. XXXII, 299
Litt, Th. XV
Löbner, H. 298
Lotze, H. 30
Ludwig, O. 113, 257

Mahrholz, W. 301
Markwardt, B. 303
Marmontel 44
Martini, F. 300, 302
Marx, K. XVII
Mayer, H. XI
Menzel, W. 88
Meusebach, Frhr. K. H. G. v. XVI
Meyer, R. M. XI, 184, 294, 297
Miklosch 294
Mill, J. St. 213, 219, 224
Milton, J. 118
Minor, J. [266–267], 299
Mohr, W. XXIV
Müllenhoff, K. XIV, XXXII, XXXV, XXXVI, XL, 17, 80, 103, 107, 288, 294, 295, 297
Müller, E. 30
Müller, J. J. XVII
Müller-Seidel, W. XIII, XXXIX
Murner, Th. 91

Naumann, M. XXI
Neumann-Hofer, O. 298
Nietzsche, F. XXIII
Novalis XIV, XIX, 24

Opitz, M. 41

Panzer, F. 297
Paul, H. 300
Paul, Jean 110, 149
Peschken, B. XIII, XIV, XL
Petersen, J. XXXVIII, 301
Petsche, E. 209, 213–221
Pfeiffer, Fr. XXXV, 294, 297
Platen, A. 49
Platon, 30, 116, 224
Plessner, H. XXXVI
Prakke, H. XXVI
Pretzel, U. XII, 297
Proclus 31

Ranke, F. 221, 294
Reiß, G. XIX
Reuter 90
Richardson, S. 146
Richter, K. XIII
Richter, W. XXXV, 297
Ritter, J. XX, 302
Rodenberg, J. 72, 88, 283, 299
Roethe, G. XIX, 206, 300
Root, W. H. 301
Roscher, W. XVII, 209, 215, 216, 217, 218, 221, [221–232]
Rothacker, E. 205, 206, 208, 301

Sachs, H. 24
Saenger, S. [249–251], 298
Salm, P. 302
Scaliger, J. C. 41
Schanze, H. XXIV, XXVI, XXIX, XXX
Schasler, M. 30
Scherer-Schule X, XI, XII
Schiller, F. 45, 57, 67, 73, 88, 103, 107, 113, 114, 122, 123, 137, 148, 154, 169, 263, 272, 284, 290
Schlaffer, H. XXIV
Schlegel, A. W. 30, 35, 138, 190, 191
Schlegel, Fr. 23, 283
Schleiermacher, Fr. 219
Schlenther, P. 300
Schmidt, E. XIX, XXVIII, XXXV, XL, XLI, 4, 295, 297, 300
Schmidt, Joh. 300
Schmidt, Jul. XIII, XIV
Schmidt, Wiel. 302
Schneider, E. XVII
Schönbach 298
Schopenhauer, A. 78, 115, 153
Schröder, Edw. XXXV, 297, 300
Schücking, Lev. L. XVII
Schultz, F. XLI

Scott, W. 171
Seckel, D. 301
Sengle, F. XXIV
Shakespeare, W. 103, 114, 123, 142, 170, 286
Sinemus, V. XXVI
Škreb, Z. XX
Sophokles 30
Spencer, H. 244
Speidel, H. 300
Speidel, L. 300
Spielhagen, F. 207
Spinoza, B. d. 115
Stammler, W. XXXVIII
Steinthal, H. XXXV, XXXVI, 206, 299
Sterne, L. 149
Sulzer 30

Taine, H. 244
Thümmel 25
Tieck, L. 158, 283
Timm, A. XIII, XXXVIII

Uhland, L. 264
Ulrich von Lichtenstein 91

Vahlen 32, 294
Valentin, V. [292–293], 299
Vischer, F. Th. 44, 45, 46, 48, 55, 110, 116, 246, 273
Volkelt, J. 299

Wackernagel, W. 30, 47, 234
Wagner, R. 125, 128
Walther von der Vogelweide 172, 237
Walzel, O. XI, 300, 301
Warning, R. XXI
Weber, Alb. 294
Wehler, H. U. XV, XXX, XXXVII, XLI
Wellek, R. 302
Werner, R. M. [262–266], 299
Werner, Z. 169
Wieland, Ch. M. 88, 146
Wiese, B. v. XII
Wigand, P. 237
Wildenbruch, E. v. 88, 300
Wilhelm II. (Kaiser) XXXIII
Wilmanns, W. 233, 237
Winckelmann, J. J. 212, 246
Wirth, O. 301
Wolfram von Eschenbach 91, 103, 260
Wunberg, G. 206

Zesen, Ph. v. 150
Žmegač, V. XX
Zola, E. 85, 96, 250

Sachregister

Scherers Schriftenverzeichnis und die Bibliographie sind nicht in das Sachregister eingegangen.

Aberglaube 138
Abwechslung 129, 169, 170, 180
Ästhetik 29, 30, 43, 44, 45, 46, 47, 190, 239, 240, 246, 247, 266, 273, 274, 276, 292, 293
ästhetische Hilfen 133, 134, 171, 172
ästhetische Schwelle 132, 258
Aggression XVI
Allegorie 164, 177
allegorische Figuren 175
Analyse 51
angenehme Vorstellung 67, 68
Assoziation 133
autoritäre Persönlichkeit XLI
autoritäre Strukturen XXXIX

Ballade 164
Belehrung 82, 95, 283
Bildung (des Dichters) 120, 121
Biographie XV, XVI, XXXIV, XLII, 121, 141
Brief 24
bürgerlich
– bürgerliches Bewußtsein XVII
– bürgerliche Gesellschaft XXIX
– bürgerlicher Realismus XXIV, XXIX
– bürgerliches Zeitalter XXVIII
Bürgertum XXIV, XXX, XXXVII
Buchhandel 85

Charakter 145, 156, 157, 203
Chorlied 14f.

Darstellung, direkte und indirekte 156, 157
Deklamation 173
Deutsch 135
deutscher Geist XXXV
Dialog 160, 161, 166
Dichter XVII, XVIII, XXIII, 51, 101ff., 184, 194, 243, 287
– blinder 118, 119
– höfischer 92
– und Publikum 54
– Stand des 92
– Verschiedenheit der 119ff.
Dichterfürst XXIX, XXXI
dichterische Hervorbringung 51
dichterischer Prozeß 51
Dichtungsarten 52, 162, 187, 198, 246

Dokument, wissenschaftsgeschichtliches IX, X
Drama 99, 127, 165, 169, 202, 246

Einheit 130
elegisch 154
Empirie 213, 220
empirisch (schein-) 273
empirische Ästhetik 46
empirische Grundlage 3, 46
empirische Poetik 35, 147, 275, 291
Epigramm 166
epische Dichtungsart 163, 199
epischer Verlauf 173
Epos 17, 22, 23, 164, 197, 199, 200, 201, 202, 234, 246
Erbauung 95
Erfolg XXII, 90, 250
Ergötzlichkeit 95
Erhellung, wechselseitige 50
erklärendes Moment 51
Erotische 66f.
Erzählung 65, 66, 164
evolutionistisch 243
Exposition 168

Fabel 24, 164
Familienleben 235
Feuilleton 86
Figuren 179
Fiktion 158
Form 186
– äußere 156–183, 198, 237, 263, 264
– innere 122, 150–155, 198, 237, 264
Freiheit, geistige XX

Gebet 82
Gebrauchswert 94
Gefallen (Bedingungen des) 132
Genie 115, 116, 117
Germanistik im 3. Reich XIV
Geschichte XV, 48, 52, 208, 210, 213–221, 223
Geschichtschreibung 213–221
Geschichtswissenschaft 214
Geschmackssoziologie XVII
Gleichnis 173
gut (und schlecht) 49
Gymnasium XXXIII

Häßliche 70
Handlung 146, 153, 157, 172
Held 72, 73, 144
Herrschaft, politische XXVI
Hinrichtung 75
historische Betrachtungsweise 249, 250, 271
historischer Charakter X
Historismus XXXIX
Historizität X
Humor 149
humoristisch 154
Hymne 82

Ideal 45
Idealität 197
Idealismus 154
Idee 141, 142, 235
Ideologiekritik XIV, XXVII
Idylle 164
idyllisch 154
Illustration 90
Induktion 243
induktives Verfahren 253
Ironie 156

Journalismus 23, 86

Kaiserreich (Deutsches, 1871–1918) IX, XII, XV, XXX, XXXI, XXXVII, XXXVIII, XLI, XLII, 206
Kampf 72
Katharsis 77
Kausalität 210, 217
Kirche XX
Klagelieder 69
Klarheit 131
Komik 148
komisch 147, 149, 198, 239
Komödie (phallisches Element) 62
Komposition 167–170, 265
Konflikt 144
Konsument XVII, XVIII, 85
Kontrast 71, 195
Kunst, demokratische 196, 197
Kunstpoesie 91

Lachen 60, 62, 65, 76, 148, 240
Lasswell-Formel XXVI
Lehrer-Schüler-Verhältnis XXXIX
Lehrgedicht 23, 24, 28, 82, 166, 280
Leiden 74
Leichtigkeit 131
Leihbibliothek 85, 90
liberale Bewegung XXXV
Liberalismus XXXVIII
Lied 166, 167
– politisches 23
Liebe 143
literarischer Verkehr 84f., 91, 94

Literaturgeschichte 210, 212, 249
[Literatur-] Kritik 89
Literaturphilologe 276, 277
Lyrik 10, 165, 167, 168, 234, 237, 246, 264, 265
lyrisches Gedicht 64, 65

Märchen 14, 15, 16, 17, 22, 25, 164
Maske 161, 162, 238
Markt, literarischer XVIII
Metapher 173, 176, 179
metaphysischer Jargon 240
Methode 267
– historische 221–223, 228–232
– idealistische 224–228
– vergleichende 234
Methodik 52, 269
Metrik 181–183, 235
Monolog 160, 166
Motiv 141, 145, 147, 168, 169, 186, 187, 265
Motivenlehre, allgemeine 186
Mythus 81, 196

Nachahmung 54, 55, 60
Nation XXVIII, XXIX, XXX, XXXI, XXXII, XXXIII, XXXIV, XXXVI, XXXIX, 28, 95
– deutsche XVII
national XIV
– nationale Ethik XIV, XXXII, XXXV
Nationalismus XXXVII, XXXVIII
Nationalliteratur XIX
Nationalökonom XVIII, 101, 243
Nationalökonomie XVI, 223–232, 262
nationalökonomisch 52
– Begriffe 94, 256
– Gesetze 85
Naturalismus 48, 151, 152
Naturpoesie 93
Naturwissenschaft 275
Nibelungenlied 104, 105, 106

objektiv 151, 152, 243
ökonomische Begriffe XIX

Parabel 164
Personifikation 81, 175, 176
Phantasie 81, 109, 110, 111, 112, 115, 118, 184
Philologie 47, 233
– deutsche XXIX, XXXI, XXXIII, XXXVIII, XLII
Poesie XVI, XXVI, XXVII, XXXI, 9, 11, 12, 14, 18, 69, 124, 139, 158, 159, 179, 184, 190, 191, 203, 242, 246, 248, 262, 278, 278, 279, 282
– didaktische 279, 280
– Entwicklung der 244

- Geschichte der 185
- geschriebene und ungeschriebene 91, 92
- höfische 18
- als Nebenbeschäftigung 108
- Macht der 82, 83, 94
- Moral 270
- Musik 10
- Mittel der Erkenntnis 80
- Sittlichkeit XXVIII, 95, 96, 97, 236, 249
- sittliche Bildnerin XXX, XXXI, 95, 270
- sittlicher Standpunkt 98
- sittlicher Zweck 70
- wahre 48
- Wahrheit der 80
- als Ware XVI, XVII, XXII, 85, 244
- Wert der 51, 82ff., 244, 245, 292
- - Gebrauchswert XXVIII, 94
- - idealer Wert XXVIII, 94
- - Tauschwert XXII, XXIII, XXVIII, 84, 94
- Willen, Einwirkung auf den 70, 79, 80, 82, 100
- Wirkung 95
- Wissenschaft XX, 139
- Ursprung 54, 55, 62, 67, 79, 195, 247, 281, 282, 283, 284, 285, 287, 288, 289

Poetik 28, 43, 49
poetische Produktion XVIII, 85ff., 101ff., 106, 108
poetisches Produkt 128
poetischer Prozess 243
Positivismus XIV, XX, XXXIII
Priester XXII, 83, 94
Produktion 185
Produzent XVII, XVIII, 85
Prosa 9, 24, 178, 179, 203, 244
- gereimte 18, 19
Psychologie 241
Publikum XVII, XVIII, XXI f., 51, 61, 86, 89, 90, 99, 123, 124–135, 144, 156, 161, 167, 168, 170, 184, 194, 207, 240, 243, 247, 250, 255, 263, 290

Rätsel 64, 166
Realismus 151, 152, 158
Rede 9, 11, 16, 19, 22, 25, 26, 27, 28, 160–162, 178, 264, 277, 280
Reim 182, 183
Rezension 86, 87
Rezeptionsästhetik XXI
Rezeptionsforschung X
Rhetorik XXIII, XXIV, XXVI, 20, 27, 36–39, 40, 192, 193, 235
Rhythmus 20, 21, 57, 173, 181
Rolle 162
Roman 164, 165
Romanze 164
Ruhm, literar. 84

Satire 166
satirisch 154
Satzbau 180
Schauerliche 75
Schöne 46, 274
Schillerfeier XXXV
Schmerz 68, 69, 73, 74, 75, 76, 79
Seelenkräfte
- genießende 127
- schaffende 108ff.
Singen 58
Sittlichkeit 245
- s. a. Poesie
sittlich 52
Sozialgeschichte X, XIII, XXXI, XXXIV
Sozialisation IX, X, XIV f., XXXIV, XXXIX, XLI, XLII
Spannung 128, 168
Spiel 67
Spottlied 166
Sprache 10, 13, 60, 134, 150, 170–181
- kunstmäßige Anwendung 9f., 13f.
Sprichwort 14, 15, 64, 166
Stil 120
Stilistik 27
Stoff 137–149, 197–198
Stoffwahl 151
subjektiv 151, 152, 154
Substitution, ästhetische 68, 71, 78
Symbol 61
symbolisch 153
symbolische Handlung 61

Tanz 14, 16, 57, 58, 247
Tauschwert 248, 250
- s. a. Poesie
Theater 99
Tragödie 73, 74, 77
Traum 110, 111

Unangenehme 68, 69, 70, 71, 73, 75, 195
Unterhalten 281
Untertan XLI, XLII

vergleichendes Verfahren 50
Vergleichung 61, 63
Vergnügen 57, 60, 61, 62, 63, 64, 67, 68, 69, 70, 71, 76, 82, 83, 100, 283
Verleger XVIII, XXVIII
Vernunft XVI
Verständlichkeit 131
Verwicklung 187
- Figuren der 144, 145
Volkspoesie 91, 94
Vortrag 160, 166

Wahnsinn 115, 117, 118
Wahrheit 131, 132

Ware, literarische XVIII
- s. a. Poesie
Welt, äußere und innere 137, 139
Werk IX, X
Wiederholung 126
Wirkung 51, 52, 145, 147
Wirtschaftstheorie XVII
Wissen (ist Macht) 80
Wissenschaft 28, 284, 285
- autonome XII
- Nationale XIII
wissenschaftliche Literatur 24

wissenschaftliche Theorie (Konstitutionsbedingungen) XIV
Wissenschaftsdidaktik XLII
Wissenschaftsgeschichte XII, XIII, 205
Wissenschaftssprache XIX
Wortwahl 180
Wunderbare 186

Zauberlied 82
Zeichen 159, 160, 173
Zeitung 85
Zensur 99